THÉODORE MANGIAPAN

LE GUARIGIONI DI LOURDES

Studio storico e critico dalle origini ai giorni nostri

SAN PAOLO

Titolo originale dell'opera:
Les guérisons de Lourdes. Étude historique et critique depuis l'origine à nos jours

Traduzione dal francese
di *Silvio Beoletto* e *Pier Luigi Cavatorti*

Revisione di *Cristina Riva* e *Marino Clerico*

Piazza Soncino, 5 - 20092 Cinisello Balsamo (Milano)
Distribuzione: Diffusione San Paolo s.r.l.
Corso Regina Margherita, 2 - 10153 Torino

A mia moglie...
per gli anni felici
che abbiamo vissuto insieme

Presentazione dell'edizione italiana

Tradurre il dott. T. Mangiapan senza tradirlo non è semplice né facile.

Egli scrive come parla, e i numerosi medici italiani che hanno avuto il piacere e l'onore di conoscerlo, apprezzarlo e amarlo sanno che il suo linguaggio è unico, tipico, « intraducibile ».

Il suo modo di esprimersi è estremamente significativo, pregnante, ricco di pause, di sottintesi, di allusioni.

Quando, pertanto, ci ha « autorizzati » a tradurre il suo libro (onorandoci della sua stima e della sua amicizia e considerandoci veri « amici » di Lourdes), per un attimo siamo stati colti da smarrimento, temendo di non riuscire a trasmettere l'essenza delle sue idee. Nello stesso tempo ci siamo sentiti in dovere di rendere partecipi i nostri connazionali, e in particolare i colleghi medici, del pensiero chiarificatore sul problema delle « guarigioni di Lourdes ».

Pertanto ci siamo impegnati a essere il più possibile fedeli alla sua « logica », e ci scusiamo per l'uso indispensabile di francesismi o per l'insufficiente rispetto della sintassi italiana. Questo è il libro di un medico, tradotto da medici.

SILVIO BEOLETTO
PIER LUIGI CAVATORTI
Unitalsiani

Prefazione

Dottore e caro amico,

Questo libro è « interessante ». È veritiero, serio, onesto. Dal momento in cui padre René Laurentin si è messo a servizio del santuario di Lourdes per scriverne la storia, monsignor Théas gli permise di avere accesso a tutti gli archivi dicendogli semplicemente che la verità doveva venire a galla. Da quel giorno i fatti di Lourdes sono stati studiati con grandissimo rigore storico, e sembra difficile trovare un avvenimento del XIX secolo così « sviscerato », come dicono i giornalisti.

Detto questo, bisogna comunque ammettere che la verità totale non è mai del tutto chiara e che problemi nuovi possono emergere continuamente.

È interessante che qualcuno si prenda la briga di evidenziare questi problemi e cerchi altresì di risolverli a suo rischio e pericolo. Ci metteremmo dalla parte del torto se non volessimo prestarvi attenzione. I problemi che pone il dottor Mangiapan nel suo libro meritano di essere dibattuti.

D'altro canto, coloro che come lui hanno una formazione scientifica si sentiranno a loro agio per il modo con cui egli affronta i problemi che i fatti di Lourdes (apparizioni o visioni, guarigioni e miracoli) pongono sul tappeto. Essi troveranno in lui un interlocutore valido, un medico cristiano, che per molti anni è stato incaricato di « animare » il Bureau Médical del santuario di Lourdes.

Può darsi che altri si meraviglino per certe conclusioni di questo libro; non è il caso di imporle a loro: ognuno va verso la verità come crede, nessuno è obbligato a seguire il percorso altrui. C'è solo da sperare che tutti continuino a dialogare. Se il dialogo resta leale e rispettoso di ognuno, la verità non può che trarne vantaggio.

La ringrazio di aver corso il rischio di scrivere questo libro, sia come medico sia come credente.

JEAN SAHUQUET
vescovo di Tarbes e Lourdes

Lourdes, 26 gennaio 1994

Abbreviazioni

A.M.I.L.	Association Médicale Internationale de Lourdes
B.C.M.	Bureau des Constatations Médicales
B.M.	Bureau Médical
C.M.I.L.	Comité Médical International de Lourdes
LDA	R. Laurentin, *Lourdes. Documents authentiques*, 7 voll.
LHA	R. Laurentin, *Lourdes. Histoire authentique*, 6 voll.
M.I.C.	Missionnaires de l'Immaculée Conception

VESCOVI DI TARBES
E, DAL 1912, DI TARBES E LOURDES

Mons. Laurence Bertrand-Sevère	1844-1870
Mons. Pichenot Pierre-Anastase	1870-1873
Mons. Langénieux Benoît-Marie	1873-1874
Mons. Jourdan César-Victor	1875-1882
Mons. Billère Prosper-Marie	1882-1899
Mons. Schoepfer François-Xavier	1899-1927
Mons. Poirier Alexandre	1927-1928
Mons. Gerlier Pierre-Paul-Marie	1929-1937
Mons. Choquet Georges	1937-1946
Mons. Théas Pierre-Marie	1946-1969
Mons. Donze Henri	1970-1988
Mons. Sahuquet Jean	1988-

PRESIDENTI
DEL « BUREAU DES CONSTATATIONS MÉDICALES »
E, DAL 1949, DEL « BUREAU MÉDICAL »
(medici permanenti)

Dott. Georges-F. Dunot de Saint-Maclou	1882-1891
Dott. Gustave Boissarie	1892-1914
Dott. Édouard Le Bec	1919-1923
Dott. Alfred Marchand	1924-1925
Dott. M. Petit-Pierre	1925-1926
Dott. Auguste Vallet	provvisorio, 1926
Dott. Pierre Abadie-Bayro	1927
Dott. Auguste Vallet	1928-1947
Dott. François Leuret	1947-1954
Dott. Joseph Péllissier	1954-1960
Dott. Alphonse Olivieri	1960-1972
Dott. Théodore Mangiapan	1972-1990
Dott. Roger Pilon	1990

PARTE I

LE GUARIGIONI DI LOURDES E GLI ORGANI DI CONTROLLO MEDICO NELLA STORIA (1858-1990)

CAPITOLO I

Lourdes e la famiglia di Bernardetta nel 1858 Le apparizioni di Massabielle

Qualcuno sicuramente si meraviglierà di trovare, all'inizio di un libro scritto da un medico e riguardante « le guarigioni di Lourdes », una rievocazione storica dell'ambiente di vita in cui si sono verificati gli « avvenimenti » che hanno fatto conoscere questo borgo completamente sconosciuto dei Pirenei.

Prima di esporre le caratteristiche di queste guarigioni particolari e di studiare altresì le modalità e i problemi che pongono, mi sembra auspicabile e anzi necessario tentare di mettere in evidenza le condizioni, l'atmosfera e le circostanze in cui queste « guarigioni » improvvise hanno cominciato a manifestarsi, dopo che la testimonianza, le affermazioni e i gesti della veggente Bernardetta (Bernadette) Soubirous sono stati riconosciuti sinceri da coloro che le stavano attorno. E, più in generale, quali sono stati:

— l'ambiente assai tipico (così lontano dal nostro!) che ha fatto da cornice a questi fatti imprevisti;

— i testimoni, i contemporanei, i protagonisti di questi avvenimenti;

— infine le circostanze che li hanno preceduti.

Per essere più chiaro, vorrei parlare dei fatti che, sopravvenendo all'improvviso, hanno profondamente modificato, trasformato, addirittura sconvolto il divenire così prevedibile, il tran tran così abituale di quella piccola città che era Lourdes nel 1858, crocevia dei Bassi Pirenei, dove una fanciulla insignificante cominciò a vedere « qualcosa », a ricevere un « messaggio ».

Pochi di quelli che leggono queste righe ignorano completamente che le guarigioni sono avvenute *poco* tempo dopo le apparizioni. E le primissime hanno avuto luogo durante la famosa « quindicina » delle apparizioni.

Tutti i fatti che saranno ricordati in questo capitolo sono ben conosciuti nei loro dettagli, sicuri e accertati grazie all'opera paziente e tenace, monumentale ed esaustiva di padre René Laurentin e dei suoi collaboratori. Opera desiderata anzitutto da mons. Pierre-Marie Théas, vescovo di Tarbes e Lourdes, in occasione del centenario delle apparizioni; in seguito approvata, celebrata, sottoposta all'attenzione di coloro che vogliono conoscere e studiare la storia del fenomeno di Lourdes.

Ai 4.000 libri (non sembra vero!) che già esistevano su questo argomento negli anni cinquanta, ai documenti originali a disposizione quali:

— le lettere, quella specie di « cronaca locale » sotto forma di epistolario, mandate a parenti, amici e conoscenti dai contemporanei di quegli avvenimenti, da coloro che potevano definirsene i testimoni o gli interpreti;

— i resoconti, i processi verbali e la corrispondenza che i rappresentanti dell'ordine pubblico mandarono ai rispettivi superiori, a tutti i funzionari che avrebbero potuto occuparsi del problema;

— le relazioni destinate (o meno) ad essere pubblicate e tutte appesantite da uno stile d'epoca che non le rendeva molto sicure;

— gli articoli di giornali, dapprima locali poi rapidamente nazionali, scritti da persone più o meno ben intenzionate;

— le « storie di Lourdes » o di Bernardetta che un centinaio di autori differenti, laici e religiosi, giornalisti d'occasione e professionisti, medici (!), romanzieri e storici pubblicano da circa un secolo;

— infine gli innumerevoli processi verbali, interrogatori di tutte le persone vicine a Bernardetta che erano ancora in vita al momento del processo di beatificazione e canonizzazione, rispettivamente nel 1925 e 1933,

al numero prodigioso di testimonianze e scritti che hanno permesso un approccio a questa straordinaria avventura, si sono aggiunti da meno di cinquant'anni altri documenti autentici, ritrovati grazie alla ricerca tenace di qualcuno; altri *dossier* finalmente scoperti, altri elementi di archivio e altre foto.

Tutto questo ha permesso a padre René Laurentin e alla sua *équipe* di ricercatori — tra i quali non va dimenticato dom Bernard Billet o.s.b. — di apportare:

— numerosissime precisazioni supplementari;
— conferme, più o meno importanti;
— analisi assai esatte di alcuni punti controversi, difficili da affrontare malgrado siano di evidente interesse,

ma in particolare un metodo di indagine scientifica che mira a far chiarezza, a dare sicurezza a una realtà precisandone i contenuti soprattutto a proposito di elementi che restavano dubbi o confusi, a fornire approfondimenti e, infine, giudizi chiari sul significato, la portata, il senso di tutti questi avvenimenti successi tra il 1858 e il 1866.

Mi riferisco, in verità, ai volumi di padre René Laurentin e dei suoi collaboratori, apparsi tra il 1957 e il 1966 coi titoli: *Lourdes. Documents authentiques* (sette volumi) e *Lourdes. Histoire authentique des apparitions* (sei volumi), più altri apparsi in seguito.

Ovviamente non ho la pretesa né i mezzi per aggiungere qualcosa a questa gigantesca opera di carattere storico, a questo studio destinato a chiarire tutti, *veramente tutti* i particolari: i più semplici e i più bizzarri, i più vicini e i più lontani dal mio argomento (per esempio l'iconografia corrente della Vergine a Lourdes, o il dialetto bigurdino, oppure più semplicemente il significato teologico di questi avvenimenti).

Sono, dunque, portato a rievocare quest'epoca ormai lontana... reale origine della risonanza, oggi mondiale, avuta da Lourdes, vero punto di partenza, *primum movens* di una notorietà e reputazione internazionale e ancora attuale.

Bisogna ammetterlo: le apparizioni di cui è stata gratificata Bernardetta hanno permesso la creazione di un luogo di pellegrinaggio dove sono avvenute guarigioni che, per il momento, ci accontentiamo di definire stupefacenti.

Queste guarigioni — ora lo sappiamo bene — hanno avuto inizio il *1° marzo 1858* e si sono succedute rapidamente dopo la comparsa della sorgente, avvenuta il 25 febbraio, giorno della nona apparizione.

E d'altronde siamo anche obbligati a considerare che questi ricuperi della salute, il cui numero è stato sopravvalutato dall'opinione pubblica, hanno permesso:

— ai contemporanei di identificare rapidamente il « soggetto » delle apparizioni della veggente: la Vergine Maria; in ogni caso ciò è avvenuto molto prima che, il 25 marzo 1858, ella si designasse così;

— a mons. Bertrand-Sévère Laurence, a quell'epoca vescovo di Tarbes, di ritenere, dopo aver meditato a lungo, alcuni di questi episodi di guarigione un argomento a favore della dichiarazione ecclesiale ufficiale, di cui egli era incaricato: « L'Immacolata Maria, Madre di Dio, è realmente apparsa a Bernardetta presso la grotta di Massabielle » (gennaio 1862).

1. IL PANORAMA STORICO E SOCIALE DI LOURDES AI TEMPI DI BERNARDETTA

Ci troviamo, dunque, verso la metà del XIX secolo.

Non spetta a noi abbozzare un quadro della Francia di quel tempo né fare un bilancio, seppur frammentario, delle relazioni tra la Chiesa cattolica e il mondo di allora. Però vorremmo dare almeno qualche utile punto di riferimento cronologico.

Conviene anzitutto segnalare che il papa di allora era Pio IX, il cui pontificato durò dal 1846 al 1878, cioè più di trent'anni: il più lungo pontificato di tutta la storia. Conviene altresì rilevare che Karl Marx, Engels, Darwin e, più vicino a noi, Proudhon, Blanqui, Renan, Berthelot (e molti altri) sono, in pratica, suoi contemporanei.

Senza richiamare l'attenzione sui problemi territoriali dello Stato Pontificio, si può certamente dire che, verso la fine degli anni cinquanta del XIX secolo, la Chiesa si considerava più che mai in « stato d'assedio », minacciata da tutte le parti, poiché i movimenti del pensiero positivista e scientista manifestavano sempre più la volontà di farla finita, una volta per tutte, con la religione cattolica, « fossile di altri tempi ».

Da parte sua, la Chiesa era sempre in guerra contro la « falsa scienza », denominazione data dal magistero ecclesiale alle scoperte degli esperti di tutte le discipline se, *in un qual-*

siasi campo, esse andavano contro i princìpi scaturiti dalla Bibbia, ritenuti per tradizione i soli princìpi veri, indubitabili e credibili.

È certo che si tratta di un'epoca in cui il divario tra il pensiero religioso e scientifico è stato volutamente mantenuto, se non addirittura accentuato! Si dava per scontato che i preti insegnassero, per esempio, che non era assolutamente possibile che « la scienza salvasse le anime », che « il fondamento della fede non fosse la ragione ma l'autorità ».

Nel 1856 l'enciclica *Singulari quidem* affrontava nuovamente i rapporti tra la fede e la ragione, riaffermando che la Chiesa non si opponeva al « vero » progresso, né alla « vera » ragione e alla « vera » scienza. L'antagonismo, il contrasto tra i punti di vista non poteva essere più grande!

Ovviamente nella diocesi di Tarbes questi problemi e tale diatriba, che duravano ormai da quasi due secoli, non erano molto sentiti. Non interessavano granché a mons. Laurence, vescovo di una diocesi assai remota come quella di Tarbes a partire dall'ultimo giorno dell'anno 1844.

Accanto ad altre particolarità e qualità che evidenzieremo in seguito, questo prelato si distinse per la sua grande devozione alla Vergine Maria.

Padre Rémi Sempé, primo superiore dei cappellani di Lourdes, nel necrologio da lui fatto stampare negli *Annales* nel febbraio del 1870 scrisse: « Mons. Laurence è arrivato all'ufficio episcopale con una vocazione e una missione del tutto particolari. Era nato per glorificare la santa Vergine ».

Assieme ad altri vescovi francesi, egli aveva inviato una supplica a papa Gregorio XVI per « pregarlo di definire come dogma di fede l'Immacolata Concezione della gloriosa Vergine Maria » (*Lourdes. Documents authentiques*, VII, p. 160).

Nel 1853, su invito di papa Pio IX, rinnovò questa richiesta e, nella sua diocesi, innumerevoli furono i suoi interventi, ordinanze, lettere pastorali in favore di « Maria Vergine Immacolata », prima della proclamazione tanto attesa di questo dogma, avvenuta l'8 dicembre 1854.

Assai presto volle che la promulgazione romana fosse conosciuta ovunque, in tutte le parrocchie della sua diocesi.

In una lettera pastorale del febbraio 1855 concernente « la

definizione del dogma dell'Immacolata Concezione della beata Vergine Maria », chiedeva ai suoi parroci che il 3 e il 4 marzo « venissero organizzate cerimonie commemorative di questa felice decisione, con la lettura del documento pontificio per intero » o almeno metà.

In occasione del primo anniversario di questa promulgazione, il vescovo di Tarbes prescrisse per il 9 dicembre 1855 la celebrazione della messa solenne in onore dell'Immacolata Concezione.

Si deve dunque supporre che, a partire dai primi mesi del 1855, i parrocchiani di Lourdes — senza dubbio anche Bernardetta che allora aveva undici anni — attraverso i loro sacerdoti intesero a più riprese *in francese* il nuovo vocabolo senza comprenderlo bene e senza sapere a cosa riferirlo.

La religione, la forma di religione degli abitanti di Lourdes a quei tempi, è difficile classificarla con precisione. Come molti altri loro contemporanei, essi erano considerati « devoti privi di fanatismo, più preoccupati di evitare l'inferno che di meritare il paradiso »!

Infatti, come ha dimostrato la monografia manoscritta di padre X. Recroix m.i.c. — anche se il suo studio è basato su un'analogia tra la città di Lourdes del 1858 e un altro paese nei pressi di Lourdes all'inizio del XX secolo —, il fervore locale e il costante riferimento a Maria (spesso chiamata « l'Immacolata ») espresso attraverso quasi tutte le azioni della vita quotidiana sono i pilastri dell'educazione religiosa dei bambini, fin dalla loro più tenera età. « La rappresentazione religiosa mira a far adattare l'individuo all'ambiente naturale e agli eventi naturali della vita ».

La religione ha una funzione purificatrice. Essa è un fattore di unità e coesione. Giustifica e mantiene la tradizione in una società chiusa, dove ogni famiglia forma un gruppo a sé stante.

Bisogna dire che assai sovente la religiosità di quei tempi metteva « l'accento sull'osservanza di un codice morale più che religioso e di una morale individualistica e legalistica ». Era luogo comune sentir dire — e perciò credere — che « il problema del male non esisteva »! Infatti in seguito al peccato originale tutti gli uomini sono colpevoli e pertanto coloro che soffrono non sono certamente innocenti! E ancora, che « Dio non ammaestra il cuore attraverso le idee, ma attraverso le pene e le avversità... ».

Soprattutto in questo ambiente rurale la frase: « Il buon Dio è il padrone! » era la migliore spiegazione di ogni cataclisma naturale e di qualsiasi altra prova. Inoltre « lasciamo fare a Dio » era un'altra espressione che troncava ogni discussione e forniva una spiegazione a qualsiasi tipo di fenomeno che in prima istanza non si poteva collegare ad un'attività malefica!

Altra prova manifesta del culto che la popolazione rurale degli Alti Pirenei dedicava alla Vergine Maria era la fama dei santuari a lei dedicati. Bétharram, ai confini della regione di Béarn, con padre Michel Garicoïts, ma anche Garaison, dalla parte opposta, ai margini della regione di Lannemezan e ai limiti di Comminges. Là, all'inizio del XVI secolo, una povera pastorella, « cara a tutti e a tutto, persino alla miseria, completamente ignorante... molto semplice e candida... per natura giusta e pia », che si chiamava Anglèse de Sagazan, era stata più volte visitata da una « Signora bianca » presso una fontana e un biancospino. Questa s'era fatta riconoscere sin dall'inizio come la Vergine Maria, « la Madre del nostro redentore Gesù Cristo ».

L'apparizione aveva indicato d'aver scelto quel luogo per colmarlo delle sue benedizioni, e anche perché vi fosse costruita una cappella. Aveva incaricato Anglèse di andare a comunicare questo desiderio agli abitanti di Monléon, il paese più vicino, e al parroco.

La pastorella ubbidì, con l'aiuto del padre, ma non le credettero; e la richiesta espressa ripetutamente, per due o tre volte, non ebbe alcun effetto.

Finché un giorno in presenza di alcuni suoi parenti e vicini avvenne il miracolo che convinse tutti, compreso il parroco.

Di che cosa si trattava? Della sostituzione inspiegabile del pane nero, che questi contadini mangiavano abitualmente, con del bel pane bianco! Non soltanto nella piccola borsa della pastorella, ma altresì a casa, « nell'armadio del pane » dei suoi genitori.

Tutta la contrada lo venne a sapere. E consoli, preti, contadini, giovani e vecchi si recarono tutti in processione nei luoghi dell'apparizione.

Si potrebbe pensare che si tratti di una bella leggenda! Ma ricerche condotte presso gli archivi dipartimentali degli Alti Pirenei hanno permesso di trovare tutta una serie di documenti originali del XVI secolo che stabiliscono senz'ombra di dubbio l'esistenza di Anglèse e l'autenticità delle « apparizioni » (padre A. Larrouy, *Petite histoire de N. D. de Garaison*, Lesbordes, Tarbes 1933).

Mi sembra impossibile e inimmaginabile che Bernardetta abbia ignorato completamente la storia di questa apparizione della Vergine, conosciuta e accettata da molti suoi contemporanei; ch'ella non abbia almeno *udito* il racconto del commovente episodio da qualcuno della sua famiglia, e che non si sia mai *commossa* per la bella storia di Anglèse e della « Signora bianca ».

Tanto più che, a partire da quest'apparizione del XVI secolo e dalla processione iniziale, tale luogo divenne meta di pellegrinaggi, e che miracoli e guarigioni istantanee si verificarono fino alla rivoluzione francese, in seguito alla quale la cappella fu chiusa, mentre i fabbricati e le terre furono venduti all'asta.

Ma nel 1835 fu possibile ricomprarli; e venne ripristinato il culto grazie al vicario generale della diocesi di Tarbes, don Sévère Laurence, che ne divenne vescovo dieci anni dopo.

A partire dall'anno successivo vi si installarono quattro cappellani. Questi ne attirarono altri e formarono una comunità di preti secolari che dipendevano dal vescovo di Tarbes e avevano il compito di « lavorare per la santificazione degli uomini, predicando missioni e ritiri spirituali ».

È certo che, nel 1846, vi fu a Lourdes una missione che durò cinque settimane. Vi parteciparono cinque missionari. Essi s'imposero la regola di parlare in dialetto locale per poter essere meglio capiti e seguiti dai loro parrocchiani. Uomini e donne si consacrarono a Nostra Signora di Garaison e si iscrissero o si fecero iscrivere negli appositi registri. Sono tuttora leggibili i nomi di quattro parenti di Bernardetta (tra cui sua madre) nelle liste riguardanti questa missione.

Altri elementi raccolti da padre X. Recroix evidenziavano il fatto che la bella e commovente storia d'Anglèse e della sua « Signora bianca » era ben conosciuta a Lourdes in quel periodo.

È impensabile che Bernardetta, la quale aveva due anni nel 1846, non ne avesse mai sentito parlare, se non dai suoi genitori almeno dalla nonna, dalla madrina oppure durante la sua permanenza a Bartrès.

L'atmosfera religiosa, questa forma di religione popolare così pregnante, era tale da far credere che Bernardetta avesse senza dubbio in mente le due parole « Signora bianca », anche senza esserne consapevole. E che queste parole evocassero, « simboleggiassero » l'amorevole compassione della Vergine Maria per una piccola pastorella, in un certo senso « facendone un modello ».

Cos'era Lourdes a quell'epoca?

Era un piccolo borgo stretto attorno alla sua roccaforte, emblema e testimonianza di un passato prodigioso (e scomoda caserma nel XIX secolo!).

Era senza dubbio una cittadina insignificante, in apparenza addormentata, un luogo di passaggio, utile come stazione di cambio dei cavalli tra Tarbes, la prefettura del dipartimento, e i Pirenei. Si trovava (e si trova tuttora) al crocevia di alcune valli che hanno inizio a sud, dalle montagne, da dove scorre il Gave di Pau che offre uno sbocco verso ovest (di cui beneficerà al momento della costruzione della linea ferroviaria tra Tarbes e Pau e poi verso l'oceano).

I suoi abitanti erano circa quattromila. Il comandante del distaccamento della gendarmeria di allora li considerava « brava gente », cosa che non escludeva « né l'avidità di denaro né l'astuzia ».

Di indole mite, gli autoctoni, abitanti di una città « triste », erano certamente gelosi dei forestieri, di quelli che non erano originari della città o della regione.

A parte qualche funzionario e notabile, erano generalmente analfabeti. La stragrande maggioranza di loro era priva di « mezzi ». Quasi nessuno conosceva il francese: parlavano il « patois » e non sapevano né leggere né scrivere! A quell'epoca era abbastanza normale in un ambiente essenzialmente rurale.

Pochi partecipavano alla vita pubblica. Non tutti avevano il diritto di voto; meno di mille elettori erano iscritti nelle liste elettorali: una quarantina di proprietari, qualche centinaio di coltivatori, lavoratori dell'ardesia, tagliatori di pietra, qualche artigiano, qualche mercante, qualche piccolo commerciante.

Il resto della popolazione adulta era rappresentata da braccianti (quelli che davano in affitto le loro braccia) e altri bisognosi pagati 1 franco e 20 centesimi per una giornata di lavoro. Il pane costava allora 27 centesimi.

Si può affermare che si trattava di una popolazione di poveri, per i quali il pane quotidiano era veramente la massima preoccupazione. Per un gran numero di famiglie, soprattutto nelle annate avverse per i più svariati motivi, la fame era l'ansia principale. E l'angoscia dei genitori era quella di poter nutrire i figli. La preoccupazione primaria, dunque, era per molti la precarietà del giorno successivo.

La casa con il suo « capo » era un mondo a parte, e anche un sistema di raggruppamento, un'istituzione atta a strutturare la vita sociale e a proteggere l'individuo, ma anche a formarlo per la vita comunitaria.

Per esempio, già da piccoli i bambini dovevano essere « in gamba », cioè pronti a fare la loro parte in un contesto naturale in cui nulla era regalato e tutto costava molta fatica.

Infine è necessario accennare all'« alta società » di Lourdes. Era scarsissima in paese. Infatti si preferì Argelès (forse perché più vicina ai paesi di montagna) come sede di sottoprefettura del dipartimento. Ma a Lourdes era stato lasciato il tribunale. Vi risiedevano anche un procuratore imperiale, il sig. Dutour, uno (o più) giudici, un commissario, funzionari, insegnanti, medici e farmacisti, un parroco con tre o quattro vicari, mercanti, bottegai e, inoltre, un intendente militare generale.

Solo i rappresentanti di questa classe sociale privilegiata erano in grado di esprimersi, leggere e scrivere in francese. Ma essa non era certamente la più rappresentativa, anche se non ebbe un ruolo secondario nella nuova storia di Lourdes.

Tra le famiglie povere delle classi lavoratrici, o meglio tra le famiglie squattrinate, quella di François Soubirous era « povera come la famiglia di nostro Signore quando era sulla terra », come testimonierà una conoscente vicina ad essa. Secondo me, ancor più povera!

Ma esaminiamo tutto ciò un po' più in dettaglio.

Il destino della famiglia di Bernardetta

All'inizio dell'anno 1858 Bernardetta compiva quattordici anni. Ma non li dimostrava affatto.

Proprio all'inizio di gennaio, ella non si trovava presso i suoi genitori e neppure a Lourdes, poiché dal settembre 1857 era stata sistemata presso la sua ex nutrice nella famiglia Laguës, a Bartrès, anzitutto per poter trovarsi in migliori condizioni di vita e imparare a fare qualche lavoretto... ma anche perché così i suoi avevano una bocca in meno da sfamare.

Dunque, da circa quattro mesi era lontana dai suoi... e ne soffriva.

Di tanto in tanto tornava per qualche ora a Lourdes. Poteva così valutare l'indigenza, la miseria della famiglia in confronto con le proprie condizioni di vita a Bartrès.

Ma non erano tutte rose e fiori! Niente scuola, certo, ma neppure un'assidua partecipazione al catechismo, tappa indispensabile per venire ammessa alla prima comunione! C'era sempre qualcosa da fare: la custodia del piccolo Jean, le pulizie di casa, la cura del piccolo gregge di pecore e degli agnelli...

In dicembre, il più piccolo della famiglia morì poco dopo aver compiuto due anni di età (proprio come un fratellino di Bernardetta, Jean-Marie, fine 1848 - inizio 1851). Ma la morte del figlio rese la madre, o meglio la « padrona », ancora più rude e arcigna.

Eppure Bernardetta non si lamentava mai. A proposito delle condizioni penose sperimentate a Bartrès, ella dirà più tardi: « Quando si pensa che il buon Dio lo permette, non ci si può lamentare! ».

Ma era comprensibile che desiderasse rivedere i suoi. Infatti, restando a Bartrès per molto tempo, non poteva uscire da quello stato di « servetta » in cui si trovava.

Approfittando della partenza da Bartrès del parroco don Ader, all'inizio dell'anno 1858 ella manifesta improvvisamente la volontà di abbandonare questa casa, questa situazione penosa in cui evidentemente non vuole più rimanere. E qualche giorno dopo la sua visita del 17 gennaio a Lourdes, si congeda dalla famiglia Laguës con tale motivazione perentoria: « A Lourdes il signor parroco vuole farmi fare la prima comunione ». Ella ritorna presso i suoi genitori, sempre alle prese con problemi di sopravvivenza nel vecchio *cachot*, ex prigione di Lourdes che in quel momento era la loro dimora!

Ma come mai la famiglia di questo ex mugnaio era caduta così in basso? Per cercare di capire questo degrado, è indispensabile risalire indietro nel tempo.

Nel 1843, anno del matrimonio religioso (ritardato dalla morte della nonna della promessa sposa) del trentacinquenne François Soubirous con Louise Castérot, appena diciassettenne, l'avvenire sembrava assicurato grazie al mulino di Boly. Non si prospettava alcun pericolo. François era diventato il genero ma anche l'operatore, e questo lavoro doveva offrire i mezzi di sostentamento non solo alla famiglia ma anche alla suocera vedova e ad altre sue tre figlie!

Nessuno dei membri della famiglia sapeva leggere, scrivere e tanto meno far di conto! Ma a quell'epoca era forse indispensabile?

Un anno dopo, il 7 gennaio 1844, venne al mondo una bambina. Fu dichiarata allo stato civile come Marie-Bernarde e, durante tutto il periodo della sua vita a Lourdes, sarà chiamata Bernardetta.

La vita della famiglia e della bimba trascorse senza intoppi sino al novembre dello stesso anno. In quei giorni la mamma di Bernardetta si scottò accidentalmente all'altezza del petto. Non essendo ancora svezzata, la bimba fu mandata da una conoscente, Marie Laguës, che aveva appena perso il proprio figlioletto di diciotto giorni, nel villaggio di Bartrès. Vi restò per quindici mesi, sino al marzo 1846. E la sua nutrice si separò da lei a malincuore.

Ritornata in famiglia (suo padre e cinque donne tra cui la madre), per alcuni anni conobbe ancora un'infanzia senza problemi.

Tra i due e i sette anni imparò a giocare, a parlare in « patois », a vivere con la sorella Toinette, chiamata semplicemente Marie, più giovane di lei di quasi tre anni. E anche a pregare, sembra, in francese.

Ma non era la stessa cosa per i suoi genitori. Il mulino era vecchio; il canale non era sempre sufficiente per far girare le macine. E, peggio ancora, François Soubirous, che aveva ricuperato una certa autonomia dopo gli anni di tutela, si scopre « poco intraprendente », anzi « indolente ». Il profitto ricavato dal mulino dato loro in affitto e dal suo lavoro non fa che diminuire. Poco tempo dopo, egli perde accidentalmente l'occhio sinistro « martellando » le macine di pietra. Dopo questo incidente, il lavoro si fa più delicato, difficile da eseguire. Il mulino continua più o meno a funzionare, ma la clientela si dirada poiché la qualità della farina non è più la stessa...

È chiaro che bisogna abbandonare sia il mestiere che il mulino, poiché non si hanno più i mezzi per pagare la pigione!

E così, alla festa di san Giovanni del 1854, François con la sua sposa (incinta per la sesta volta) e i tre figli, la primogenita Bernardetta, l'*haïretera* (ereditiera), la secondogenita Toinette e Jean-Marie, un bambino nato nel maggio 1851, lasciano con tutta la famiglia questa prima dimora che avevano pensato di poter comprare solo due anni prima, dove tutta la famiglia aveva conosciuto la serenità, però mai l'agiatezza.

Tutti vanno ad abitare a « casa Laborde ». E il mugnaio diventa un bracciante.

In seguito, la situazione continuerà a peggiorare.

All'inizio dell'anno 1855 si presenta un'opportunità... François Soubirous riprende il suo lavoro e prende in affitto il mulino di Baudéan. Presto, però, si rende conto che questo strumento di lavoro non vale granché e non gli frutta un reddito maggiore di quello di Boly!

Alla fine dell'estate del 1855 il colera colpisce la città... cominciando certamente dai più denutriti, i più fragili. Questa epidemia stermina qualche decina di adulti e di bambini. Tra quelli della famiglia Soubirous colpisce solo Bernardetta, che la supererà, malgrado uno strano medicamento, ma renderà la sua salute ancor più delicata.

Qualche mese dopo, alla morte della suocera avvenuta alla fine di ottobre 1855, François tenta ancora una nuova esperienza. Prende in affitto un altro mulino presso Lourdes, più precisamente ad Arcizac. Molto presto questo tentativo si rivela disastroso, peggiore degli altri. La situazione è aggravata anche da un pessimo raccolto, che sarà l'inizio di una carestia in tutta la regione.

Nel giro di qualche anno il mugnaio è decaduto socialmente, è divenuto un bracciante, uno che viene assunto come manovale per la forza delle sue braccia, buono per qualsiasi lavoro. Louise, la madre di famiglia, deve lavorare anche lei per assicurare il minimo sostentamento alla famiglia. È la dodicenne Bernardetta che si occupa della sorella e dei fratelli (infatti il piccolo Justin è nato alla fine di febbraio 1855). Spesso le bambine di dodici e nove anni vanno a raccogliere legna, ossa e rottami che vengono poi rivenduti per pochi soldi.

E i Soubirous sprofondano sempre più nella miseria!

Dopo aver vissuto in altre abitazioni, sono obbligati ad accontentarsi della peggiore dimora di Lourdes, che viene proposta loro da un cugino: una camera di sedici metri quadrati, senza sole, al piano terreno e con un'apertura su un cortile insalubre e infetto... Veramente una topaia buia e ripugnante, in cui si era addirittura rinunciato a mettere i prigionieri: l'antica prigione (*cachot*) nella *rue des Petits Fossés*.

Sì, erano ormai veramente caduti in miseria... con tutto il corteo di vergogna, obbrobri e privazioni che ciò comporta. E anche di pregiudizi, critiche da parte di parenti, vicini e conoscenti...

Ma non avevano ancora toccato il fondo dell'umiliazione!

Nel marzo 1857 il padre viene accusato di aver rubato della farina « a causa dello stato di miseria ». Lo si interroga e riesce a discolparsi, ma viene ugualmente imprigionato per avere ammesso che, lo stesso giorno, aveva raccolto e portato al *cachot* un asse che non apparteneva ad alcuno!

Restò in prigione otto giorni e ne uscì grazie al buon cuore del procuratore e per « motivi umanitari »!

Questo episodio non poteva certamente migliorare la situazione dei Soubirous. Solo l'amore e il rispetto che avevano vicendevolmente, permettevano di sopportare, di subire questi tristi giorni senza recriminare, senza lamentarsi troppo, né ascoltare tutte le cattive cose che sentivano dire dall'uno o dall'altro attorno a loro!

Nei momenti peggiori essi conservavano — come è dimostrato — la consapevolezza di « aver fatto quanto era in loro potere... il resto era conseguenza della cattiva sorte ».

E mantennero anche la loro pietà... Mai avrebbero pensato di incolpare il Cielo per quello che capitava a loro, « poveri peccatori », come dicevano ogni giorno.

Bernardetta era chiaramente più fragile dei fratelli e della sorella. La sua salute dava tante preoccupazioni alla madre che, malgrado l'indigenza, le riservava un trattamento di favore: per esempio, pane di frumento invece della polenta della quale dovevano accontentarsi la sorella e i fratelli.

Così quando, alla fine di settembre del 1857, Marie Laguës, ex nutrice di Bartrès, si offrì di prenderla con sé come « persona tuttofare », si accettò immediatamente, come abbiamo già avuto occasione di accennare.

Ed eccoci alla fine di gennaio 1858.

Abbiamo creduto indispensabile accennare alle condizioni di vita e alla mentalità dei contemporanei di Bernardetta che abitavano a Lourdes intorno alla metà del XIX secolo, e specialmente ai « cattivi affari », alle vicissitudini della famiglia di François Soubirous dopo il suo matrimonio: al lento declino di un nucleo familiare che inizialmente sarebbe potuto vivere nell'agiatezza.

Maldestramente, e sicuramente in modo incompleto, abbiamo tentato di mettere in risalto qualche tratto significativo dell'educazione dei figli, dei vincoli sociali formali che regolavano i rapporti vicendevoli. Ma non abbiamo ancora detto pressoché nulla di Bernardetta.

Bernardetta aveva appena compiuto quattordici anni. Eppure appariva fisicamente come una bambina. Per la sua età era minuta, emaciata, sofferente. Dava l'impressione di essere stata sovente ammalata. Era evidente che non aveva potuto crescere in condizioni ottimali.

Dopo i sei-sette anni aveva avuto frequenti attacchi respiratori, per cui s'era supposto che fosse affetta da asma bronchiale.

In effetti, nessun sintomo preciso sostiene questa diagnosi, se non che ella aveva talvolta il respiro corto e sibilante. Personalmente ritengo che, col passare degli anni, Bernardetta abbia acquisito una particolare sensibilità delle vie respiratorie superiori, che le spartane condizioni di igiene e, più in generale, di vita nelle quali si trovava non potevano che peggiorare, per non parlare di un possibile attacco primario di tubercolosi precoce che aggravava la situazione. Questo l'obbligava sempre — ma particolarmente d'inverno — ad avere precauzioni per evitare di prendere freddo!

D'altro canto non tollerava il cibo alla base dell'alimentazione dei poveri di quell'epoca: la polenta. Le dava l'impressione di non mangiare a sazietà.

Nulla è invece documentato riguardo alla sua pubertà. Tutto fa pensare ch'ella non presentasse i segni fisici dello sviluppo, tanto sembrava una bambina. Si può esser certi che, all'inizio di febbraio del 1858, non fosse ancora mestruata, ma che, in compenso, questo segno di pubertà sia comparso in ritardo subito dopo le apparizioni.

Tuttavia si deve rilevare che, rispetto ai giorni nostri, le prime mestruazioni generalmente avevano inizio un po' più tardi nelle ragazze, e che queste non erano a conoscenza del fenomeno, poiché il solo parlarne era una « cosa sporca »!

Ella è la primogenita della famiglia, l'ereditiera... ma di che cosa? La famiglia era diventata povera, viveva nella miseria più nera e, addirittuta, infamante! In compenso è sicuro che ella godeva di una certa autorità presso i fratelli e la sorella, essendo la maggiore.

D'altro canto era totalmente illetterata, praticamente non capiva il francese. In francese sapeva soltanto dire le preghiere: il segno della croce, il rosario e qualche invocazione alla Vergine. E soprattutto, non aveva mai frequentato né la scuola né il catechismo... Il che faceva sì che venisse trattata e considerata come *una bambina.*

In base all'educazione e al costume locale delle donne di Lourdes e di Bartrès, le fu inculcato che:

— « nulla arriva già fatto » e anche lei doveva essere attiva nel lavoro;

— nulla doveva venire prima del lavoro, né la scuola né, tanto meno, il gioco;

— non doveva lamentarsi né della fatica né della fame; era necessario che imparasse a rassegnarsi come sua madre.

Ma ancor più caratteristico era il fatto che la maturazione della sua personalità avvenisse vivendo in una comunità in cui il « senso religioso » era fondamentale, poteva esprimersi in ogni momento.

Questa « religione », questa pratica religiosa era assai speciale, ma pensiamo che fossero caratteristiche di un'epoca più che di un luogo o di una regione. Essa comportava anzitutto obbedienza e fedeltà a un codice morale rigido e austero, a un formalismo in cui la tradizione doveva essere assolutamente rispettata.

I santi, con la loro vita piena di fatti strani, anche miracolosi e sovente leggendari, così dolci e caritatevoli; la devozione alla Vergine Maria, con le sue invocazioni particolari; le preghiere del mattino e della sera, il rosario; la sottomissione a ciò che veniva interpretato come volontà di Dio... tutto questo insieme di credenze, atti di pietà e convinzioni occupavano uno spazio importante nella vita familiare e nell'educazione dei figli, prima ancora del catechismo. In seguito, questo doveva mettere un po' d'ordine in tutte le cose!

La pietà in generale e soprattutto l'invocazione della Vergine Maria (« O Maria, concepita senza peccato, pregate per noi, che ricorriamo a voi ») erano anche buoni mezzi per difendersi dal demonio sempre in agguato e per evitare l'inferno. Erano gli unici « rifugi contro il male ».

Il parroco aveva sulle donne (e ancor più sulle ragazzine) un'influenza particolare. I suoi vicari pressoché lo stesso. La loro opinione non era messa in discussione, poiché non potevano sbagliarsi! Erano dei consiglieri e, per moltissimi parrocchiani, degli eruditi e dei sapienti. Andare contro i punti di vista di un parroco sarebbe stato un sacrilegio. Il parroco Peyramale era dunque rispettato e, anzi, temuto.

Per tutti i fanciulli e soprattutto per le bambine la prima comunione rappresentava una tappa importante della loro crescita. Era anzitutto la scoperta dell'eucaristia, con la consacrazione dello stato di purezza generalmente attribuito all'infanzia e, più ancora, la grande fortuna, l'estasi di ricevere il corpo di Cristo. E poi, un mezzo di protezione contro il demonio... contro il male.

« A forza di sentirsi dire che rischia l'inferno chi si allontana minimamente dal codice sociale, dalla tradizione, il bambino finiva per vedere nella comunione solenne il solo mezzo per liberarsi da questa ossessione », da questa minaccia spaventosa così comune nell'infanzia (X. Recroix).

Infine, per quelli che vi erano ammessi, la prima comunione significava anche il riconoscimento, da parte della comunità, dell'ingresso di un fanciullo o una fanciulla nell'ambiente degli adulti. Per poter accedervi, un giorno Bernardetta ritorna a Lourdes, nella sua famiglia che viveva miseramente in condizioni così dure e, purtroppo, apparentemente irrimediabili.

Come abbiamo detto, il suo arrivo si colloca attorno al 20-21 gennaio 1858 (R. L.).

Cosa è successo prima di giovedì 11 febbraio nel corso delle tre settimane? Pochissime testimonianze o documenti ci permettono di rispondere a questa domanda.

Si può pensare che, nello slancio dell'entusiasmo, Bernardetta abbia potuto far decidere i suoi genitori ad autorizzarla a frequentare la scuola e, quindi, a seguire il catechismo in modo più regolare di prima.

Tutto ciò che si può affermare è che fu certamente ammessa alla scuola dell'Ospizio delle suore di Nevers, in una classe di principianti nella lettura in francese, una lingua straniera per queste piccole bigordine!

Seguì i corsi di catechismo che il rev. Pomian, vicario della parrocchia, teneva in questa lingua, che ella cercava finalmente di conoscere e comprendere meglio.

Siamo certi che dovette subire numerosissimi rimproveri umilianti, poiché otto-dieci mesi più tardi, alla fine dell'anno 1858, disperava di « riuscire a ricordare lettere e cifre »! (R. L.).

Citiamo ancora un episodio a mio parere significativo, anche se ricordato raramente.

Mercoledì 10 febbraio era, quell'anno, il giorno stabilito da mons. Laurence per amministrare la cresima ai ragazzi nella parrocchia di Lourdes. Bernardetta era presente? Non si sa. Non vi è alcuna testimonianza nelle sue biografie. Solamente Laurentin vi fa cenno nell'estratto dell'*Ère Impériale*, il giornale degli Alti Pirenei (riportato in LDA, I, p. 152).

Si ignora, pertanto, l'effettiva influenza di questa cresima solenne su Bernardetta. Se assistette a questa cerimonia, riteniamo che sia cresciuto notevolmente il suo desiderio di essere presto giudicata anche lei idonea a ricevere la comunione e la cresima.

Ed eccoci a giovedì 11 febbraio 1858.

Non posso descrivere meglio di altri quello che poteva sentire Bernardetta nelle ore che hanno preceduto, quel giovedì 11 febbraio 1858, la visione della quale stava per essere gratificata.

Ma si direbbe che si trovasse in una situazione di disagio. Lei, che era così riservata, così rassegnata essendo stata educata a reprimere ogni desiderio personale, ha commesso di recente un « atto di egoismo » al fine, si può dire, di poter cominciare ad inserirsi come persona adulta nel suo ambiente sociale. Infatti è stata soprattutto lei a voler partire da Bartrès, fuggendo da questa doppia sottomissione, sia di serva che di ragazzina, così lontana dall'immagine di giovane nubenda. Per raggiungere questo scopo, ha espresso il desiderio di fare la prima comunione mettendo di mezzo il parroco, suprema autorità in materia.

Ha dunque innescato (di nuovo o per la prima volta?) il lungo processo che le permetterà anzitutto di imparare a leggere, per apprendere anche solo oralmente il catechismo, tappa considerata obbligatoria prima di essere ammessa a ricevere il corpo di Cristo.

Ma ecco che, forse dopo una settimana o due, la realizzazione di questo bel progetto è seriamente compromessa. Tutto sembra coalizzarsi contro di lei... contro quello che desiderava così ardentemente!

Ecco i pregiudizi e le critiche delle persone del suo ambiente (anche familiare) contro i suoi genitori, che ella non può ignorare completamente.

Ecco la miseria, la fame e il freddo, e altro... che ella deve subire in quel bugigattolo infetto, così differente dalle condizioni di cui godeva a Bartrès.

Ecco suo padre ammalato, così almeno pensa lei, poiché egli resta spesso a letto tutto il giorno.

Ecco sua madre, indaffarata in casa e, forse ancor più, fuori casa per poter far sopravvivere tutta la famiglia, e già così invecchiata a trentatré anni!

Ecco, inoltre, quella sua difficoltà di apprendimento di cui non si rende conto in classe, dove diventa lo zimbello delle compagne più giovani di lei di qualche anno! E questo francese così difficile da leggere, da capire e anche da ricordare a memoria.

Dunque è verosimile che, pur rendendosene conto solo fino a un certo punto, il mattino dell'11 febbraio Bernardetta si trovasse in una situazione di disagio, con tutte le conseguenze psicologiche e affettive che questa realtà può causare in una creatura fragile e soprattutto nel cuore di una bambina così convinta che la Vergine Maria può offrire un aiuto nelle situazioni estreme, in qualsiasi prova.

2. LE APPARIZIONI DI MASSABIELLE

Abbiamo ritenuto opportuno rievocare anzitutto « gli avvenimenti » che furono all'origine di una Lourdes completamente differente da quella che era sempre stata e, verosimilmente, sarebbe rimasta se essi non si fossero verificati.

Aggiungiamo che non abbiamo l'intenzione di riprendere e, tanto meno, ripetere la storia delle apparizioni! Essa è stata studiata e analizzata, ed è a disposizione di qualsiasi lettore grazie a numerosissimi autori, particolarmente René Laurentin. Ci sembra comunque opportuno ripresentare sommariamente i fatti secondo lo schema messo a punto dall'autore appena citato nel terzo volume di *Lourdes. Histoire authentique*, che ha come sottotitolo: *Problèmes fondamentaux*. Secondo questo spirito vogliamo quindi ricordare le circostanze, le modalità di ciascuna occasione in cui verosimilmente è stata concessa a Bernardetta ciò che chiamiamo convenzionalmente « apparizione ».

— In primo luogo presenteremo il quadro generale, la successione cronologica di questo periodo della durata di qualche mese, come fu stabilita da padre Laurentin.

— Poi ricorderemo ciascuna apparizione con un racconto conciso evitando, se possibile, i luoghi comuni e le ripetizioni, e anche fornendo man mano particolari, indicazioni sui luoghi, l'ambiente attorno a Bernardetta e la folla che volle partecipare a questi incontri, i fatti e i gesti più comuni e significativi riguardanti la piccola veggente in quegli istanti di immenso fervore.

— In seguito cercheremo di caratterizzare l'estasi che generalmente accompagnava ogni apparizione.

— In quarto luogo, ci soffermeremo sulle testimonianze soprattutto di Bernardetta, ma anche di tutti coloro che hanno potuto avvicinarla e interrogarla, per meglio conoscere ciò che ha potuto indurla « a vedere e a sentire ».

— Infine, a conclusione di questo capitolo introduttivo, tenteremo di rispondere all'interrogativo fondamentale che da sempre è stato posto: Bernardetta ha avuto veramente il privilegio di vedere la Vergine Maria? Oppure ha avuto una semplice allucinazione per diciotto volte?

Il calendario delle apparizioni

Da sempre si ritiene che vi siano state diciotto apparizioni. Cronologicamente esse vanno dall'11 febbraio al 16 luglio del medesimo anno 1858.

Le prime due, improvvise e nel contempo prive di comunicazione, si sono verificate giovedì 11 e domenica 14 febbraio. Possono essere considerate il *prologo* della serie.

Altre due sono state altrettanto impreviste.

La terza, che nulla aveva fatto presagire, avvenne *giovedì* 18 febbraio, il giorno dopo il mercoledì delle Ceneri, primo giorno di quaresima nel 1858. In compenso, in essa fu rivolto il gentile invito a venire ogni giorno per quindici giorni, inaugurando pertanto la « quindicina ».

La sedicesima avvenne senza preavviso *giovedì* 25 marzo, tre settimane dopo la famosa quindicina... Essa è fondamentale, poiché l'apparizione si dà finalmente un nome: « Io sono l'Immacolata Concezione ».

Tra queste due date — giovedì 18 febbraio e giovedì 4 marzo — vi sono *dodici* apparizioni: quelle della quindicina, tutte perfettamente annunziate e previste. In questo periodo, comunque, è importante rilevare che:

— per due volte Bernardetta *non ha avuto* apparizioni: un accurato esame delle testimonianze ha permesso di stabilire che si tratta di lunedì 22 e venerdì 26 febbraio;

— nel corso della nona apparizione, avvenuta *giovedì* 25 febbraio, si verificò un episodio assai particolare: la scoperta della sorgente;

— infine le ultime due apparizioni, quasi un *epilogo*, sono state impreviste e prive di comunicazione orale, come le prime due: la diciassettesima, avvenuta il 7 aprile, cioè il mercoledì di Pasqua, e la diciottesima, avvenuta il 16 luglio in occasione della festa della beata Vergine Maria del Monte Carmelo.

Ecco, dunque, il quadro generale delle apparizioni, il loro calendario.

Il racconto delle apparizioni

Dunque nella tarda mattinata di giovedì 11 febbraio 1858, verso le 11, si discuteva animatamente nella famiglia Soubirous.

Ci si era appena resi conto che mancava legna per il fuoco. Immediatamente Toinette (Marie) e la sua amica Jeanne Abadie, una ragazza tredicenne (aveva compiuto gli anni appena due giorni prima), si erano offerte di andare a cercarne. Bernardetta chiese di unirsi a loro. Ma era prudente, dal momento che non aveva passato una notte tranquilla, fuori il freddo era intenso e, per di più, piovigginava?

Alla fine, la madre Louise Soubirous cedette alle richieste della sua primogenita. E dopo infinite raccomandazioni, avendo constatato che ella aveva indossato le calze (che portava d'inverno per prudenza), Bernardetta fu autorizzata a uscire, ad andare sul greto del fiume Gave.

Al termine di un lungo tragitto fuori città e dopo aver incontrato qualche persona, ecco che il gruppetto imbocca il Ponte vecchio e poi il Sentiero del bosco (*Chemin du Bois*). Ben presto, esse arrivano al mulino di Savy, attraverso il viottolo che si snoda a destra verso l'isola dello *Chalet*.

Là decidono di proseguire nella direzione della corrente, sino all'estremità di quella lingua di terra compresa tra il fiume Gave e il canale del mulino.

Per raggiungere la riva sinistra del fiume Gave dove pare ci fosse una « vera miniera » di legna secca e di ossa, arrivando alla « grotta dei maiali », cioè al luogo dove veniva a pascolare il branco municipale composto da molte decine di maiali, specie d'estate, era indispensabile attraversare il canale del mulino di Savy nel punto in cui esso confluiva nel

Gave. Non c'era alcun pericolo, l'acqua era poco profonda e la corrente modesta, ma era indispensabile fare numerosi passi in un'acqua indubbiamente gelata!

Toinette e Jeanne ci riescono rapidamente malgrado la loro apprensione, lasciando indietro Bernardetta a cercare una sorta di guado naturale per poter attraversare senza bagnarsi i piedi. Ma invano!

Eccola nuovamente rattristata, perché avvertì di essere « una persona inutile », non potendo comportarsi come le sue compagne più giovani di lei e dovendo fare a meno di quell'aiuto che loro le rifiutavano. Inoltre si sentiva sfidata a seguirle!

Così ella si decide e comincia il guado...

Ma lasciamo che ce lo racconti lei stessa, come fece per iscritto *qualche anno dopo* in modo del tutto personale:

> Appena ebbi tolto la prima calza, udii un rumore come di una raffica di vento. Allora voltai la testa verso il prato. Vidi che gli alberi non si muovevano e continuai a scalzarmi. Avvertii ancora lo stesso rumore. Come alzai la testa guardando verso la grotta, mi accorsi di una signora tutta bianca. Aveva un vestito bianco, un velo bianco, una cintura blu e, su ogni piede, una rosa gialla, del medesimo colore della catena del suo rosario.
>
> Allora ne fui turbata. Pensavo di sbagliarmi. Mi stropicciai gli occhi. Guardai ancora e vidi sempre la stessa signora. Misi la mano in tasca e vi trovai il mio rosario. Appena ebbi fatto il segno della croce, scomparve il grande turbamento che provavo. Mi misi in ginocchio. Recitai il rosario in presenza di quella bella signora. La visione faceva scorrere i grani del suo rosario, ma non muoveva le labbra. Quando ebbi finito il mio rosario, ella scomparve all'improvviso.

Il tutto durò probabilmente 15-20 minuti, mezz'ora al massimo. Un po' sbalordita e dopo essersi assicurata che nel buio della grotta non c'era più nulla da vedere e da scrutare a parte la roccia, ella porta a termine ciò che aveva cominciato, si mette a piedi nudi e attraversa il canale, apparentemente senza difficoltà. Poco dopo dirà di aver trovato l'acqua « dolce », cioè tiepida!

Una volta completata la raccolta di legna ed ossa, sua sorella e l'amica cercavano di riscaldarsi al riparo della grotta di Massabielle. Ritrovatele, Bernardetta chiede informazioni per assicurarsi di ciò che le era stato dato di vedere e vivere qualche istante prima: « Non avete visto nulla? ».

Per due volte, esse rispondono: « No... E tu, cosa hai visto? ».

Poco desiderosa di abbandonarsi a confidenze, ella si accontenta di replicare: « Allora... niente! ».

A sua volta, Bernardetta raccoglie senza fatica una fascina di legna, mentre Jeanne Abadie, innervosita nei suoi confronti per le sue schermaglie e domande, pianta in asso le due sorelle.

Allora partono entrambe percorrendo il ripido pendio che porta al Sentiero del bosco, a fianco della collina, con il loro fagotto sulla testa. Contrariamente ad ogni aspettativa, è Bernardetta ad arrivare per prima e, tutto sommato, agevolmente.

Giunte sulla strada all'altezza del mulino, si siedono per riposarsi un attimo. In quel momento Marie, incuriosita dalle domande e dal comportamento piuttosto strano della sorella sulla riva del canale, comincia a interrogarla, supplicandola di dire cosa aveva visto prima di raggiungerle.

Una volta ottenuta la promessa di non ripetere ad alcuno ciò che le stava per dire (« neppure a Maï », alla loro mamma), Bernardetta le racconta ciò che aveva ammirato: « Una signora vestita di bianco, con una cintura blu e un rosario, con una rosa su ogni piede ».

Questa confidenza ebbe effetti contrastanti su Marie. All'inizio si mostrò incredula. In seguito, punta sul vivo, cercò di mascherare la sua gelosia, dando libero sfogo a un capriccio infantile. Appena arrivata al *cachot*, la loro casa, non trovò di meglio che attirare l'attenzione della madre su ciò che vi era stato di particolare in quel giorno, cioè quello che era capitato a Bernardetta.

E Louise comincia subito a chiedere alla sua primogenita cos'era successo... cosa aveva potuto vedere, ottenendo come risposta immediata: « Qualcosa di bianco... ».

Nei due giorni seguenti « le sue confidenze (a qualche amica) e le parole avventate della piccola Marie diffusero nel quartiere la notizia della visione di Bernardetta » (padre Sempé).

Il rev. Pomian è perplesso, dopo che la stessa Bernardetta gli comunica: « Ho visto qualcosa di bianco che aveva la forma di una signora... ». Si fa raccontare tutta l'apparizione nei minimi particolari e dà qualche consiglio pieno di buon senso.

Ma da quel momento le chiacchiere si allargano a macchia d'olio...

Domenica 14 febbraio, tre giorni dopo, appena uscita dalla messa delle dieci e dopo aver ricevuto il permesso dai suoi genitori, Bernardetta, con un gruppo di sei-otto ragazzine, prese anzitutto dell'acqua benedetta e si diresse verso la grotta, attraverso il Sentiero del bosco e la discesa assai ripida verso il Gave.

Là, dopo aver visto nuovamente « la luce » e aver gettato acqua benedetta a più riprese in quella direzione, dopo aver risposto ai « sorrisi » e ai « saluti » della « signora vestita di bianco », cadde in estasi per la prima volta davanti a testimoni: in ginocchio, immobile, insensibile e pallida, con gli occhi spalancati e rivolti verso l'alto.

In quel momento Jeanne Abadie, percorrendo il Sentiero del bosco, arrivò sopra la grotta con un altro gruppo di ragazzine, assai contrariata di non essere stata attesa da Bernardetta e dal primo gruppo.

Per l'invidia, buttò intenzionalmente nel vuoto una grossa pietra (« grossa come un cappello »), che cadde a qualche metro dal gruppo sottostante e da Bernardetta, la quale parve ignorare il fatto e il pericolo rischiato. Sconvolte, alcune ragazzine che l'accompagnavano fuggirono, risalendo il pendio della collina e, arrivate alla sommità, appresero cos'era successo.

Ugualmente terrorizzate per un pericolo inspiegabile, altre restarono davanti alla grotta, cercando di trascinare via Bernardetta ancora in estasi. Ma senza la sua collaborazione non ci riuscirono.

Finalmente si prende la decisione di andare a cercare aiuto al mulino di Savy. Viene condotto Antoine Nicolau, il mugnaio, con sua madre... Davanti alla grotta, Bernardetta non si è mossa, è ancora immobile e come incosciente. Prendendola ognuno per un braccio, gli adulti la trascinano verso l'alto, verso il Sentiero del bosco, e di là sino al mulino, senza che Bernardetta fosse realmente ritornata in sé.

Una volta al coperto, al caldo, riprende a poco a poco la

sua fisionomia e risponde alle domande incalzanti di una ventina di ragazzine e adulti, tutti indaffarati attorno a lei. Ella spiega, mima i gesti della « giovane donna », raccontando la visione.

Avvisata, sua madre giunge infine precipitosamente, e si mostra piuttosto contrariata. Ma appena arrivata, si calma subito. Si placa la sua collera, ma non la sua inquietudine. Infine Louise riconduce le sue bambine al *cachot*... e proibisce nuovamente di ritornare a Massabielle, causa di tanti problemi e subbugli.

Ecco dunque i fatti all'epoca delle prime due apparizioni. Queste furono apertamente interpretate come « allucinazioni » da molti, testimoni o meno, ragazzine e donne adulte, ma suscitarono dubbi e imbarazzo in molti altri.

Eppure furono il prologo fortuito e imprevisto di un certo numero di « incontri » con ciò che Bernardetta riteneva una « fanciulla », una « signora » o, più indistintamente, una « luce », qualcosa di « bianco ». Ciò che, con una parola del dialetto bigurdino, chiamerà a lungo *Aquerò*, cioè « quella cosa là ».

Ma torniamo all'ambiente naturale di questi fatti straordinari.

La roccia di Massabielle (o Massavieille) si trovava, dunque, sulla riva sinistra del Gave, di fronte all'estremità orientale dell'isola dello *Chalet*. Questa era una lingua di terra, un'isola alluvionale del Gave, dopo la curva a gomito ai piedi del castello.

Abbiamo già detto che era il luogo dove pascolava il branco municipale dei maiali. Per questo e altri motivi aveva a quell'epoca una pessima fama.

La grotta stessa era un antro di 7-8 metri di larghezza e 4-6 metri di profondità; il suolo si sollevava solamente verso il fondo. Era scavata in una falesia rocciosa di circa trenta metri d'altezza. Per accedervi, bisognava attraversare il canale del mulino oppure, partendo dal sentiero che passava sulla sommità di questa falesia, dopo essere passati a strapiombo sopra la grotta, discendere sino al Gave attraverso un ripido sentierino chiamato lo « scavezzacollo » (*le casse-cou*).

Questo complesso roccioso era traforato da buchi, cavità, orifizi che sboccavano dentro e intorno alla grotta, ai piedi del massiccio. Da tempo immemorabile, tre grandi sassi, tutti più o meno alti un metro, ingombravano il greto del fiume di fronte alla grotta.

La superficie della grotta variava certamente in base al livello dell'acqua del canale e del fiume. Lo spazio a disposizione tra il canale e il fondo della grotta doveva essere di circa 60 metri quadrati e quindi poteva ospitare 300-400 persone.

La nicchia dove *Aquerò* appariva era circa a quattro metri dal suolo di allora. Essa si apriva una breccia verso l'interno della grotta. Alla sua base era cresciuta una pianta di rose canine i cui rami toccavano terra.

Facciamo rilevare ancora una volta che il suolo dell'epoca non aveva nulla a che vedere con il suolo attuale. Nella sua parte più bassa, partiva dal livello della sponda del Gave alzandosi poi verso il fondo della grotta, situato almeno due metri più in alto, ed era ingombro di pietre e terriccio. Lo spazio piano davanti alla grotta era invece molto più ridotto.

Proprio là, davanti a questo anfratto, stavano per affluire sempre più persone!

I giorni dopo queste due apparizioni furono relativamente calmi.

Bernardetta fu sgridata dalla superiora e dalle suore dell'Ospizio, che era anche la sede della scuola gratuita.

Era proprio il tempo dopo il martedì grasso e quindi si parlava di « carnevalata »!

Ma la signora Millet, una vecchia serva divenuta padrona dopo il matrimonio, ottenne da Louise, madre di Bernardetta (alla quale dava ogni tanto del lavoro), di poter condurre in segreto la piccola a Massabielle il giovedì seguente, il 18 febbraio.

Alle sei del mattino, mentre era ancora buio, ecco che Bernardetta arriva alla grotta accompagnata dalla signora Millet con un'altra donna che cuciva per lei.

Debitamente ammaestrata, Bernardetta deve anzitutto fare in modo che la signora dica cosa desidera e... anche il suo nome! Ci si è addirittura preoccupati di portare carta, penna e inchiostro!

Dopo che Bernardetta ebbe rilevato che *Aquerò* era là, fu

spinta dalle due « custodi » a portare all'interno della grotta ciò con cui scrivere... Bernardetta doveva spiegare alla signora quello che desideravano. *Aquerò* rispose: « Non è necessario! ». E Bernardetta, per nulla in estasi, riferì subito la risposta.

Dopo averle chiesto di rivolgere un'altra domanda inutile, alla piccola veggente furono concesse le prime vere parole dell'apparizione, dette con la stessa voce « dolcissima »:

« *Volete farmi la gentilezza di venire qui per quindici giorni?* ».

E poi quasi subito:

« *Io non vi prometto di rendervi felice di questo mondo, ma dell'altro* ».

Si noti che si tratta di un'altra versione delle parole pronunciate dalla Vergine in occasione della terza apparizione, riportate sempre in questo modo da tutti gli storici e gli autori: « Io non vi prometto di rendervi [o "farvi"] felice in questo mondo, ma nell'altro » (cfr. *Lourdes. Histoire authentique*, II, p. 348, e III, p. 239).

Dopo aver ricevuto questo invito così inatteso, espresso in modo tanto squisito e insolito (quando qualcuno si rivolgeva a lei, non lo faceva mai con tale gentilezza dandole del « voi »), e una volta lasciata la grotta, Bernardetta pensava che questi incontri a Massabielle — che cominciava già tanto ad amare! — non avrebbero creato difficoltà, ora che la Signora glieli aveva chiesti. Né per i suoi genitori né per chiunque altro!

Sfortunatamente le cose non andarono così lisce...

Venerdì 19, sabato 20 e domenica 21 le circostanze della visita alla grotta sono pressappoco le stesse.

Bernardetta arriva che è ancora buio, verso le 6 del mattino. Si mette sempre nello stesso punto, a fianco della roccia, di fronte alla nicchia, si inginocchia e comincia a pregare con la corona del rosario. E, più o meno presto, entra in estasi.

Infatti i presenti si accorgono che il suo viso impallidisce, il suo sguardo diventa fisso, con gli occhi spalancati e rivolti verso l'alto. Ella saluta... sorride... manifesta una gioia interiore, oppure sembra adombrata da una certa tristezza. E appare sempre separata dal mondo, raccolta in preghiera.

Il tutto dura un quarto d'ora, venti minuti. Varia solamente il numero di quelli che l'accompagnano.

Venerdì l'accompagnano e vegliano su di lei la sua madrina e qualche donna delle congregazioni.

Sabato: una trentina di donne, tutte di Lourdes.

Domenica: almeno 100 persone, poiché « la notizia si diffonde a Lourdes e per la campagna ».

Si noti in quest'ultimo giorno una grave conseguenza di questo scalpore in città: l'interrogatorio da parte del commissario Jacomet per molte ore del pomeriggio. E questa fu una prova pesante per Bernardetta. Ma ella seppe tener testa, tutta sola, senza cedere un attimo, alle domande, alle lusinghe, ai trabocchetti, alle finzioni e infine alle minacce del commissario con una sicurezza fuori dal comune e « un coraggio imprevisto che aveva ricevuto » (lei sapeva da chi!).

Martedì 23 febbraio: 150 persone, nella stragrande maggioranza donne, come sempre. Ma anche quattro « signori » fanno parte degli spettatori.

È il giorno in cui il futuro storico di Lourdes, Jean-Baptiste Estrade, si « convertì » e sua sorella si accorse che Bernardetta non presentava nessun segno di ustione sul dito che aveva visto tenere sopra la fiamma del suo cero.

Mercoledì 24 febbraio: 250 persone presenti.

Alla grotta si cominciano a vedere numerosi « forestieri », molte persone provenienti dalle zone vicine.

Quel giorno *Aquerò* pronuncia una parola e due frasi. Esse fanno riferimento alla quaresima (in cui ci si trovava) e al suo significato penitenziale.

Anzitutto, una parola, forse non ben specificata, ma che dal giorno dopo sarà ripetuta dalla stessa Bernardetta come un *leitmotiv*: « *Penitenza, penitenza, penitenza...* ».

E poi due frasi: « *Pregate Dio per i peccatori* », e: « *Andate a baciare la terra in segno di penitenza, per la conversione dei peccatori* ».

Giovedì 25 febbraio gli « accompagnatori » erano ormai 300 o 400! Quello fu un giorno del tutto particolare, poiché la folla, formata in gran parte da donne del popolo e da una buona dozzina di persone dell'« alta società » che abitavano a Lourdes, riunita sin dalle 4 o 5 del mattino sotto la pioggia, al freddo e al buio, ha potuto assistere alla scoperta della sorgente.

In realtà il ritrovamento della sorgente (che oggi si vede sgorgare abbondante) fu tutto fuorché qualcosa di ammirevole o esaltante!

Ci si aspettava (e qualcuno più di altri!) una bella espressione di tutto il suo essere, nel fervore, un'estasi radiosa che ella aveva già mostrato. In pratica non ci fu... Se non che Bernardetta restò separata dal mondo per tutto il tempo della sua lunga comunicazione durante la visione.

Fu tutto un gesticolare, un andare e venire in piedi o sulle ginocchia tra il fondo della grotta e il Gave, alla ricerca di non si sa che cosa! Poi la si vide frugare nel suolo umido, in fondo e a sinistra della grotta, ripetutamente, tentare di bere un'acqua fangosa imbrattandosene il viso, strappare pure qualche filo d'erba che copriva il suolo e mangiarne!

Le sue due zie, Bernarde e Lucile, la quale non era ancora diciannovenne, non sapevano più cosa pensare! Scandalizzata che Bernardetta si facesse vedere in quelle condizioni, la sua madrina le asciugò il viso con il fazzoletto e ne approfittò per darle uno schiaffetto, che passò inosservato a tutti e anche alla stessa veggente.

Dopo un'ultima preghiera, tutti se ne andarono più o meno stupiti.

Il buon Estrade, l'esattore delle imposte che il giorno prima si era mostrato così entusiasta, e un certo numero di persone che egli aveva vivamente sollecitato a venire per vedere l'estasi di Bernardetta in preghiera, tutta questa gente che aveva potuto osservare questo « teatro » era, perlomeno, sconvolta e delusa da tale scena grottesca.

Poco dopo Bernardetta ne spiegò i motivi in casa Cénac, presso gli Estrade:

— *Aquerò* mi disse di andare a bere e lavarmi alla fontana. Non vedendone alcuna, stavo andando a bere nel Gave. Ma mi fece segno con il dito di andare sotto la grotta. Vi scavai e vi trovai un po' d'acqua, una sorta di melma, così poca che stava appena nel palmo della mia mano. Tre volte la buttai, talmente era sporca. La quarta volta ho potuto berne.

— Ma perché ti ha chiesto ciò?

— Non me l'ha detto!

Oltre alle parole già proferite ieri e ripetute oggi: « *Penitenza, penitenza, penitenza* » e: « *Andate a baciare la terra, in segno di penitenza per i peccatori* », questo giovedì 25 febbraio sono pronunciate altre due frasi: « *Andate a bere alla fontana e a lavarvi* », e: « *Mangerete di quell'erba che è là* ».

Questa delusione, questa perdita di fiducia non aveva colpito che una piccola parte degli spettatori, quelli dal « pensiero illuminato », che risiedevano a Lourdes e si trovavano per caso vicino a Bernardetta mentre andava e veniva. Questi benpensanti lanciarono immediatamente insulti contro di lei: « pazza » e « merdosa ».

Altre persone ebbero un'impressione diversa della situazione e, vent'anni più tardi, lo testimonieranno in occasione dell'inchiesta di padre Cros, nel 1878. Tra gli altri, la signora Marie Pailhès, moglie del cancelliere del tribunale e testimone della scena, si esprimeva: « Si sarebbe potuto dire ch'ella portasse su di sé tutti i peccati del mondo... » (LHA, IV, p. 333, nota 53).

Ma, fatto ancor più grave, il commissario Jacomet, che la domenica precedente aveva pensato di aver posto fine a questi fatti sconvolgenti, quel giorno ritornò da Tarbes con ordini precisi.

D'accordo con il procuratore, si decise nuovamente di convocare davanti al responsabile dell'ordine pubblico colei che creava tutto questo subbuglio, per tentare di evidenziare un'eventuale truffa, sempre possibile... e anche per avvertire la bambina e i suoi genitori dei pericoli che correva se continuava a sobillare tante persone.

La seduta, ancor più movimentata della prima, soprattutto per Louise che accompagnava la figlia, non ebbe maggior successo della precedente. Bernardetta non fece alcuna promessa, tenne testa, non si sentì affatto colpevole e, anzi, incoraggiò la mamma quando furono minacciate di essere messe in prigione! E finalmente uscì quasi trionfante dalla casa del procuratore, la quale da parecchio tempo era assediata da manifestanti che reclamavano la sua liberazione.

Tuttavia la maggior parte di quelli che al mattino si erano riuniti attorno a Bernardetta non avevano visto nulla. Non avevano saputo niente di quello che era successo. Sapevano solamente che era stata scoperta una sorgente. Nei giorni seguenti, benché non si trattasse che di un « filo d'acqua », questa sorgente fu senza dubbio un motivo in più per andare alla grotta, con Bernardetta o senza di lei.

Così, nella seconda settimana della « quindicina », il numero dei presenti passò da 300-400 a più di 1000 il 28 febbraio e a più di 3000 il 3 marzo, superando i 7000 il giorno 4!

Questa folla era generalmente attenta e silenziosa. Soprattutto durante l'estasi, nei momenti di preghiera della veggente.

Ma poiché il terrapieno davanti alla grotta non poteva ospitare più di 400-500 persone (da sei a otto in un metro quadro!), si sconfinava a ovest della grotta, sulla riva destra del Gave e al di là del canale, nell'isola dello *Chalet*, quando gli spettatori raggiungevano o superavano il migliaio.

La maggior parte dei partecipanti era certamente composta da donne di Lourdes, ma anche « da persone che non facevano parte del comune di Lourdes e che venivano dai paesi vicini ». La classe borghese e in particolare gli « uomini » erano assai poco rappresentati.

In seguito, sempre nella seconda settimana, si ebbe un giorno senza apparizione, venerdì 26 febbraio, e un nuovo messaggio il 2 marzo:

« *Andate a dire ai preti che si venga qui in processione e vi si costruisca una cappella* ».

La seconda parte di questa richiesta concernente la cappella fu rinnovata subito il 3 e il 4 marzo, e in seguito altre due volte:

« *Andate a dire ai preti di far costruire qui una cappella* ».

La richiesta di una processione, riferita al signor parroco in presenza delle sue due zie, le valse una sfuriata ancor più dura da sopportare che la collera del commissario. Tuttavia ella tornerà quella sera in canonica per dirgli: « Eppure la Signora vuole una cappella! ». Ciò non provocò un'altra « santa » collera del parroco.

Ma da quel momento tutto diventa complicato:

— la gente si assiepa sempre più nella *rue des Petits-Fossés*, attorno al *cachot*;

— i responsabili dell'ordine pubblico si danno da fare perché esso venga rispettato;

— i preti si chiedono se sia opportuno farsi vedere alla grotta.

Molti abitanti di Lourdes si pongono sempre più interrogativi.

Mercoledì 3 marzo c'è veramente troppa gente alla grotta e nei dintorni. Alle 7, vi sono più di 3000 persone, venute da oltre 20 chilometri di distanza, ma l'apparizione non avviene!

Però quello stesso giorno Bernardetta ritornerà con successo alla grotta, dopo la scuola e il pranzo.

Arriva *giovedì* 4 marzo, l'ultimo giorno della quindicina.

A partire dalla sera del giorno prima, in città si avverte una certa effervescenza negli abitanti, che evidentemente si aspettano qualcosa. E anche nei rappresentanti dell'ordine pubblico, allertati. Di notte, nelle strade che portano a Lourdes vi sono migliaia di « pellegrini » che vanno a prendere posto davanti alla grotta. Il mattino seguente si parla di una folla di 15.000-20.000 persone, da cui non si leva alcun rumore e che è stata costretta a disperdersi perfino sulla riva destra del Gave, di fronte alla grotta.

All'alba, il commissario è già là anche lui — restandovi per tutto il tempo necessario e prendendo appunti — quando arriva Bernardetta alle 7 passate.

Questo ritardo, come si saprà più tardi, è dovuto al fatto che quel mattino tre medici di Bordeaux erano venuti alle 5.30 per interrogarla e visitarla, senza concludere granché. E anche perché Bernardetta aveva dovuto assistere con la sua famiglia ad una messa celebrata alle 6.30 per la morte, avvenuta il giorno prima, di una delle sue zie, la sorella più anziana di François Soubirous.

La folla aspetta qualche evento che non sia riservato alla sola veggente... Si parla di « miracolo ».

Eppure non si verificherà nulla di sensazionale.

Solo un'apparizione ordinaria, simile a quelle dei giorni precedenti. Può darsi che sia durata un po' di più... circa 40 minuti?

La Signora ha rinnovato la richiesta di una cappella, sorridendo quando Bernardetta ha chiesto il suo nome, come al solito.

E poi la ragazza ritorna al *cachot* accompagnata dai suoi.

Ma subito la folla l'insegue, l'assedia per la via, la desidera, vuole vederla. La fanno salire al primo piano e comparire a una finestra. Quel giorno il maresciallo d'alloggio, comandante della brigata della gendarmeria locale, si espresse con una frase che resterà nelle antologie dell'epoca: « Il disordine fatto nel nome di Dio non è un disordine meno intollerabile! ».

Nel pomeriggio la folla è sempre enorme. Continua ad accalcarsi, chiede sempre di vedere Bernardetta, di toccarla. Quando si riesce ad avvicinarla, le viene offerto del denaro, ed ella ha il suo bel da fare per rifiutarlo!

Bernardetta riesce comunque a uscire dal *cachot* per andare a riferire al signor parroco cosa le è stato detto. In seguito, come d'accordo, trova rifugio presso il signor Clarens, direttore della scuola superiore e suo cugino, per sottrarsi a tutto questo fervore.

La notizia della guarigione di un cieco circola per la città.

« Un vento di miracoli » comincia a soffiare sulla regione, dopo quella giornata pazzesca in cui una folla infervorata e in attesa di un evento meraviglioso si è ritrovata delusa e, in un certo senso, imbrogliata.

Il giorno dopo si scatenano i detrattori. I giornali locali, ripresi da quelli di Parigi, orchestrano la delusione, sottolineano la credulità di coloro che sono venuti.

Quanto a Bernardetta, ella sembrava non avere più preoccupazioni per la grotta, pareva non pensarci più! Si era rafforzata nella salute, era anche più determinata. Fuorché nell'apprendimento della lettura e del catechismo!

Nella misura in cui era bersagliata, la sua semplicità, la sua stessa discrezione non soddisfacevano alcuno. Anzi deludeva!

Mentre tutti parlavano della « Vergine Maria », ella continuava a non « sapere » il nome da attribuire all'apparizione.

Ripeteva di non avere alcun potere, di non conoscere nessuno dei miracoli che le erano attribuiti!

Eppure cominciavano a verificarsi guarigioni grazie all'uso dell'acqua. Se ne diffondeva la voce a Lourdes. Tanto che il dott. Dozous ritiene opportuno cominciare a interessarsene.

D'altro canto, pian piano Massabielle comincia a divenire un luogo di culto, dove si accendono ceri, si va a prendere acqua. In presenza di qualche centinaio di persone viene collocata una statua di gesso della Vergine. Si comincia altresì a lasciare qualche monetina!

Ancora una volta, Bernardetta viene interrogata dalle autorità di Lourdes, a cui si è aggiunto il sindaco Lacadé. Sommersa dalle domande, non promette nulla... si accontenta di dire di non aver mai fatto niente per guarire chicchessia, né di sapere se tornerà alla grotta.

L'amministrazione è perlomeno soddisfatta, può tirare un sospiro di sollievo!

E così arriviamo a *giovedì* 25 marzo, giorno dell'Annunciazione alla Vergine Maria.

Verso le 4 del mattino Bernardetta si sveglia e avverte di essere chiamata alla grotta. Un po' prima delle 5 lascia il *cachot*.

Arrivata alla grotta, trova qualche decina di fedeli, e anche la « fanciulla », la visione. Il rosario, un po' di preghiera... ed ecco l'estasi solita. E poi, nel giro di un quarto d'ora, il suo viso diventa triste.

Si inoltra allora nella grotta, come aveva già fatto ogni volta che ne aveva ricevuto l'invito attraverso un segno.

Bernardetta le chiede ancora una volta il suo nome, s'ingarbuglia « in una bella frase che le era stata in gran parte consigliata ». La ripete, poiché non riceve alcuna risposta, se non un sorriso!

Alla quarta richiesta, *Aquerò* apre le mani giunte, stende le braccia verso terra. Poi lentamente le congiunge di nuovo all'altezza del petto e dice:

« *Io sono l'Immacolata Concezione* ».

L'apparizione termina così. Il colore ritorna sul viso di Bernardetta. Decide con gioia di lasciare il suo cero in quel luogo (ce ne saranno sessantacinque a mezzogiorno!). E soprattutto comincia ad accorgersi che il nome che le è stato rivelato non è semplice da ricordare e neppure da dire! Rapidamente, decide di andare a raccontare la notizia al parroco, il quale ne resta esterrefatto, all'inizio non vuole crederle. Poi la rimanda a casa, per non mostrare la propria emozione.

Il 27 marzo, Balencie, Lacrampe e Peyrus, tre medici di Lourdes invitati dal prefetto di Tarbes ad esaminare la veggente al fine di inquadrare l'eventuale problema, si recano alla scuola nell'Ospizio, da Bernardetta. Quattro giorni dopo, sollecitati a far conoscere il loro parere, fanno pervenire alle autorità un rapporto in cui si evidenzia soprattutto un lungo interrogatorio della piccola veggente, ma non viene espressa alcuna diagnosi e neppure una terapia. Infatti, secondo loro, quando « ella avrà ripreso le sue abitudini quotidiane, cesserà di pensare alla grotta »!

Due settimane dopo, il mercoledì di Pasqua, 7 aprile, dopo averne sentito l'attrazione il giorno prima, Bernardetta si reca ancora una volta alla grotta verso le 5 del mattino.

Vi trova già una folla di molte centinaia di persone. S'inginocchia, le viene acceso il cero... Comincia il suo rosario.

Ma Bernardetta e le persone al suo fianco sono disturbate dal dott. Dozous, venuto « per poter studiare il fatto religioso che si verifica qui » (*sic*).

La piccola veggente saluta, sorride e, improvvisamente, il suo viso si trasfigura. Continua il suo rosario, ma in modo irregolare. Di tanto in tanto, l'estasi la blocca.

Poco dopo, il dott. Dozous si accorge che le mani di Bernardetta sono scivolate sul cero, al punto che esso è tenuto dall'incavo delle mani, come se esse circondassero la fiamma del cero acceso... e questo per molti minuti.

Poi Bernardetta, si alza, saluta la nicchia, avanza sotto la volta. Il suo volto si fa sorridente o si rattrista. Da lontano, ci si accorge chiaramente che ella ode delle parole (oggi si sa chi è colei che le parla!) e risponde ad esse.

Un ultimo saluto con molta grazia e l'estasi termina. Sarà durata un'ora.

Il dott. Dozous si precipita ad esaminare le sue mani e non vi trova alcuna traccia di ustione. Allora, assai emozionato, dice semplicemente: « Ora ci credo ».

Dopo questa data, sembra che Bernardetta sia quasi dimenticata. Ma ciò che ha rivelato, questi avvenimenti, queste apparizioni hanno messo in subbuglio un'intera città.

Bernardetta, la piccola veggente, ha testimoniato che la Vergine Maria poteva essere vicina agli umili, a quei « poveri peccatori » che sono gli uomini.

Come potevano non avere un seguito tutte queste meraviglie? A Lourdes, certamente... Ma anche nella regione e addirittura in Francia!

A tutti i livelli: funzionari, gente di chiesa, credenti e increduli, giornalisti e illetterati, sani e malati, tutti cominciarono a porsi dei seri interrogativi.

Cosa bisognava pensare di tutto ciò? Di tutto quello che si diceva e si diffondeva? Non era finalmente arrivato il tempo dei « provvedimenti amministrativi »? Da chi dovevano venire gli ordini?

Il clero doveva prender parte o no a questo fermento? Doveva iniziare un'inchiesta, trattandosi di un evento di ordine religioso?

Tanto più che la grotta era adesso teatro di scene ridicole, esagerate, con altre veggenti che avevano visioni chiaramente false!

L'amministrazione reagì con un certo ritardo.

La sponda di Massabielle e la grotta vengono ripulite di quanto vi era stato lasciato, di ciò che le ingombrava. È vietato l'accesso alla sorgente. Vengono poste delle palizzate, che sono costruite, distrutte e rimesse a più riprese.

Infine, all'inizio del mese di luglio viene riportata rapidamente la calma per l'intervento del parroco Peyramale e del vescovo di Tarbes, contro l'abuso di certe persone.

Nel pomeriggio di venerdì 16 luglio Bernardetta sente nuovamente il desiderio fortissimo di andare alla grotta, dove non era più tornata da oltre tre mesi! Alle 20, accompagnata dalla sua giovane zia Lucile e da altre due ragazze, si dirige verso la riva destra del Gave, poiché una barriera di assi impedisce l'accesso alla riva opposta.

E là, proprio di fronte alla grotta, si inginocchiano e cominciano il rosario. Quasi subito l'apparizione si presenta con le mani rivolte verso il basso e sopraggiunge l'estasi.

Come al solito, il rosario continua, il viso di Bernardetta illuminato dal sole calante mostra una gioia profonda. Un breve quarto d'ora... e la veggente si alza. La Vergine Maria è scomparsa. Bernardetta non avrà più l'occasione di vederla sulla terra!

Dirà poco dopo: « Non vedevo né la palizzata né il Gave. Mi pareva di essere alla grotta, non più distante delle altre volte. Non vedevo che la santa Vergine ».

Abbiamo dunque riferito il racconto delle diciotto apparizioni secondo lo schema rigoroso di padre Laurentin.

Nel corso dell'esposizione abbiamo tentato — ma non osiamo pensare d'esservi riusciti veramente! — di aggiungere un certo numero di particolari inerenti al luogo, all'ambiente circostante e alla folla che accompagnò Bernardetta nei suoi incontri con *Aquerò*, i fatti e i gesti della quindicina e, più in generale, gli eventi significativi relativi a questa sorprendente « epifania » della Vergine Maria.

Qualche problema non è stato volutamente affrontato sino a questo momento. Ne trattiamo adesso.

L'estasi

L'estasi c'è stata ogni volta o quasi. Si manifestava attraverso un certo numero di fenomeni.

Abbiamo già accennato al pallore del viso, un biancore che una decina di testimoni hanno cercato di qualificare. Un biancore trasparente, luminoso. « È l'apparizione che la illumina », osò affermare un vicino.

Gli occhi sono fissi verso l'alto, in direzione di un anfratto della roccia sopra il roseto. È stato più volte notato che il respiro di Bernardetta era più facile, meno forzato di quanto lo fosse prima, come se fosse in qualche modo più libero. I saluti erano numerosi, spesso parecchie decine.

L'espressione del viso variava moltissimo: si poteva leggervi alternativamente gioia e sorrisi, sino al ridere fragoroso. E poi tristezza... ma le lacrime, raramente notate, sembravano dovute piuttosto ad una profonda emozione.

A proposito dei gesti, dei segni di croce che le persone vicine la vedevano eseguire con una grazia infinita e sorprendente, Bernardetta ebbe modo di dire: « Ho fatto come la visione ».

Al di fuori degli spostamenti che avvenivano in modo assai animato (come quando fu scoperta la sorgente), l'immobilità era la regola. Un'immobilità ieratica. Appariva separata dal mondo, sembrava che non vedesse e non udisse, che fosse insensibile al dolore, al disagio, alla fatica. Eppure quando si verificava qualcosa di inquietante e la sua concentrazione era disturbata, era capace di vedere e udire, come ha dimostrato a più riprese.

Durante l'estasi parlava in modo silenzioso o, quanto meno, impercettibile. Era in grado di compiere gesti utili con accortezza. Questa sconnessione si verificava più o meno con la recita del rosario, che continuava per 15-20 minuti, sino alla fine. Poi un segno di croce, eseguito sempre con estremo fervore.

In seguito iniziava un colloquio, una sorta di dialogo, talvolta nello stesso posto o sotto la volta della grotta.

E alla fine, dopo un ultimo cenno di saluto con la testa o col busto, il colorito e i gesti della veggente ritornavano normali. Allora Bernardetta si alzava, né fiacca né abbattuta; spesso, assorta in ciò che aveva appena vissuto o ascoltato, rattristata di lasciare « il suo cielo ».

Infine, riguardo a questa condizione estatica, è accertato che:

— essa non è mai stata accompagnata da « crisi » né manifestazioni strane; non è mai stata seguita da torpore o ebetudine;

— talvolta non determinava un distacco completo dall'ambiente circostante.

Ciò che Bernardetta ha visto

Fino a questo momento non è stata riportata in dettaglio la testimonianza della stessa veggente a proposito di ciò che *vedeva*.

Ma quando venne deciso di collocare una statua nel luogo dell'apparizione raffigurante la visione che ella aveva contemplato, le fu chiesto di descrivere a parole e con la massima precisione possibile ciò che le era stato concesso di vedere, di descrivere la visione che si era data il nome di Immacolata Concezione. Allora cominciarono le difficoltà! *Aquerò* era graziosa, più che bella, quasi leggiadra. Con il suo vocabolario povero, Bernardetta sapeva specificare solo i dettagli del suo vestito. E quelli che descriveva erano pressappoco simili ai particolari degli abiti delle « figlie di Maria » di Lourdes.

La grazia che emanava dalla Vergine era ineffabile, indescrivibile per lei. Tutt'al più Bernardetta rifiutava quelle che le venivano proposte come immagini della Vergine di allora. Non ne era mai soddisfatta.

A suo parere, *Aquerò* era una ragazza giovane, *assai* giovane, e piccola. Quasi una sorta di proiezione di se stessa. Insomma, le sue innumerevoli testimonianze sull'argomento tendono tutte a stabilire che l'apparizione era pressappoco della sua età e statura.

Aquerò si mostrava al centro di una luce bianca che si irradiava, anch'essa indescrivibile. Una statua non avrebbe potuto riprodurla. E questa irradiazione non abbagliava.

La Vergine non articolava alcuna parola né muoveva le labbra quando parlava. Il suo viso esprimeva placidamente gioia e mestizia. Faceva scorrere tra le dita i grani del rosario, si faceva maestosamente il segno della croce, congiungeva le mani, apriva le braccia come la Vergine della medaglia miracolosa (priva però dei raggi). Poi scompariva, lasciando dietro di sé una luce che si attenuava a poco a poco.

Si sa che Bernardetta non fu mai soddisfatta dell'opera dello scultore Fabish! Mai approvò la statua definitiva che orna tuttora la nicchia dell'apparizione.

Ciò che Bernardetta ha udito

Aquerò aveva una voce fine e dolce. Parlava ad alta voce senza muovere le labbra. Bernardetta ne udiva le parole con le orecchie e si stupiva che gli spettatori più vicini non le sentissero anche loro. In altre occasioni, invece, « ascoltava » con il cuore (parole segrete?).

Comunque l'apparizione le aveva sempre dato del « voi »! Le aveva parlato unicamente nel « patois » di Lourdes: questo non è stato sinora rispettato, poiché ho dato sistematicamente la traduzione francese più comunemente ammessa.

L'unica eccezione, problematica per molti, a questa regola riguarda il 25 marzo, quando *Aquerò* si è data un nome. I documenti che provengono *direttamente* — anche se molto più tardi — da Bernardetta, dettati o scritti da lei stessa, riportano tutti: « Que soy l'Immaculé(e) Counceptiou » (cfr. LHA, VI, pp. 95 e 96: trascrizione di padre Mariotte nel settembre 1863 e di padre Cros nell'ottobre 1865; LHA, III, pp. 234 e 235: copia del manoscritto di Bernardetta effettuata nel medesimo giorno di ottobre del 1865).

Viene subito in mente una domanda per nulla secondaria, sulla quale è certamente opportuno soffermarsi un attimo. È così che Bernardetta ha realmente udito le ultime due parole di questa frase tanto importante?

Per padre Laurentin, sembra di no, dato che egli riporta nel suo racconto (*ibid.*, p. 121): « Que soy era Immaculada Councepciou », come nella « formula fissata ». Tuttavia in una nota (n. 71) a piè di pagina è indotto a precisare: « Si vedrà il problema che suscitano le due parole seguenti, che Bernardetta trasmette generalmente in francese (*l'Immaculée*) invece che in "patois" (*era Immaculada*) ».

Più avanti il medesimo autore (LHA, VI, par. 4, p. 99) ammette che la stessa parola *Immaculé(e)* ha potuto far parte del messaggio:

> È così che la Vergine le ha detto, il 25 marzo 1858, o piuttosto è lei (Bernardetta) che ha cambiato?
>
> La prima ipotesi non è del tutto inverosimile.
>
> La Vergine avrebbe potuto dire le tre parole in francese come fa un predicatore che infiora i suoi discorsi con espressioni latine.
>
> Questa ipotesi sarebbe tanto più plausibile dal momento che il francese era la sola lingua con cui si pregava e si insegnava a Lourdes.
>
> Dire queste parole in francese sarebbe stato conforme all'abitudine.

Ma in seguito egli sembra contraddirsi:

> Così l'anomalia delle due parole francesi sembra proprio dovuta a Bernardetta. Ella ha inteso manifestare e spiegare in francese il mistero dell'Immacolata Concezione, e le due prime parole *hanno influenzato l'originale* « era Immaculada ».

Confesso di non capire bene:

— come hanno potuto due termini francesi, dunque appartenenti a una lingua pressoché straniera per Bernardetta o perlomeno non familiare a lei, *influenzare* altre due parole dialettali nel cervello della veggente;

— su cosa si basa padre Laurentin per asserire, contro l'opinione della stessa Bernardetta, che le due parole *originali* sono state « era Immaculada ».

Ma non è compito mio chiudere questo dibattito tra specialisti! In compenso mi sento in obbligo di far presente un'altra contraddizione.

In LDA (VI, n. 935, verso la fine del documento, a p. 143, terza riga) si trova « la relazione di Bernardetta Soubirous raccolta un'ultima volta... il 7 dicembre 1860 » dal canonico Fourcade, allora segretario della commissione istituita da mons. Laurence per fornirgli il risultato di un'inchiesta sugli avvenimenti di Lourdes (di cui parleremo più avanti). Vi è specificato:

> Bernardetta ha dichiarato di non aver mai sentito parlare di Immacolata Concezione.

Quando invece è stabilito che:

> A partire dal 1855 la popolazione di Lourdes fu istruita sul dogma dell'Immacolata Concezione attraverso l'azione combinata dei preti della parrocchia, delle suore dell'Ospizio e degli appartenenti alle congregazioni, sotto le direttive di mons. Laurence. È certo che la gente di Lourdes, tradizionalmente docile alla voce dei suoi preti, si è sforzata di onorare Maria col nome di Immacolata Concezione. Verosimilmente la nuova denominazione Immacolata Concezione, pressoché esclusivamente udita pronunciare in francese nell'Ospizio, al catechismo parrocchiale o dall'alto del pulpito, si è conservata tale e quale nelle conversazioni nel dialetto di Lourdes, così come si vede succedere ancora oggi per tutte le parole straniere importate di recente. In questo modo, il 25 marzo Bernardetta avrebbe *udito* a Massabielle: « l'Immaculée Conception », ossia ciò che per lei prima era stato l'oggetto di una sensazione (padre X. Recroix, *Essai sur le rôle du facteur social dans le cas de Bernadette Soubirous*, p. 471).

Oppure si può almeno parlare di « percezioni uditive », soprattutto per *Immaculée*, la prima di queste due parole, che era ancora più corrente e più usuale: « Ô Vierge Immaculée ». Perciò senza dubbio era maggiormente impressa nella sua memoria uditiva.

La seconda parola (*Conception*), udita assai più raramente, aveva molte più possibilità di essere alterata nella sua forma.

Queste riflessioni ci conducono all'ultimo problema da sollevare senza avere la minima pretesa di risolverlo.

In base alla sua testimonianza, Bernardetta ha avuto apparizioni o semplici visioni?

O meglio, per essere più chiari: si può oggi affermare che Bernardetta ha realmente avuto « un'*apparizione oggettiva* del corpo glorioso » della Vergine Maria? Oppure si deve ritenere più pertinente la teoria « che sostiene una *visione di ordine soggettivo*, immaginativo », derivante da un processo di tipo ammaliante cui Bernardetta sarebbe andata soggetta?

Il dibattito è antico, e ancora una volta non ho la pretesa di chiuderlo in modo definitivo!

Il parroco Peyramale sembra averlo ben conosciuto. Egli ha corretto di sua mano la relazione del canonico Fourcade del 7 dicembre 1860, che ho ricordato sopra, sostituendo almeno due volte il termine « visione » con « apparizione ».

I fedeli, i devoti di Lourdes, dopo Bernardetta, non si pongono assolutamente questo problema. Mi pare che ammettano semplicemente che la Vergine è venuta a visitare la grotta di Massabielle con il suo corpo glorioso. Inoltre non sono molto aiutati dai libri classici dedicati a Lourdes, che in proposito mantengono per lo più un silenzio prudente.

Si può credere alle apparizioni *oggettive* della Vergine... Questa convinzione mi sembra possibile, tradizionale e anche rispettabile.

Ma se si vuol essere fedeli alla testimonianza di Bernardetta, come si può conciliare questa convinzione con la statura ridotta e, soprattutto, l'estrema giovinezza di *Aquerò*? E con il fatto che, dopo l'ultima apparizione (quella del 16 luglio quando la veggente era sulla riva del Gave), Bernardetta ha potuto dire: « Mi è sembrato che fosse come le altre volte »?

Citiamo in proposito l'opinione di qualche autore.

a. Nell'opera *Vraies et fausses apparitions dans l'Église*, padre Marc Oraison, già medico interno degli ospedali di Bordeaux, dottore in medicina e psichiatria, si interroga sul concetto di apparizione. In proposito, egli parla di « fenomeno esclusivamente soggettivo ».

Anzi, per lui questo giudizio « non rappresenta una posizione *a priori*, ma la constatazione di una realtà » (*ibid.*, pp. 125-126). Il « contenuto di ciò che avviene », il contenuto delle apparizioni della Vergine è variabile.

Poiché nessuno ha mai visto la santa Vergine se non nelle rappresentazioni artistiche, è lasciato « campo libero all'immaginazione [dei veggenti], un'immaginazione sincera, ma alimentata dal contesto affettivo, culturale... ». Aggiungerei: tradizionale, religioso e dell'epoca della persona veggente.

Essendo uno psichiatra, egli ritiene che bisogna pensare a « un meccanismo allucinatorio », poiché il soggetto percepisce veramente qualcosa che non esiste, la cui esistenza non può essere oggettiva né può essere percepita da qualcun altro. Si tratta praticamente di una « percezione senza oggetto ».

b. Nell'articolo *Les apparitions et les visions au regard de la psychiatrie et de la psychologie religieuse*, Th. Kammerer, professore onorario della cattedra di psichiatria della facoltà di medicina di Strasburgo, si spinge ancor più in là.

In primo luogo egli considera che, per un credente, il mondo soprannaturale è una realtà che si colloca nel mondo oggettivo. Ne consegue che l'uomo in preghiera non può avere la sensazione di un monologo. Per alcuni il vuoto sensoriale dell'orazione può riempirsi, mediante l'immaginazione, di tutto il supporto che ha avuto modo di accumulare in passato, di tutto il suo « patrimonio culturale, in un certo senso ».

> Questa attività immaginativa può variare molto di intensità... Quando essa è assai vivace e si accompagna ad un'estasi, correlativo di una concentrazione intensa e di un isolamento sensoriale più o meno completo, l'attività immaginativa può dare al

soggetto la convinzione che la proiezione suscitata faccia parte della realtà.

Ma anche se il soggetto la percepisce come un'apparizione, in realtà non è altro che una visione, secondo lo psichiatra.

San Giovanni della Croce e i trattati di teologia mistica distinguono le rappresentazioni che si producono nei « sensi corporali esterni » (ciò che è percepito dai sensi) dalle « visioni che si manifestano ai sensi interni, che sono l'immaginazione e la fantasia ».

Questa è la distinzione che si fa oggi tra « immaginario interiore... e immaginario proiettato, *allucinatorio* ». Si può, dunque, pensare che esistono visioni, « proiezioni dell'immaginario, che vengono dal mondo interiore del soggetto » attraverso mezzi naturali, umani.

Non è meno vero che il veggente, nella convinzione della realtà di ciò che vede e nell'esaltazione che accompagna la sua visione, la consideri in assoluta buona fede come un'*apparizione*, un'emanazione del mondo soprannaturale.

Inoltre: « Come negare che l'azione divina... si manifesti in quella condizione di apertura al soprannaturale che è la preghiera e più particolarmente nei momenti di intensa concentrazione dell'estasi? ». Ma « che siano ispirate o no, le sottende sempre lo stesso processo psicologico »!

In ogni caso, per il prof. Kammerer è assolutamente indispensabile procedere a un esame psicologico approfondito, che permetta di diagnosticare l'assenza di uno stato psicotico.

> Se il soggetto presenta una personalità normale, ben inserita nella realtà, priva di ogni disordine nel comportamento, si può essere tentati di escludere l'allucinazione insieme alla psicosi, e di accettare che si tratti di un'apparizione.
>
> È una conclusione troppo sbrigativa: esistono... allucinazioni e illusioni cosiddette normali, cioè al di fuori di un contesto psicotico.

Questo studio permetterà, dunque, di riconoscere la possibilità di una visione, ispirata o no, in un soggetto indenne da qualsiasi processo patologico.

Qui ha termine il ruolo del medico esperto! Non è compito suo distinguere tra una semplice visione, anche estatica, e « una visione ispirata ». Ciò riguarda piuttosto « un approccio spirituale e dottrinale, che costituisce la procedura canonica messa in atto dal vescovo del luogo ». Eccezionalmente, costui può « disporre di elementi necessari e sufficienti per dichiarare che la visione è ispirata dallo Spirito Santo e portatrice di un autentico messaggio soprannaturale ».

Questo è stato certamente il caso di Bernardetta. Tutti lo riconoscono!

c. In LHA, III, p. 276, nota 11, René Laurentin riporta diffusamente l'opinione di uno psichiatra (espressa in una lettera personale e, dunque, senza l'autorizzazione formale di svelarne il nome) a proposito di una domanda che è senza dubbio di questo tipo: « Secondo lei che è un medico specialista, bisogna pensare che ciò che ha potuto *vedere* e *udire* Bernardetta alla grotta di Lourdes facesse parte di apparizioni o di visioni? ». In altri termini: « Le percezioni sensoriali provate da Bernardetta in estasi sono da collocare nell'ordine dei fenomeni *oggettivi* o *soggettivi*? ».

Ecco qualche parte della risposta pervenuta dallo specialista:

> Credo che sarebbe errato descrivere i sintomi specifici dell'estasi. Un'esperienza mistica, un'esperienza delirante e morbosa e un'esperienza passionale possono avere esattamente le stesse espressioni emozionali e le stesse ripercussioni neurovegetative. È il grado della concentrazione (e la separazione dal mondo esterno) che condiziona queste reazioni, non la qualità del vissuto interiore. (...) I criteri del soprannaturale, dunque, non si trovano nella descrizione dell'estasi, ma nel suo contesto:
> — assenza di manifestazioni patologiche, al di fuori delle esperienze mistiche;
> — santità della persona;
> — valore teologico del suo messaggio;
> — coerenza e perseveranza;
> — fecondità sociale.
>
> A questo riguardo, il caso di Bernardetta è significativo...
>
> Per quanto concerne il contenuto di un'estasi, neanch'io penso che sia assolutamente necessaria l'alternativa: apparizione oggettiva di un corpo glorioso o visione soggettiva. (...)
>
> Comunque, la manifestazione del soprannaturale non può verificarsi che rendendosi accessibile ai sensi umani, sia sotto forma di un oggetto percettibile sia, molto più spesso, per un processo onirico, allucinatorio.

Perché il dispositivo allucinatorio non può essere impiegato così come le voci interiori?

Non vedrei dunque alcun problema nel considerare ciò che ha visto Bernardetta come una visione allucinatoria elaborata nell'esperienza mistica, e cioè in piena apertura soprannaturale, fermo restando che qui il termine « allucinatorio » non implica una psicosi.

d. Anche il prof. Jean Lhermitte esprime la stessa opinione in *Le problème des miracles* (p. 190). Citiamolo:

Non c'è nessun bisogno di invocare un processo indipendente dalla psicologia per spiegare le visioni, le audizioni e tutti i fenomeni che abbiamo appena ricordato. Detto ciò, non vogliamo dire che certe audizioni o visioni non abbiano come origine un principio soprannaturale. Così, per esempio, nulla impedisce di credere che la missione di santa Giovanna d'Arco sia stata voluta o guidata da Dio, senza per questo essere costretti ad ammettere che le visioni e le audizioni di santa Giovanna d'Arco riguardino un processo psicologico inconcepibile, al di fuori di ogni meccanismo che si conosce in psicologia.

Ecco infine una conclusione che mi pare essenziale:

Il meccanismo che regola questi fenomeni è umano; l'avvio di questo meccanismo è, forse, di competenza divina.

e. Cosa ne pensa padre Laurentin, autore a cui facciamo riferimento (cfr. LHA, III, pp. 273-293)?

L'abbiamo appena visto: egli cita diffusamente l'opinione di uno psichiatra senza farne il nome, opinione simile a quella del sopraccitato prof. Kammerer. In seguito, desiderando essere imparziale, egli allude alle ragioni della teoria detta « soggettiva », quella di una visione che dipenderebbe anzitutto dalla persona veggente.

Poi esamina perché la teoria oggettiva, di volta in volta:

— può essere « non valida », se impone che la Madonna lasci il Cielo « per presentarsi nella nicchia dell'apparizione » secondo le modalità terrene e materiali di un oggetto sensibile (*ibid.*, p. 279);

— può essere invece ammissibile, se si considera accettabile che il corpo glorioso della Vergine si sia realmente manifestato a Bernardetta, nella misura in cui la Madonna « sembra aver raggiunto i sensi della veggente per le vie dell'anima, piuttosto che l'anima attraverso i sensi » (*ibid.*, p. 284).

Infine, dopo aver giudicato troppo ardua la domanda formulata nei termini di « visione o apparizione » per poter risponderci in modo definitivo, padre Laurentin conclude proponendo « quello che importa » a suo parere, ciò che gli sembra « *essenziale* per salvaguardare l'autenticità delle apparizioni di Lourdes »:

> È escluso che l'azione soprannaturale di Dio si eserciti in maniera ingannevole. Chiunque ammette l'autenticità dei fatti di Lourdes, deve rispettare questo principio fondamentale che resta salvo, a due condizioni: *che le cognizioni di Bernardetta derivino da Nostra Signora e che si attengano a lei* (*ibid.*, p. 289).

Non andremo oltre!

f. Diamo infine la parola a padre X. Recroix m.i.c.

> Visioni e, più tardi, audizioni rimarranno in gran parte tributarie di una certa pressione sociale che, prima dell'11 febbraio 1858, ha influito su tutta la vita della fanciulla. Ma l'intervento della personalità della veggente fa pensare che, nello svolgersi dei fatti di Massabielle, non ci sia stata una riproduzione passiva di materiali già visti e ascoltati, bensì una nuova *conformazione*, più o meno in funzione dei problemi vissuti dalla ragazzina.

Basti citare, come abbiamo tentato di fare anche noi in modo più o meno felice:
— la bella storia di Anglèse;
— la relativa attualità del dogma dell'Immacolata Concezione;
— « l'inconsapevole sforzo di ''personalizzazione'' fatto da una ragazzina in una società in cui il soprannaturale aveva una ruolo preponderante nella vita di ogni giorno ».

E aggiungerei la ferma determinazione di Bernardetta ad *arrivare* finalmente a qualcosa, a evadere dalla condizione nella quale si sentiva trattenuta da certe costrizioni sociali ma anche dalle proprie capacità e attitudini limitate!

Più avanti, padre Recroix ammette apertamente « che una condizione simile al sogno si dimostra incapace di spiegare da sola l'insieme dei fatti vissuti o subiti da Bernardetta». E prosegue:

> Tentare di spiegare una serie di visioni o audizioni è diverso dal voler conciliare con una speculazione dello spirito ciò che sembra dipendere da un altro ordine di cose:
> — la ricchezza e, nello stesso tempo, la *semplicità* di ciò che è stato visto e udito;
> — il notevole *equilibrio* di cui darà sempre prova la ragazzina gracile e illetterata, sommersa dall'esaltazione popolare;
> — o meglio, le guarigioni spettacolari che sono ben presto attribuite all'acqua sgorgata sotto le dita della fanciulla.

E la sua opera termina con una conclusione formale affatto esplicita:

> In uno studio tanto oggettivo quanto possibilista, nulla, salvo una preliminare opzione filosofica, può giustificare a questo punto il diniego senza appello di un intervento del soprannaturale nella vita di Bernardetta Soubirous.

Spetta ora a me concludere questo primo capitolo. Lo farò — c'è da meravigliarsene? — in primo luogo come medico, quindi associandomi alle opinioni concordi degli specialisti in questo genere di fatti, molto più idonei di me a giudicare.

1. Vi sono molte possibilità che ciò che ha visto e udito Bernardetta possa contemporaneamente dipendere da un meccanismo umano ed essere una « visione elaborata in seno a un'esperienza mistica, cioè in piena apertura soprannaturale ».

2. La questione dell'« avvio » di questo fenomeno, cioè la percezione della sua causa, della sua origine, non potrà essere di competenza di una perizia medica. Al contrario, questo discernimento « spetta a un approccio spirituale e dottrinale dell'autorità canonica ». Poiché solamente essa può « disporre di elementi necessari e sufficienti per dichiarare che la visione è ispirata dallo Spirito Santo ».

3. Di conseguenza, dichiaro di sottoscrivere pienamente la principale dichiarazione che mons. Laurence, vescovo di Tarbes, ha solennemente inserito nella sua lettera pastorale del 1862: « Qui c'è la mano di Dio ».

4. Anzi, riguardo a ciò che ha visto e udito Bernardetta,

dobbiamo riconoscere che « i criteri del soprannaturale » non dipendevano dalle particolari condizioni nelle quali si trovava la fanciulla nei primi mesi dell'anno 1858, ma certamente molto di più da ciò che la veggente ha mostrato in seguito e che oggi siamo in grado di apprezzare meglio. E cioè:

— l'assenza, durante tutta la sua vita, di manifestazioni dello stesso tipo, il suo evidente *equilibrio psichico* a dispetto delle notevoli pressioni a cui gli uni o gli altri la sottoposero continuamente, sia a Lourdes sia a Nevers;

— la *semplicità*, la ricchezza del suo messaggio, specie del suo valore teologico tuttora in fase di approfondimento;

— la *coerenza* e la continuità della sua testimonianza;

— la *fecondità* sorprendente e sempre attuale di Lourdes, come luogo di preghiera e di conversione... e guarigioni fisiche;

— infine la *santità* della sua persona, riconosciuta presto e senza difficoltà.

Tutto ciò implica che il fenomeno delle « apparizioni a Bernardetta » è stato ispirato e vissuto in piena apertura soprannaturale.

Posso aggiungere che, a dispetto di un approccio originale, riecheggiano le conclusioni della monografia di padre Recroix dedicata al « fattore sociale nel caso di Bernardetta Soubirous ». Esse non si oppongono affatto a questa concezione.

È proprio il caso di pensare che, a suo modo e con la Vergine Immacolata, la piccola Bernardetta, così umile e provata, ha conosciuto lo stesso giubilo che Maria ha saputo esprimere nel suo *Magnificat*:

> Il mio spirito esulta in Dio, mio Salvatore,
> poiché egli ha guardato l'umiltà della sua serva.

CAPITOLO II

Le primissime guarigioni di Lourdes (1858ss)

Sulla base di molte testimonianze dell'epoca, come abbiamo già detto, si può stabilire che, molto prima del 25 marzo 1858, la segreta convinzione della maggioranza degli abitanti di Lourdes era considerata « certa anche se prematura », come scrisse mons. Laurence. Per i contemporanei, quasi dall'inizio delle apparizioni era stata indubbiamente la Vergine stessa ad apparire alla piccola Bernardetta, e alcuni si chiedevano perché era stata scelta proprio lei.

Non è meno certo che lo spettacolo penoso dato dalla piccola veggente al momento della scoperta della sorgente fu un momento che tutti cercarono di dimenticare. In compenso, l'acqua che scaturiva dalla sorgente fu quasi subito oggetto di grande devozione: l'affluenza di persone alla « fontana » per procurarsene fu già notata il giorno dopo, e da allora non ha smesso di aumentare.

Molto presto malati e storpi, ispirati da fede e speranza, si sono serviti dell'acqua sgorgata sotto le dita di Bernardetta, per lavarsi o berne un po'. Nel contempo, secondo l'opinione pubblica, quest'acqua fu all'origine di guarigioni improvvise e sicuramente « miracolose », il cui numero venne certamente amplificato.

Facciamo rilevare che questa convinzione era necessariamente sostenuta dal fatto che a quell'epoca guarire da un'infermità o da una malattia era un evento quasi del tutto sconosciuto.

Qualche settimana dopo, l'eco suscitata da queste numerosissime guarigioni — forse un centinaio — indusse anche il dott. Dozous a decidere di occuparsene seriamente. O almeno si dichiarò disposto a incontrare i « guariti » che gli venivano segnalati, a raccogliere annotazioni sul loro conto per una sorta di osservazione medica.

Dopo qualche mese, l'autorità ecclesiastica, che aveva deliberatamente evitato di prendere parte a tutti questi avvenimenti per non essere giudicata precipitosa, all'inizio dell'estate pensò che fosse giunto il momento di prendere determinate decisioni, al fine di « constatare l'autenticità e la natura dei fatti » nel caso di un'« apparizione vera o presunta della Vergine santissima ».

Perciò il 28 luglio 1858 mons. Bertrand Laurence costituì una commissione di esperti, incaricati di rispondere a una serie di precise domande riguardanti la realtà:

— delle guarigioni « operate attraverso l'acqua della grotta »,

— delle « visioni di Bernardetta », il suo oggetto, il suo messaggio e la loro spiegazione naturale e soprannaturale.

In via accessoria, il parere della commissione doveva vertere anche sull'esistenza, preliminare o meno, della sorgente scoperta dalla veggente.

Dunque questa commissione era anche « istituita allo scopo di indagare se le guarigioni potessero essere spiegate in base alla natura, o se esse andassero attribuite a una causa soprannaturale ».

Così mons. Laurence, ordinario del luogo e, secondo il diritto canonico, incaricato dalla Chiesa di stabilire possibilmente « la natura soprannaturale degli eventi di Lourdes », imbarazzato dalla loro stranezza, cercò in modo coraggioso e concreto i mezzi per procurarsi « gli elementi indispensabili per arrivare a una soluzione » e aprire « una discussione ampia, sincera, coscienziosa, chiara in senso scientifico ».

Uno studio storico richiederebbe che qui siano riferiti i fatti e le azioni di questa commissione, il viavai dei suoi membri per portare a termine la missione loro affidata.

E poi occorrerebbe riferire le conclusioni e i risultati acquisiti al termine dei loro lavori, e trasmessi a mons. Laurence nel giro di un anno. Ma il nostro progetto è leggermente diverso. Aspiriamo ad un'opera di medicina pratica e non di storia!

Infatti ci proponiamo di seguire l'inchiesta di questa commissione a proposito di un caso concreto come quello della guarigione di Louis Bouriette, indicando il modo in cui è stato studiato, quali mezzi sono stati utilizzati per portare a termine il controllo di questa guarigione.

Se oggi non ci sono dubbi sull'esistenza e sulla realtà di questo caso, e considerato che figurava certamente nel repertorio medico del dott. Dozous andato perso o non più trovato ma certamente esistito, la prima testimonianza scritta a nostra disposizione che segnala tale guarigione si trova nel rendiconto della terza seduta della commissione, tenutasi il 6 agosto 1858. Infatti non si è potuto scoprire nessun altro documento anteriore.

Si afferma dunque:

> Il dott. Dozous si è affrettato a rispondere all'invito rivoltogli dalla commissione e ha lasciato al segretario un certo numero di documenti preziosi; si tratta di pezzi autentici, lettere, relazioni su guarigioni straordinarie.

Tra le dodici guarigioni dichiarate che furono ricordate quel giorno, vi è quella del cavapietre Louis Bouriette.

> Infine l'episodio più clamoroso è la guarigione pressoché istantanea del sopraccitato Louis Bouriette di Lourdes. Egli aveva perso un occhio a causa di una scheggia di pietra, mentre faceva brillare una mina. In seguito a questo terribile incidente, il medico che l'aveva curato per vari anni aveva rinunciato a curarlo da più di un anno, avendolo giudicato inguaribile. Louis Bouriette si è lavato alla grotta e ha perfettamente... ricuperato la vista.
>
> La commissione esprime la sua soddisfazione per queste comunicazioni preziose; incarica il segretario di esprimere tutta la sua riconoscenza al dott. D*au*zous; e sarà ben felice se egli vorrà continuare ad inviarle i nuovi documenti che potrà raccogliere.

Tre mesi dopo, nel novembre 1858, la commissione, riunita per la settima volta, decide di nominare una sottocommissione, incaricata anzitutto di andare dalle persone « guarite » per interrogarle a casa loro, nella loro parrocchia, e « constatarvi regolarmente i fatti principali delle guarigioni operate e attribuite alle virtù dell'acqua della grotta ».

La « deposizione » di Bouriette fa parte di un verbale ancora in nostro possesso e riportato da padre Laurentin (LDA, V, p. 135).

Si è presentato il sig. Bouriette (Louis), intagliatore di pietre residente a Lourdes, di 54 anni. Sono trascorsi circa vent'anni da quando, facendo brillare una mina, suo fratello rimase ucciso accanto a lui, mentre il suo stesso viso venne fortemente deturpato e l'occhio destro fu particolarmente colpito da una scheggia. In seguito a questo incidente, atroci dolori gli fecero perdere la ragione per più mesi. Sottoposto a cure assidue e intelligenti, Bouriette poté infine riprendere il lavoro, ma con l'occhio ferito vedeva pochissimo e quando doveva dedicarsi a un lavoro un po' più delicato ed eseguirlo con maggior cura era obbligato a chiedere aiuto ad altri. Soprattutto negli ultimi due anni, la capacità visiva dell'occhio ferito si era indebolita sensibilmente ogni giorno di più, e il medico a cui confidava le sue paure e le sue preoccupazioni aveva dovuto convincerlo a rassegnarsi a perdere l'occhio, dicendogli che non conosceva più alcun mezzo per migliorarlo, ma che l'occhio rimastogli avrebbe supplito all'assenza dell'altro, perché sarebbe diventato più potente. Nel frattempo la notizia dei fatti della grotta di Massabielle si diffondeva rapidamente, e Bouriette ne sentì parlare. Sua figlia andò alla grotta, dove l'acqua era ancora scarsa: ne raccolse un po' e la portò al padre. Non appena questi si lavò l'occhio, percepì la luce; due ore dopo distingueva gli oggetti e avrebbe anche potuto leggere qualsiasi cosa, seppure con qualche difficoltà. Continuò a fare abluzioni per una quindicina di giorni per consolidare la guarigione, ma è certo che a partire dal terzo giorno vedeva perfettamente. Ha fatto delle prove in presenza della commissione (*ibid.*, p. 7). Ha letto alternativamente con un occhio solo, ha riconosciuto che riusciva a leggere anche con maggior facilità con l'occhio che era ammalato e che aveva praticamente perso. Il sig. Bouriette dichiara di essere convinto che la sua guarigione non può che essere attribuita alla speciale protezione della santissima Vergine, che l'acqua della grotta di Massabielle ha la proprietà di guarire in virtù di questa potente protezione. Questo caso era stato segnalato alla commissione dal dott. Dozous di Lourdes con una relazione particolareggiata e una dichiarazione scritta del sig. Bouriette, in perfetta armonia con la presente relazione.

B.-H. Nogaro, arciprete; Peyramale, parroco; G(ermai)n Baradère, canonico; Fourcade, canonico e segretario.

Nel marzo 1859, dopo qualche altro viaggio e incontro con persone guarite, i membri della commissione incaricarono il canonico Baradère di stilare un rapporto sull'attività svolta, da sottoporre a mons. Laurence.

Dall'esame approfondito di questo documento si evince che:

1. il suo autore è stato verosimilmente aiutato da un medico nella stesura (cfr. LDA, V, p. 34);

2. la commissione fu incline ad essere favorevole o sfavorevole in certi casi di guarigione, e ci fu un dibattito;

3. fu giudicato che solo dodici delle parecchie decine di casi proposti presentavano « un vero carattere *soprannaturale* », ricorrendo tutto sommato a una griglia di criteri logici inerenti:

a. « la natura e la gravità della malattia anteriore;

b. la rapidità del fenomeno;

c. i mezzi per ottenerlo », cioè: « l'agente comune delle svariate guarigioni: l'acqua della grotta ».

Facciamo rilevare per inciso che il caso della guarigione di Louis Bouriette non fa parte di questa categoria, ma è classificato in un altro gruppo per il quale la commissione « sarebbe propensa ad ammettere qualcosa di soprannaturale ».

Questa relazione fu presentata a mons. Laurence, che la considerò con la massima attenzione e con tutto il suo senso critico; vi fece annotazioni pertinenti e attestate. Un anno dopo, nel marzo 1860, a sua volta la sottopose alla perizia di un'autorità del luogo in campo medico. Infatti si trattava, al tempo stesso di un professore della facoltà di medicina di Montpellier e dell'ispettore delle acque di Barèges: il prof. Henri Vergez.

Gioverà sottolineare che l'esame di questo *dossier* da parte del prof. Vergez, effettuato inizialmente solo sul documento, fu realmente un'analisi metodica, basata sulle conoscenze delle patologie e, più in generale, sulla scienza clinica e la pratica medica dell'epoca:

— in primo luogo tentò di formulare una diagnosi retrospettiva, basandosi sui sintomi che gli interessati avevano presentato e che la commissione aveva ben evidenziato descrivendo la precedente malattia;

— in seguito operò una scelta diversa da quella dei preti, il che non è troppo sorprendente;

— infine classificò in modo diverso la trentina di casi di guarigione riportati (che oggi non ci paiono realistici!).

Accettò come « fatti che presentano pienamente e in modo evidente un carattere soprannaturale » solo nove guarigioni; e cioè:

— *sei* (solamente, su dodici) casi « certi » del canonico Baradère: quelli delle signore Soupène, Latapie, Rizan e Lanou e dei bambini Busquet e Tambouriné;

— *due* casi tra quelli « dubbi » della commissione: Bouriette e il bambino Duconte (o Bouhort);

— infine *un* nuovo caso: quello della sig.na Marie Moreau, che la commissione non aveva avuto la possibilità di conoscere, poiché era successo più tardi.

Due mesi dopo, egli tentò di controllare nuovamente *in loco* la realtà e la persistenza di queste guarigioni. Ed è così che furono eliminate due delle guarigioni ritenute certe: quelle della sig.ra Lanou e del bambino Tambouriné.

In definitiva, dopo questa perizia non restarono che sette osservazioni interessanti estrapolate dalla relazione iniziale della commissione: quattro « certe » (signore Latapie, Soupène e Rizan e il piccolo Busquet), due « dubbie » (Bouriette e il piccolo Bouhort) e una nuova (sig.na Moreau).

Siamo certi che la perizia del prof. Vergez non è stata fatta esclusivamente sulla documentazione, poiché possediamo qualche nota scritta dal segretario della commissione ancora in attività a margine del documento sopraccitato (LDA, V, pp. 135 e 136):

> Il 27 giugno 1860 il dott. Vergez è giunto a Lourdes da Barèges su invito della commissione e, in presenza della maggior parte dei suoi membri, ha esaminato l'occhio di Louis Bouriette. Ha compiuto numerose perizie per accertarsi della perfetta guarigione e si è convinto che non si poteva pretendere di meglio, anche se l'occhio ferito conserva segni molto evidenti del terribile infortunio che l'aveva colpito.

Questo documento ci assicura che lo studio delle primissime guarigioni fu condotto con la massima precisione possibile a quell'epoca. Infatti quello che ci è servito come esempio, e che si verificò al più tardi all'inizio del mese di marzo 1858, visto e conosciuto dai contemporanei, è stato:

— scoperto e riportato dal dott. Dozous nei giorni successivi al fatto;

— registrato nel mese di agosto del 1858 dalla commissione incaricata di raccogliere e studiare tutte le dichiarazioni di guarigione;

— ritenuto « verosimilmente soprannaturale » da questa commissione nell'aprile del 1859, dopo un acceso dibattito;

— confermato e documentato dal prof. Vergez, il quale conclude sostenendo che « questo fatto è di carattere soprannaturale » nell'aprile del 1860;

— infine nuovamente appurato e certificato, in seguito a un nuovo esame medico nel giugno 1860.

Ecco dunque il procedimento sicuro, ma lungo e complesso, che il vescovo di Tarbes desiderava venisse seguito prima di prendere una posizione ufficiale, impegnandovi l'autorità della Chiesa.

Infatti da quel momento si poteva pensare che avesse intenzione di farne l'argomento fondamentale per proporre Lourdes a tutta la Chiesa come luogo in cui era apparsa la Vergine Maria.

Infine è opportuno fare alcune osservazioni su tale inchiesta.

Dal punto di vista medico, oggi tutto questo insieme di fatti è interessante solo perché attesta il rigore e l'onestà intellettuale di tutti coloro che si occuparono di questi procedimenti; in primo luogo ci piace citare mons. Laurence.

Ma contemporaneamente si rileva la mediocrità della medicina di quei tempi in ogni campo scientifico!

In effetti vi è la descrizione di sintomi e disturbi, più che di malattie o infermità realmente determinate che potevano essere diagnosticate come siamo in grado di fare oggi. Anche nel caso scelto, quello di Bouriette, l'amaurosi parziale non poneva alcun reale problema!

Era stato introdotto un abbozzo di metodologia.

A quei tempi non vi erano esigenze particolari!

— Per quanto riguarda le malattie, era importante « che il quadro dei sintomi rilevato dai sensi » potesse avere « il valore di una prova seria » e « indicasse l'esistenza di un evento morboso molto serio ».

— La guarigione doveva essere « istantanea » o, almeno, « rapida ». La sua « durata » (o il suo « persistere nel tempo ») è stata considerata solo più tardi, nei commenti che mons. Laurence fa nella sua lettera pastorale.

Come tutti coloro che vissero all'epoca di queste guarigioni, il prof. Vergez pensava che avessero tutte come unico *rimedio apparente* l'acqua della grotta. Ma una sorta di discernimento logico lo costringeva ad ammettere che entrasse in gioco « una forza contingente, superiore a quelle che erano state dispensate alla natura, ed estranea all'acqua di cui essa si serve per manifestare la sua potenza ».

Infine facciamo rilevare che questa perizia fu determinante per colui che l'aveva ordinata, e più ancora per la « consacrazione » di Lourdes sino ad oggi!

Infatti la relazione circostanziata dell'eminente medico, prof. Vergez, permise a mons. Laurence di stabilire che le guarigioni di Massabielle dovevano essere considerate come un argomento probante.

E nella spiegazione della sua lettera pastorale del 18 gennaio 1862 esse furono considerate tali insieme ad altri due motivi: la testimonianza della stessa Bernardetta e gli effetti soprannaturali e divini, « le meraviglie della grazia » provocate dall'apparizione:

> Alcuni malati provarono l'acqua della grotta e non furono delusi; molti malati insensibili alle cure più energiche ricuperarono improvvisamente la salute... Dobbiamo ammettere che l'acqua di Massabielle ha guarito malati dichiarati incurabili e che non davano più speranze. Queste guarigioni si sono verificate grazie all'uso di un'acqua priva di ogni qualità curativa naturale... Alcune si sono verificate immediatamente, altre dopo due o tre applicazioni di quest'acqua... Inoltre tali guarigioni sono definitive. Quale potenza le ha prodotte? Forse la potenza dell'organismo? La scienza, consultata in proposito, ha dato risposta negativa. Queste guarigioni sono dunque opera di Dio. Ora, esse sono in relazione con l'apparizione: essa ne è il punto di partenza e ha ispirato la fiducia dei malati. Vi è quindi uno stretto legame tra le guarigioni e l'apparizione; l'apparizione è divina, poiché le guarigioni hanno un sigillo divino. E ciò che viene da Dio è verità!
>
> Di conseguenza, l'apparizione che si è definita l'Immacolata Concezione, ciò che ha visto e udito Bernardetta, è la *santissima Vergine*!

Perciò scriviamo: « Qui c'è la mano di Dio! ».

Ecco i fatti. O perlomeno il giudizio espresso sugli eventi straordinari successi a Lourdes in seguito a un'indagine accurata effettuata dai migliori esperti dell'epoca, e dopo che mons. Laurence vi rifletté per mesi. Ecco il giudizio che permette all'autorità responsabile di consacrare ufficialmente Lourdes come luogo in cui « la Vergine è apparsa », dove in avvenire la sua protezione può essere ricercata e ottenuta e, dunque, può manifestarsi.

Qualcuno l'avrà notato...

Come il messaggio della Vergine a Bernardetta non conteneva alcuna promessa di guarigione, così nella sua lettera pastorale il vescovo di Tarbes parla una sola volta di « guarigioni miracolose », non accenna ad alcun particolare riguardante i beneficiari delle guarigioni e ne tace anche il numero.

Il documento che fonda il santuario di Lourdes, cioè la lettera pastorale, apparve nel gennaio 1862, ma certamente da lungo tempo il vescovo di Tarbes aveva deciso di rendere noti, pubblicandoli a parte, i resoconti e le conclusioni della commissione che egli aveva costituito circa quattro anni prima.

La stesura del suddetto documento di un centinaio di pagine fu affidata al canonico Fourcade, segretario della commissione. Esso fu corretto dallo stesso vescovo e, inviato alla stamperia di Tarbes dopo il 24 gennaio, venne pubblicato il 15 marzo 1862. Era composto da tre parti:

— il racconto delle apparizioni, così come era stato stabilito a partire dal 7 dicembre 1860;

— una trattazione apologetica, che è la stessa della lettera pastorale;

— infine il racconto circostanziato delle guarigioni già verificatesi fino a quel momento. Esso riguarda solamente i sette casi riconosciuti da mons. Laurence sulla base della relazione del prof. Vergez.

A parte Bouriette, la cui malattia e guarigione ora conosciamo bene, di chi si trattava? Da quale infermità erano stati guariti questi malati?

Il primo caso di guarigione riconosciuto è il solo ad essere datato con certezza. Si tratta della sig.ra **Catherine Latapie** di Loubajac, una località vicina a Lourdes. Due anni prima questa donna di 38 anni aveva avuto un infortunio: la caduta da un albero le aveva provocato la lussazione dell'omero, con una lesione del plesso brachiale e, di conseguenza, una paralisi della mano di tipo cubitale.

Nel febbraio 1858 si avvicinava alla fine della sua terza gravidanza e la sua invalidità le pesava ulteriormente. La notte precedente il 1° marzo, « mentre pensava agli effetti meravigliosi che venivano attribuiti all'acqua della grotta di Lourdes », avvertì immediatamente « l'ispirazione pressante di intraprendere un pellegrinaggio alla grotta di Massabielle ». Molto prima dell'alba si mise in viaggio con i suoi due bambini per raggiungere la grotta, dove pregare e, soprattutto, bagnare la sua mano invalida.

Quel lunedì 1° marzo già si trovava là più di un migliaio di persone per assistere alla dodicesima apparizione. Appena può, immerge la mano nella piccola vasca che raccoglieva già l'acqua della sorgente. Immediatamente le sue dita si raddrizzano, possono riprendere il loro movimento, la loro flessibilità. Può usarle come prima dell'incidente.

In fretta ritorna a casa e quello stesso giorno — circostanza che ci permette di essere certi della data — mette al mondo il suo terzo figlio, un maschio chiamato Jean-Baptiste, che un giorno sarà prete.

La relazione del canonico Fourcade termina con queste parole:

> Le nuove informazioni acquisite dalla commissione nel maggio 1860 constatano la stabilità della guarigione, senza la minima interruzione.

E il parere del prof. Vergez non era meno sicuro:

> Tutto è chiaro in questo episodio, dalla caduta alla lesione traumatica fino alla guarigione.

Anche oggi, non si potrebbe dirlo meglio di così!

Il secondo caso in ordine cronologico potrebbe essere quello di **Louis Bouriette**, all'inizio di marzo del 1858.

Il terzo caso, sempre in ordine cronologico, riguarda la sig.ra **Blaisette Cazenave**, nata Soupène.

Questa signora cinquantenne di Lourdes soffriva da tre anni di una « oftalmite cronica palpebrale » (in realtà si trattava di blefarite con ectropion bilaterale), senza che la terapia dell'epoca le fosse di grande aiuto.

« Fin dai primi giorni in cui si cominciarono a dire meraviglie dell'acqua della grotta », ella aveva preso la decisione di recarvisi per lavarsi gli occhi. Il secondo giorno, la guarigione era completa: le palpebre s'erano raddrizzate, i bubboni carnosi erano scomparsi, i dolori e le stigmate dell'infezione svaniti!

Circa due anni dopo la guarigione, nel giugno 1860, anche lei è stata controllata dal prof. Vergez, che ha potuto constatare il perfetto stato dei suoi occhi e delle sue palpebre.

Il caso seguente riguarda un adolescente, guarito verso la fine di aprile del 1858: **Henri Busquet** di Nay (Bassi Pirenei).

Per lui, tutto era iniziato nel novembre 1856, all'età di 13 anni, con una febbre definita tifoidea, che però presentava tutte le caratteristiche di un'infezione tubercolare primaria, seguita da un ascesso al collo che divenne a poco a poco molto grave. Impercettibilmente, poi, si era allargato alla parte superiore del torace.

Questo ascesso fu aperto e, dopo molti e alterni tentativi di cicatrizzazione e di fistolizzazione, esitò in un'ulcera estesa e suppurante, con la comparsa di altri linfonodi attorno alla lesione originaria.

Gli fu portata dell'acqua della grotta secondo il suo desiderio, e la sera del 28 aprile tutta la famiglia si riunì in preghiera attorno al ragazzo, invocandone la guarigione. Una medicazione imbevuta di quest'acqua fu posta sulle piaghe, dove venne lasciata per due giorni.

Quando fu tolta, l'ulcera e i linfonodi erano scomparsi, la cicatrice era perfetta. Di questa guarigione improvvisa e, secondo il prof. Vergez, « fuori delle leggi naturali », non fu mai notata alcuna recidiva.

Il caso successivo riguarda un bambino molto più giovane, il piccolo **Justin Bouhort**, guarito prima che compisse due anni, nel luglio 1858 (l'ortografia e la data della guarigione sono stabilite da padre Laurentin e dom B. Billet, in LDA, V, pp. 137-139).

A detta della madre, questo bambino era stato « continuamente ammalato quasi a partire dalla nascita ». Perciò presentava un enorme ritardo nello sviluppo: era gracile, non aveva mai camminato, era sovente « in preda alla febbre e consunto » (prof. Vergez).

Disperata di vederlo sempre in pericolo senza potergli fare niente, la madre « un giorno ha l'ispirazione di andare a immergerlo nell'acqua della grotta ». Un pomeriggio inoltrato porta il bimbo nel suo grembiule a Massabielle, dove trova una grande folla, nonostante le autorità pubbliche ne abbiano vietato l'accesso. Per un attimo, ella prega la Vergine Maria con il bimbo tra le braccia. Poi si decide a immergerlo quasi moribondo nella vasca che era appena stata preparata.

Attorno alla sfortunata donna c'è chi mormora, chi protesta, chi vuole impedirle di « uccidere il figlio »! Dopo un attimo che pare un'eternità, lo solleva e asciuga come può. Torna a casa con il bambino che respira ancora debolmente, ma soprattutto con l'immensa speranza che la Vergine venga in aiuto.

Dopo una notte tranquilla in cui viene più che mai tenuto d'occhio, il giorno seguente Justin si riprende, sta meglio, addirittura cammina con grande meraviglia di chi gli sta attorno. Da quel giorno comincia uno sviluppo regolare. E due anni dopo, nel giugno del 1860, il bimbo viene visitato nuovamente dal prof. Vergez, che annota: « È grassoccio... fresco »!

A questa relazione dell'epoca aggiungiamo che il bimbo, guarito in modo tanto insperato, raggiunse benissimo l'età adulta. Prima della sua morte, avvenuta nel 1935 all'età di 77 anni, egli poté assistere alla canonizzazione di Bernardetta, avvenuta l'8 dicembre 1933.

La successiva guarigione risale al 17 ottobre 1858 e riguarda la sig.ra **Madeleine Rizan**, anch'ella di Nay, nei Bassi Pirenei.

Questa vedova di cinquantotto anni non poteva muoversi da più di vent'anni. Era costretta a letto da una paralisi del lato sinistro. « Era abitualmente soggetta a vomito accompagnato da dispepsia ostinata ». Il suo stato peggiorava a causa di crisi frequenti, con dolori nonostante la perdita della sua sensibilità. Da tempo i medici avevano abbandonato ogni speranza di poterla guarire e avevano rinunciato a ogni cura.

Verso la metà di ottobre, ancora una volta la sua vita sembrava in pericolo e i suoi parenti non sapevano cosa fare per arrecarle sollievo. Allora l'ammalata espresse il desiderio di avere dell'acqua della « grotta meravigliosa di Lourdes ». Il 17 ottobre riuscì a berne, e sua figlia poté lavarle il viso e il corpo.

« La guarigione fu istantanea », scrisse il prof. Vergez nella sua relazione. La scomparsa della malattia fu totale e la salute persisteva quando, nel giugno 1860, egli poté esaminare l'ammalata.

Questo esperto fu particolarmente scosso dal « carattere soprannaturale » della guarigione, rilevando che, di fronte a una malattia così grave e di così antica data, non si poteva fare a meno di prevedere « l'inefficacia dell'acqua [della grotta] usata una sola volta »!

L'ultimo caso, riconosciuto dal vescovo di Tarbes, in seguito alla relazione del prof. Vergez, riguarda una giovane, la sig.na **Marie Moreau** di Tartas, nelle Lande.

Questa guarigione avvenne il 9 novembre 1858, cioè troppo tardi per essere presa in considerazione dalla commissione, visti i limiti che la vincolavano.

Dall'inizio dell'anno questa giovane di sedici anni era affetta da un processo infiammatorio agli occhi, che si evolveva per *poussée* successive e si stava aggravando. La prognosi medica lasciava supporre che questa affezione l'avrebbe portata a « una cecità totale o perlomeno a un grave *deficit* visivo » (prof. Vergez, sulla base del certificato del dott. Bermond, oculista a Bordeaux).

Nel novembre 1858 queste previsioni si realizzarono ed ella fu costretta ad abbandonare gli studi, poiché non era più in grado di leggere o di scrivere. La sera dell'8 novembre usò l'acqua della grotta di Lourdes con un impacco di garza, che annodò a mo' di benda sugli occhi. Il giorno dopo si accorse di aver ricuperato totalmente la vista.

Tre mesi dopo il suo medico specialista riconobbe che « la

sua guarigione istantanea..., un fatto totalmente al di fuori di tutti i processi possibili alla scienza..., era stata persistente e durava ancora».

Ecco, dunque, un brevissimo riassunto del documento di base, inerente le prime sette guarigioni, garantite e riconosciute in seguito a uno studio assai meticoloso per quell'epoca. Esso fu realizzato dai migliori esperti al fine di certificarne sia la realtà sia il carattere «straordinario», ben «oltre l'evoluzione naturale degli avvenimenti».

Dunque, per i membri ecclesiastici della commissione e per i periti medici chiamati come consulenti, non ci fu alcuna difficoltà, nessun imbarazzo nel considerarli *soprannaturali.*

In effetti l'epiteto «miracoloso» non comparve mai al di fuori della lettera pastorale di mons. Laurence (riguardo alla seconda guarigione: «... deroghe alle leggi della natura, come le guarigioni miracolose»).

Non è meno certo che il riferimento alle «regole saggiamente tracciate da Benedetto XIV», fatto da mons. Laurence a proposito del «discernimento delle apparizioni vere o false», non fu fatto invece a proposito delle guarigioni miracolose.

Si deve, dunque, ammettere insieme a padre Laurentin e ai suoi collaboratori (LDA, VI, p. 280, nota 320) che «queste sette guarigioni non sono state sottoposte a un giudizio canonico in *piena forma*».

Ciò non ha impedito che queste guarigioni siano state *sempre* considerate come elementi fondamentali... come i pilastri del santuario! Sono state considerate tali non solo dalle autorità e dai rappresentanti della Chiesa, ma da tutto il popolo dei credenti che, da più di un secolo, si sono recati a Lourdes per pregare la Madre di Dio, da tutti i fedeli venuti a invocarne l'aiuto.

Prima ancora di altri motivi più nobili ed elaborati, sono state queste prime guarigioni verificate e proposte come soprannaturali a servire da *garanzia* per quella nuova «terra dei miracoli», quale è divenuto rapidamente il nuovo luogo di apparizione e di culto della Vergine Maria, chiamata Nostra Signora di Lourdes.

Infine non è meno importante che queste primissime guarigioni siano sempre state considerate dai nostri predecessori come i primi miracoli ufficiali di Lourdes, i primi segni dell'onnipotenza di Dio, ottenuti grazie all'intercessione della Vergine Maria e proclamati dalla Chiesa con tutta l'autorità che allora le veniva riconosciuta.

Ma in seguito non fu più la stessa cosa, e, incomprensibilmente, non ci furono dichiarazioni episcopali sino alla fine del secolo! E, bisogna ammetterlo, ci volle del tempo prima che la lista delle guarigioni miracolose ufficialmente riconosciute dalla Chiesa fosse resa pubblica!

Ma questo è un altro discorso, e non mancheremo di affrontarlo più avanti.

CAPITOLO III

Le guarigioni attestate prima della creazione del Bureau des Constatations Médicales (1862-1883)

Finora crediamo di essere stati abbastanza chiari.

Solamente *sette* delle numerosissime guarigioni, che senza dubbio hanno costituito motivo di conversazione a Lourdes e nei dintorni durante le apparizioni e subito dopo, sono state riconosciute e certificate da una commissione ecclesiastica, che fu nominata a questo scopo e venne aiutata nell'inchiesta da due periti medici.

Per questo motivo tali guarigioni sono state considerate senza difficoltà o imbarazzo come eventi di *origine soprannaturale.*

Mons. Bertrand-Sévère Laurence, che in quanto ordinario del posto ebbe la pesantissima responsabilità di riconoscere la testimonianza della giovane veggente riguardo alla realtà delle apparizioni della Vergine Maria, dopo aver a lungo studiato le conclusioni della sua commissione ha potuto attribuire alle guarigioni il valore di *prove*, poiché secondo lui era evidente che esse portavano « un sigillo divino » e dovevano essere ritenute « opera di Dio ».

In questo modo egli coinvolgeva l'autorità della Chiesa.

In quel momento tale riconoscimento, tale impegno, simili conclusioni potevano forse sorprendere? Certamente no! Non erano che l'espressione adeguata e qualificata di un'opinione che poteva soltanto essere condivisa dai credenti, poiché era imposta da una certa logica.

Dal momento che un perito medico qualificato non era in grado di dare una spiegazione razionale, naturale, di queste guarigioni, tali eventi eccezionali per quei tempi dovevano essere messi *necessariamente* in relazione col soprannaturale, in definitiva con Dio.

Infatti, a quell'epoca (metà del secolo XIX), nell'ambito filosofico si era a poco a poco stabilito un consenso circa l'origine delle cause e degli eventi. Dopo il secolo dell'illuminismo, il dualismo tra natura e soprannatura era accettato e ritenuto valido. E la logica imponeva che venisse riferito al soprannaturale ciò che *indiscutibilmente* non poteva appartenere al mondo della natura.

Sempre a quei tempi, tutti i pensatori, contrari o favorevoli al miracolo, lo consideravano « un fatto straordinario compiuto dall'onnipotenza di Dio, al di fuori delle leggi della natura ». Questa definizione relativamente vaga accontentava sia gli apologisti sia i denigratori di un simile fenomeno. Infatti per i primi Dio era necessariamente l'Onnipotente. Per i secondi, invece, Dio (se esisteva!) non poteva andare contro ciò che egli stesso aveva stabilito in natura.

Per la Chiesa e i teologi dell'epoca — e, come vedremo, per molto tempo ancora! — era sufficiente stabilire il carattere prodigioso, « al di fuori delle leggi naturali », di un evento eccezionale e inatteso come, ad esempio, una guarigione, perché tale felice liberazione da uno stato di malattia o d'infermità potesse essere giudicata « soprannaturale », dovuta a un intervento di Dio.

Questo ragionamento logico e accettato da pensatori e intellettuali di ogni rango era seguito istintivamente dal popolo dei fedeli e dei credenti.

E la condizione necessaria — ossia il discernimento e la qualità dell'evento di partenza, il carattere necessariamente *prodigioso* della guarigione — tendeva persino a sparire nel pubblico giudizio. Infatti a quei tempi l'evoluzione a lieto fine, la cessazione di un processo morboso o la scomparsa di un'infermità solo eccezionalmente si potevano attribuire all'azione medica o terapeutica di origine naturale o umana.

Ma torniamo a Lourdes.

Il giudizio del vescovo di Tarbes fu inviato a tutti i vescovi di Francia, giunse a tutte le diocesi.

Il testo della lettera pastorale che fondava il santuario di Lourdes fu ripreso integralmente da numerosi giornali: quotidiani di Parigi, della provincia e all'estero; periodici laici e religiosi. Fu tradotto rapidamente in numerose lingue. Dunque c'è da pensare che ne fu debitamente assicurata la diffusione non solo nella diocesi di Tarbes ma anche in tutta la Francia.

E l'appello rivolto alla generosità « di tutti i fedeli di Francia e all'estero » per « costruire un santuario sul terreno della Grotta » fu recepito sin dall'inizio. Del resto continua ad esserlo tuttora!

Trovandosi già in età avanzata (aveva allora 71 anni) e soprattutto per assecondare il desiderio della Vergine dell'apparizione di « far costruire una cappella », sin dall'inizio del 1861, quindi molto prima di rendere nota la sua decisione, mons. Laurence si mosse per acquistare il terreno comunale di Massabielle e del prato situato davanti alla Grotta al di là del Gave. L'acquisto fu finalmente perfezionato verso la fine di quello stesso anno, dopo aver superato un mucchio di difficoltà amministrative e un labirinto di pratiche. Infatti, fin dall'inizio, numerosissimi funzionari si erano schierati contro Lourdes, per fare in modo che il progetto del vescovo non potesse mai realizzarsi. Ma pare che la Provvidenza vigilasse...

Alla fine mons. Laurence poté prendere l'iniziativa di « costruire il pellegrinaggio nelle sue istituzioni così come nella pietra ». Lo aveva già realizzato ricostruendo numerosi edifici in onore della Vergine nella sua diocesi.

Così cominciò il necessario e fecondo periodo di costruzione del santuario, iniziato e portato avanti da quattro vescovi che si succedettero assai rapidamente nel giro di circa vent'anni.

Dunque, per grazia e per il suo attaccamento alla Vergine, mons. Laurence ebbe per primo l'ispirazione di prevedere la durata e lo sviluppo di Lourdes (almeno a livello nazionale) come luogo di culto mariano.

La sua morte, avvenuta a Roma nel 1870 durante il Concilio Vaticano I, a cui volle partecipare, lasciava incompiuto un gran numero di progetti. Ma alcune decisioni erano già state prese: erano stati insediati dei sacerdoti come cappellani al servizio di questo nuovo centro di culto, tutti Missionari dell'Immacolata Concezione (M.I.C.), i famosi padri di Garaison. Era stata consacrata la cripta ed era stato inaugurato il culto nella Grotta, e i dintorni erano stati sistemati adeguatamente. Nel frattempo erano iniziati gli *Annales de Notre-Dame de Lourdes*, primo periodico del santuario. Dimentico senza dubbio qualche altra opera realizzata da questo promotore.

Mons. Pierre-Anastase Pichenot, della diocesi di Sens, gli successe nell'autunno del 1870. Restò pochissimo tempo a capo della diocesi. Ciò nonostante, poté benedire solennemente la basilica superiore, che di fatto rappresentava la famosa « cappella » del messaggio della Vergine. Dopo la guerra del 1870 poté anche accogliere il primo Pèlerinage National, il famoso Pellegrinaggio delle bandiere. Costituì inoltre la Confrérie de la Félicitation à Marie-Immaculée (« Confraternita della felicitazione a Maria Immacolata »), di cui avremo occasione di parlare fra poco. Nel giro di circa tre anni continuò tutti i lavori iniziati e, nel 1873, partì per la sede episcopale di Chambéry.

Gli successe mons. Benoît-Marie Langénieux, della diocesi di Parigi. Egli restò soltanto dodici mesi, e non fece che seguire l'esempio dei suoi predecessori. Iniziò ad acquistare altri terreni nei pressi del santuario e assicurò il proseguimento di numerosissimi lavori all'interno e all'esterno della Proprietà della Grotta. Nel 1874 pose la prima pietra dell'Hôpital de Notre-Dame des Douleurs, primo luogo per accogliere i « poveri ammalati », fondato dalla congregazione delle suore di St.-Frai, una giovane comunità religiosa di Tarbes.

Alla fine dello stesso anno fu nominato arcivescovo di Reims e sostituito da un altro prelato parigino, l'arcidiacono di Notre-Dame mons. César-Victor Jourdan, che subentrò a lui nel marzo del 1875.

Durante il suo episcopato furono continuati o conclusi tutti i lavori iniziati. Così nel 1875 fu terminata la costruzione dell'abitazione vescovile e, dal 1876 al 1878, fu portata molto avanti quella della residenza dei cappellani. Venne sistemata la riva di Massabielle davanti alla Grotta e fu deviato il corso del Gave per permettere la costruzione del ricovero dei pellegrini, che fa parte dell'attuale Centre d'Accueil Notre-Dame, destinato a sostituire la « rotonda » (*rotonde*) distrutta da un uragano.

Infine, dopo la decisione del passaggio obbligato per Lourdes del collegamento ferroviario tra Tolosa e Bayonne, tanto necessario quanto totalmente insperato, e soprattutto dopo un'epica battaglia amministrativa, migliorò l'accesso al santuario con la costruzione di un ponte supplementare sul Gave (l'attuale Pont St.-Michel). Si realizzò una parte importante del nuovo piano urbanistico della città, con la costruzione della strada che porta alla stazione: il *Boulevard de la Grotte*. Questi enormi lavori furono finanziati quasi interamente dall'Oeuvre de la Grotte e dai pellegrinaggi.

Mons. Jourdan morì nel luglio del 1882 all'età di settantanove anni, dopo otto anni di prezioso ministero! Non lasciò che rimpianti.

E le guarigioni, mi chiederete? Stiamo per ritornare sull'argomento!

Infatti abbiamo avuto la fortuna di scoprire e di poter esaminare otto registri di differente ampiezza appartenenti agli Archivi della Grotta, nei quali sono riportate dalla mano di un cappellano tutte le intenzioni a cui, dal 1867 al 1877, cioè per dieci anni, veniva associata la Confrérie de la Félicitation à Marie-Immaculée nelle sue preghiere.

Questa pia associazione mirava a sostenere il ricordo del recente dogma dell'Immacolata Concezione e a propagare la gloria della Madre di Dio. Nata in Spagna, essa ebbe sede nel santuario. E « tutte le domeniche, nell'ufficio delle due del pomeriggio, si leggevano pubblicamente le intenzioni e si ricordavano le grazie di cui noi [i cappellani] avevamo avuto notizia ». Si tratta, quindi, dei primissimi racconti di guarigione, che erano pertanto resi noti prima di essere pubblicati negli *Annales de Notre-Dame de Lourdes*.

A partire dal 1867, viene utilizzato un rituale di questo genere. Una serie di rendimenti di grazie per favori ottenuti precede le intenzioni di preghiere per la Chiesa e la conversione dei peccatori. Poi sono proposte grazie spirituali. In seguito vengono letti, più o meno in dettaglio, i racconti delle guarigioni di un gran numero di malati, ottenute a Lourdes o a domicilio, ma sempre tramite l'acqua di Lourdes. Infine vengono espresse altre intenzioni.

Così, ogni settimana, decine di racconti e testimonianze erano raccolti dai cappellani, inviati loro dagli interessati o da terzi, preti o laici.

Si noti che per lo più si trattava di guarigioni di antica data, avvenute da qualche mese a due o tre anni prima.

È in questo modo che, prima ancora di essere pubblicate, sono state conosciute le famosissime guarigioni:

— del rev. padre **Herman** da glaucoma cronico, avvenuta nel 1868;

— della sig.na **de la Rivière**, in religione suor Marie de Saint-Paul, guarita da tubercolosi all'ultimo stadio nel 1869;

— del sig. **P.-J. Hanquet**, di Liegi in Belgio, guarito lo stesso anno da una malattia del midollo spinale certificata da due medici;

— del sig. **François Macary**, guarito da varici vetuste, voluminose e ulcerate;

— di **Aurélie Bruneau**, guarita da sordomutismo congenito a 19 anni d'età, nell'ottobre 1872.

Entriamo nei particolari del *dossier* di una di queste guarigioni.

Per esempio, la guarigione della sig.na **Laurence Gullmann**, avvenuta il 25 settembre 1872, sembra sia stata conosciuta tramite una testimonianza di questo genere, alla quale si aggiunsero due certificati medici. Questo caso ebbe l'onore di essere pubblicato integralmente negli *Annales* del gennaio 1874, senza dubbio per il suo valore esemplificativo.

Di questa persona di quasi 52 anni si racconta che era stata curata nella sua giovinezza per « una malattia di cuore », e che « a 30 anni cominciò la lunga e dolorosa malattia la cui guarigione viene raccontata oggi ». La diagnosi è tutta qui!

Dunque, ventidue anni dopo, durante un pellegrinaggio a Lourdes, e più precisamente in una giornata considerata pessima, dopo tre ore di preghiera sotto la pioggia davanti alla Grotta, « ella ricevette la grazia di una guarigione, immediata e completa; in un istante passò come dalla morte alla vita ».

Abbiamo il vantaggio di disporre di due certificati firmati da due medici, a nove mesi di distanza l'uno dall'altro. Ecco il primo, risalente al 28 febbraio 1872 (quindi a cinque mesi dalla guarigione):

> Come medici, consideriamo la sig.na L. Gullmann realmente guarita in modo assoluto e durevole da un'angina di petto, com-

plicata da diverse forme morbose di grado elevato, in cui il fattore nervoso ci pare abbia avuto un ruolo importante.

Questa guarigione notevole era per noi imprevedibile e improbabile; essa è stata istantanea. Non si potrebbe in alcun modo attribuirla a un trattamento medico; ma non ci è permesso affermare che fosse impossibile grazie alle sole risorse della natura, i cui limiti sono noti solo a Dio.

Come cristiani, crediamo e affermiamo che la sig.na L. Gullmann è stata il soggetto e l'oggetto di una grazia speciale.

Il secondo, del 4 novembre 1873:

La guarigione della sig.na L. Gullmann, constatata in data odierna, si è perfettamente mantenuta come speravamo; riteniamo che sia assolutamente definitiva.

Dott. A. Mohol e dott. Ch. Thoinnet

Inutile precisare che solamente alcune delle numerosissime (più di un centinaio ogni anno) *guarigioni certificate*, di cui erano informati i cappellani, erano descritte in modo così completo.

In generale le relazioni riguardanti il ricupero di un migliore stato di salute non sono accompagnate da alcun documento medico. Per esempio, il 15 marzo 1874 è menzionato nel sesto quaderno: « Nell'ultima settimana ci sono state segnalate 21 grazie attribuite alla protezione di Nostra Signora di Lourdes... ». In seguito vengono citati cinque riassunti di lettere.

Nell'ottavo ed ultimo registro, che copre l'arco di un anno (dall'inizio del 1876 all'inizio del 1877), la grafia è sempre quella di padre Burosse, cappellano di Lourdes. Era lui che a quel tempo svolgeva la funzione di segretario, occupandosi delle constatazioni a cui sempre più spesso le persone guarite desideravano sottoporsi quando la loro guarigione si verificava al santuario.

Ma gli *Annales de Notre-Dame de Lourdes* sono un'altra fonte di informazioni a nostra disposizione per sapere di più su questo periodo così lontano, « l'alto medioevo » di Lourdes.

Tra il 1873 e il 1883 ogni numero di questa pubblicazione mensile racconta almeno dieci-quaranta guarigioni attestate. Il terzo, di circa 320 pagine per anno, è pubblicato a questo scopo. Citiamo qua e là:

— La sig.na **Gracieuse Broca** di Bordères, negli Alti Pirenei, guarita da tisi nel 1865.

— La sig.na **Françoise Pailhès**, affetta nel maggio 1867 da cardite reumatica e guarita a domicilio dopo aver bevuto l'acqua della Grotta (con un'enorme documentazione medica).

— La sig.ra **Léonie Chartron**, guarita nel 1869 dalla malattia di Pott, con un ascesso fistolizzato constatato dal prof. Nélaton.

— La sig.ra **Ancelin**, guarita nell'ottobre 1872, dopo dodici anni di cure per una malattia organica del cuore, con idrope generalizzata.

— La sig.na **Lucie Fraiture**, guarita da un'ulcera fungina nel luglio 1873.

— La sig.na **Caroline Esserteau** di Niort, guarita anche lei nel luglio 1873 da una paralisi che si trascinava da dieci anni, la cui guarigione « subitanea ed istantanea » è stata definita « evidentemente soprannaturale » dal vescovo di Poitiers nel 1874.

— La sig.na **Annette Montagnon**, guarita a domicilio da ascite (svuotata una dozzina di volte) nel gennaio del 1874.

— Il sig. **Pierre de Rudder**, guarito da una pseudoartrosi da frattura esposta della gamba dopo otto anni di evoluzione e in assenza della benché minima tendenza al consolidamento. Questa guarigione notevole si verificò il 7 aprile 1875 in Belgio, a Oostacker, dove alcune persone pie avevano costruito una copia della Grotta di Lourdes. Più avanti ritorneremo su questa guarigione.

— La sig.na **Marie-Catherine Papalini**, guarita da paraplegia traumatica durante il Pèlerinage National del 1878, la cui diagnosi fu certificata dal dott. Labbé di Parigi e la cui guarigione fu confermata dal prof. Vergez di Tarbes.

E tantissimi altri, provenienti da tutta la Francia e dall'estero!

Ma anche a quell'epoca il modo di pensare si evolveva, e questo si avverte perfettamente leggendo con attenzione le nostre fonti d'informazione.

In quindici-vent'anni la pubblicazione di quasi tutte queste guarigioni negli *Annales* è passata dalla semplice attestazione più o meno dettagliata, scritta dagli stessi interessati sotto forma di « fioretti », alla descrizione medica (anche se questa ci lascia sovente perplessi) certificata e, in generale, dovuta alla penna di un medico curante.

Per quanto riguarda la testimonianza e il riconoscimento delle guarigioni, i due anni 1877 e 1878 sono stati fondamentali, essendo intervenuti diversi fattori, ognuno dei quali ha giocato un grandissimo ruolo. Tentiamo almeno di passarli in rassegna.

1. Abbiamo appena visto che la diffusione delle guarigioni di Lourdes era garantita sempre più dagli *Annales*. E i particolari di numerosi casi di guarigione sono raccontati in ogni fascicolo di questo periodico mensile soprattutto nella stagione dei pellegrinaggi, sempre più numerosi e provenienti da tutto il territorio nazionale (per dare un'idea: 140.000 pellegrini nel 1873 e 210.000 nel 1883).

2. In questi *Annales* è menzionata per la prima volta una perizia redatta (ma non firmata!) ed effettuata senza dubbio dal prof. Vergez, al quale padre Sempé faceva pervenire a tal fine i *dossier* delle guarigioni che gli parevano degne di uno studio più approfondito.

3. Dal 18 al 22 agosto 1877 il Pèlerinage National « ha riunito 1.200 pellegrini di Parigi e del nord. C'erano 492 ammalati, tra i quali parecchi incurabili » e addirittura morenti! « Religiose, signore e qualche uomo erano nelle piscine per portare il loro aiuto ai ''poveri ammalati'' ». E benché numerosi malati avessero partecipato al Pèlerinage National fin dal 1873, il fatto apparve così nuovo e strepitoso che il redattore degli *Annales* sembra accorgersi (solo allora!) della loro presenza.

4. Due persone muoiono a Lourdes a meno di una settimana di distanza:

— una signora: la baronessa Marie Dunot de Saint-Maclou, deceduta il 26 agosto 1877 lasciando senza eredi e parenti il marito, il dott. Georges Fernand Dunot de Saint-Maclou, suo medico e infermiere;

— mons. Dominique Peyramale, parroco decano di Lourdes e prelato di Sua Santità, morto a sua volta l'8 settembre 1877. Così scompariva uno dei primi testimoni delle apparizioni, lasciando incompiuta la costruzione tanto dispendiosa della nuova chiesa parrocchiale.

5. Un elemento più rilevante in relazione al nostro argomento è un « avviso importante relativo alle guarigioni straordinarie », pubblicato negli *Annales* nel gennaio 1878. Esso è stato redatto senza dubbio da un cappellano, padre Sempé, su indicazione del prof. Vergez. Eccolo a grandi linee:

> Le persone che vengono a conoscenza di guarigioni straordinarie attribuite all'intercessione di Nostra Signora di Lourdes sono pregate di inviarne il racconto ai missionari custodi della Grotta.
>
> Dopo essere state sottoposte ad un serio esame, queste guarigioni potranno essere pubblicate negli *Annales de Notre-Dame de Lourdes*.

Fin qua, niente di nuovo! Ma vi sono raccomandazioni affinché questi racconti possano far conoscere nel miglior modo possibile:

a. La persona guarita, ovviamente il suo stato civile, ma indicando anche « il suo carattere, il suo comportamento, la sua pietà, tutto ciò che può essere edificante in lei ». E ancora: « Rendere noto il suo temperamento e il suo stato di salute in passato ».

b. La malattia: « Dire il nome della malattia, la sua natura, i suoi caratteri, facendone una breve storia. Riportare possibilmente i certificati scritti dei medici sulla malattia o, almeno, riferirne le parole, l'opinione sulla gravità del male, le cure praticate, la loro efficacia o la loro impotenza ».

c. La guarigione: « Raccontare nei minimi particolari le circostanze della guarigione. Far conoscere i mezzi spirituali impiegati per ottenerla: preghiere, messe, novene, acqua della Grotta, lo stato d'animo della persona ammalata, la sua fiducia o i suoi timori, ciò che ha provato nell'istante della guarigione. Riportare possibilmente i certificati scritti dei medici sulla guarigione o, almeno, le loro parole; se è possibile, riferire la testimonianza del parroco, del confessore o di qualche *persona seria* ».

d. Il seguito: « Raccontare lo stato attuale delle persone guarite. Segnalare gli effetti che la grazia ottenuta ha prodotto sull'animo della persona interessata, sulla sua famiglia, sulla parrocchia e sul pubblico ».

Con la stesura di questo testo nello stile caratteristico del

XIX secolo compariva una nuova *dottrina*. Non ci si poteva più accontentare delle testimonianze essenzialmente scritte e soggettive, primitive, difficilmente credibili, anche se erano accompagnate sempre più spesso da certificati medici.

E ben presto ci si conformò logicamente a queste crescenti esigenze. Si ebbe cioè la constatazione dei fatti e la registrazione delle dichiarazioni della persona stessa, delle testimonianze dei suoi vicini al momento della guarigione, se essa si verificava proprio a Lourdes. Di queste formalità dovevano occuparsi i « missionari, custodi della Grotta », i primi a prestare servizio in modo continuativo nel santuario.

Da quel momento, 10 giugno 1878, si cominciano a registrare le guarigioni in modo nuovo nelle ore che le seguono. Ed è significativo questo primo tentativo di confronto.

Quale ne è la prova? La conseguente introduzione di un primo registro di constatazione delle guarigioni da parte dei cappellani. Inoltre questa disposizione, attuata almeno in accordo con padre Sempé, doveva portare a prendere meglio in considerazione le « grazie » ottenute e, necessariamente, a conoscere un maggior numero di episodi di guarigione più credibili e atti a essere pubblicati e a convincere.

Facciamo notare che il primo parere espresso per iscritto e *firmato* dal prof. Vergez fu pubblicato negli *Annales* nel dicembre del 1878. Esso riguardava la guarigione di suor Marie Colette.

Con questi quaderni delle constatazioni, da poco ritornati nella loro sede degli archivi del Bureau Médical, possiamo sicuramente fare il punto della situazione sulle guarigioni ottenute *in loco* prima ancora che ai responsabili del santuario venisse in mente di costituire un ufficio *medico* delle constatazioni. Per esempio ci è possibile certificare che:

Il 10 giugno 1878 la sig.na **Marie Cassiau** di Bayonne, di 17 anni, è arrivata in pellegrinaggio da Bayonne, Saint-Esprit. All'età di 2 anni ebbe la rosolia e divenne sorda. Non udiva che le urla altissime e vicine al suo orecchio.

La sua compagna, la sig.ra Castaings, le propone di lavarsi le orecchie e di spruzzarle con una siringa. Ella invece si ostina a fare il bagno completo. In acqua, immerge tre volte la sua testa e si prepara ad immergerla per la quarta volta. La sua compagna glielo impedisce e l'invita a rimettersi le scarpe. Marie si meraviglia di udire la voce della sua amica: è guarita. Il dott. Moure si affretta a condurla al superiore dei missionari, il quale constata con i testimoni sottoscritti che la sig.na Marie riesce a sentire perfettamente.

Seguono le firme di Marie Cassiau, della sig.ra Castaings, del dott. Moure e di padre Sempé m.i.c.

Questi incontri avvenivano solitamente nella nuova residenza dei cappellani, nell'ala sinistra dell'attuale caseggiato, al di là e di fronte al punto in cui terminavano i tornanti (*lacets*) del viottolo che sale dalla Grotta. E per certi ammalati il solo fatto di riuscire ad arrampicarsi doveva essere considerato una sorta di prodezza fisica, una prova del ricupero della buona salute!

In questo primo quaderno si trova il documento fondamentale riguardante la guarigione di **Joachime Dehant**, ventinovenne di Gesves, in Belgio, arrivata alle piscine il 13 settembre 1878.

Costei era affetta da un'ulcera sanguinante e cancrenosa alla gamba destra. Tale lesione ricopriva i due terzi della parte esterna della gamba e, fatto ancor più grave, era penetrata in profondità distruggendo il tessuto muscolare, con retrazione secondaria e conseguente piede torto.

Questa guarigione aveva impressionato profondamente i suoi parenti e chi viveva attorno a lei. Il 25 aprile 1908, quindi molto più tardi — in effetti trent'anni dopo —, su sollecitazione dei medici il vescovo di Namur la dichiarò *miracolosa*, con un procedimento le cui disposizioni e forme saranno riprese in occasione del cinquantenario delle apparizioni di Lourdes.

Poco prima, nel maggio 1878, gli abitanti di Lourdes avevano avuto il privilegio d'incontrare **Pierre de Rudder**, venuto in pellegrinaggio alla *vera* Grotta di Lourdes per rendere grazie dopo la sua guarigione avvenuta a Oostacker, in Belgio, come abbiamo già avuto modo di ricordare (*Annales de Notre-Dame de Lourdes*, maggio 1878, p. 33).

La sua guarigione risaliva a tre anni prima, quando, precisamente il 7 aprile 1875, Pierre de Rudder aveva deciso di andare in pellegrinaggio alla grotta di Oostacker, dove ai nostri devoti vicini belgi era stata offerta una riproduzione di quella di Lourdes.

Questa celeberrima guarigione fu argomento di mille racconti e articoli di giornali e anche di qualche ricerca medica particolarmente approfondita effettuata da medici francesi e belgi. Nondimeno, secondo il parere di qualsiasi esperto privo di preconcetti, essa rimane definitivamente inspiegabile.

È accertato che, nel 1867, Pierre de Rudder ebbe la gamba sinistra schiacciata in seguito alla caduta di un albero. Questo infortunio ebbe come conseguenza una frattura esposta al di sotto del ginocchio. Molto presto, e nonostante tutte le cure prescritte, sembrò evidente che la lesione ossea avesse ben poche possibilità di consolidarsi e che, per anni, sarebbe rimasta un'eliminazione di sequestri ossei e una piaga suppurante e nauseabonda.

I medici che lo curavano sapevano perfettamente che non vi era più nulla da fare. Ed è per questo che tutti continuavano a consigliargli di sottoporsi all'unica cura possibile in quegli anni: l'amputazione e poi una protesi di legno. Ma egli non l'accettò mai.

Camminando con le stampelle come un invalido, egli fece un pellegrinaggio otto anni dopo l'incidente. Partito al mattino da Jabbeke, il suo paese, senza poter assolutamente appoggiarsi sulla gamba sinistra perché malata, vi ritornò la sera camminando con le sue gambe, senza stampelle. Senza più piaghe e realmente trasformato!

In qualche minuto si era realizzata la saldatura ossea, senza accorciamento evidente dell'arto né deviazione assiale della sua gamba.

Qualche anno dopo la sua morte, avvenuta nel 1898, ventitré anni dopo la guarigione, furono esumate le ossa delle due gambe per osservarle e radiografarle. E così venne dimostrata la realtà oggettiva della lesione e del consolidamento assolutamente straordinario. Nel 1908 questa guarigione inesplicabile fu riconosciuta miracolosa dal vescovo di Bruges.

Ma torniamo indietro nel tempo e continuiamo a cercare di far rivivere questo periodo intermedio.

Nel primo semestre del 1879 si ebbero poche guarigioni. Ma in occasione del Pèlerinage National, dal 22 al 25 agosto, ci fu una trentina di guarigioni su meno di 600 ammalati, accompagnati tra l'altro da venticinque suore dell'Assunzione.

In ottobre, un altro periodico di Lourdes, *Le Journal de la Grotte*, pubblica un articolo sulle guarigioni di Lourdes in cui si legge:

> Senza dubbio questa persona non sa come si fa la *constatazione* di tali miracoli. Ignora che un ammalato che arriva è di solito munito di certificato medico, indicante sia la natura che il grado della malattia... e che, ottenuta la guarigione, questa guarigione è sottoposta all'esame del medico che ha firmato il primo certificato, il quale viene invitato a redigerne un secondo.

Indiscutibilmente, questo è molto più che l'abbozzo di una pratica raccomandata, la descrizione di un metodo e delle sue necessità, anche se è presente un errore d'interpretazione a livello logico: la constatazione medica non può giudicare che la realtà e il carattere prodigioso della *guarigione*, non il *miracolo*. Si continuerà a fare questo errore sino alla metà del XX secolo, e avremo certamente modo di ritornarci.

Negli *Annales* del febbraio 1881, un articolo riguardante le « principali guarigioni ottenute dai malati del pellegrinaggio lorenese » (*sic*) specifica che una certa sig.ra **André**, nata **Joséphine Fongond,** è guarita, il 20 agosto 1880, a 38 anni, da sequele di emiplegia sinistra. Vi è pure indicato:

> Nel pomeriggio la si condusse alla commissione che stilava i verbali delle guarigioni, già numerose. La presiedeva un direttore del Pèlerinage National, *assistito da due medici*.

Abbiamo cercato tracce di questa constatazione nei nostri registri. E abbiamo trovato:

> Numero 21: sig.ra Joséphine André, nata Fongond, 38 anni, parrocchia di Salles (St.-Dié).
>
> Emiplegia del lato sinistro incompleta da 16 mesi. Braccio completamente immobile. È venuta a Lourdes con una grandissima fede.
>
> Comunione alla Grotta. Ha sentito il bisogno di mettersi in ginocchio durante la messa e di stendere le braccia per pregare.
>
> Ella si accorse allora che il suo braccio sinistro si muoveva liberamente.

La grafia è quella di un sacerdote: accurata, inclinata, regolare. Ma a pagina 61 è allegato un foglio volante con le stesse indicazioni dello stato civile e questo commento manoscritto:

> Guarita all'istante e in modo completo il 20 agosto 1880.
> Davanti alla Grotta, mentre ringraziava dopo aver ricevuto la comunione con altri ammalati del pellegrinaggio dei Vosgi.
> Era stata affetta da paralisi al braccio e alla gamba sinistri.

Mi pare che questo foglio non firmato possa essere stato scritto da un medico, per la scrittura più rapida e personalizzata. Ma quale medico?

Abbiamo già citato il dott. Georges Fernand Dunot de Saint-Maclou. Fin dai primissimi anni del Pèlerinage National, senza dubbio egli aveva voluto partecipare a questo raduno con la moglie ammalata, finché costei morì nel 1877. È verosimile che, a partire dal 1880, abbia unito al suo compito di barelliere di Notre-Dame de la Salut quello di medico molto impegnato nella constatazione delle guarigioni e, quindi, nell'interrogare e nell'esaminare i pellegrini ammalati che erano guariti. Così si può credere che egli fu il vero collaboratore dei padri dell'Assunzione e dei missionari di Lourdes nello svolgere un compito a cui questi non erano assolutamente preparati. Tuttavia non ne abbiamo trovato la minima traccia.

Nel 1881 gli *Annales de Notre-Dame* prendono in considerazione un giudizio medico scritto e firmato dal prof. Vergez a proposito delle guarigioni:

— della sig.na **Libaire Philippe**, menzionata nel numero di marzo del 1881;

— di padre **Chevals**, in quello di aprile del 1881;

— del sig. **Richard Albert,** in quello di agosto del 1881;

— della sig.na **Thérèse de Lescure**, guarita da tubercolosi laringea e polmonare nel gennaio 1882;

— della sig.ra **Marie Barret**, guarita da gozzo esoftalmico nel febbraio 1882.

Ma nell'intero anno 1881, *nulla* ci attesta la presenza di medici nelle commissioni incaricate di constatare le guarigioni dei pellegrini. In compenso essa è invece accertata in occasione del Pèlerinage National del 1882. In primo luogo attraverso i nostri registri.

Il 20 agosto 1882, a proposito della sig.ra **Louise Graffin** (undicesima guarigione del Pèlerinage National, registro n. 4, p. 66) si può leggere:

> I *medici constatano* che la ferita è chiusa; non più congiuntivite all'occhio destro. Edema della parte posteriore del calcagno della gamba destra con fistola e suppurazione permanente; rigonfiamento della tuberosità interna del femore della coscia sinistra.

Nel successivo fascicolo degli *Annales* del settembre 1882 (p. 107) si legge: « Un *medico* che aveva ottenuto, senza difficoltà, il permesso di controllare personalmente gli avvenimenti del Pèlerinage National ». E abbiamo motivo di credere che si trattasse già del dottor de Saint-Maclou.

Nel fascicolo dell'ottobre 1882 rileviamo anche la relazione di padre Burosse sulla guarigione della sig.na **Elisa Seisson**, ventottenne di Rognonas. Si trattava di una « bronchite cronica, con una malattia organica cardiaca ». Questa giovane donna giunse al Bureau des Constatations nel settembre 1896 e la sua guarigione definitiva fu riconosciuta miracolosa dall'arcivescovo di Aix, Arles e Embrun il 30 agosto 1912.

A proposito dello stesso periodo, le nostre fonti ci permettono di conoscere i particolari delle guarigioni e la cronologia della loro constatazione. Così dal registro n. 4 (pp. 130-131) veniamo a sapere che una certa **Louise Brin** del Pèlerinage National è guarita da tubercolosi il 30 agosto. E, dopo aver segnalato il fatto, viene riferito che ella « ha camminato verso la Grotta e dalla Grotta alla casa dei cappellani, facendo i tornanti del viottolo ».

Ma gli *Annales* del marzo 1883 (p. 221) riportano più dettagliatamente le circostanze della guarigione di questa sig.na Brin, avvenuta nel pomeriggio del 30 agosto. E non resisto alla tentazione di farvele conoscere, cercando di cronometrarne tutte le sue vicissitudini!

— Alle 14,30 si parte per la Grotta con l'ammalata su una barella;

— qualche minuto davanti alla Grotta, poi [ore 15] viene portata alla piscina: « La si credeva morta »;

— bagno per una mezz'ora;

— ancora mezz'ora di attesa, inizio della guarigione e scomparsa dei dolori; ella viene riportata alla Grotta per un'altra mezz'ora [ore 17];

— un altro bagno di venti minuti; esce dalle piscine camminando [verso le 18];

— di nuovo in piedi di fronte alla Grotta [ore 18.30];

— « Louise sale facilmente fino alla casa dei missionari, dove risponde prontamente a tutte le domande che le vengono poste »;

— « Al termine di questo incontro è ormai notte... ».

Ricordiamo che, essendo la fine di agosto, a quell'epoca, la notte doveva sopraggiungere almeno verso le ore 19.30-20.

Fu certamente un pomeriggio pieno, una specie di prova fisica! Rileviamo infine che fu necessaria almeno un'ora per la constatazione.

Siamo certi che non è stato sempre così!

È a quell'epoca, nell'inverno del 1882-83, che il dott. de Saint-Maclou, dopo una profonda riflessione, ha dovuto decidere quale sarebbe stato il suo destino. Dopo la morte della moglie, egli aveva lasciato definitivamente la sua Normandia ed era emigrato a Nizza, in un convento di oblati dove, con molta umiltà e pazienza, si dedicava all'insegnamento.

D'altro canto era rimasto molto legato a Lourdes, come abbiamo visto, attraverso il Pèlerinage National, il più grande raduno di pellegrini ammalati, accompagnati dalla sola comunità di barellieri esistenti, l'Hospitalité de Notre-Dame de Salut.

Ma soprattutto, in questo santuario in via di sistemazione, gli era stata offerta l'opportunità di poter affrontare, studiare e interpretare i fenomeni così straordinari ed eccezionali delle guarigioni che vi si verificavano...

Qual era il suo compito? Come poteva mettere a frutto le sue capacità? Ma lasciamo che a questo proposito ci illumini padre Burosse, un suo contemporaneo che lo conosceva bene:

> Lettore assiduo degli *Annales* e testimone delle meravigliose guarigioni verificatesi durante i pellegrinaggi, il sig. de Saint-Maclou aveva notato, pur rendendo giustizia a tutto ciò che era stato detto e scritto, che sarebbero stati auspicabili dei miglioramenti. Egli si chiedeva se Nostra Signora non lo chiamava a rea-

lizzarli. Non era destinato a un'importante missione speciale, nella nostra epoca, e non era forse l'operaio scelto dal Signore? Questi pensieri lo tormentarono per sei lunghi mesi, e infine il sig. de Saint-Maclou si sentì chiamato in modo irresistibile e andò dai missionari per diventare un « operaio della Grotta ».

Era proprio l'uomo della Provvidenza. Gli studi di teologia e di medicina insieme al suo titolo di dottore in medicina presso l'Università Cattolica di Lovanio facevano di lui la persona più adatta a fondare il Bureau des Constatations Médicales a Lourdes. *Era il 1883...*

Per correttezza, segnaliamo che si tratta del brano di un articolo apparso il 17 marzo 1929 sul *Journal de la Grotte* a proposito de « Le origini del Bureau des Constatations Médicales di Lourdes » e che padre Burosse era morto da quindici anni.

Ed eccoci arrivati allo sbocco della assai opportuna « medicalizzazione » delle constatazioni delle guarigioni di Lourdes, alla vigilia della creazione di un organo competente che diventava sempre più necessario per giudicare in modo più adeguato i numerosi episodi di guarigione.

Il « bureau des vérifications » (ufficio delle verifiche), che ha preceduto il « bureau des constatations médicales » (le iniziali maiuscole compariranno più tardi!), questo organismo che farà molto parlare di sé e della prudenza che ha sempre voluto e saputo dimostrare a proposito delle guarigioni di Lourdes, fu fondato grazie alla provvidenziale iniziativa di padre Rémi Sempé, superiore dei cappellani e vero rettore del santuario, e di un medico caratterizzato da uno spirito enciclopedico e da una disponibilità totale.

Fin dall'inizio, il dott. de Saint-Maclou contava di riunire attorno a sé un vero « collegio medico », composto da medici sempre più numerosi che accompagnavano i malati dei pellegrinaggi. In tal modo le inchieste sulle guarigioni non sarebbero state soltanto opera di un medico, seppur qualificato, ma un lavoro collettivo, che consentiva conclusioni più obiettive e, quindi, più reali.

Al di là dell'adeguatezza di questa creazione e degli effetti che si potevano attendere, vi è anche una specie di « scommessa sul futuro »... una manifestazione della fiducia nello sviluppo dei pellegrinaggi di malati.

A quell'epoca ciò non era assolutamente evidente. Però tutto fa pensare che i due promotori di questa iniziativa sarebbero stati sorpresi, se un profeta avesse potuto far loro intravedere il ruolo che in seguito avrebbe occupato questo collegio medico costantemente rinnovato e ampliato, sempre presente e aperto a tutti i medici del mondo intero per oltre un secolo!

Unico neo è l'eccessiva discrezione di cui i fondatori hanno voluto circondarsi e l'assenza di tracce indiscutibili della creazione di questo organismo. Ma numerosi motivi ci fanno pensare che l'inserimento del dott. de Saint-Maclou nel gruppo dei cappellani, come egli desiderava, va datato al più tardi attorno *al luglio-agosto del 1883*.

Pensiamo di non poter chiudere questo capitolo, dedicato a un periodo chiave di Lourdes, senza precisare o almeno ricordare la scomparsa di alcuni dei principali protagonisti di questa storia, dopo quelli già ricordati.

In primo luogo la madre di Bernardetta, che morì a 41 anni, alla fine del 1866, poco dopo la partenza della figlia per Nevers.

Poi suo padre, a cui era tanto affezionata. Morì a 64 anni il 4 marzo 1871.

E, per finire, la stessa Bernardetta, morta a Nevers il 16 aprile 1879 all'età di 35 anni.

« La storia di Lourdes è stata scritta per intero dai medici », ha creduto di poter scrivere il dott. Gustave Boissarie, successore del dott. de Saint-Maclou a capo del Bureau des Constatations Médicales nel 1892.

Con la costituzione di tale ufficio, ciò diveniva ancora più vero per i numerosissimi capitoli di questa storia che stava appena per cominciare!

CAPITOLO IV

Gli inizi del Bureau des Constatations Médicales con il dott. De Saint-Maclou (1882-1891)

A partire dal Pèlerinage National dell'agosto 1883, a cui parteciparono centinaia di malati, il dott. de Saint-Maclou, aiutato da altri quattro medici, cominciò a esercitare un controllo più preciso sulle guarigioni che si verificavano a Lourdes. Come lo effettuava? Dove avveniva l'incontro?

Era stato anche previsto un locale. Poiché « non vi era più la vecchia residenza dei missionari, quell'anno ci si dovette accontentare di due locali nell'ufficio dell'impresa edile della chiesa del Rosario », la cui prima pietra era stata posta qualche settimana prima.

Tra i documenti scritti a nostra disposizione, a partire dal quaderno n. 5 si può rilevare un cambiamento significativo nelle modalità delle « constatazioni » delle guarigioni:

— della sig.na **Sidonie Gelin**, avvenuta il 20 agosto: « *Dopo l'esame del medico* sono presenti ancora febbre e disordine nel petto »;

— della sig.na venticinquenne **Augustine Lescat**, il 21 agosto: « Paraplegia nervosa in seguito a disturbi profondi » (de Saint-Maclou);

— di **Marie-Anne Béduchaud**, ancora il 21 agosto: « Il medico constata che la compressione sui processi spinosi e nella doccia vertebrale non determina alcun dolore ».

In particolare, il quaderno n. 6, iniziato nel settembre del 1883, presentava la grafia caratteristica del dott. de Saint-Maclou.

La stampa specializzata accenna timidamente a questo cambiamento.

Anzitutto, ecco gli *Annales* del settembre 1883 (p. 196):

> Cinque medici, di cui uno scelto per la sua particolare competenza e gli altri accolti poiché avevano chiesto di partecipare, assistono il rev. padre dell'Assunzione e il missionario dell'Immacolata Concezione, incaricati di redigere i verbali.

E poi il *Pèlerin* (n. 349, ottobre 1883):

> Uno dei medici, meravigliato, come i suoi colleghi, per la guarigione completa e istantanea di un flemmone periuterino, si è anche impegnato, se la guarigione continua senza recidive, a pubblicare su questo caso veramente straordinario una monografia destinata a impressionare profondamente il mondo della medicina.

Abbiamo trovato ciò che aveva annotato a proposito di questo caso nei suoi quaderni (registro n. 5, p. 92). Per il momento, nulla di trionfale né di clamoroso! Giudicate voi:

> Suor **Eugenia** du Bon Secours di Troyes (Bernay), diocesi di Évreux, 28 anni.
>
> Flemmone periuterino suppurato. Suppurazione nelle urine e nel materiale fecale. Ammalata da sei anni. Malattia constatata da cinque anni. Si era procurata la malattia accudendo un'ammalata di febbre tifoide gangrenosa. Immersa nella piscina, si è sentita rinascere... Cammina, non sente dolori.

Tutto qui!

Interrompiamo il racconto cronologico di questo caso per narrare ciò che è successo in seguito.

Non abbiamo trovato la « monografia » annunziata, ma un articolo anonimo riguardante questa suor Eugenia, pubblicato negli *Annales de Notre-Dame de Lourdes* nell'agosto 1884.

Prima di parlare dell'osservazione clinica, l'autore introduce il suo argomento contrapponendo il miracolo alla grazia. Secondo lui, « nel miracolo la guarigione si verifica al di fuori delle leggi della natura; nella grazia sono le forze naturali ad agire ». E insiste: « In verità, potremmo tacere i fatti che sembrano miracolosi e limitarci a raccontare le grazie di cui siamo testimoni. Il loro numero sarebbe sufficiente a provare che Lourdes non è un luogo come gli altri ».

Un altro commento è piuttosto interessante: « Forse un giorno l'autorità ecclesiastica lo giudicherà un miracolo. Finché il vescovo tace, il riserbo è la nostra legge ». E viene citata un'indicazione canonica in latino!

Bisogna ammettere che siamo ben lontani dal tono enfatico che ci si sarebbe aspettato!

Qualche riga più avanti: secondo il sig. Delpech, il chirurgo consultato dall'interessata a Parigi, « si poteva sperare che col tempo la malattia scomparisse. Questa speranza non si realizzò; l'ascesso della fossa iliaca non tendeva assolutamente a guarire. Una massa addominale corrispondente a questo ascesso si sviluppava progressivamente; poi si sgonfiava in parte (*mai completamente*) ».

A quell'epoca, chi poteva associare nozioni di diritto canonico ad una valutazione della malattia di suor Eugenia? Dall'insieme delle argomentazioni si può arguire che l'autore poteva essere il dott. de Saint-Maclou. Non è questa una prova lampante del ruolo che questo medico svolgeva a Lourdes nel valutarvi le guarigioni?

Infine citiamo le conclusioni dell'articolo: « Il 21 agosto 1883 suor Eugenia è stata guarita a Lourdes da una malattia *eccezionalmente grave* in modo *eccezionalmente straordinario* ». I corsivi non sono nostri, ma dell'autore stesso!

E la guarigione sarà così definitiva che, venticinque anni dopo, un vero e proprio giudizio canonico verrà proclamato da mons. Philippe Meunier, vescovo di Évreux, nel 1908 in occasione del cinquantenario delle apparizioni.

Ma ci conviene tornare indietro.

Nei fascicoli del terzo trimestre 1883 degli *Annales* non vi è alcuna allusione al cambiamento nella modalità di constatazione delle guarigioni. E neppure in quelli dei primi mesi del 1884, i mesi di riflessione, di bilancio delle modifiche apportate o compiute nel santuario l'anno precedente.

Il numero di aprile del 1884 è notevole, poiché contiene l'osservazione delle guarigioni di suor **Barnabé** da una « nevrosi cerebro-cardiaca » (?), avvenuta il 7 settembre 1883, fornendo due certificati medici e il parere del prof. Vergez.

Sarà l'ultima perizia stilata da questo clinico. Tutto fa pensare che egli sia stato sostituito da qualcun altro nelle funzioni che gli erano state richieste sino a quel momento.

Si volta veramente pagina e vengono applicate le nuove normative. Non più la sola constatazione delle guarigioni dichiarate da medici, ma anche la loro pubblicazione con commenti e argomentazioni di tipo medico e metodologico in precedenza mai messi per iscritto né pubblicati.

Per esempio, nel fascicolo degli *Annales* del giugno 1884, dopo la relazione della guarigione da eczema impetiginoso della tredicenne **Virginie Taupiac**, avvenuta nell'agosto del 1883 a Lourdes, si può leggere:

> Ecco una guarigione che sembra veramente al di fuori delle norme della patologia. Ma questa guarigione che ci pare *scientificamente inspiegabile* è *definitiva*?

Non c'è solo l'espressione di un'esigenza nuova, ma anche una conclusione del tutto inedita!

Nel fascicolo del luglio 1884 si può leggere un articolo a proposito della sig.na **Amélie Blondel**, guarita nel luglio 1882 da cloroanemia con paraplegia. Anzitutto è riportata una lunghissima citazione della relazione del medico curante, poi questo commento:

> Non crediamo che il tribunale ecclesiastico vorrà proclamare il miracolo. Poiché in questa materia la Chiesa è sovente più severa dei medici...

Più avanti l'autore arriva a scrivere:

> Secondo il pensiero di Benedetto XIV, la cui validità è facilmente comprensibile, un fatto può essere miracoloso nella realtà e davanti a Dio, pur non essendolo per la Chiesa.

Quando si cerca di far rivivere, di riscoprire le circostanze, gli avvenimenti e i cambiamenti nel corso di una storia, si è sempre tentati di far risaltare dei punti di rottura. Eppure la vita, come la natura, non fa mai dei salti!

Un cambiamento significativo e, a mio parere, importante sembra evidenziato dalla realtà statistica: il numero delle guarigioni certificate in quell'anno viene, finalmente, molto ridimensionato: 83 nel 1884 contro le 143 del 1883, secondo Bertrin. Si può pensare che le nuove modalità di controllo servano certamente a qualcosa!

In compenso, gli *Annales de Notre-Dame*, così pronti a riportare gli eventi che capitano nel santuario, non menzionano affatto la costituzione dell'ufficio, se non attraverso uno scritto del dott. Gustave Boissarie del settembre 1886: *Les miracles et leur constatation* (« I miracoli e la loro constatazione »).

Il primo cenno a un « bureau des vérifications » risale all'ottobre del 1886. Ed è nell'agosto del 1887 che compare negli *Annales* la prima rubrica dedicata al Bureau des Constatations.

La discrezione era la regola insieme, bisogna dirlo, al massimo riserbo! Non è passato minimamente per la testa del primo medico permanente di farci conoscere le condizioni nelle quali il « bureau des vérifications médicales » stabiliva man mano i mezzi e il suo metodo di lavoro.

Le sole notizie di cui disponiamo ci giungono da testimoni vicini e lontani, medici e non medici, che sono stati chiamati per contribuire ai procedimenti di constatazione.

Mi riferisco anzitutto al sopraccitato dott. Boissarie. Da quando, nel 1886, scoprì Lourdes e sino alla morte del dott. de Saint-Maclou avvenuta nel settembre del 1891, egli si premurò di collaborare con il Bureau des Constatations, prima di assumersene la responsabilità nel 1892.

Abbiamo anche notizie dal canonico Georges Bertrin, il quale molto più tardi, nel 1904, scrisse un libro che ebbe varie edizioni: *Histoire critique des événements de Lourdes. Apparitions et guérisons*.

E infine intendo parlare di un pellegrino del tutto speciale: padre Richard Clarke s.j., che pubblicò nella rivista britannica *The Month* una serie di articoli, dopo un soggiorno a Lourdes nel settembre del 1887. Questa serie di articoli fu tradotta in francese e pubblicata nel 1892 da Benziger, in Svizzera, in edizione tascabile con il titolo: *Lourdes et ses miracles*.

Mi sembra giusto citare alcune pagine di questa testimonianza di un contemporaneo attento soprattutto a far conoscere le modalità dell'incontro dei « guariti » con il medico permanente del Bureau des Constatations di quel periodo. Eccole:

> La migliore introduzione al mio tema sarà forse la richiesta al mio lettore di accompagnarmi al Bureau des Constatations, dove si esaminano le guarigioni dichiarate miracolose: questo ufficio si trova sulla riva del Gave, a breve distanza dalla Grotta.

Tutti i pomeriggi, il medico particolarmente legato alla Grotta si fa trovare lì per esaminare coloro che, si dice, siano stati guariti e per apprendere i particolari della loro malattia.

Il barone de Saint-Maclou è un uomo di scienza, distinto, che ha studiato all'università di Lovanio. Possiede una profonda conoscenza della filosofia e della medicina. Per molti anni ha dedicato un'attenzione particolare ai disturbi di origine nervosa, alle malattie immaginarie e alle diverse forme d'isterismo. Da quando risiede a Lourdes, ha studiato approfonditamente ogni supposta guarigione.

Inutile dire che il sig. de Saint-Maclou è un perfetto gentiluomo, di una gentilezza squisita, ma soprattutto un eccellente cristiano. La sua bontà e la sua affabilità verso i malati e gli infermi sono ben note a tutti i visitatori di Lourdes...

Un bel pomeriggio di settembre del 1887 fui invitato dal sig. de Saint-Maclou a farmi trovare là, quando i malati che avevano ricevuto qualche grazia durante la loro vita sarebbero venuti nel suo ufficio a fare le loro dichiarazioni.

Quest'ufficio è una piccola costruzione normale e assai semplice.

Essa è costituita da un'anticamera dove coloro che sono venuti per presentarsi al medico aspettano il loro turno; all'interno vi sono due piccole camere: una serve per gli esami e l'altra per le visite; nella prima si effettua l'esame delle ferite e delle piaghe, guarite o meno. Infatti in questo ufficio arrivano solamente quelli che si credono guariti. Ci sono poi anche quelli così malati che le buone suore dell'ospedale o i membri del comitato degli ospedalieri o delle ospedaliere chiedono se sia prudente permettere loro il bagno. Tutti i malati che si trovano in queste condizioni vengono mandati dal dottore per essere visitati, affinché la sua prudenza e la sua scienza decidano se sono abbastanza forti per sopportare la prova di un'immersione nell'acqua.

Queste due categorie di visitatori non sono le sole a presentarsi ogni pomeriggio al Bureau des Constatations. Sono molto rari i pellegrini che, dopo aver ottenuto la grazia di una guarigione, non ritornano a fare una seconda visita al santuario; un pellegrinaggio di ringraziamento è pressoché la regola, e uno dei doveri e privilegi di un tale pellegrinaggio è quello di vedere il dottore per convincerlo della realtà e persistenza del miracolo concesso loro...

Infatti quando a Lourdes vi sono numerosi pellegrini, c'è sovente una piccola folla davanti all'ufficio per vedere il signor medico; ci sono pure parenti e amici che sperano di essere presenti al colloquio. E non è neppure raro che il sacerdote che guida il pellegrinaggio sia presente all'esame o venga a testimoniare le condizioni del malato prima del pellegrinaggio che ha operato il cambiamento; ancor più spesso qualche medico, credente o scettico, viene ad ascoltare il racconto della malattia e della guarigione, l'*excursus* dei sintomi precursori e l'evoluzione della malattia. Talvolta questi stessi medici, su invito del sig. de Saint-Maclou, sottopongono le persone guarite a un interrogatorio, per farsi un'idea dell'esattezza delle loro relazioni e del carattere delle meraviglie sperimentate da loro.

Queste ricerche non sono favorite soltanto dal dottore, ma anche dai Missionari dell'Immacolata Concezione (infatti è così che si chiamano i padri della Grotta) e da tutti coloro che hanno qualche rapporto con il santuario. (...)

Non potevo non essere colpito dall'atteggiamento del dottore. Sapevo di dover assistere a un interrogatorio intelligente e scientifico, e che il medico avrebbe accertato con la sua abilità professionale tutti i particolari della malattia o, meglio, delle malattie di cui la povera religiosa aveva sofferto.

Ma nel suo modo d'interrogare c'era qualcosa che non mi sarei mai aspettato... A dire il vero, mi aspettavo invece una specie di predisposizione a trovare qualcosa di miracoloso nei fatti raccontati, una certa pia credulità, una tendenza del suo spirito religioso a credere che la guarigione fosse stata operata per un effetto soprannaturale. Avendo conosciuto il sig. de Saint-Maclou, ero pienamente convinto che l'avrei trovato rigoroso, esente da pregiudizi e da passioni, giudice onesto, imparziale e preciso dei sintomi della malattia e del modo in cui erano scomparsi; ma confesso che non ero assolutamente preparato all'atteggiamento da lui assunto non solo nel caso ricordato più sopra, ma anche in ogni altro caso che gli fu presentato. Non era solo preciso, ma anche estremamente esigente. Non solo non manifestava alcuna parzialità a favore di una spiegazione miracolosa del cambiamento avvenuto, ma, al contrario, dava l'impressione di uno che parteggiasse per una spiegazione che escludesse il miracolo. Se non avessi saputo che era un cattolico pio ed eccellente... se fossi entrato improvvisamente in quella camera senza prima aver avuto alcun rapporto con lui, l'avrei creduto uno scettico risoluto a trovare qualche soluzione naturale ad ogni guarigione che gli fosse presentata, a giudicare dal suo modo di condurre l'inchiesta. (...)

Inoltre mi raccontava come un'emozione improvvisa, una fede viva, un'immaginazione fervida o uno stato di esaltazione religiosa fossero spesso occasione di una sospensione, almeno temporanea, dei sintomi più forti e inveterati dell'isterismo. Come ho detto, dapprima il suo comportamento mi meravigliò un po', ma poi mi ispirò una fiducia nelle sue decisioni che altrimenti non avrei potuto avere.

Era per me una grande soddisfazione sapere che, in un certo senso, superava Erode in fatto di scetticismo e spirito critico; ero felice di sapere che un caso approvato da lui doveva avere caratteristiche soprannaturali incontestabili, tali che nessun uomo intelligente, a meno di non essere accecato da incoercibili pregiudizi, avrebbe potuto fare a meno di accettare credendo fermamente di essere nel giusto.

Oltre all'interrogatorio del malato, il dott. de Saint-Maclou esigeva una condizione indispensabile, senza la quale pareva che non prendesse in considerazione il caso esaminato o, almeno, rifiutava di accordare la sua fiducia alla testimonianza del malato finché non si fosse provveduto in merito. Se i supposti miracolati non portavano un documento scritto indicante il loro caso, la sua gravità, i sintomi, lo stato di gravità o incurabilità, e firmato da un medico che li aveva curati prima del pellegrinaggio, considerava la loro fiducia nella natura miracolosa del loro caso come poco o per nulla attendibile.

Se il caso era notevole, dava loro istruzioni precise affinché, appena ritornati a casa loro, gli inviassero il certificato scritto, che avrebbero dovuto portare con sé in pellegrinaggio. E anche, in tale circostanza, non sembrava ammettere l'evidenza del loro caso con la stessa facilità con cui l'avrebbe fatto se avessero presentato questo documento alla prima richiesta. In effetti, la proporzione dei certificati inviati dopo la guarigione non è molto elevata: l'insipienza, l'ignoranza o la cattiva volontà dei medici scettici, assolutamente indisponibili nei riguardi di ciò che essi ritengono superstizione, impediscono di ricevere un simile documento una volta che la persona guarita riprende la via di casa. (...)

In questo capitolo non riuscirò a chiudere l'argomento relativo ai miracoli di Lourdes.

Il lettore avrà notato che ho raccontato solo episodi non tanto annoverati tra i miracoli, quanto piuttosto accettati nella categoria del soprannaturale. Nel prossimo capitolo riporterò qualche esempio di miracoli recenti e incontestabili, e mostrerò dove si trova la forza dell'evidenza. Se i miracoli ammessi non fossero che casi in cui donne isteriche furono guarite all'improvviso, si limitassero a malattie in cui la fantasia ha una parte preponderante, se, infine, si trattasse solo di paralisi, torpore, stanchezza, malattie di cuore, indigestioni, cefalee, crampi, iperestesia in una parte del corpo con insensibilità in un'altra, se fossero questi i casi di guarigione alla Grotta di Lourdes, l'incredulità dello scettico avrebbe qualche fondamento, e i cattolici pii avrebbero ragione a non accettare la realtà dei miracoli di Lourdes.

Con questa lunga citazione abbiamo dato un'idea — molto realistica — dell'impressione che il fondatore e primo responsabile del Bureau des Constatations poteva suscitare in un pellegrino curioso, attento e intelligente.

Ma in compenso non abbiamo notizie certe sulla composizione e sul funzionamento di questo organo di controllo medico e sul suo modo di operare.

Siamo portati a pensare, come il dott. Boissarie, che questa commissione « si sia sviluppata autonomamente, senza un programma prestabilito ». Ogni anno i medici che accompagnavano i malati in tutti i pellegrinaggi — ma all'inizio si trattava soprattutto del Pèlerinage National — erano convocati presso il medico permanente, nella modesta baracca di legno che serviva da luogo d'incontro con coloro che dichiaravano una guarigione.

Certo, « tutti i medici che si sono presentati sono stati ammessi indipendentemente dalle loro idee o religioni, e tutti hanno reso omaggio all'imparzialità che presiede agli esami medici ». Come avremo occasione di scrivere, il loro numero è andato crescendo.

Nel gruppo « non ci sono né maestri né allievi... la gerarchia scompare. Il desiderio di scoprire e dimostrare la verità fa scomparire ogni altra preoccupazione ».

Nei primi anni e forse sino alla prima guerra mondiale, nel pubblico ammesso si potevano trovare « rappresentanti di tutte le branche dello scibile umano: avvocati, letterati, giornalisti », e anche preti e religiosi. Ma in seguito, come avremo modo di precisare, coloro che non erano medici non saranno più ammessi quando dovrà essere effettuata una visita medica o si metterà un giudizio ai voti.

Verranno costituiti piccoli gruppi (a partire da un certo numero di presenti), per fare in modo che ognuno possa partecipare attivamente al controllo. Ma tutte le conclusioni finali dovranno essere prese a maggioranza dall'intero gruppo.

Perciò grosso modo si può ammettere che questo controllo aveva veramente poche possibilità di essere parziale o volutamente prestabilito. E *per il momento* la garanzia che offriva era certamente corretta e accettabile.

1. Non prenderò che alcune cifre e qualche documento riguardante le guarigioni dell'epoca dal libro del canonico Bertrin, che è assai ben documentato:

— Numero di pellegrinaggi e di pellegrini:
Nel 1883: 203 pellegrinaggi di cui 12 stranieri, con 213.000 pellegrini.
Nel 1884: 85 pellegrinaggi di cui 5 stranieri, con 75.000 pellegrini.
Nel 1887 e 1888: 100 pellegrinaggi di cui 7 stranieri, con 80.000 pellegrini.
Nel 1889 e 1891: 130 pellegrinaggi di cui 8 stranieri, con 110.000 pellegrini.
Nel 1892: 171 pellegrinaggi di cui 7 stranieri, con 145.000 pellegrini.

— Numero dei medici venuti al B.C.M. di Lourdes:
Nel 1883: 5 medici, come abbiamo visto.
Nel 1886: 4 medici (prima visita del dott. Boissarie).
Nel 1888: 20 medici erano presenti per il Pèlerinage National.
Nel 1889: 22 medici.
Nel 1890: 30 medici.
Nel 1891: 36 medici.
Infine, nel mese di agosto e settembre del 1892, più di 120 medici si sono avvicendati al B.C.M.

— Numero delle guarigioni e dei miglioramenti certificati:
Nel 1878: 44 (a titolo informativo); nel 1880: 93 e nel 1882: 129.
Nel 1883: 145; nel 1884: 84, come abbiamo già avuto occasione di dire.
Dal 1885 al 1888: 80-90; dal 1888 al 1892 meno ancora: 63, 45 e poi 81; infine 65 nel 1891.

Il canonico Bertrin ci informa anche su valutazioni e certificati rilasciati dai medici curanti e consulenti di questi ammalati, in seguito alle guarigioni avvenute a Lourdes. Riguardano:

— **Emma Genoud**, sordomuta svizzera guarita nell'ottobre 1883 (dott. Rollin);

— sig.na **Marie Marcellin** di Marsiglia, guarita nel giugno 1885 da una tumefazione addominale cronica complicata da peritonite (dott. Audibert, celebre medico marsigliese della fine del secolo XIX);

— sig. **Eugène Boulet** di Beauvais, guarito da mielite acuta nell'agosto del 1885 (dott. Dupuis, suo medico);

— sig.na **Dubois** di Troyes, che aveva un ago conficcato nel pollice e, il 20 agosto 1886, lo vide uscire dalle parti molli dove si era spostato di numerosi centimetri, con grande meraviglia dei medici Viardin e Forest;

— sig.na **Anaïs Salé** di Nîmes, guarita da cloroanemia il 24 agosto 1886 (dott. Ebrard, primario dell'ospedale di Nîmes);

— sig. **Arsène Hayes**, guarito da mielite cronica il 23 agosto 1888 (dott. Martin e dott. Lelièvre);

— sig. **François Vion-Dury** di Ain, guarito lontano da Lourdes nel 1890 da una cecità assoluta per scollamento delle due retine, che durava da più di sei anni (dott. Dor di Lione, che volle annunciare questo risultato del tutto insperato alla Société Française d'Ophtalmologie il 1° marzo 1893);

— sig.na **Marguerite Gaffié** di Valence d'Albi, guarita da una grave deformazione delle ossa del piede che durava da cinque anni (dott. Gaffié, suo padre).

2. Partendo dal libro del dott. Gustave Boissarie, vorremmo dare qualche informazione relativa ad altri malati guariti.

Tali guarigioni hanno la caratteristica comune di essere avvenute in questo periodo e anche di essere state accuratamente controllate molti anni dopo da periti medici interpellati appositamente, i quali disponevano di perfezionati mezzi di diagnosi, cosicché poterono essere riconosciute miracolose dal vescovo della diocesi di appartenenza di ogni persona.

In primo luogo, suor **Julienne**, al secolo Aline Bruyère. Originaria di La Roque, villaggio vicino a Sarlat, ella viveva nel convento delle orsoline a Brive.

A partire dall'estate del 1886, questa giovane donna era stata colpita da una tubercolosi polmonare cavitaria e con emoftoe, che si evolveva con *poussée* successive sempre più gravi. Sei medici, tra cui lo stesso dott. Boissarie, avevano avuto modo di visitarla e nessuno aveva previsto un esito favorevole della sua malattia. Alla fine di agosto del 1889 decise di venire a Lourdes malgrado il parere contrario del suo medico, pensando che sarebbe guarita!

Il secondo giorno, nonostante il suo stato estremamente precario, viene condotta alla piscina! Durante il bagno ha subito la sensazione di essere guarita. Raggiunge da sola la Grotta senza alcun sostegno, accompagnata da una folla entusiasta e importuna.

Il giorno dopo incontra il dott. de Saint-Maclou e un solo altro medico al B.C.M. Essi non trovano alcun segno della sua malattia precedente.

Per un anno rimane sotto l'attenta osservazione del dott. Boissarie e del proprio medico, il dott. Pomarel. Ma intanto può riprendere ogni attività nella propria comunità religiosa.

Questa guarigione risulterà definitiva. Nessuna ricaduta per vent'anni, fino al 1911-12, quando viene aperta un'indagine canonica su richiesta di mons. Albert Nègre, vescovo di Tulle.

In quell'occasione viene nuovamente visitata, interrogata e controllata da un collegio medico anche con radiografia. Viene così evidenzata la cicatrice della sua vecchia caverna.

Le conclusioni delle due perizie mediche fatte a più di vent'anni di distanza concordano. In conclusione riconoscono che una tubercolosi con una pessima prognosi si era evoluta in modo istantaneo e inatteso dal punto di vista medico, fino a una guarigione completa, certa e durevole, permettendo all'autorità ecclesiastica di giudicare che essa era « avvenuta al di fuori dell'ordine generale della natura » e, dunque, di dichiararla miracolosa il 7 marzo 1912.

L'anno seguente, più precisamente il 21 agosto 1890, la medesima sorprendente guarigione da una tubercolosi cavitaria, forse giunta a uno stadio ancor più avanzato, interessò un'altra ammalata: suor **Joséphine Marie**, al secolo Anne Jourdain, che era più vecchia di dieci anni e proveniva da una famiglia in cui questa malattia aveva causato la morte di due sorelle e un fratello.

Stessa vita travagliata in convento per numerosi anni, stesse emottisi e progressivo peggioramento, stesse serie difficoltà terapeutiche. Anche il suo pellegrinaggio a Lourdes, accettato per obbedienza, le era stato sconsigliato dal medico.

Nello stesso modo dovettero tergiversare per farle fare il bagno. Dopo la terza immersione si sentì infinitamente meglio e guarita! Poté riprendere rapidamente la vita attiva nella sua comunità e non ebbe più bisogno del medico...

Diciotto anni dopo, il 10 ottobre 1908, il giudizio del vescovo di Beauvais Marie-Jean Douais, che si basò sul parere di un'ulteriore perizia medica, a sua volta fondata su un esame radiografico recente, poté stabilire che questa guarigione « completa, durevole, istantanea e ottenuta senza l'ausilio di alcun mezzo umano » doveva essere considerata un miracolo.

Il Pèlerinage National del 1891 ha permesso ad alcune centinaia di ammalati di andare a Lourdes a partire da venerdì 21 agosto.

Tra loro, due ragazze: la maggiore era quasi diciassettenne, la minore aveva quattordici anni. Da almeno tre anni avevano entrambe un'osteite tubercolare alle ossa d'un piede, con fistole. Questo tipo di lesione si chiamava allora « carie ossea » e colpiva qualsiasi osso.

Erano **Amélie Chagnon** di Poitiers e **Clémentine Trouvé** di Rouillé.

Entrambe furono guarite il primo giorno del pellegrinaggio e nelle medesime circostanze, cioè dopo un bagno. Uscirono entrambe dalle piscine con la ferita chiusa, senza postumi al di fuori di una cicatrice rosa e recente della precedente lesione.

Amélie Chagnon, che aveva anche un'artrite tubercolare al ginocchio, un « tumore bianco », si fece visitare dai suoi due medici curanti il 30 agosto e il 5 settembre 1891. Entrambi certificarono che la malattia con le due localizzazioni era guarita senza postumi e senza limitazioni nei movimenti delle due articolazioni! In seguito, uguali constatazioni furono fatte nel 1893 e nel 1910. L'8 settembre 1910 questa guarigione fu riconosciuta miracolosa dal vescovo di Tournai, in Belgio, poiché il convento dove risiedeva si trovava in quella diocesi.

Quanto a Clémentine Trouvé, dopo la guarigione si fece

suora anche lei, entrando tra le Piccole Suore dell'Assunzione a Parigi. Perciò fu l'arcivescovo di Parigi a ordinare che la sua guarigione fosse nuovamente analizzata e studiata da un « tribunale incaricato di esaminare i miracoli di Lourdes relativi alla diocesi di Parigi ».

Nel giugno 1908, sempre in occasione del cinquantenario delle apparizioni, questa guarigione fu riconosciuta miracolosa da mons. Amette, con una dichiarazione riguardante altre quattro persone, tutte guarite a Lourdes nell'ultimo decennio del secolo XIX.

I primi anni di costituzione e attività di quell'autentica *istituzione* che era il Bureau des Constatations Médicales furono quasi caratterizzati da riserbo e, nel contempo, da scalpore!

All'inizio aveva forse sorpreso per la sua originalità. Ma presto la funzione che intendeva adempiere fu giudicata essenziale. E l'osservazione dei fenomeni eccezionali e specifici di Lourdes che consentiva, cioè delle numerose guarigioni così eclatanti, fu presto considerata come una base d'analisi *necessaria e appropriata* per i pellegrini, per i fedeli e, in generale, per tutti quelli che arrivavano a Lourdes sempre più numerosi.

Infatti Lourdes continuava a svilupparsi sotto l'impulso di mons. Billère, primo vescovo originario della regione dopo mons. Laurence. Egli operò dal 1882 sino alla fine del secolo.

Oltre a introdurre una liturgia specifica per il santuario (messa dell'apparizione e processione eucaristica con la benedizione dei malati), egli volle anche creare edifici più funzionali riservati ai malati (locali d'accoglienza e piscine più vaste) e ai pellegrini (*Via crucis* monumentale sulla collina sopra la Grotta) o a servizio della Grotta (tipografia).

Accolse anche l'aiuto e la collaborazione dei primi laici al servizio dei malati dei pellegrinaggi, ossia:

— nel 1883 il dott. de Saint-Maclou, promotore dell'iniziativa del « bureau des vérifications », presentatogli da padre Sempé;

— nel 1885 il conte Combettes de Luc, presidente dell'Hospitalité de Notre-Dame de Lourdes, e qualche collega.

Questi due laici erano da tempo membri dell'Hospitalité

de Notre-Dame de Salut del Pèlerinage National, di recente fondazione.

Per terminare questo capitolo riguardante un periodo breve ma essenziale per lo sviluppo e la « strutturazione » di Lourdes, ritengo opportuno ritornare sui propositi del fondatore del Bureau des Constatations, da lui realizzati senza dubbio progressivamente...

Nelle sue intenzioni, questa istituzione, informale nella sua composizione ma assai rigorosa nella funzione, doveva:

— assicurare un controllo migliore e più concreto del ricupero di uno stato di salute normale, ma soprattutto delle situazioni patologiche che potevano sparire in modo improvviso e imprevedibile;

— accogliere medici di ogni provenienza, nazionalità, formazione e opinione (filosofica, religiosa, ideologica), in modo che questa perizia fosse *sempre* frutto di un lavoro collettivo, e che le conclusioni delle inchieste non fossero opera di un solo esperto o di un gruppo di persone prestabilito;

— infine, costituire un archivio dove si potessero conservare tutti i documenti scritti, le testimonianze inerenti i casi di guarigione conosciuti. Infatti gli archivi del Bureau des Constatations risalgono a oltre un secolo fa.

Questo è del tutto eccezionale in campo medico!

Fin dall'inizio, il dott. de Saint-Maclou ha cercato di fare in modo che il Bureau des Constatations, costituito da un numero sempre crescente di medici di passaggio e da un membro permanente, divenisse « il giudice e l'interprete » delle guarigioni di Lourdes.

Per questo scopo e solo sul piano medico:

— teneva certamente debito conto dei risultati dell'interrogatorio della persona interessata e di coloro che l'attorniavano;

— questo collegio medico effettuava una visita clinica rigorosa, completa e in contraddittorio;

— venivano sollecitati certificati medici preliminari e rilasciati *a posteriori* dai medici curanti, in modo tale che la situazione potesse essere chiara il più possibile;

— infine, non sembra che il carattere definitivo della guarigione venisse considerato un elemento essenziale. Ciò favoriva senza dubbio una rapida diffusione della notizia, ma comportava il rischio di dover ammettere che le conclusioni erano premature o false.

Riguardo a questo periodo conviene anche far notare:

— il tentativo, a mio avviso riuscito, di analizzare in maniera corretta gli eventi sottoposti alle inchieste mediche come « fatti straordinari » o solo come ripristini funzionali legati a forti emozioni, a una fede vivissima e a un'esaltazione di ordine religioso inevitabile in un luogo simile;

— il riconoscimento di un fatto importante come il numero delle « meraviglie » di Lourdes, elemento che il dott. de Saint-Maclou considerava molto rilevante: « Tutto proclama che vi è un'azione speciale della Provvidenza »;

— infine, la volontà di tale esperto (che era anche bene al corrente del diritto canonico) di non riconoscere che questi fatti fossero « miracoli », per quanto prodigiosi e inquietanti potessero sembrare, poiché egli sapeva bene che, in base alle regole, questo accertamento spettava ad altri esperti.

Paradossalmente mi pare opportuno citare di nuovo uno scritto del prof. Henri Vergez, la cui testimonianza non va certo trascurata, poiché egli è stato il primo perito medico ad essere consultato. Nel 1886, due anni prima della morte, egli scrisse queste poche righe che, a mio avviso, dovevano rispecchiare l'opinione corrente dell'epoca:

> Mi chiedono che cosa ho visto a Lourdes. Due parole sono sufficienti ad esprimerlo. Mediante l'esame dei fatti più autentici, che vanno al di là delle possibilità della scienza, ho visto, ho toccato con mano l'opera divina, il miracolo.

Ma questo rappresenta più un testamento, una « professione di fede », che una perizia medica! In questo caso si tratta dell'espressione di una convinzione religiosa che può avere anche un medico.

Diritto canonico a parte, era questo il solo mezzo coerente e logico per tentare di interpretare ciò che in base all'esperienza era possibile osservare in quella che veniva già chiamata la « clinica di Lourdes ».

Siamo certi che, se ne avesse avuto il tempo o una premonizione prima di morire, il dott. de Saint-Maclou avrebbe potuto lasciarci una testimonianza identica, la traccia di una convinzione analoga. Sfortunatamente per noi, è morto in modo quasi improvviso, dopo una brevissima malattia e quasi esercitando le sue funzioni, il giorno dopo il Pèlerinage National dell'11 settembre 1891.

Ai suoi funerali partecipò un numero impressionante di «fedeli» di Lourdes... E, rispettandone la volontà, fu seppellito nel cimitero dei padri di Garaison, in fondo al parco della residenza vescovile.

CAPITOLO V

Il Bureau des Constatations Médicales con il dott. G. Boissarie fino alla prima guerra mondiale (1892-1914)

Nel 1886, il dott. Gustave Boissarie, medico a Sarlat, graziosa città nella vicina Dordogne, venne ancora una volta a Lourdes con il Pèlerinage National.

Aveva allora cinquant'anni, essendo nato il 1° agosto 1836. Era figlio di un medico che lavorava nella stessa città. Dopo aver studiato presso la facoltà di medicina di Parigi, nel 1859 aveva superato brillantemente il concorso per l'internato negli ospedali di Parigi, la cosiddetta promozione di Brouardel. Alla fine dell'internato, senza dubbio attorno al 1863, iniziò la sua attività sempre a Sarlat e, poco tempo dopo, cominciò a recarsi a Lourdes come pellegrino ogni volta che i suoi pazienti glielo consentivano.

Ma ebbe occasione di presentarsi al Bureau des Constatations solo nel 1886, incontrandovi il dott. de Saint-Maclou, con cui ebbe sin dall'inizio rapporti ossequiosi, ma anche assai cordiali e improntati a una stima reciproca: il tipo di relazione che inevitabilmente è destinato a durare...

Prestissimo si rese conto che la sua attività clinica poteva essere esercitata con successo al B.C.M. e che, negli anni a venire in cui i medici si sarebbero ritrovati attorno ai guariti desiderosi di far controllare la loro situazione, la sua esperienza clinica poteva essere utile e complementare alle conoscenze chiaramente più teoriche del suo collega più anziano. Fu indubbiamente per queste ragioni che quell'anno si assunse l'impegno di collaboratore assiduo, assistente del medico della Grotta.

E così credette di poter offrire un aiuto prezioso a questa istituzione medica di controllo, al suo fondatore e, in definitiva, al santuario stesso. Sin dall'inizio ebbe l'idea di pubblicizzare di più i « fatti » di Lourdes, di far in modo che venissero conosciuti meglio, diffondendo certi documenti riguardanti le guarigioni più o meno recenti che erano state accertate dal Bureau des Constatations.

Con l'aiuto di medici sempre più numerosi — quelli che accompagnavano i malati nei pellegrinaggi e che stringevano rapporti con i medici di tale ufficio — i due fecero un lavoro rigoroso e nel contempo eclettico ed efficace. Ciò era necessario per garantire anzitutto una certezza medica (oggi piuttosto relativa, a nostro parere), e poi per pubblicare numerosi casi di guarigione nella stampa specializzata del santuario.

Questa collaborazione durò cinque anni. Fu interrotta dalla morte quasi improvvisa del dott. de Saint-Maclou, avvenuta nel settembre del 1891.

Nello stesso anno apparve in libreria il primo libro del dott. Boissarie, *Lourdes. Histoire médicale 1858-1891*, un documento che ebbe sin dall'inizio il carattere di un avvenimento sensazionale. Il suo successo fu impressionante, a causa dell'argomento affrontato e dell'interesse suscitato, godendo di una diffusione nazionale e all'estero.

È del tutto normale che, all'inizio del 1892, qualche mese dopo la morte del dott. de Saint-Maclou, il vescovo di Tarbes mons. Billère gli proponesse di succedergli a capo del Bureau des Constatations. Inutile aggiungere che egli accettò immediatamente!

Stava per verificarsi un'altra novità.

Fu forse per legittime lamentele? O piuttosto in maniera prevista e nel quadro di un'organizzazione strutturale stabilita da tempo? Nessuno l'ha scritto. Quel che è certo è che, nel 1893, il Bureau des Constatations lasciò la costruzione in legno che ne era stata la sede da più di dieci anni, « per traslocare in un superbo locale, sistemato appositamente sotto la rampa destra del Rosario ».

Vi erano « quattro locali frequentati ogni giorno da molti medici e innumerevoli malati e guariti. Dalle 8 alle 11 e dalle 13 alle 18, i dottori si incontrano, lavorano, visitano, discutono, studiano ». Ecco cosa scriveva il dott. Boissarie nel 1894.

Da allora il Bureau Médical è sempre rimasto lì, sistemato internamente in vario modo!

A quell'epoca e al di fuori del mese di maggio, il mese di Maria, il Pèlerinage National inaugurava *dopo* il 15 agosto la vera stagione dei pellegrinaggi.

Il santuario di Lourdes, che nei primi anni era stato visitato quasi unicamente dalle parrocchie e dalle diocesi della regione, cominciava a divenire un fenomeno nazionale.

Anzi, un luogo di incontro per ammalati e sani, in cui si parlava francese.

Infatti si sono contati 5000 ammalati e 300.000 pellegrini o « turisti » (?) tra il 15 agosto e il 1° ottobre 1892. Nello stesso periodo, 150 medici sono passati presso il Bureau des Constatations.

Secondo Bertrin, negli ultimi anni del XIX secolo si videro venire a Lourdes mediamente 150.000 pellegrini all'anno, raggruppati in 180 pellegrinaggi, di cui una quindicina erano stranieri.

Secondo lo stesso autore, a partire dal 1896 il numero dei medici giunti al Bureau des Constatations è cresciuto da 150 circa a più di 200, arrivando a 240 nel 1899. Essi hanno presentato pressoché altrettanti resoconti di guarigioni o di miglioramenti: da 100 nel 1893 a 200 nel 1899!

Certe guarigioni dell'ultimo decennio del secolo XIX hanno avuto una sorte particolare, in occasione del cinquantenario delle apparizioni. In effetti, molti anni dopo, sono state riconosciute miracolose dal vescovo del luogo di residenza delle persone guarite, in seguito a una richiesta del tutto particolare che studieremo più avanti.

Passiamo in rassegna alcune di queste guarigioni. Anzitutto le prime due, partendo dal momento in cui il dott. Boissarie assunse l'incarico a capo del Bureau des Constatations. Si tratta della trentacinquenne **Marie Lebranchu** e della diciannovenne **Marie Lemarchand**.

Il loro destino presenta alcuni punti in comune. Entrambe appartenevano al gruppo di malati che venivano da Parigi con il Pèlerinage National. Erano affette da tubercolosi polmonare grave (BK +) da anni, dunque da una malattia arrivata all'ultimo stadio della sua evoluzione in quel momento. Inoltre la più giovane aveva piaghe ulcerate sul viso, della stessa natura.

Sono state guarite entrambe a distanza di un giorno, cioè il 20 e il 21 agosto 1892. Sono state controllate dagli stessi medici nel Bureau des Constatations Médicales e, molto più tardi, dalla commissione citata a proposito di Clémentine Trouvé, il « tribunale incaricato di studiare i miracoli di Lourdes nella diocesi di Parigi ».

Il 6 giugno 1908 queste guarigioni sono state riconosciute miracolose dallo stesso giudizio canonico di mons. Amette, arcivescovo di Parigi, come avvenne qualche anno dopo per le guarigioni di altre due giovani donne.

Infine, nel Bureau des Constatations hanno avuto entrambe l'opportunità di incontrare Émile Zola, poiché egli aveva chiesto di poter assistere a qualche riunione, per incontrare dei guariti e parlare con loro.

Il celebre scrittore e romanziere, che era alla ricerca di « testimonianze vere » di persone guarite, alterò volutamente e in modo settario la realtà che aveva avuto modo di conoscere, poiché nel suo *Lourdes*, dopo aver dipinto il destino poco invidiabile di Marie Lebranchu, malata, presentandola con il nome più pittoresco di La Grivotte, narrò che ella aveva avuto una ricaduta sul treno mentre ritornava a casa.

Ma la verità — tanto ricercata dal nostro romanziere! — è che ella visse in perfetta salute e senza alcuna recidiva sino al 1920.

Altre due malate guarirono nell'anno 1892. La più giovane, la diciannovenne **Élise Lesage** del Pèlerinage National, guarì il 21 agosto 1892, cioè lo stesso giorno della sopraccitata Marie Lemarchand. Suor **Marie de la Présentation** guarì il 29 agosto, a 47 anni.

Da più di un anno Élise Lesage aveva un « tumore bianco » al ginocchio, ossia un'infezione tubercolare dell'articolazione. L'evoluzione normale di questa malattia poteva essere la guarigione nel giro di qualche anno, ma a prezzo di rilevanti complicazioni: un'anchilosi del ginocchio nel migliore dei casi!

Al contrario, la guarigione da lei ottenuta dopo un bagno fu veramente eccezionale, cioè immediata, « senza postumi né anchilosi ». Questa guarigione fu nuovamente controllata nel 1893 e nel 1894 e, sedici anni dopo, il vescovo di Arras la giudicò miracolosa.

Suor Marie de la Présentation, invece, soffriva da dodici anni di una malattia che i medici dell'epoca denominavano « gastroenterite cronica ». Dicevano che le cure praticate non erano riuscite a impedire « uno stato di inedia assoluto che faceva temere la morte ».

Nella chiesa del Rosario, in un momento di preghiera e dopo una violenta crisi gastrica mai provata prima, ci fu la guarigione imprevista, improvvisa e completa! Nel 1908, sempre in occasione del cinquantenario delle apparizioni, il vescovo coadiutore della diocesi di Cambrai mons. Delamaire la ritenne degna di essere riconosciuta miracolosa, « poiché non si era smentita sedici anni dopo ».

Il 31 agosto 1893, durante un pellegrinaggio a Lourdes, padre **Cirette** guarì a sua volta da manifestazioni nervose di origine midollare e cerebrale. Se ne accorse recandosi alla Grotta, dove aveva l'impressione di essere « convocato ». Questa guarigione fu controllata dal Bureau des Constatations. Venne giudicata completa, subitanea e del tutto inattesa.

Molto tempo dopo, quando egli aveva ormai ripreso il suo ministero di parroco di Beaumontel e ogni altra attività, mons. Meunier, suo vescovo, attribuì questa guarigione « all'intervento di una causa soprannaturale che non potrebbe essere altro che l'onnipotenza di Dio ». Era l'11 febbraio 1907.

Due anni dopo, anche una giovane signorina di 27 anni chiamata **Aurélie Huprelle** venne a Lourdes contro il parere del suo medico. Vi arrivò il 21 agosto, all'alba, veramente sfinita a causa di un viaggio difficile e soprattutto per la tubercolosi polmonare cavitaria ed emoftoica della quale soffriva da sei anni.

Dopo aver ricevuto la comunione alla Grotta, fu immediatamente portata sul suo materasso fino alle piscine. Non appena venne immersa, sentì un tale benessere da considerarsi sicuramente guarita. Nello stesso giorno le ritornò la gioia di vivere, le venne appetito, si comportò in modo pressoché normale. Prima di partire, fu condotta due volte al B.C.M., dove i medici del Pèlerinage National ne confermano la guarigione. E al suo ritorno a casa anche il medico curante constatò con meraviglia « la realtà della sua guarigione completa e improvvisa ».

Come per altre guarigioni e su invito di mons. Douais, vescovo di Beauvais, la sig.na Aurélie Huprelle dovette sottoporsi a un'altra indagine medica approfondita tredici anni dopo, nel 1908. Le radiografie eseguite in quell'occasione evidenziarono i postumi della vecchia lesione a livello dei due apici. Le conclusioni dell'indagine permisero facilmente a mons. Douais di attribuire « il carattere d'un miracolo vero e certo » a questa guarigione.

A proposito di questo ricupero così particolare di uno stato di salute normale, va evidenziato che esso fu messo in discussione e contestato da un medico tedesco, il dott. Aigner, secondo il quale la malattia originaria della sig.na Huprelle era unicamente di natura nervosa. Di qui la necessità di un'indagine supplementare, condotta nel 1909 da tre professori della facoltà di medicina di Parigi. Essi giudicarono che la diagnosi di tubercolosi avanzata non poteva essere messa in dubbio, e perciò rigettarono decisamente l'ipotesi di una semplice malattia nervosa che era stata fatta.

Le ultime due ammalate, la cui guarigione fu riconosciuta miracolosa con lo stesso giudizio canonico di mons. Amette arcivescovo di Parigi nel 1908, vennero anche loro a Lourdes con il Pèlerinage National, nel 1896 e nel 1899. Erano la sig.na **Esther Brachmann**, di 16 anni, e la sig.ra **Rose François**, di 36 anni.

L'adolescente era tubercolotica da più di due anni. Veniva dall'ospedale di Villepinte, vera « anticamera della morte » per tubercolotici più o meno giovani, con una dozzina di amiche.

Arrivata la mattina del 21 agosto 1896, viene condotta subito alla Grotta e quindi alle piscine. Ne esce qualche minuto dopo con la certezza di essere stata guarita. I dolori sono cessati, il gonfiore del ventre è scomparso. Può camminare e addirittura ha fame! Nel resto della giornata si sente rivivere e può seguire tutte le attività del pellegrinaggio. Il giorno dopo viene condotta al Bureau des Constatations, dove i medici ne confermano la guarigione dopo una visita meticolosa.

Al ritorno a Villepinte, i medici responsabili, sconcertati da questa evoluzione imprevedibile ma prudenti, decidono di tenere questa ragazza sotto osservazione per qualche tempo. In effetti solo nel 1897, dopo il ritorno dal suo pellegrinaggio di ringraziamento, riconosceranno a loro volta la guarigione avvenuta l'anno precedente.

Nel 1908 è nuovamente sottoposta a un'indagine medica insieme ad altre quattro ex ammalate parigine. Viene trovata in perfetta salute, avendo ripreso la sua attività professionale e non avendo mai avuto ricadute. Questa guarigione fu riconosciuta miracolosa dall'arcivescovo di Parigi sempre nel giugno 1908.

La sig.ra Rose François, invece, è venuta a Lourdes come ammalata con il Pèlerinage National del 1899. Da circa un anno, questa donna trentaseienne soffriva di infezione cronica localizzata, dovuta a ripetute recidive di un « flemmone al braccio, con numerose fistole e un enorme edema all'intero arto ». Era stata sottoposta a cinque interventi tra il dicembre del 1898 e il luglio del 1899, tutti finalizzati a svuotare dell'infezione la parte distale del suo arto superiore. Invano! Come ultima speranza, le era stata proposta l'amputazione!

Tra il 20 e il 22 agosto si verificò a Lourdes una trasformazione completa di questa lesione. Scomparve l'edema, si saldarono le fistole. Non più dolori né rigidità. A livello dell'arto non persisteva che una mezza dozzina di cicatrici, senza traccia di infiammazione.

Dopo il suo ritorno, ella riprese tutte le sue attività e ricuperò l'uso completo della mano destra, come prima.

Questa guarigione imprevedibile, pressoché istantanea e durevole fu confermata dall'indagine della commissione costituita dall'arcivescovo di Parigi. E così egli ritenne di essere autorizzato a farla comparire nel giudizio canonico del giugno 1908, che abbiamo già ricordato a proposito di altre quattro guarigioni.

Tra tutti i malati guariti in quest'ultimo decennio del XIX secolo, solamente altre due persone, in seguito, dal loro vescovo sono state giudicate miracolate. Si tratta di due giovani donne: **Jeanne Tulasne**, ventenne della diocesi di Tours, e **Clémentine Malot**, ventiseienne della diocesi di Beauvais.

Jeanne Tulasne non aveva che diciott'anni quando fu colpita da tubercolosi, inizialmente con localizzazione peritoneale. Poi fu rapidamente colpita anche la colonna vertebrale. In effetti si manifestò un male di Pott dorsolombare.

Nel giro di qualche mese le lesioni erano divenute rilevanti ed evidenti, pur in assenza di un riscontro radiologico. L'esame clinico permetteva di evidenzare facilmente la distruzione di due-tre vertebre, con una prominenza angolare del rachide, un ascesso ossifluente sfociante nella coscia sinistra e anche un'atrofia muscolare con piede torto.

Tutti questi elementi clinici erano segnalati dal suo medico curante con un certificato datato 7 agosto 1897. Un mese dopo, l'8 settembre, ella partecipò a Lourdes alla processione quotidiana del santissimo Sacramento con la benedizione dei malati. Officiava addirittura l'arcivescovo di Tours. E all'improvviso si sentì guarita.

Il giorno dopo fu visitata al Bureau des Constatations Médicales, dove i medici presero visione dei documenti presentati dall'interessata e, dopo quella visita, ne stabilirono un'altra per l'anno successivo, in modo che la prova del tempo permettesse loro di confermare questa guarigione così eccezionale.

Nel 1898 il collegio dei medici presenti non poté fare a meno di constatare la persistenza della guarigione dal male di Pott arrivato a uno stadio di evoluzione avanzato, e avvenuta l'anno precedente in modo inatteso, improvviso e completo.

Nove anni dopo, l'arcivescovo di Tours mons. Renou nominò una commissione canonica, incaricata di stabilire se quest'evento poteva essere interpretato come una guarigione miracolosa. Il 27 ottobre 1907, dunque dieci anni dopo la guarigione e alla vigilia del cinquantenario delle apparizioni di Lourdes, mons. Renou giudicò che essa era frutto di un intervento di Dio.

Alla vigilia del XX secolo, la malattia di Clémentine Malot era più comune, ma non meno grave. Si trattava di una tubercolosi polmonare cavernosa ed emoftoica cominciata sei anni prima, che non aveva mai cessato di aggravarsi.

Come ultima risorsa, decise anche lei di venire a Lourdes con il Pèlerinage National del 1898. Il giorno successivo, dopo il bagno, avvertì un netto miglioramento del suo stato di salute. Fu esaminata dal Bureau des Constatations il 21 e il 23 agosto, e poi un anno dopo, nell'agosto 1899. La sua guarigione fu accettata, confermata e ritenuta certa.

Come abbiamo già avuto modo di accennare parlando del

caso di Aurélie Huprelle, mons. Douais, vescovo di Beauvais, sottopose Clémentine Malot a una nuova indagine medica, prima di pronunciarsi sull'eventuale carattere miracoloso della guarigione.

Dopo aver ricevuto le conclusioni di questa indagine, che comprovavano con maggior sicurezza l'esistenza di una vecchia tubercolosi (con conferma radiografica) e, soprattutto, il carattere definitivo di una guarigione completa e totalmente insperata, il vescovo di Beauvais non ebbe alcuna difficoltà a dichiararla miracolosa, sei mesi dopo quella di A. Huprelle, il 1° novembre 1908.

Come abbiamo appena visto, in questo decennio si verificavano ancora guarigioni!

Su circa 4.000-5.000 malati accolti da maggio a ottobre, 100-200 *dossier* di guarigione o di miglioramento venivano iniziati ogni anno al Bureau des Constatations.

Più del suo predecessore, il dott. Boissarie desiderava che questi episodi di guarigione venissero presto pubblicati, allo scopo di informare il Bureau des Constatations nel caso in cui la situazione si modificasse, per esempio con una ricaduta e una recidiva.

Con lui hanno avuto inizio le prime presentazioni in pubblico di persone che avevano ottenuto il riconoscimento medico ufficiale del ripristino di uno stato di salute soddisfacente.

Fu lui a pubblicare per primo un libro di commenti sull'attività e i risultati delle indagini condotte dal Bureau des Constatations, l'istituzione del controllo medico che diveniva sempre più nota e rispettata.

Egli riprese la ricerca sistematica, e rivalutò casi di guarigione in cui la psiche, la parte soggettiva delle diagnosi e delle prognosi stabilite su basi essenzialmente cliniche, aveva una rilevanza minima, consentendo di evitare un'interpretazione errata e fallace dello stato morboso anteriore alla guarigione.

Infine continuò la diatriba con coloro che tentavano di dare una spiegazione naturale, razionale di questi episodi. La realtà non poteva essere negata dai veri signori della « scienza medica » dell'epoca, come il grande Charcot che, dopo aver ignorato Lourdes per molto tempo, propose la famosa formula della « fede che guarisce », una reale panacea che, secondo lui, riusciva a dare una spiegazione soddisfacente e « scientifica » degli eventi di Lourdes, come per molti altri (quali Bernheim di Nancy).

Così nell'ultimo anno del XIX secolo furono documentate guarigioni relativamente numerose. In media, un malato su venti-trenta diceva di essere migliorato o guarito. Mi sembra ovviamente un'esagerazione!

Tali casi di guarigione erano sottoposti a un'indagine medica rigorosa, ma nel contesto di una medicina che oggi ci sembra difficilmente analizzabile, essenzialmente clinica e assai poco « scientifica ».

Dispiace che il più delle volte le conclusioni mediche siano state date per scontate e pubblicate troppo presto, privandosi quasi sistematicamente della migliore garanzia che avrebbe offerto un certo distacco rispetto all'avvenimento.

Ma, come abbiamo già detto, praticamente era buona cosa far conoscere presto agli interessati, a chi era loro vicino e ai « fedeli » di Lourdes la bella notizia della guarigione. E soprattutto scuotere i medici curanti degli interessati.

Rincresce che in quel periodo non sia stata cercata maggiore chiarezza e che l'istituzione medica per il riconoscimento di queste guarigioni non abbia fornito una classificazione dei casi sottoposti al suo studio, secondo il criterio che giudicava indispensabile.

Attualmente, quando ci si riferisce ai documenti di base (cioè i registri del B.C.M. o i *dossier* medici), non è sempre possibile stabilire né le conclusioni precise né la classificazione esatta di ogni caso di guarigione.

Oggi solamente la storia clinica, le indicazioni diagnostiche trascritte nei registri delle guarigioni e le prognosi ci permettono di interpretare l'opinione dei nostri predecessori, anche se non siamo sicuri della validità di due pareri così diversi formulati partendo dagli stessi dati.

Questo vale per alcuni casi di intolleranza gastrica più o meno completa che, talvolta per anni, aveva impedito un'alimentazione anche ridotta, con dimagrimento esteriore e scomparsa progressiva ma ineluttabile di tutta la muscolatura, rendendo impossibile la vita di relazione e costringendo il malato a restare chiuso in casa e a giacere a letto.

In genere l'origine di queste sindromi non sfuggiva ai medici curanti. Quasi tutti pensavano che esse fossero in relazione con fenomeni di origine nervosa, anche se potevano durare a lungo. Ma tutti ne reputavano evidente e certa la gravità, poiché la vita di questi ammalati inguaribili era in pericolo. « Una malattia nervosa di cui si può morire è una malattia seria e fin troppo reale... ». Questo era il normale giudizio medico.

È il caso della guarigione della sig.na **Amélie Gimard** di Bordeaux, avvenuta il 24 agosto 1890. Diciassette anni prima, questa donna matura aveva subìto una serie di « crisi nervose », che avevano avuto come conseguenza una condizione di paralisi generalizzata e progressiva, con insufficienza digestiva più o meno completa, tanto che presentava un « dimagrimento appena compatibile con la vita ». Venuta a Lourdes invano nel 1884, vi ritornò nel 1890 piena di speranza. Fu guarita in modo istantaneo ed evidente durante la benedizione dei malati domenica 24 agosto, e poté subito percorrere duecento metri, malgrado non fosse in grado di reggersi in piedi da quando, diciassette anni prima, erano iniziati i suoi disturbi.

Un caso analogo è quello di **Marguerite Savoye** di Étoile, presso Lons-le-Saunier, risalente al 16 settembre 1892. A 25 anni era ormai cachettica e, dopo sei anni di denutrizione, non pesava più di quaranta libbre. Fu guarita mentre il santissimo Sacramento veniva portato davanti alla Grotta. Un anno dopo aveva già ricuperato 7 centimetri di vita e 70 libbre di peso!

Lo stesso successe a una giovane ragazza, **Eugénie Bron** di Corban, nel Giura bernese, la cui guarigione si verificò il 1° settembre 1893. Una contrazione incoercibile delle mascelle, associata a vomito e grave denutrizione, aveva creato condizioni di vita estremamente precarie. Fu guarita alla Grotta.

Il mese di settembre del 1893 sembra proprio caratterizzato da altri tre casi di guarigione dalla stessa sindrome gravissima d'intolleranza digestiva, connessa a vari disturbi organici.

Suor **Hubertine**, ammalata da più di tre anni essendo stata soggetta più volte a episodi di ematemesi che facevano pensare a un'ulcera gastrica in fase avanzata, guarì nella piscina la mattina di venerdì 8 settembre.

Il 12 toccò alla sig.na **Mélanie Granvalet**, di 26 anni. Ammalata da tredici anni, guarì certamente da spasmi muscolari inveterati durante un primo pellegrinaggio, nel 1890. Ma l'insufficienza digestiva persisteva e continuava a metterne a repentaglio la vita, finché scomparve nel 1893.

Infine il 21 settembre, venuta da Bordeaux in giornata (tra due treni si potrebbe dire!), suor **Marie de Saint-Vincent de Paul** guarì dalla stessa malattia dopo un'abluzione alla piscina: un'insufficienza gastrica che durava da molti anni ed era accompagnata da paraplegia.

Di fronte a tali ricuperi di uno stato di salute normale e compatibile con una buona vita di relazione accaduti a persone malate da tempo, in condizioni patologiche estremamente gravi e con sviluppo di conseguenze così evidenti a livello del loro organismo, è certo che i medici del Bureau des Constatations dell'epoca non potevano non rimanere estremamente impressionati!

Per completare queste osservazioni, ci limitiamo a segnalare (non volendo appesantire il nostro discorso con numeri e statistiche) che, alla fine del secolo scorso, la fama di « centro carismatico di guarigioni » della quale godeva Lourdes era tale che almeno un terzo dei *dossier* aperti al B.C.M. si riferiva a situazioni già diagnosticate dai nostri colleghi dell'epoca come *nevrosi* più o meno gravi. Ma le guarigioni riguardavano perlopiù situazioni patologiche il cui carattere *organico* non poteva essere messo in discussione. Ne citiamo qualcuna a titolo di esempio.

Il 15 maggio 1886, la sig.ra **Louise Fouré** di Dieppe, di 55 anni, fu colpita improvvisamente da un'emiplegia destra, con un coma completo subentrato il giorno dopo in seguito a un nuovo attacco.

Nel giro di qualche mese, il quadro clinico era in parte migliorato: regressione della paralisi a livello dell'arto inferiore colpito; ricupero della capacità di parlare, che rimaneva comunque difficoltosa; camminata possibile ma, come succede, « falciante ».

In compenso, persistevano seri *deficit* della mobilità e della sensibilità dell'arto superiore destro e della parte sinistra del viso, quando ella decise di venire in pellegrinaggio a Lourdes nel settembre 1888. Con sua grande delusione non si verificò alcun miglioramento, dopo tre giorni di preghiere e suppliche. Fu sul treno del ritorno che, improvvisamente, si rese conto di essere guarita, di aver ricuperato la forza muscolare, l'agilità e la sensibilità a tutti i livelli.

Va notato che il dott. Ch. Hélot, suo medico curante, fece pubblicare uno studio esaustivo di questa guarigione negli *Annales de Notre-Dame de Lourdes* dei mesi di ottobre, novembre e dicembre del 1890, con una disamina assolutamente esemplare e assai approfondita (lunga 34 pagine) della sua malattia e guarigione.

Padre **Sonnois**, affetto da distrofia muscolare progressiva per sclerosi spinale posteriore (o malattia di Duchenne) da più di due anni, con perdita totale del coordinamento e della sensibilità oggettiva, disturbi gravi della vista, del sonno e dolori trafittivi e diffusivi, guarì in modo rapido ma graduale celebrando la messa alla Grotta.

Il caso delle due sorelle **Lucie** e **Charlotte Renauld** è tuttora singolare e, si può dire, addirittura unico. Giudicate voi!

Anzitutto Lucie, la più giovane, guarì nell'agosto del 1891 da un'« atrofia muscolare, con accorciamento della lunghezza dell'arto inferiore sinistro ». Infatti la visita a cui fu sottoposta a Lourdes prima di tornare a casa non rivelò la minima differenza tra i due arti.

L'anno dopo, anche la sorella diciottenne Charlotte venne a Lourdes con il Pèlerinage National. Era affetta dalla stessa malattia (ma dal lato destro) e guarì anche lei durante un bagno in una delle piscine di Lourdes.

In seguito a un'indagine assai minuziosa condotta dal dott. Boissarie con la collaborazione del dott. Louis Monnier, chirurgo ortopedico dell'Ospedale St.-Joseph di Parigi che aveva avuto modo di visitare Charlotte prima della partenza per Lourdes, questi fatti furono verificati, confermati e, soprattutto, discussi prima di venire accettati.

Si trattava di una malattia ereditaria di cui soffrivano anche altri tre o quattro membri della famiglia. Nelle due sorelle i primi sintomi erano comparsi durante l'adolescenza e avevano causato un'atrofia asimmetrica, sia in lunghezza che in spessore, di uno solo degli arti inferiori, comportando pertanto un'invalidità definitiva e incurabile dalla quale erano state entrambe liberate in modo « assolutamente straordinario », stando alla dichiarazione del dott. Monnier.

Va anche notato che, nell'aprile 1930, suo figlio, il dott. Henri Monnier, sostenne presso la facoltà di medicina di Parigi una tesi di laurea dal titolo: *Étude médicale de quelques guérisons survenues à Lourdes* (« Studio medico di alcune guarigioni avvenute a Lourdes »), con un capitolo riguardante la guarigione di Charlotte Renauld.

La guarigione della sig.na **Marguerite Gaffié**, di Valence-d'Albi, da un'osteo-periostite delle ossa del piede che l'aveva colpita quattro anni prima venne resa nota al B.C.M. solamente il 6 agosto 1892, pur essendo avvenuta l'8 dicembre 1891 al termine di una novena a Nostra Signora di Lourdes. Questa guarigione fu istantanea, completa e definitiva, e l'anno seguente ella volle fare un pellegrinaggio di ringraziamento.

In quell'occasione portò un certificato del dott. Brochin di Parigi, dove stava trascorrendo il periodo del suo noviziato, con una lettera del dott. Gaffié, suo padre, nella quale venivano riportati tutti i particolari che ne diagnosticavano sia la malattia sia la guarigione. Egli auspicava inoltre che i suoi colleghi « dichiarassero il carattere assolutamente inspiegabile di questa guarigione ».

Nel 1892 la sig.ra **Virginie Gordet,** ammalata da più di otto anni, all'età di trentun anni decise di venire a Lourdes in occasione del pellegrinaggio della sua diocesi di Berry.

Dal 1884 al 1889 una serie di episodi, soprattutto polmonari, avevano fortemente minacciato la resistenza di questa giovane donna. Per di più, nel mese di gennaio 1889, si manifestò un'infezione addominale di origine ginecologica (ovaio e tuba di destra). Rapidamente, questa infezione provocò una reazione del tipo di peritonite subacuta, con la formazione di ascessi recidivanti fistolizzati nelle vie naturali. Per lunghi mesi, le cure effettuate non modificarono in alcun modo il quadro clinico né l'evoluzione.

Nel 1892 il suo ultimo medico curante le consigliò come ultima risorsa un intervento chirurgico a Parigi. Ma la paziente preferì venire a Lourdes, dove giunse il 29 agosto 1892. Il giorno seguente si fece già portare al B.C.M. per essere visitata, prima della guarigione, alla quale credeva fermamente. Poi si fece portare alle piscine, dove fu trasformata!... Infatti pretese di uscirne a piedi, camminando tutta gagliarda e gioiosa!

Andò anzitutto al Bureau des Constatations Médicales, dove fu visitata e trovata indenne da ogni segno della malattia. Qualche giorno dopo si faceva visitare dal suo medico, il dott. Castay di Henrichemont, che le rilasciò immediatamente il seguente certificato: « Dal punto di vista medico sono autorizzato a concludere che si tratta di guarigione ».

L'anno seguente sarebbe toccato ai medici del B.C.M. controllare che lo stato di salute di questa giovane donna non era cambiato.

Due mesi dopo, esattamente il 28 ottobre 1892, la guarigione da una malattia simile e in evoluzione da oltre un anno fu ottenuta in circostanze identiche da una suora della congregazione di Sainte-Marthe du Périgord, suor **Dosithée**, religiosa da vent'anni.

Il dott. Boissarie, che aveva avuto modo d'incontrare e visitare quest'ultime due persone, scrisse in proposito:

> Durante gli ultimi pellegrinaggi, abbiamo osservato una serie di guarigioni da malattie simili. È indispensabile catalogare tutti gli elementi che ci vengono forniti da una serie di osservazioni. È necessario dimostrare che ciò che altrove è l'eccezione qui diventa la regola. Lo straordinario succede in ogni momento... (*Annales de Notre-Dame de Lourdes*, febbraio 1893, p. 287)

Anche le localizzazioni tubercolari a livello di ossa e articolazioni, casi comuni a quei tempi, erano all'origine di numerose guarigioni, come abbiamo avuto modo di dimostrare per Amélie Chagnon e Clémentine Trouvé, guarite entrambe nel 1891.

A tal proposito, segnaliamo la diciassettenne **Jeanne Gasteau** di Parigi che, nel 1892, guarì da un male di Pott con ascessi, il primo giorno del suo pellegrinaggio, durante la benedizione dei malati.

Il 1° settembre 1893 un'altra giovane, **Marie Briffaut**, guarì da coxalgia (artrite tubercolare dell'anca). Come spesso succedeva a Lourdes, ciò avvenne mentre faceva il bagno nelle piscine.

Nel 1897 si ebbe il caso di **Charles Bron**, 35 anni, originario del Giura svizzero come Eugénie Bron, guarita nel 1893. In seguito a un intervento all'anca con exeresi di frammenti necrotici della testa del femore, egli era costretto a letto da almeno otto anni.

Fu guarito completamente durante la processione del santissimo Sacramento, si alzò e camminò sostenuto da due barellieri, per andare al Bureau des Constatations Médicales!

Ma in questo periodo si cominciava a guarire anche da malattie diverse dalla tubercolosi. Per esempio dal cancro.

Nel 1893 la sig.ra **Constance Piquet** aveva 41 anni. Dalla fine del 1891 nota una tumefazione grossa come una noce al livello del seno sinistro. Questa tumefazione si evolve, aumenta di volume accompagnata da interessamento dei linfonodi, senza che il suo medico, il quale ne aveva fatto subito la diagnosi, riesca a farla operare. La vede un'ultima volta il 29 luglio 1893, per rilasciarle un certificato prima della sua partenza col Pèlerinage National.

Al terzo bagno, il 24 agosto, scompaiono il tumore e i dolori causati da esso!

A Lourdes vengono guarite altre malattie: certe malformazioni congenite, come il piede torto della piccola **Yvonne Aumaître**, figlia d'un medico, che improvvisamente è riuscita a camminare senza sostegno a due anni di età, il 27 giugno 1896. Prima non ne era mai stata in grado!

O altre malattie... Ad esempio la paraplegia di **Benoîte Crozet**, ossia postumi iatrogeni che duravano da trentacinque anni. O malattie di origine traumatica, come le lesioni al bacino di **Adèle Goffette** in seguito a un incidente di treno.

Prima di lasciare l'ultimo decennio del secolo XIX, ritengo opportuno soffermarmi su un fenomeno assai particolare di questo periodo. Mi riferisco alle numerose (anche troppo!) guarigioni che interessarono certe degenti di un lazzaretto per giovani donne tubercolotiche: quello di Villepinte, presso Parigi.

Tra il 1896 e il 1899, il dott. Boissarie ha contato cinquantotto « tubercolotiche all'ultimo stadio » venute con il Pèlerinage National. Ventiquattro sono guarite o migliorate in questo periodo.

È accertato che ventuna di loro erano ancora sane dieci anni dopo, e hanno potuto trovare un lavoro e condurre una vita normale, mentre prima di partire per Lourdes erano « ammalate e dovevano subire la stessa sorte » delle altre ventotto, decedute più o meno presto, dopo essere passate per Lourdes.

In questo caso si tratta di un fatto certo e verificato, poiché fu controllato minuziosamente.

Ciò ha indotto il dott. Boissarie a scrivere nel 1911: « Fino a quel momento non avevamo osservato guarigioni di massa in un determinato gruppo... non avevamo mai raggiunto una media così elevata di guarigioni di persone tubercolotiche... » (*Lourdes. Les guérisons*, 1911).

A un altro livello, c'è da chiedersi perché la Chiesa (e i suoi rappresentanti ufficiali nelle diocesi, cioè i vescovi competenti) non si sia mossa per individuarvi un eventuale intervento divino.

Può meravigliare il fatto che, formalmente, *nessun riconoscimento miracoloso ufficiale sia stato proposto al popolo di Dio e al mondo intero* dopo la lettera pastorale di mons. Laurence del 1862 (quasi quarant'anni prima!).

All'inizio del secolo XX esistono, a mio parere, taluni elementi che influenzano il « riconoscimento » medico delle guarigioni di Lourdes e la garanzia legata a questa concreta perizia, destinata ad assicurare la realtà di certi eventi prodigiosi e negarne un'origine comune e palese, cosiddetta « naturale ».

Grosso modo si possono distinguere osservazioni a livello: *a*) del mondo laico; *b*) del mondo religioso; *c*) dei responsabili del santuario.

a) Il mondo laico

Emergono due posizioni contrapposte, assolutamente ferme ed irremovibili.

a. Da un lato vi sono i « sostenitori », i « fedeli » di Lourdes. Per loro, le conclusioni a favore della realtà di una « guarigione straordinaria » a cui perveniva il Bureau des Constatations Médicales implicavano la certezza di un intervento divino, ne suscitavano la convinzione.

C'è di più! Infatti era raro che i pellegrini ferventi aspettassero la conclusione del controllo prima di gridare al miracolo. Nella maggioranza dei casi era sufficiente che una guarigione fosse *dichiarata* da un malato (o da chi poteva farlo), perché l'intervento divino fosse non solo accettato ma proclamato! Queste guarigioni, queste « meraviglie » di Lourdes venivano accolte come segni evidenti dell'onnipotenza di Dio, per cui esse conferivano a Lourdes un carattere di « realtà » carismatica indiscutibile che, di conseguenza, creava un'aspettativa piena di « fervore e devozione » in migliaia di pellegrini, spingendoli anche a veri eccessi.

b. Al contrario, gli scettici, i positivisti e gli « scientisti » sostenevano che i fatti « straordinari », le guarigioni « inspiegabili » (difficili da interpretare anche per loro!) non sarebbero rimasti tali ancora a lungo. I progressi della scienza, le nozioni e il sapere in generale avrebbero presto dato una risposta a tutti gli interrogativi che questi eventi potevano suscitare, senza dover ricorrere a Dio! Era la conseguenza diretta dell'argomentazione dei filosofi enciclopedisti del secolo XVIII, del processo di « dissacrazione ». E anche la volontà, sempre ferma e forte, di « espellere Dio dal suo creato »! D'altro canto, a quei tempi non vi erano solo filosofi ma anche medici e biologi che « predicavano » spesso e volentieri « la morte di Dio », partendo da un nuovo credo: « il progresso della ragione attraverso la scienza ».

b) La Chiesa

In primo luogo citiamo il punto di vista ufficiale che nel 1980 padre P. Eyt, rettore dell'Institut Catholique di Tolosa, volle esprimere davanti al Comité Médical International di Lourdes:

> Il metodo di conoscenza scientifica concepito nel XIX secolo ha esercitato una possente attrazione su tutti gli intellettuali del tempo... compresi gli spiriti religiosi, tra cui i teologi. A quell'epoca si attribuiva alla ricerca scientifica una finalità che si potrebbe riassumere così: partendo da fatti indiscussi, attraverso metodi inconfutabili, giungere a conclusioni definitive, universali e perentorie a colpo sicuro.
>
> I teologi cristiani furono tentati di immaginare la loro disciplina sulla stessa falsariga della medesima conoscenza che andava delineandosi sotto i loro occhi nelle altre scienze. In questo mondo contrassegnato dal predominio della scienza, il linguaggio religioso non può non essere tentato di ricalcare il procedimento scientifico.
>
> Così il punto di vista scientifico e il pensiero religioso convergono e coincidono in numerosi campi.

È come se, nello spirito dell'uomo, la stessa prova scientifica fosse in grado di generare la fede religiosa in nome dell'unicità della verità.

D'altro canto, la Chiesa disponeva già di una « griglia di criteri » di ordine medico per il riconoscimento del carattere miracoloso di fatti straordinari come le guarigioni inspiegabili, necessaria per la beatificazione e la canonizzazione di alcuni suoi figli o figlie. Questi criteri erano stati stabiliti dal cardinale Prospero Lambertini in un'opera di diritto canonico, prima che egli diventasse papa col nome di Benedetto XIV nel 1740. Con l'aiuto degli scritti e dell'opinione di alcuni medici, questo celebre canonista aveva tentato senza dubbio di limitare lo zelo e la fretta con cui apposite commissioni ecclesiastiche e, a maggior ragione, i fedeli, ammettevano un intervento di Dio, un *miracolo*.

Il card. Lambertini cercò anche di determinare in modo più rigoroso le circostanze in cui questa eventualità aveva qualche ragione di essere accettata — le condizioni di ricupero di un miglior stato di salute — per poter pensare a un carattere miracoloso.

Come abbiamo già detto in precedenza, ci sembra normale che questa serie di criteri fosse nota alla commissione di controllo medico di Lourdes e ai suoi responsabili, che anzi essa sia stata considerata come una base di valutazione dal Bureau des Constatations nei primi decenni della sua costituzione a Lourdes.

Si potrebbe pensare che questo sia uno dei motivi per cui l'istituzione ecclesiastica non reagì quando constatò degli eccessi nella valutazione effettuata dai medici. Per esempio, quando un uomo colto, posato e sensato come il dott. Boissarie intitolava un capitolo del suo libro: « Comment on constate un miracle? » (« Come si constata un miracolo? »).

c) I responsabili di Lourdes

Tre fatti meritano di essere segnalati.

In primo luogo, alla morte di mons. Billère, avvenuta alla fine del 1899, veniva nominato un nuovo vescovo che assumeva la responsabilità della diocesi di Tarbes: mons. François-Xavier Schoepfer. Manterrà l'incarico per più di cinque lustri, sino alla morte avvenuta nel 1927. Ma, all'inizio del nostro secolo, gli restava molto da fare per risolvere i problemi di Lourdes.

D'altro canto è certo che le guarigioni apparivano sempre più numerose.

Il Bureau des Constatations Médicales doveva studiare e periziare un numero crescente di dichiarazioni di guarigioni, cosicché aveva modo di riconoscere sempre più sovente la realtà di eventi inspiegabili.

Dopo aver indagato sui fatti antecedenti le guarigioni analizzandone i risultati, dopo aver acquisito conoscenze certe sulla malattia anteriore e soprattutto sull'evoluzione insperata e il ricupero improvviso, completo e durevole della salute, i medici del Bureau Médical, anche loro sempre più numerosi, erano indotti a considerarne alcune come « guarigioni certe e inspiegabili ». Ammettevano pertanto che esse si collocavano « al di sopra (o al di fuori) delle leggi naturali », dei « dati scientifici ».

Infine stava per accadere un fatto prevedibile.

All'inizio del XX secolo si era alla vigilia del cinquantenario delle apparizioni a Bernardetta. Per i responsabili del santuario era un'occasione unica da celebrare in modo grandioso, nella maniera più sorprendente possibile. In questa situazione, quale iniziativa potevano prendere il Bureau des Constatations e il suo medico permanente?

È certo che, in quell'occasione, il dott. Boissarie ci tenne a far conoscere meglio le « meraviglie » di Lourdes e le persone beneficiarie, che poteva seguire sovente e da vicino grazie al suo incarico. E, soprattutto, voleva che a queste guarigioni fossero attribuite maggiore considerazione e « veridicità » attraverso una valutazione esplicita, più approfondita e ufficiale da parte delle autorità ecclesiastiche.

Per quest'ultimo motivo il dott. Boissarie intraprese, *inizialmente per conto proprio*, una serie di tentativi presso le più alte autorità della Chiesa, voglio dire il papa di allora Pio X, affinché le guarigioni fossero nuovamente sottoposte a un giudizio ecclesiastico.

Infatti non poteva essere sfuggito al medico responsabile del B.C.M. il fatto che dal 1862, dopo il giudizio espresso da mons. Laurence, nessun'altra guarigione di Lourdes era stata messa in relazione con un intervento di Dio e riconosciuta miracolosa in seguito a un processo episcopale diocesano.

Dopo essere stato ricevuto da papa Pio X nel 1904, e dietro richiesta esplicita, egli inviò in Vaticano il racconto di alcune delle guarigioni più significative attraverso il dott. Lapponi, medico personale del pontefice.

Per lo stesso tramite il Santo Padre gli fece rispondere subito che egli desiderava che fosse aperto un processo per ognuna di esse in ogni diocesi di competenza, secondo le regole del diritto canonico.

Tanto che, poco tempo dopo, il dott. Boissarie iniziò un'azione a vasto raggio e scrisse contemporaneamente al suo vescovo (mons. F.-X. Schoepfer) e ai vescovi di una *trentina* di diocesi a proposito di « più di sessanta guarigioni » (Boissarie, *L'oeuvre de Lourdes*, p. 244), auspicando così:

— « di consacrare fatti acquisiti e sottoporli alle commissioni nominate (o da nominare) da parte dei nostri vescovi, per dare loro quell'unica garanzia suprema che possa collocarli al di sopra delle incertezze della scienza umana... »;

— « di mettere il sigillo della Chiesa sulla constatazione delle guarigioni e riunire in un'unica affermazione la scienza e la religione ».

Era stato abbastanza chiaro? Si poteva essere più espliciti in quel momento?

Due anni dopo, alla fine del 1908, in occasione del cinquantenario delle apparizioni a Bernardetta, ventidue guarigioni venivano riconosciute miracolose da tredici vescovi (undici francesi e due belgi).

Queste guarigioni si erano verificate tutte tra il 1875 e il 1905. Altre quattro, avvenute tra il 1882 e il 1905, avrebbero potuto far parte della stessa « infornata », ma per complicazioni nelle procedure sono state riconosciute in seguito, tra il 1909 e il 1913.

Abbiamo già presentato le prime quindici: da Pierre de Rudder, guarito nel 1875, alla sig.ra Rose François, guarita nel 1899, e altre tre delle quattro citate più sopra:

— Elisa Seisson, guarita nel 1882 e riconosciuta miracolata dal vescovo di Aix, Arles e Embrun il 12 luglio 1912;

— suor Julienne, guarita nel 1889 e riconosciuta miracolata dal vescovo di Tulle il 7 marzo 1912;

— Amélie Chagnon, guarita nel 1891 e riconosciuta miracolata dal vescovo di Tournai l'8 settembre 1910.

Rimangono da citare le sette guarigioni verificatesi tra il 1900 e il 1905, e riconosciute miracolose *prima della fine del 1908*. Esse facevano parte del gruppo dei ventidue miracoli dell'« infornata » del cinquantenario; inoltre l'ultima guarigione verificatesi nel 1905, ma riconosciuta *dopo il 1908*: quella della sig.na Cécile Douville de Franssu, riconosciuta dal vescovo di Versailles l'8 dicembre 1909.

Secondo i dati del canonico Bertrin, nel 1900 vennero a Lourdes:

— 150.000 pellegrini con 150 pellegrinaggi organizzati, una ventina dei quali erano stranieri;

— 216 medici, che avviarono 164 *dossier* di guarigione o di miglioramento dello stato di salute.

Questi dati rimasero stazionari sino al 1907, tranne che nel 1904, quando 200 pellegrinaggi portarono 200.000 pellegrini, 6.000 dei quali erano ammalati!

Alcune di queste guarigioni attirarono maggiormente l'attenzione dei medici così come delle persone che erano attorno all'ammalato, che gli erano più o meno vicine.

È quello che accade nel 1900 a padre **Salvator**, cappuccino trentottenne residente nella diocesi di Rennes. Si trattava di un tubercolotico con una localizzazione polmonare fin dall'inizio del 1898. Una localizzazione peritoneale che complicava la situazione è evidenziata poco prima della partenza del suo pellegrinaggio. Appena arrivato, si fa condurre alle piscine. Qualche istante dopo ne esce talmente trasformato e ringiovanito che non può dubitare della sua guarigione. La sera stessa riesce a mangiare e poi a dormire in modo del tutto normale e insperato, per la prima volta dopo lunghi mesi. Accettò per ubbidienza di essere condotto il giorno dopo al Bureau des Constatations, dove non fu possibile riscontrargli alcun segno della malattia precedente.

Otto anni dopo, nel 1908, fu nuovamente visitato da due medici, membri di una commissione canonica costituita dall'arcivescovo di Rennes. Il 1° luglio 1908 mons. Dubourg dichiarò: « Questa guarigione improvvisa, radicale e definitiva da una grave malattia organica suppone un intervento soprannaturale e presenta le caratteristiche di un fatto miracoloso ».

L'anno seguente, sapendo di essere incurabile, decide di venire a Lourdes una suora di 43 anni, suor **Maximilien**, del convento delle Soeurs de l'Espérance di Marsiglia. È ammalata da quindici anni e costretta a letto da cinque, essendo affetta da una cisti idatidea al fegato complicata da una flebite a un arto inferiore.

Appena arrivata, si fa portare alle piscine e, qualche minuto dopo, ne esce camminando da sola! L'addome e la gamba ammalati sono completamente sgonfi!

L'indomani i medici presenti al Bureau des Constatations, dopo averla visitata, telegrafarono al medico curante chiedendogli un certificato, che ricevettero qualche ora dopo. Il dott. Rampal accennava alla diagnosi e al carattere, a suo avviso, incurabile della malattia della sua paziente.

Quando la suora tornò al suo convento, egli ritenne opportuno redigerne un altro in cui affermava di sentirsi « obbligato a proclamare in coscienza che suor Maximilien è ritornata da Lourdes completamente guarita, il 29 maggio 1901 ».

Essendo assolutamente imprevedibile, totalmente improvvisa e definitiva, questa guarigione da una malattia ritenuta incurabile fu giudicata miracolosa dal cardinale Paulin Andrieu, vescovo di Marsiglia, il quale l'attribuì « alla potente ed efficace intercessione di Nostra Signora di Lourdes », il 5 febbraio 1908.

Qualche mese dopo, il 20 settembre 1901, la ventiquattrenne **Marie Savoye** guariva durante la benedizione dei malati nella processione del santissimo Sacramento. Era una delle 300 guarigioni di cui il B.C.M. venne a conoscenza durante quell'anno.

Da quattro anni Marie Savoye soffriva di cardiopatia mitrale reumatica, giunta ormai a uno stadio avanzato. Le sue condizioni generali erano così precarie per le emottisi e per l'inedia gravissima che non si aveva il coraggio di immergerla nella piscina. Questa guarigione improvvisa, radicale e senza ricadute per sette anni, « non attribuibile a cause naturali », fu constatata da numerosi medici. Perciò mons. Delamaire, vescovo coadiutore di Cambrai, non ebbe difficoltà a « giudicarla e proclamarla miracolosa », il 15 agosto 1908.

Nel 1902 e nel 1903 fu dichiarato un centinaio di guarigioni, molte delle quali vennero riconosciute straordinarie dai medici del Bureau des Constatations, sempre secondo Bertrin. Ma nessuna di esse fu proclamata miracolosa dalla Chiesa.

Nel 1904, in compenso, si ebbero sessanta dichiarazioni di guarigioni, e tre di esse furono riconosciute miracolose prima della fine del 1908 nella medesima occasione. Riguardavano la sig.ra **Johanna Bezenac**, ventottenne della diocesi di Périgueux, suor Sainte Hilaire, trentanovenne della diocesi di Rodez, e suor Sainte Béatrix, 42 anni, della diocesi di Évreux.

Nel marzo 1901, dopo essere rimasta a lungo a letto, la sig.ra Johanna Bezenac era stata colpita da una grave pneumopatia, senza dubbio di origine tubercolare. Le cure prodigate si rivelarono del tutto inefficaci. Poco tempo dopo la situazione peggiora... Un'infezione della pelle localizzata a livello del viso si allarga sino alla radice dei capelli.

Siamo certi che la guarigione avvenne a più riprese, l'8 e il 9 agosto, ma il B.C.M. dispone soltanto di una relazione brevissima.

Due mesi dopo il suo pellegrinaggio, invece, il suo medico curante constata e certifica « la guarigione assoluta a livello generale e locale ». Perciò nel luglio 1908 mons. Bougoin, vescovo di Périgueux, decise di dichiarare che questa guarigione aveva « il carattere di un vero miracolo ».

Dal canto suo, suor **Sainte Hilaire**, appartenente al convento di Peyreleau, nell'Aveyron, presentava dall'agosto 1903 una gastroenterite risultata ribelle a ogni terapia prescritta. Essa divenne cronica nel giro di qualche mese. Nel febbraio 1904 apparve una tumefazione al fianco destro, che coincise con un dimagrimento e un'astenia elevata.

Nell'agosto 1904, come ultima risorsa, venne a Lourdes con il Pèlerinage National. Sin dai primi bagni si sentì rinvigorita, ritrovò l'appetito e si accorse di essere guarita. Si presentò al B.C.M. il 22 agosto e fu visitata.

Tornò nella sua comunità e riprese tutte le sue attività, « una vita di lavoro e di fatica », e ricuperò venti chili dopo aver raggiunto il peso minimo. In segno di riconoscenza ritornò a Lourdes tre anni di seguito con il pellegrinaggio di Rodez, e si presentò a più riprese al Bureau des Constatations.

Il 1° maggio 1908 mons. de Ligonnès, in seguito all'indagine di una commissione canonica, giudicò che questa guarigione istantanea da una malattia giudicata incurabile, « avvenuta indipendentemente da ogni mezzo medicamentoso », doveva essere riconosciuta miracolosa.

Suor **Sainte Béatrix**, invece, presentava da dieci anni (dal 1894) una laringo-bronchite che aveva continuato ad aggravarsi, con cachessia e una perdita progressiva della voce che ne indicavano l'eziologia tubercolare. Venuta a Lourdes con un pellegrinaggio della sua diocesi, si fece portare immediatamente alle piscine. Ne uscì trasformata e guarita! Due giorni dopo venne visitata nel B.C.M., dove non fu più possibile rilevare la minima anomalia, né a livello della laringe né « al petto ».

L'anno successivo ritornò per ringraziare Nostra Signora, tanto più che era guarita anche da disturbi della vista di cui soffriva da quindici anni!

Quattro anni dopo, cioè tredici mesi dopo il riconoscimento della guarigione miracolosa di padre Cirette, il 25 marzo 1908, il vescovo di Évreux mons. Meunier giudicò che questa guarigione completa e radicale non poteva essere spiegata in alcun modo naturale e che, pertanto, « essa presentava tutte le caratteristiche di un vero miracolo ».

Nell'ambito dell'iniziativa portata avanti congiuntamente da mons. Schoepfer e dal dott. Boissarie affinché certe guarigioni fossero « consacrate col riconoscimento della Chiesa », si colloca un'ultima guarigione, avvenuta il 31 agosto 1905 e riguardante la quindicenne **Marie-Thérèse Noblet**. Nell'agosto 1904, un anno prima, ella era stata colpita da disturbi legati a una tubercolosi del rachide, a un male di Pott a cui erano associati « fenomeni nervosi ».

Guarì il giorno dopo il suo arrivo a Lourdes, mentre, tornata dalla processione eucaristica verso le 18, stava entrando all'Hôpital de Notre-Dame des Douleurs.

Il giorno successivo si fa visitare nel B.C.M., dove non le viene più riscontrato alcun dolore né deformità del rachide né riduzione dei movimenti. Tre anni dopo, sempre priva di anomalie, si fa visitare nuovamente all'interno di una commissione canonica nominata dall'arcivescovo di Reims, mons. L.-J. Luçon. Assicuratosi che questa guarigione prodigiosa persisteva, l'arcivescovo non ha nessuna difficoltà a riconoscerne il carattere miracoloso nell'anniversario della prima apparizione, nel 1908.

Va notato il destino del tutto particolare di questa giovane, poiché in seguito ebbe un'esperienza mistica simile a quella del Curato d'Ars, per le innumerevoli delusioni e prove fisiche. A trentadue anni, infine, entrò in religione e, sotto l'egida di mons. de Boismenu, arcivescovo della Papuasia, contribuì alla fondazione del primo ordine di religiose autoctone: le Ancelle del Signore, in Oceania.

Il 21 settembre 1905, tre settimane dopo la guarigione di Marie-Thérèse Noblet, i medici del Bureau des Constatations Médicales dovettero visitare un'altra ragazza un po' meno giovane (essendo diciannovenne), la quale era stata guarita nella piscina in cui aveva fatto il bagno: la sig.na **Cécile Douville de Franssu.**

Anche lei era stata continuamente malaticcia durante l'infanzia. A quattordici anni fu colpita da un tumore bianco al ginocchio e, dopo quattro-cinque anni di cure assidue, si optò per un intervento nel giugno del 1904.

Quasi nello stesso momento si manifestava un'altra localizzazione tubercolare: una peritonite, che va aggravandosi sino al luglio 1905 e ne provoca un deperimento progressivo.

Nel settembre 1905, di fronte agli scarsi risultati ottenuti con le cure intraprese e malgrado le sue condizioni, si cerca di assecondare il desiderio che ella stessa aveva espresso: si intraprende un pellegrinaggio a Lourdes. Appena arrivata, viene trasportata alle piscine per il suo primo bagno, da dove esce trasformata e convinta di essere guarita. La sera stessa è visitata nel B.C.M., dove non viene riscontrato alcun segno di malattia.

Qualche anno dopo, il *dossier* della sua guarigione venne senza dubbio inviato al vescovo di Versailles, affinché potesse eventualmente giudicarla miracolosa. Questo avvenne dopo un ultimo controllo effettuato dalla commissione diocesana in occasione della festa dell'Immacolata Concezione, l'8 dicembre 1909, ad opera di mons. Charles Gibier, vescovo di Versailles.

Riteniamo doveroso far notare che le condizioni di salute riscontrate nel 1905 a Lourdes erano indubbiamente buone, poiché la sig.na de Franssu ebbe il privilegio di festeggiare i cento anni attorniata dai suoi cari il 26 dicembre 1985! È morta qualche anno dopo, il 1° luglio 1991, all'età di *106 anni*, rendendo grazie a Dio.

Fino a questo punto abbiamo voluto presentare succintamente le guarigioni riconosciute attraverso il procedimento di controllo medico. Sono quelle i cui *dossier* erano stati inviati all'inizio del 1906 dal dott. Boissarie ad alcuni vescovi, affinché, se lo ritenevano giusto, essi riconoscessero un « intervento di Dio » all'origine di questo o quel fatto dichiarato « straordinario dal punto di vista medico » e riguardante un fedele della loro diocesi.

I riconoscimenti canonici si ebbero per tutti i *dossier* inviati? O solamente per la maggioranza di essi? Non lo sappiamo con precisione!

Pertanto nei capitoli precedenti siamo stati indotti a parlare di ventidue guarigioni avvenute tra il 1875 e il 1906 e considerate miracolose da tredici vescovi in occasione del giubileo, nel cinquantenario delle apparizioni (nel 1907 e nel 1908). Altre quattro guarigioni avvenute nello stesso periodo, cioè tra il 1875 e il 1906, sono state riconosciute miracolose ma, per ragioni diverse, dopo il 1908 (tra il 1909 e il 1913).

Fino alla prima guerra mondiale, altre sette guarigioni avvenute tra il 1907 e il 1913 stavano per essere proposte dalla Chiesa come miracoli dopo il controllo del Bureau des Constatations, quando il procedimento fu rimesso in funzione. Più avanti avremo occasione di riportarne i particolari.

Questo avrà come conseguenza immediata l'aumento del numero dei miracoli di Lourdes, che furono formalmente quaranta nel 1914.

Fin d'ora facciamo rilevare il fatto che questa cifra, per quanto esatta e probante, non rappresentava granché a quell'epoca, poiché nessuno si sarebbe mai sognato di ammettere che un numero così limitato potesse testimoniare la manifestazione dell'onnipotenza di Dio sollecitata dalla Madonna a Lourdes.

Quanto a noi, dobbiamo tenerne conto per essere oggettivi e precisi nella nostra analisi! Questo numero è costituito da:

— sette miracoli riconosciuti *nel 1862* da mons. Laurence, vescovo di Tarbes;

— ventidue miracoli riconosciuti *nel 1907 e nel 1908* da tredici vescovi diversi, di cui undici francesi e due belgi, per guarigioni avvenute prima del 1906;

— quattro miracoli riconosciuti *tra il 1909 e il 1913* da quattro vescovi (un belga e tre francesi) per guarigioni avvenute prima del 1906.

Queste trentatré guarigioni sono già state tutte descritte.

Infine si ebbero sette miracoli, sempre dichiarati *tra il 1909 e il 1913* da sei vescovi tutti francesi, riguardanti guarigioni avvenute tra il 1907 e il 1912.

In primo luogo è opportuno presentare brevemente i *dossier* che il Bureau des Constatations Médicales ha dovuto valutare e studiare prima che queste sette guarigioni venissero riconosciute dall'autorità della Chiesa.

Nell'agosto del 1907, tra i malati del pellegrinaggio della diocesi di Grenoble vi era la sig.na **Antonia Moulin**, una trentenne affetta da suppurazione alla coscia con fistole multiple e recidivanti che nessuna terapia riusciva a risolvere, nonostante fosse rimasta ricoverata in ospedale per più di diciotto mesi a Vienne e a Lione.

Era considerata un'ammalata incurabile, e le sue piaghe dovevano essere medicate due volte al giorno, poiché presentava un'impotenza funzionale dell'arto inferiore destro con un ginocchio enorme e anchilosato. Al suo terzo bagno ebbe la sorpresa di vedere che le sue piaghe si erano cicatrizzate e che poteva nuovamente usare la gamba e camminare!

Al B.C.M., dove è immediatamente condotta e visitata, ne viene confermata la guarigione. Qualche giorno dopo, il suo medico curante stila un certificato in cui dichiara la presenza di « una guarigione inspiegabile dal punto di vista scientifico... ».

A partire dal 1907 ella non manca di ritornare a Lourdes come aiutante infermiera né di presentarsi nuovamente al dott. Boissarie nel Bureau des Constatations. Il 6 novembre 1910, il vescovo di Grenoble mons. Paul Henry, sentito il parere di una commissione canonica diocesana, dichiara che la guarigione della sig.na Moulin deve essere considerata miracolosa.

A meno di due settimane da questa guarigione, una giovane donna ventisettenne di nome **Marie Borel**, della diocesi di Mende, guariva anche lei da fistole inesauribili, di cui soffriva da tre anni.

Dopo due anni di cure mediche, era stata operata nel 1903 di appendicite suppurata. Come si temeva, questo intervento ebbe come conseguenza degli ascessi residuali. Anzi erano apparse fistole di drenaggio naturale verso la parete destra, anteriore e posteriore. Qualche mese dopo, le fistole divenivano fecaloidi, tanto che il decorso normale degli escrementi era completamente deviato! Inutile precisare che tali lesioni, pur non comportando un imminente pericolo di vita, erano praticamente incurabili a quei tempi e creavano una situazione veramente penosa per la persona che ne era affetta.

Il mattino del 21 agosto tutte le fistole sono aperte e necessitano di medicazione... La sera, le quattro fistole anteriori sono chiuse e la medicazione è pulita e secca! L'indomani, dopo un altro bagno, sono guarite anche le due fistole posteriori.

I medici del Bureau des Constatations Médicales, dopo una visita minuziosa, confermano nei giorni successivi che le fistole sono chiuse e secche. Le feci hanno ripreso il loro decorso normale. Tra il 1907 e il 1911 ebbero modo di certificare che questa guarigione istantanea e totalmente imprevedibile era definitiva e, per di più, scientificamente inspiegabile.

In seguito alle constatazioni dei periti medici e considerato il carattere prodigioso di questa guarigione, mons. Jacques Gély, vescovo di Mende, la giudicò miracolosa il 4 giugno 1911, attribuendola a uno speciale intervento della beata Vergine Maria.

L'anno 1908 fu senza dubbio del tutto eccezionale. Tutto vi concorreva. Da un lato, il giubileo dell'anno delle apparizioni. Dall'altro, le numerose dichiarazioni e i giudizi che molti vescovi avevano voluto comunicare riconoscendo un certo numero di miracoli e interventi di Dio, per un totale di *venti* in quell'anno.

Questi due eventi hanno certamente contribuito molto a far aumentare le visite di pellegrini al santuario e, più in generale, a incrementare un entusiasmo sempre più grande per quella pratica autenticamente religiosa che certamente rappresentava il pellegrinaggio secondo il pensiero popolare.

Nella stazione di Lourdes, nel 1908 si sono contati 602 treni di pellegrinaggi, di cui 147 provenienti dall'estero, mentre le cifre del 1907 erano state rispettivamente 258 e 52. E il numero dei pellegrini sani e ammalati quasi raddoppiò nello stesso anno: 935.000 *viaggiatori* accolti invece di 508.600, e 9.290 pellegrini *ammalati ospedalizzati* invece di 5.600.

Il Bureau des Constatations Médicales dovette accogliere un numero di medici quasi doppio rispetto al 1907: *624* medici e studenti in medicina. Essi ebbero modo di raccogliere 118 *dossier* di guarigione, grosso modo come l'anno precedente.

Solamente due di esse furono successivamente dichiarate miracolose dai vescovi competenti di due diocesi francesi. Si tratta delle guarigioni di Virginie Haudebourg, 22 anni, della diocesi di Saint-Claude, avvenuta il 17 maggio 1908, e della sig.ra Marie Biré, 42 anni, della diocesi di Luçon, che guarì il 5 agosto 1908.

Nel 1908 **Virginie Haudebourg**, la più giovane delle due, soffriva da quattro anni di un'infezione tubercolare delle vie urinarie accertata dal laboratorio. Nessuna cura aveva prodotto qualche miglioramento. Era già venuta a Lourdes una volta, nel 1906, per cercarvi un po' di sollievo. Invano!

Decise di partecipare nuovamente al pellegrinaggio diocesano del giubileo e il terzo giorno, durante la benedizione del santissimo Sacramento, avvertì un violento dolore e poi un senso di benessere che interpretò subito come una guarigione. La sera e la notte furono incredibilmente tranquille. Il giorno dopo andò al Bureau des Constatations Médicales, dove la sua guarigione fu ufficialmente confermata da un esame clinico e da un'analisi dell'urina, che risultò normale.

Ritornata a casa, rimase sotto osservazione per molto tempo, ma non ebbe mai alcuna ricaduta. Cinquant'anni dopo, il 24 aprile 1958, tornò all'età di 72 anni al Bureau Médical, per provare la sua eccellente salute!

Il 25 novembre 1912, dopo aver preso in considerazione il parere di una commissione canonica, il suo vescovo mons. François Mallet giudicò che questa guarigione prodigiosa e ottenuta « al di fuori del normale ordine naturale » doveva essere considerata miracolosa.

La malattia di cui soffriva la sig.ra **Marie Biré** era più recente e, forse, più drammatica.

Il 14 febbraio 1908 presenta improvvisamente sintomi inquietanti: vomito di sangue, stato precancrenoso dell'avambraccio e della mano sinistra, con dolori lancinanti.

Tre-quattro giorni dopo, quando la circolazione sanguigna si normalizza a livello del braccio, si manifestano sintomi di sofferenza cerebrale ed ella entra in coma. Il 25 febbraio riprende conoscenza, per accorgersi che è cieca! E localmente viene diagnosticata una « cecità per atrofia papillare bilaterale ». Questa malattia ha certamente tutte le caratteristiche per essere considerata incurabile e definitiva.

All'inizio di agosto del 1908 viene a Lourdes, e il 5 agosto ricupera improvvisamente la vista dopo la messa alla Grotta. Si reca subito al B.C.M., dove viene visitata dall'oculista Lainey di Rouen. Egli constata ancora la presenza di « chiari segni di atrofia bianca di origine cerebrale », più evidenti a destra che a sinistra, benché ella riesca a leggere « le lettere più piccole del giornale ».

Dunque, nelle ore che seguono il ricupero della funzione visiva persistono le lesioni anatomiche che normalmente dovrebbero impedire questa facoltà. Qualche settimana dopo, un'altra visita molto accurata viene effettuata da altri specialisti, i quali rilevano in quel momento che « non vi sono più tracce dell'atrofia ottica e che la guarigione è completa... ».

Meno di due anni dopo, il 30 luglio 1910, questa scomparsa improvvisa, completa e definitiva della cecità fu riconosciuta ufficialmente da mons. Clovis Catteau, vescovo di Luçon. Egli propose infine che essa fosse considerata un miracolo.

Aggiungiamo che questo fatto singolare di dissociazione tra funzione sensoriale ritrovata e persistenza di lesioni anatomiche invalidanti è stato oggetto di uno studio particolare, effettuato da una decina di specialisti dopo il 1908. Ed è sempre stato riconosciuto come un fatto *assolutamente* inspiegabile.

Nel repertorio delle guarigioni ufficialmente dichiarate miracolose, una sola è ricordata per ciascuno dei tre anni successivi (1909, 1910 e 1911) su un centinaio di guarigioni denunciate con un *dossier* aperto al B.C.M.

Come sarà possibile rendersi conto più avanti, questi tre ricuperi di uno stato di salute soddisfacente hanno avuto un impatto infinitamente minore di determinati eventi ancora presenti nella memoria popolare. Il fatto che siano successi a Lourdes ha suscitato una vera polemica. A voi il giudizio!

La sig.na **Aimée Allope**, di 37 anni, era ammalata da molto tempo quando decise di venire a Lourdes nel 1909.

Nel 1898, all'età di ventisei anni, subì l'asportazione di un rene per un'infezione tubercolare, seguita da altri due interventi per tumefazioni del fianco destro, come delle « gomme », della stessa natura. Alcune fistole persistettero per molti anni.

Qualche giorno prima del pellegrinaggio il medico curante aveva constatato « quattro enormi ascessi congestizi, con il colore del pus e senza tendenza alla cicatrizzazione ». Lo stato generale era penoso, con un dimagrimento considerevole. Si era costretti a medicarla più volte al giorno.

Venuta con la sua diocesi, i primi giorni del pellegrinaggio non apportarono alcun miglioramento. Ma il 28 maggio, dopo la comunione alla Grotta, ella ebbe la convinzione di guarire, poiché cessò improvvisamente di soffrire. Da quel momento si sentì trasformare, e la sera si constatò che le piaghe erano chiuse ed era incominciata la cicatrizzazione. Il giorno dopo, i medici presenti al Bureau des Constatations Médicales accertarono la scomparsa delle lesioni nodulari tubercolari, le famose « gomme », e delle fistole.

Quindici mesi dopo, la sig.na Allope aveva ricuperato dieci chili e la malattia aveva definitivamente cessato di tormentarla, come aveva potuto confermare una commissione canonica. Allora mons. Joseph Rumeau, vescovo di Angers, ne accettò il parere e, il 5 agosto 1910, giudicò che questa guarigione prodigiosa doveva essere « attribuita a un intervento speciale di Dio » e che « bisognava vedervi un fatto miracoloso ».

La sig.na **Juliette Orion**, ventiquattrenne abitante a St.-Hilaire du Voust, in Vandea, guarì a casa sua nella notte tra il 22 e il 23 luglio 1910, una settimana prima che mons. Catteau, vescovo di Luçon, proclamasse miracolosa la guarigione di Marie Biré. La storia di questa giovane donna è significativa.

Orfana di padre, viene sistemata come domestica « in città ». Spaesata, si ammala ben presto e, nel giro di due o tre mesi, viene colpita da tutte le varie patologie tubercolari tipiche di quei tempi. All'inizio del 1910 ritorna a casa, ma non riesce a evitare ulteriori complicazioni per il suo stato generale gravemente compromesso: laringite e mastoidite, con manifestazioni meningee e ripetuti episodi di coma. Allora è data per spacciata dai suoi medici.

In luglio chiede di partecipare al pellegrinaggio della sua diocesi, ma, per strane ragioni, non è accettata.

Nella notte del 22 luglio 1910, mentre prega con fervore Nostra Signora di Lourdes, si sente molto meglio e si chiede se non stia per guarire! Il senso di benessere persiste il giorno dopo. Ha ritrovato la voce, ha appetito e sente tornare le forze. Viene convocato il suo medico, che, dopo averla visitata accuratamente, ne constata la guarigione, sostenendo che essa non è « merito suo... ».

Due anni dopo, il 9 agosto 1912, ella si presenta al Bureau des Constatations Médicales per denunciare ai responsabili di Lourdes questa guarigione ottenuta a tale distanza di tempo e per far controllare il suo stato di salute. L'anno successivo, il 18 ottobre 1913, il vescovo di Luçon concorda con la sua commissione canonica nel riconoscere che questa guarigione « istantanea, perfetta e definitiva » debba essere attribuita a un intervento di Dio e che, perciò, debba essere considerata miracolosa.

In questo periodo subito prima della guerra, l'ultima guarigione considerata miracolosa da un rappresentante della Chiesa riguarda la sig.ra **Marie Fabre**, residente a Montredon, nel Lot (diocesi di Cahors).

La salute di questa moglie di un contadino era stata compromessa da tre gravidanze a breve distanza di tempo l'una dall'altra, terminate con parti distocici ed altrettanti lunghi periodi di allattamento. Affetta da un prolasso uterino — a cui pudicamente non viene fatto cenno nell'anamnesi — a trent'anni è colpita da dispepsia ed enterite mucomembranosa. Per oltre due anni essa risulterà ribelle alle cure e alle diete prescritte. A lungo andare tale affezione cronica aveva causato un'astenia e un'anemia gravissime.

Per questa penosa situazione, ella fece voto di andare a Lourdes nell'estate del 1911. Vi giunse il 24 settembre in un tale stato di debolezza che chi le stava vicino temeva per la sua vita e si deliberò di non condurla né alla Grotta né alle piscine per un giorno e mezzo.

Il pomeriggio del 26 si decise di farla assistere alla benedizione del santissimo Sacramento. Dopo averla ricevuta, ella si sentì meglio. Era persuasa di essere sul punto di guarire... Quella sera stessa chiese di mangiare e si alimentò in modo del tutto normale, mentre non aveva più potuto assumere alcun alimento solido da più di tre mesi.

Ritornata a casa, poté riprendere assai rapidamente la vita di contadina operosa. Sia a tavola sia nelle attività che aveva dovuto abbandonare da molto tempo!

Il 23 giugno 1912 ritorna a Lourdes per rendere grazie e presentarsi al Bureau des Constatations Médicales. Viene trovata in perfetta salute.

Dopo meno di tre mesi, l'8 settembre 1912 (quindi senza attendere né, senza dubbio, resistere alle pressioni delle sue pecorelle!), il vescovo di Cahors mons. Pierre Cezerac ritiene che « questa guarigione improvvisa non trovi riscontro nelle leggi ordinarie della scienza... e che non abbia potuto verificarsi senza un intervento miracoloso di Dio ».

Dopo la guerra, nel 1920-21, la sig.ra Marie Fabre ritornò nuovamente al Bureau des Constatations Médicales per farsi visitare. Mostrava una salute eccellente.

Con quest'ultimo *dossier* medico, abbiamo terminato di catalogare tutte le guarigioni ritenute *miracolose* dalla Chiesa *prima della grande guerra*, a una distanza di tempo più o meno lunga dal loro verificarsi. E così abbiamo potuto notare che questo periodo di tempo variava molto a seconda delle circostanze: dai *trentatré anni* di Pierre de Rudder a *meno di un anno* per Marie Fabre!

Ma così facendo siamo certi di aver dato solo un'idea molto incompleta del fascino esercitato da Lourdes in quel periodo. Indubbiamente la celebrità, la risonanza, lo stesso prestigio del santuario di Nostra Signora di Lourdes non si basavano sul numero relativamente scarso delle guarigioni dichiarate vere e durevoli, riconosciute inspiegabili dai medici e miracolose dalla Chiesa.

In quegli anni Lourdes era invece considerato dai cattolici di tutto il mondo come un luogo supremo, carismatico, una vera « terra dei miracoli »; un luogo in cui ogni uomo o donna poteva venire a chiedere e ottenere un intervento dell'onnipotenza di Dio, per l'intercessione della Vergine Maria.

Un luogo in cui ogni malato o infermo, spesso « dato per spacciato » o « abbandonato a se stesso » dai medici, così carenti di mezzi terapeutici all'inizio del secolo XX, era indotto a venire a pregare con fede, ad abbandonarsi con speranza nelle mani di Dio per ottenere un miglioramento delle sue condizioni, un sollievo alle sue sofferenze, in una parola a ritrovare la speranza.

Non fu minore la risonanza avuta dall'opera del Bureau des Constatations Médicales — in particolare del dott. Boissarie in quegli anni — sia nella stessa Lourdes, grazie ai medici che l'hanno frequentato e il loro rigore finalizzato a non far uscire questa procedura dai binari di una *perizia collettiva* che erano stati tracciati dal suo fondatore, sia lontano dal santuario. Le « meraviglie » di Lourdes poterono essere conosciute e discusse meglio, provate o smentite dai fatti, considerate da alcuni come segni di Dio e interpretate da altri come conseguenze felici e manifeste del potere delle suggestioni.

È dunque certo che quest'opera svolse un ruolo determinante per la conoscenza, la scoperta e l'interpretazione molto più approfondite delle « meraviglie » che Lourdes suscitava.

In questo lavoro conviene senza dubbio che riserviamo uno spazio modesto — come lui stesso ha sempre desiderato — ma essenziale a un medico inglese, che ha voluto accettare l'ingrato incarico di « segretario perpetuo » del Bureau des Constatations Médicales dall'ultimo anno del secolo XIX fino alla sua morte, avvenuta nel 1924. Parlo del dott. Pierre Cox.

Nato nell'isola Maurizio nel 1839 — tre anni dopo il dott. Boissarie —, si era stabilito a Londra nel 1870, dove aveva fatto ottimi studi. Era il tipico *gentleman*: distinto, senza prosopopea, con una padronanza assoluta di sé, sempre amabile, sempre premuroso.

Venuto a Lourdes nel maggio 1895 per qualche giorno (al massimo per qualche settimana) con la moglie ammalata e sperando nella sua guarigione, incontrò il dott. Boissarie ed ebbe occasione di conoscere il Bureau des Constatations Médicales.

Molto presto questo medico non sentì più il bisogno di riprendere il tran tran della sua vita precedente e l'anno successivo 1896 decise di stabilirsi a Lourdes con la moglie. Sfortunatamente questa non ebbe il privilegio di guarire, anzi il suo stato di salute non fece che aggravarsi. Morì a Lourdes nel 1902.

Da quel momento il dott. Pierre Cox dedicò la maggior parte del suo tempo al B.C.M. Lui e il dott. Boissarie divennero inseparabili e complementari nello svolgimento di funzioni connesse e parzialmente interscambiabili nell'amministrazione e gestione del Bureau des Constatations. Ma egli seppe sempre rimanere in disparte, all'ombra del presidente.

Il suo aiuto fu certamente assai prezioso, poiché egli assicurava la sua presenza a Lourdes (cosa che il dott. Boissarie non poteva fare per tutto l'anno). Accoglieva i medici di passaggio, si incaricava di redigere con la sua bella grafia anglosassone tutti i *dossier* di guarigione iniziati in più di vent'anni.

Oltre a questo compito subalterno di segretario, seppe anche svolgere il ruolo di medico, analizzare le situazioni e le « confidenze », apportare elementi di una cultura medica di base differente, dirigere e orientare con discernimento le conclusioni della procedura di controllo medico in un momento ancora cruciale.

Morì il 19 febbraio 1924 all'età di 84 anni, lasciando a quelli che lo conobbero l'esempio di una delle testimonianze più modeste, ma al tempo stesso più nobili e avvincenti che Lourdes abbia saputo suscitare e conservare!

Ma torniamo all'argomento delle guarigioni. Preferiamo riparlare delle guarigioni assolutamente inspiegabili per i medici, più che di quelle riconosciute miracolose e che, attraverso le relative pubblicazioni, sono state senza dubbio elementi di rivelazione e dimostrazione anche più reali degli eventi straordinari di Lourdes.

Una guarigione del genere è indiscutibilmente quella di **Gabriel Gargam**. Essa si colloca all'inizio del secolo ed è stata conosciuta nel mondo intero attraverso la testimonianza dello stesso interessato e le conferenze da lui tenute per molti anni fino alla seconda guerra mondiale, cioè sino alla morte.

Gabriel Gargam era nato il 1° aprile 1870 a Ruelle, presso Angoulème, quando suo padre aveva cinquantasei anni. Era stato uno studente assai brillante e si stava preparando al concorso della Scuola Superiore delle Poste, pur lavorando già presso questo ente.

Il 17 dicembre 1899, per via del suo incarico di commesso viaggiatore, si trovava nel vagone postale — il penultimo come al solito — del treno rapido Bordeaux-Parigi. A soli pochi chilometri da Angoulème, il treno fu costretto a fermarsi e, pertanto, fu raggiunto e tamponato dal treno espresso che lo seguiva.

Gabriel Gargam e i suoi tre colleghi furono sbalzati fuori dal vagone, ridotto in briciole. Il mattino successivo (otto ore dopo il disastro), lui fu raccolto nella neve a più di quindici metri dai binari, inerte e privo di sensi. Venne trasportato all'ospedale di Angoulème. Quando vi entrò, era affetto da contusioni multiple, ma la sua vita non sembrava in pericolo a causa del trauma.

Tra l'altro, non vi erano fratture al cranio o alla colonna vertebrale. In compenso, si svilupparono progressivamente sintomi di paraplegia spastica con contrazioni, atrofia muscolare e alterazioni della sensibilità, con analgesia a livello degli arti inferiori.

Un anno dopo l'incidente, il dott. H. Decressac, primario dell'ospedale di Angoulème dove egli era ancora ricoverato, dichiarava in un certificato riguardante le condizioni del ferito che:

— le sue condizioni morbose attuali « sembrano originate dal disastro ferroviario »;

— queste condizioni « costituiscono una malattia permanente, poco suscettibile di miglioramento, capace di evolvere progressivamente e in modo letale ».

Nel procedimento giudiziario per la ricerca delle responsabilità, attivato contro la Compagnia d'Orléans, la sentenza del 20 febbraio 1901 del tribunale civile di Angoulème fa menzione « del vero stato di relitto umano » in cui era ridotto Gargam, e gli assegna pertanto una pensione annuale e un'indennità di grande invalido.

Poiché la Compagnia aveva interposto appello contro questa sentenza, il dott. Decressac indirizzò una seconda relazione alla corte di Bordeaux quattro mesi dopo, il 19 giugno, in cui si menziona un lieve peggioramento, dal momento che il malato poteva essere alimentato solo attraverso sonda esofagea e rettale.

Il dott. Mercier, medico aiutante nell'ospedale di Angoulème, aveva ipotizzato una compressione vertebrale supponendo utile un intervento chirurgico, ma il paziente rifiutò questa proposta e, per esprimere meglio la sua volontà, decise di lasciare l'ospedale dove era stato accolto e curato con una degenza di venti mesi. Poco dopo aver fatto questa scelta, Gargam accettò senza troppa resistenza di venire in pellegrinaggio a Lourdes, come del resto sua madre e tutta la famiglia desideravano da mesi.

Vi arrivò con il Pèlerinage National il mattino del 20 agosto 1901 e, sulla barella cassonata che gli era servita per il viaggio, fu condotto subito alla Grotta, dove fece la comunione con rinnovato fervore. Nel pomeriggio, dopo un bagno nella piscina, fu sistemato per la processione. Al passaggio del santissimo Sacramento ebbe una sincope, che allarmò coloro che lo accompagnavano. Ma qualche istante dopo riprese conoscenza e tentò subito di mettersi in piedi. Chiese aiuto insistentemente a coloro che lo circondavano meravigliati e così, a piedi nudi e in camicia, fu oggetto dell'attenzione di una folla commossa e fremente.

Appena terminata la cerimonia, venne accompagnato al Bureau des Constatations Médicales, dove si trovavano *sessanta* medici (e un certo numero di curiosi), mentre all'esterno una folla entusiasta voleva a tutti i costi prendere parte all'evento. In queste condizioni eccezionali non era pensabile una visita seria e, giustamente, si rinunciò ad essa. Il ritorno in ospedale, circondato da una moltitudine di pellegrini appassionati; il pasto della sera, che egli aveva richiesto abbondante e che mangiò come tutti gli altri; i visitatori che volevano continuamente avvicinarsi, toccarlo... questa serie di avvenimenti talmente improvvisi e insperati non impedì un sonno ristoratore durante la notte. E il mattino seguente entrò a piedi nel B.C.M. per sottoporsi a una visita di controllo dei medici del Pèlerinage National, ancor più numerosi che nel giorno precedente.

Ciò che attirò maggiormente l'attenzione di questi periti fu indiscutibilmente il fatto che con una scomparsa quasi totale dei muscoli degli arti inferiori — 23-24 cm di circonferenza del polpaccio! — poteva stare in piedi e, addirittura, camminare senza sostegno fin dal giorno prima!

Il ritorno a una vita normale fu rapidissimo. Tre settimane dopo aveva già acquistato 10 kg e 12 cm di circonferenza del polpaccio! Non ebbe mai ricadute e, per i restanti cinquant'anni della sua vita, venne ogni anno a Lourdes — fino al 1951, a 81 anni! — dove ci teneva a tornare come barelliere alle piscine.

Inoltre per decenni volle che il suo destino, la sua salute, ma anche la sua fede ritrovata fossero una testimonianza a onore di Dio. Nelle conferenze che gli si chiese di tenere in tutta la Francia ma anche all'estero, aveva l'abitudine di far notare che nel momento dell'incidente era un miscredente, un empio..., e questo affinché l'onnipotenza divina e, quindi, l'esistenza di Dio potessero manifestarsi meglio, fossero *provate* da questa guarigione che non poteva avere altra spiegazione.

Quest'argomentazione non era proposta per ingannare. Tra il periodo del commesso delle poste indubbiamente miscredente e il grande invalido indotto a venire a Lourdes erano passati più di venti mesi. È forse necessario aggiungere che tale tempo è più che sufficiente per una conversione del cuore?

Morì il 23 marzo 1953, a 82 anni.

Un'altra guarigione famosa per i fiumi di inchiostro che ha fatto versare è quella di **Marie Bailly**, per il modo in cui ebbe luogo e per il medico che ne fu testimone.

Questa malata, proveniente dall'Hospice de St.e-Foy-lez-Lyon, partecipava al pellegrinaggio diocesano di Lione. Aveva circa vent'anni e da otto mesi soffriva di una peritonite tubercolare grave, in seguito ad altre localizzazioni tubercolari.

Uno dei medici che doveva assicurare l'assistenza a un centinaio di ammalati di questo pellegrinaggio ebbe un problema all'ultimo momento e si fece sostituire da un suo amico che aveva appena finito l'internato negli ospedali.

Questo giovane medico, che aveva sentito parlare delle straordinarie guarigioni di Lourdes nei giorni prima della partenza, volle mettersi nella condizione più adatta per giudicare, nel caso che gli fosse capitato di assistere a un tale prodigio tra i malati che gli erano stati affidati.

A tal fine ritenne utile visitarne cinque o sei molto accuratamente. Non che si ritenesse più esperto dei loro medici curanti. Ma a mio avviso era un modo di procedere comune, che dimostrava il tipico sussiego e scetticismo così cari a un giovane medico positivista.

E così Marie Bailly fu visitata nei minimi particolari da un certo dott. Alexis Carrel, allora ventottenne, circa dodici anni prima che diventasse famoso in tutto il mondo.

Questa giovane donna venne, dunque, a Lourdes e guarì nel pomeriggio del 28 maggio 1902, sembra dopo un bagno nella piscina.

Fu visitata lo stesso giorno dal medico della sala in cui era ospitata. Il Bureau des Constatations Médicales conserva ancora il certificato del dott. Paul Geoffroy, di Rive de Gier, riguardante questa guarigione assolutamente improvvisa e completa. E alla fine del documento, suggerisce: « Posso chiedermi come una peritonite tubercolare così grave non sia mai stata guarita in poche ore con mezzi a disposizione dell'uomo, come è successo qui? ».

Mi chiederete: e il dott. Carrel?

Nei nostri registri non compare alcuna testimonianza esplicita di ciò che è veramente successo, a parte una dichiarazione scritta riportata dal dott. Cox, segretario del B.C.M., dove viene menzionato Carrel come firmatario. Si precisa che le condizioni della paziente al suo arrivo erano « precarie », e che una guarigione completa, rapida, in una parola meravigliosa, era stata constatata dal medico (firmatario?). Da parte sua, a quanto pare il Bureau des Constatations Médicales non ebbe difficoltà ad ammettere che c'era stata una guarigione straordinaria.

Qualche settimana dopo, il dott. Boissarie volle ottenere

dal dott. Carrel una conferma di questo episodio prodigioso. Iniziò così una lunga corrispondenza tra i due medici, conservata negli Archivi della Grotta e pubblicata da padre B. Billet nella sua rivista *Recherches sur Lourdes* (nn. 8, 9, 10 e 11, dall'ottobre 1964 all'ottobre 1965). In essa si fa il punto sui dubbi e sui quesiti posti da Carrel subito dopo questa guarigione, dopo che Marie Bailly aveva ripreso una vita assolutamente normale.

Sembra che i problemi vertessero anzitutto sulla realtà della malattia precedente, sulla « peritonite tubercolare ». In un primo tempo, prima della guarigione, il dott. Carrel aveva accettato e confermato questa diagnosi, ma non ne era più certo dopo la guarigione dell'ammalata. Ciò spiega perché il dott. Boissarie non riuscì a ottenerne l'assenso alle conclusioni del Bureau des Constatations. E questo, se ne converrà, è un vero peccato!

Nel frattempo, a Lione, in seguito a un articolo della stampa locale, comincia a diffondersi una diceria nel mondo universitario: il giovane dott. Carrel avrebbe potuto farsi garante di una guarigione di Lourdes in seguito a un pellegrinaggio!

A questa diceria fa seguito poco tempo dopo una storia poco chiara — come ce ne sono sempre nell'ambiente ospedaliero — in occasione di un concorso per assistente medico degli ospedali in cui pare fossero lasciate poche carte da giocare al candidato.

Era troppo per il giovane Carrel, che quindi decise di lasciare Lione per andare a cercar fortuna altrove! Ed è esattamente ciò che accadde.

Partito per l'America settentrionale (Canada), riuscì ad ottenere un riconoscimento per le sue ricerche nel 1906 e fu invitato a continuarle presso l'Institut Rockefeller di New York. E, nel 1912, ottenne il premio Nobel per la medicina, grazie ai successi ottenuti in una ricerca che indubbiamente non avrebbe potuto portare avanti a Lione.

Aggiungiamo che venne a Lourdes tre o quattro volte attorno agli anni trenta, in occasione di suoi soggiorni in Francia. Ne siamo certi.

Ma i rapporti del dott. Alexis Carrel con il santuario di Lourdes hanno avuto un seguito che ha complicato la situazione. Infatti, dopo la sua morte avvenuta nel 1944, è stato pubblicato con la sua firma un libricino in gran parte autobiografico dal titolo: *Le voyage de Lourdes* (Parigi 1949). Contiene il racconto del soggiorno e della guarigione di una certa Marie Ferrand in presenza del dott. Lerrac, anagramma evidente di Carrel. Questo scritto risalirebbe al 1903, quando A. Carrel aveva trent'anni.

Il libro è molto bello, molto commovente. Inoltre dà l'impressione di essere stato scritto per affrontare in qualche modo una situazione eccezionale, ma vissuta realmente nell'intimo, perché tutti i particolari vengano realmente compresi nel loro profondo significato.

Insomma, la testimonianza « forte » di uno studioso!

Eppure alcuni di questi particolari sono assai lontani dalla realtà, che possiamo documentare partendo dalla corrispondenza con il dott. Boissarie.

Perciò riteniamo di essere autorizzati a dedicare solo un'attenzione limitata a questo libro, in cui il lettore può scorgere la risposta personale dell'autore a tutti gli interrogativi suscitati dalla guarigione, ai sentimenti che egli ha veramente provato e dei quali rende partecipi.

Mi riferisco alle pagine del libro in cui il dott. Lerrac, testimone oculare di una guarigione prodigiosa e, nel contempo, medico esperto e preparato, è veramente in procinto di riconoscere un intervento soprannaturale e, soprattutto, di convertirsi. Devo riconoscere l'assenza di una chiara volontà di ingannare.

Ma, allora, come considerare il contenuto di queste pagine? Bisogna cercarvi un semplice anacronismo? O, piuttosto, la tardiva rivelazione di un segreto tenuto nascosto fino a quel momento? Chi mai potrà dirlo?

L'anno dopo la guarigione di Marie Bailly, cioè nel 1903, furono inaugurati un centinaio di *dossier* presso il B.C.M., dove passarono circa duecentoventi medici.

La guarigione che suscitò il massimo scalpore fu quella di una cinquantenne che abitava nella Lorena, la sig.ra **Thérèse Rouchel**, della diocesi di Metz. Da cinque-sei anni soffriva di un lupus tubercolare alla faccia, che ne distruggeva praticamente tutti i lineamenti del viso e gli elementi della bocca, creando delle fistole nel palato e nella guancia destra, comportando talvolta croste nerastre e una suppurazione nauseabonda.

Tra le altre cure, due dermatologi (?!), ai quali era stata indirizzata dal suo medico, le avevano tolto tutti i denti e cauterizzato in pratica tutta la cavità boccale, senza recarle un reale giovamento e senza modificare il decorso della malattia.

I suoi medici curanti e specialisti erano sul punto di dichiarare questa malattia assolutamente incurabile. La vita era diventata insopportabile per lei e per i suoi familiari. Spesso aveva pensato al suicidio. Ma la Provvidenza aveva deciso altimenti.

Un prete le parlò di Lourdes. Ed ella decise di venirvi nel settembre 1903, con un certificato del dott. Ernst e accompagnata da una suora infermiera che doveva assisterla in viaggio (e non si tirò certo indietro!) oltre che durante il suo soggiorno a Lourdes.

Il secondo giorno, il 5 settembre, desiderando più che mai di guarire durante questo suo pellegrinaggio, si era rifugiata nella chiesa del Rosario per non disturbare le persone vicine e forse soprattutto per pregare da sola con maggior fervore durante la processione del santissimo Sacramento. Al termine di quest'ultima, il vescovo di Saint-Dié ritornò come al solito nella basilica, portando l'ostensorio e passando vicinissimo alla sig.ra Rouchel.

Nello stesso istante, la medicazione si staccò dal viso e cadde sul suo libro di preghiere, senza che alcun movimento potesse spiegare questo incidente. Ella si affrettò in qualche modo a raccoglierla. Poco dopo, con sua grande apprensione, la garza che la proteggeva cadde nuovamente e questa volta per terra, costringendola a rientrare in ospedale per evitare che la gente vedesse le piaghe.

Ed è là che le suore infermiere del pellegrinaggio e la stessa suora dell'ospedale si resero conto per prime del cambiamento verificatosi sul suo viso. Nessuna suppurazione... le fistole cicatrizzate... le escrescenze nella bocca e sul viso erano scomparse... Persistevano solamente una certa rigidità e un residuo di ulcera al labbro superiore!

Il giorno dopo, spinta da tutti coloro che erano con lei, compreso il suo vescovo, andò a farsi visitare al Bureau des Constatations Médicales, dove i medici confermarono tutto ciò che ella sapeva già e ne conclusero che si trattava di una guarigione davvero straordinaria.

Nel 1908 il canonico Bertrin ha osato scrivere che « tre giorni dopo questa guarigione, quando i pellegrini di Metz lasciarono Lourdes, la notizia era già nota in tutta la Francia ».

Al suo ritorno a Metz fu visitata da un certo dott. Ernst completamente strabiliato. Volle rivederla dopo qualche settimana e, in quell'occasione, confermò che la guarigione persisteva, che la situazione era sempre la stessa, compresa la residua ulcerazione al labbro superiore.

Nell'aprile 1905 fu anche invitata a presentarsi all'Association des Médecins di Metz per essere visitata, in occasione di una loro riunione, affinché i membri di quest'associazione medica potessero discutere della sua guarigione in presenza del dott. Boissarie. In quell'occasione si distinse un certo dott. Muller, il quale sostenne che all'origine di questa guarigione così difficile da spiegare poteva esserci lo jodio che la malata avrebbe potuto assumere in seguito alla prescrizione di qualche « praticone » (?!).

Infine, per iniziativa del dott. Boissarie, il 5 luglio 1905 ella fu presentata al dott. Tenneson, primario della divisione di dermatologia dell'Ospedale Saint-Louis, il quale certificò dopo la visita che « nessuna terapia può produrre in qualche ora la guarigione di due fistole e di lesioni suppurate e ulcerate della cavità boccale » e che « quanto è successo non è di ordine medico, se è veramente accaduto ».

Per concludere questo periodo di transizione, vorremmo ricordare brevemente alcune guarigioni evidenziate in modo particolare dai controlli medici del B.C.M.

Tra il 1904 e la dichiarazione di guerra del 1914, il numero di denunce di guarigioni si avvicina al centinaio ogni anno, o lo supera di poco; quello dei medici presenti a Lourdes è relativamente stabile, attestandosi attorno ai 280/350 (al di fuori dell'anno 1908, del tutto eccezionale). È da precisare anche che, nel 1914, i due medici residenti del B.C.M., il dott. Boissarie e il dott. Cox, avevano già più di settant'anni.

Nel 1907, per esempio, 103 denunce di miglioramento o di guarigione sono state registrate al Bureau des Constatations. Cinquantuna di esse sono state ottenute alle piscine e venti durante la benedizione degli ammalati.

Uno dei *dossier* di quell'anno riguardava una certa **Jeanne Bermond** di Pompignan (Gard), giunta al B.C.M. il 18 agosto all'età di vent'anni per testimoniare una guarigione di vecchia data.

Soffriva di epilessia essenziale dall'età di tredici anni. Dal 1900 aveva una crisi tipo grande male una-due volte alla settimana. Venuta a Lourdes una prima volta nel 1902, aveva accusato un certo miglioramento delle sue condizioni. Era ritornata nel 1904, e da allora non aveva più avuto alcuna crisi!

L'anno seguente, nel 1908, un'altra guarigione fece molto scalpore: quella di padre **Fiamma**, vicario della parrocchia dell'Immaculée Conception, a Parigi.

Da molti anni era affetto da estese ulcere varicose alla gamba destra. Questo sacerdote volle a tutti i costi immergere le gambe — e solo quelle — in una delle piscine. In un attimo le sue piaghe grondanti che necessitavano di medicazioni furono sostituite da croste secche, le quali, in assenza del dott. Boissarie, poterono essere constatate da un altro medico non appena uscì dalle piscine. Ne abbiamo la prova.

Dobbiamo altresì presentare brevemente il *dossier* del B.C.M. riguardante la guarigione del giovane sedicenne **Joseph Duncan Boothman**, avvenuta a domicilio, in Inghilterra.

Egli era affetto ormai da molto tempo da un'otite cronica in evoluzione continua, con *poussée* e distruzione totale del timpano sinistro e conseguente sordità totale dal medesimo lato. Era stato visitato da uno specialista (un « otologo » dell'epoca) di Londra. Questi aveva spiegato al padre del giovane ammalato che, a suo avviso, c'era l'indicazione formale per un intervento chirurgico urgente, importante e invalidante, al fine di prevenire complicazioni infettive dell'orecchio medio, pericolose per la vita.

Questo padre, un ex pastore anglicano convertitosi al cattolicesimo, convocò tutte le persone vicine a lui e chiese loro di unirsi in una novena a Nostra Signora di Lourdes. L'ultimo giorno, il 22 maggio 1910, mentre il giovinetto partecipava a una messa ebbe improvvisamente la certezza di essere guarito, poiché poteva nuovamente sentire con l'orecchio malato! Il giorno dopo, questa capacità fu controllata e confermata da un altro medico, il dott. Murphy di Douvres.

In base al voto fatto, i genitori e il ragazzo vennero quindici giorni dopo (nei primi giorni di giugno) a Lourdes in segno di ringraziamento. E i medici Boissarie e Cox si misero in contatto con l'interessato per visitarlo e prendere visione dei certificati medici rilasciati in Inghilterra.

Al di là della Manica, la notizia di questa guarigione fu pubblicata ed ebbe una risonanza enorme.

In proposito devo anche segnalare un fatto particolare. Il racconto di questa guarigione servì come argomento, prova ed esempio di guarigione ritenuta *miracolosa* nel *Précis d'Apologéthique* (« Compendio di apologetica ») di padre Texier — il più noto nella Francia degli anni trenta —, insieme ad altre tre guarigioni dello stesso tipo. Esse non erano mai state oggetto di un'indagine ecclesiastica né di una dichiarazione episcopale, ma solo di conclusioni mediche, poiché riguardavano la guarigione inspiegabile di una lesione organica dell'orecchio e della sua funzione sensoriale.

Alla fine dell'estate del 1910 giunse anche il pellegrinaggio della diocesi di Évreux, con numerosi ammalati. Tra loro vi era **Marie-Thérèse Ricard**, una ragazza di diciannove anni che abitava a Parigi. Soffriva di un'osteite tubercolare al calcagno sinistro da tre anni. Apparteneva ad una famiglia decimata dalla tubercolosi: padre, madre e un fratello ne avevano sofferto sotto diverse forme ed erano morti. Quanto a lei, cure attente non avevano potuto impedire la normale evoluzione di tale malattia verso la fistolizzazione.

Si sentì guarita dopo la benedizione del santissimo Sacramento del 28 settembre 1910. Il giorno dopo venne al Bureau des Constatations, dove fu visitata e si poté evidenziare una cicatrice recente e non secernente. Nei due anni successivi ritornò a Lourdes e si presentò al B.C.M., dove ne venne constatato l'eccellente stato di salute. E tutto fa pensare che anche per lei non ci fu mai ricaduta.

Per quale motivo ho voluto presentare una guarigione così comune, tra i numerosissimi altri casi di guarigione da malattie osseo tubercolari tanto frequenti a quei tempi? Per quale ragione una parigina ha voluto venire a Lourdes senza una reale urgenza, aggregandosi al pellegrinaggio della vicina diocesi di Évreux? Per cercare di rispondere a tali quesiti, dobbiamo tornare indietro nel tempo.

Come abbiamo avuto modo di raccontare, due guarigioni successe a Lourdes nel 1907 e nel 1908 che interessarono malati di questa diocesi — quelle di padre Cirette e di suor Sainte Béatrix — erano state riconosciute miracolose da mons. Philippe Meunier, vescovo di Évreux. È possibile pensare che questi due eventi abbiano potuto spingere un'ammalata parigina a inserirsi in una comunità che poteva considerarsi privilegiata!

Questa giovane donna è *veramente* venuta a Lourdes per guarire? Senza dubbio!

Ma tale guarigione non fu mai dichiarata miracolosa, come invece avvenne due anni prima per quella di Clémentine Trouvé, che aveva sperimentato nel 1891 una guarigione altrettanto straordinaria da un'identica tubercolosi ossea.

Una delle numerose guarigioni straordinarie del 1912 merita di essere citata per la rarità e la certezza della diagnosi delle condizioni patologiche di partenza. Riguarda **Jeanne-Louise Mourey**, di 22 anni, un'altra parigina. Questa giovane donna soffriva dalla nascita di una malformazione congenita: una lussazione all'anca destra, che un trattamento ortopedico durato 23 mesi, a cui era stata sottoposta quando aveva 6-7 anni, non aveva potuto ridurre.

Una dozzina d'anni dopo, verso il 1909, si sviluppò una coxalgia — osteo-artrite tubercolare dell'anca — ovviamente a livello di quest'articolazione, fino allo stato di lussazione permanente. La malattia continuò ad aggravarsi nei primi mesi, tanto che nel giugno 1912 fu ricoverata presso l'ospedale Cochin, nella divisione del dott. Schwartz, dove ne venne confermata la diagnosi; poi si cercò di immobilizzarla con una trazione continua, che non fu sopportata.

C'era una differenza di *sette* centimetri di lunghezza tra i due arti inferiori, dovuta ad almeno due fattori: la dislocazione e la malattia della testa del femore, oltre alla retrazione dei muscoli glutei a contatto con la zona d'infezione. Evidentemente le era impossibile camminare, e il dolore era tale che fu indispensabile somministrarle iniezioni di morfina.

In queste condizioni, la malata decide di recarsi a Lourdes il più presto possibile. E, malgrado i suoi desideri e il suo fervore, nonostante l'impegno, il pellegrinaggio non le procurò che un *surplus* di dolori. In ogni caso, nessun miglioramento.

Forse era delusa al momento della partenza, non si sa. In compenso, appena il « treno bianco » ebbe lasciato la stazione, quando i malati furono invitati a salutare per l'ultima volta il luogo delle apparizioni, Jeanne-Louise sentì « come uno scatto » nell'anca e pensò di essere guarita... Immediatamente non sente più dolori, si alza, fa qualche passo nel vagone e, a Bordeaux, scende addirittura dal treno!

All'ospedale Cochin, dove viene nuovamente ricoverata, quest'evoluzione improvvisa suscita estrema meraviglia. Non solo non soffre più e cammina, ma l'esame clinico rileva che l'articolazione è mobile in tutti i sensi, e pare che l'arto inferiore destro si sia allungato, poiché la testa del femore ha ripreso la sua posizione anteriore, dovuta alla lussazione che persiste.

Nel luglio 1914 si tenne a Lourdes un Congresso Eucaristico Internazionale. Esso diede modo al dott. Boissarie di accogliere il cardinale G. Pignatelli, legato di papa Pio X, presso il Bureau des Constatations. Si può dire che questa accoglienza fu un coronamento trionfale, una sorta di omaggio della Chiesa a questo medico permanente. Ma pose anche la parola fine alla vita pubblica del nostro prestigioso predecessore, che allora aveva settantotto anni.

Pochi giorni dopo, infatti, la stagione dei pellegrinaggi terminò di colpo, poiché il 2 agosto fu dichiarata quella che venne chiamata la « grande guerra » per il numero di morti e la sua durata. Il dott. Boissarie preconizzò che non ne avrebbe visto la fine!

I treni dei pellegrinaggi cessarono di arrivare; gli uomini in età di poter combattere erano impiegati altrove e il resto della popolazione doveva occuparsi di altri compiti.

Immediatamente, Lourdes e tutti i luoghi di accoglienza furono messi a disposizione dell'amministrazione militare per i feriti di guerra e per il personale incaricato di curarli. I locali degli Hospitaliers de Notre-Dame di Lourdes e dei medici del B.C.M. vennero ceduti all'autorità militare, per essere destinati a uffici e a sale di riunioni per gli ufficiali (*An-*

nales de Notre-Dame de Lourdes, febbraio 1915, p. 281)

Il dott. G. Boissarie voleva passare l'inverno del 1914-15 a Lourdes, ma fu ben presto obbligato a rinunciarvi per motivi di salute e per i rigori del freddo. Vi ritornò nell'estate del 1915... E con l'aiuto di uno dei cappellani e del buon dott. Cox, poté ricuperare una piccola stanza dei locali del Bureau des Constatations, che era diventata la farmacia dei feriti e mutilati di guerra curati a Lourdes. Così per qualche settimana poté ricevere i rari medici di passaggio nel santuario (meno di dieci nel 1915).

Partito da Lourdes nell'autunno del 1915, non vi ritornò che per ammalarsi gravemente alla fine dell'estate seguente. Una crisi di uremia impedì di trasportarlo altrove. Ma poté sopravvivere grazie alle cure premurose e assidue di chi era attorno a lui, grazie anche ai medici Cox e Vergez (il figlio del prof. Vergez, dei primordi di Lourdes).

Tuttavia da quel momento inizia il vero declino del dott. Boissarie, che aveva allora ottant'anni. La sua mente era lucida, ma le forze fisiche lo abbandonavano sempre più. Dopo un inverno assai penoso trascorso a Sarlat, la primavera del 1917 fu piena di avvisaglie di vario tipo. Si spense il 28 giugno 1917, circondato da tutti i suoi cari e rassicurato dall'affetto e dalla stima di tutti coloro che lo avevano conosciuto e apprezzato, primo fra tutti il vescovo di Lourdes.

Nel santuario la situazione era sempre la stessa: qualche gruppo di pellegrini alla Grotta, qualche malato isolato alle piscine.

Una specie di pellegrinaggio fu talvolta organizzato nel 1918, ma queste manifestazioni non avevano niente a che vedere con ciò che si era visto prima del 1914.

Poi venne la fine della guerra e l'armistizio.

Ecco in dettaglio il modo in cui funzionò il Bureau des Constatations Médicales a Lourdes in poco più di un quarto di secolo.

A mio avviso, si tratta del periodo più intenso, più fecondo e omogeneo del Bureau des Constatations Médicales.

Dopo che il dott. de Saint-Maclou ne ebbe forse l'ispirazione, avendo preso l'iniziativa di crearlo e avendo stabilito le regole della sua attività improntate a semplicità, lucidità e competenza, era indispensabile che, a motivo dell'incarico affidatole per *sempre*, questa commissione di esperti potesse fornire una valutazione sincera e seria, un giudizio obiettivo e prudente sulla realtà delle dichiarazioni di guarigione, per quanto difficile potesse sembrarne l'interpretazione. In una parola, si trattava di *mettere il sigillo* su « avvenimenti » che continuavano a suscitare l'interesse del mondo intero!

Su questo problema il dott. Gustave Boissarie ha saputo essere indubbiamente un ottimo « pilota » del gruppo informale di esperti nel momento cruciale; anche una guida e un « apostolo », tanto da gettare le basi della reputazione di cui gode tuttora il Bureau Médical, a più di un secolo dalla sua nomina avvenuta nel 1892.

In pratica ha saputo sviluppare, attuare un'iniziativa brillante, dare una solida base alla perizia collettiva e competente effettuata dai medici circa le guarigioni di Lourdes che eventualmente meritassero di essere considerate inspiegabili.

Dopo averlo incontrato e dopo aver risposto da Roma a un suo scritto, papa Pio X ritenne opportuno rendergli omaggio pubblicamente e ringraziarlo nel 1910.

Mi sembra certamente auspicabile associarci alle parole del papa, come fece il dott. Vallet nel 1936, in occasione del centenario della sua nascita: « Vi sono molto obbligato per tutto il bene che avete fatto a Lourdes... e vi ringrazio... ».

CAPITOLO VI

Le guarigioni di Lourdes e il Bureau des Constatations Médicales subito dopo la prima guerra mondiale (1920-1928)

Abbiamo appena visto che il dott. Boissarie era stato responsabile effettivo del Bureau des Constatations Médicales di Lourdes dal 1892 — quando aveva 56 anni — fino alla dichiarazione di guerra del 1914. E nominalmente lo rimase fino alla morte, avvenuta nel giugno del 1917. Si tratti di 22 o di 25 anni, il suo fu comunque il più lungo periodo di attività a capo di questo ufficio a partire dalla fondazione.

Poi, nel novembre del 1918, ci fu l'armistizio, ma quell'anno era troppo tardi per poter organizzare altri pellegrinaggi.

Solo nel maggio 1919 il santuario riprese ad accogliere pellegrinaggi con malati e medici. Nell'intero anno, purtroppo, vi furono solo 250 ammalati e un centinaio di medici e studenti in medicina!

Nessuno fu designato medico permanente del Bureau des Constatations. Solo il dott. Cox, vecchio *alter ego* del dott. Boissarie e « scrivano » del B.C.M., ormai ottantenne, assicurava una certa continuità, aiutato dopo il 1912 dal signor Joseph Souville, un altro collaboratore volontario. Quest'ultimo non era un medico, ma un farmacista in pensione. Ancora giovane, si era offerto di assumere la funzione di « custode », di « addetto all'accoglienza » *ante litteram*, mantenendo il suo incarico sino al 1940, cioè fino a un'altra guerra.

È stato scritto che i locali dell'ufficio erano nel contempo la sua casa e il suo studio, il suo « regno » e, anche, un po' come il suo « santuario ». Migliaia di medici venuti a Lourdes fra le due guerre l'hanno conosciuto e apprezzato.

Ma, più in generale, non c'era motivo perché il santuario non riassumesse il compito di accoglienza dei pellegrini, rispondendo al messaggio della Vergine, svolgendo la sua missione a servizio delle persone sane e, soprattutto, malate. Non era giusto che continuasse la situazione creatasi dal 1914, quando il santuario era stato messo a disposizione della nazione e, più precisamente, dei feriti di guerra.

Le autorità ecclesiastiche, il vescovo e il parroco, l'hanno capito perfettamente e relativamente presto.

Con la fine della guerra iniziava un'altra era per la società, si era in un altro secolo con una diversa mentalità. Per esempio, a causa della guerra e della vita comune nelle trincee, l'anticlericalismo radicale e repubblicano era diventato meno accanito e settario, dopo aver scatenato all'inizio del secolo battaglie di cui praticamente non abbiamo parlato, ma che ebbero gravi ripercussioni anche sul santuario.

E soprattutto persisteva in Francia una tradizione molto reale e viva, caratterizzata nel contempo dalla credenza religiosa popolare e dalla pietà mariana, nonché dall'ardente desiderio di poter nuovamente essere gratificati di guarigioni. Anche il desiderio di ottenere grazie per l'intercessione della Vergine Maria! Tutto questo vero retroterra culturale dei cattolici attendeva solo di poter manifestarsi nuovamente.

Quindi, nel 1920, furono portati 1200 ammalati con pellegrinaggi organizzati, e 240 medici passarono per il B.C.M.

Nel 1921 furono accolti 5000 ammalati e 390 medici, in folle nuovamente giudicate « immense ».

Soltanto nel 1922 si ritrovano le cifre del periodo prima della guerra: 10.200 ammalati e quasi 500 medici tra i 155.000 pellegrini nel solo mese di agosto (di cui 65.000 per il Pèlerinage National).

Infine, tra il 1923 e il 1928, il numero dei malati oscillò ogni anno tra gli 11.000 e i 15.000, quello dei medici e studenti in medicina tra i 600 e gli 800, con un numero crescente di medici stranieri.

Ho citato alcuni dati utili, tratti dalle statistiche del santuario.

Ma cosa rappresenta il periodo richiamato nel titolo del capitolo coi termini « subito dopo la prima guerra mondiale »? Quali sono i limiti del nostro schema di lavoro?

La regola cronologica, la semplice logica suggerirebbero

che questo periodo inizi nel 1919 e si prolunghi per due o tre anni, cinque al massimo!

In effetti, per l'argomento che ci interessa, questo « dopoguerra » si colloca *tra il 1920 e l'inizio del 1928*, ossia finché il dott. Auguste Vallet assunse l'incarico di presidente titolare del B.C.M., come avremo modo di dire.

Dopo quest'anno 1919 di ripresa generale, mons. Schoepfer ritiene opportuno nominare presidente e vicepresidente titolari del Bureau des Constatations Médicales di Lourdes rispettivamente i dottori Édouard-M. Le Bec, chirurgo nell'ospedale di St.-Joseph e presidente della Société Saint-Luc, Saint-Côme e Saint-Damien, e Alfred Marchand, medico capo di prima classe.

Qualche anno prima, il dott. Le Bec, vecchio collaboratore del dott. Boissarie, aveva già fatto pubblicare un libro sulle guarigioni di Lourdes, dal titolo: *Preuves médicales du miracle*. Esso ebbe un vero successo e, quindi, molte edizioni (nel 1922 ve ne fu una terza!).

Teoricamente era il più indicato a succedere al suo grandissimo predecessore, per la sua conoscenza dei problemi che poteva incontrare nell'incarico affidatogli. Ma per motivi personali e, senza dubbio, professionali, non soggiornava a Lourdes che per brevi periodi, senza mai prendervi fissa dimora. È per questo che gli venne subito affiancato un medico aggiunto, il dott. Marchand, che per quattro anni (dal 1920 al 1924) esercitò molto sovente le funzioni di medico permanente.

Alla fine della stagione dei pellegrinaggi del 1923, il dott. Le Bec ritenne necessario dare le dimissioni a causa di una grave sordità, per lasciare la carica e il titolo di presidente al suo assistente dott. A. Marchand quando ripresero i pellegrinaggi.

Quest'ultimo assumerà pienamente l'incarico nel 1924 e preparerà la stagione seguente. Ma nel luglio 1925 ebbe un attacco apoplettico e morì qualche giorno dopo, il 27 luglio, all'età di 67 anni.

Il dott. Marchand, già vicino al dott. Boissarie prima della guerra, fu molto più che un responsabile provvisorio. Pubblicò tre opere sui risultati e le attività del B.C.M., mettendo a frutto la sua ottima conoscenza delle procedure e delle realtà dell'istituzione.

D'altro canto, apportò modifiche importanti e provvidenziali nella tecnica di registrazione, di studio e riscontro delle guarigioni dichiarate, con la creazione di un modulo che permetteva di raccogliere i risultati degli interrogatori, della visita sistematica dell'interessato, dello scambio della relativa corrispondenza e, infine, delle conclusioni più evidenti nel *dossier* così costituito, grazie a risposte motivate a quattro domande tipo che nessuno aveva mai esplicitato prima di lui. Questo modulo di quattro pagine era destinato ad essere riposto in una cartelletta di cartone meno leggera, ma soprattutto a sostituire i registri in cui il dott. Cox, archivista del B.C.M., aveva trascritto a mano da trent'anni le osservazioni di tutti i casi di guarigione dichiarate. Tale innovazione permetterà una più facile sistemazione e una più sicura classificazione dei *dossier* iniziati.

Il dott. Marchand scomparve in modo del tutto inaspettato dopo una brevissima malattia, lasciando il B.C.M. privo del responsabile nel pieno della stagione dei pellegrinaggi.

Poco dopo, sempre nel luglio 1925, un altro medico, il dott. M. Petit-Pierre, di Hyères, che frequentava l'ufficio e aiutava saltuariamente i responsabili, fu nominato presidente interinale da mons. Schoepfer, diventato, da qualche anno, vescovo di « Tarbes e Lourdes ». Vi rimarrà fino a quando la salute della moglie gli imporrà di rinunciarvi, cioè fino alla stagione del 1926.

Il 15 maggio di quell'anno, il dott. Auguste Vallet è a sua volta posto a capo del Bureau des Constatations da mons. Schoepfer, ma sempre in modo provvisorio. A quell'epoca egli era pressoché uno sconosciuto per il B.C.M.

Senza infamia e senza lode assicurò pertanto la sua presenza per i pellegrinaggi del 1926. Ma, terminati questi, si ritira anche lui « per seri motivi di famiglia ». E prima di quell'anno così difficile, mons. Schoepfer è costretto a chiedere a un terzo medico di assicurare l'interinato: il dott. Pierre Abadie-Bayro, ex medico maggiore di prima classe.

Era un medico delle colonie in pensione da poco, ed era di quella stessa regione. Ritornato nel suo luogo di origine, aveva acquistato qualche anno prima una casa a Momères, un paese vicino a Lourdes: la casa dove cent'anni prima era nato il rev. Peyramale, il parroco di Bernardetta. Nel successivo anno 1927 si assunse l'incarico di guidare il Bureau des Constatations Médicales.

Ma alla fine di agosto dello stesso anno, mons. François-Xavier Schoepfer morì all'età di ottantaquattro anni dopo una breve malattia. Fu immediatamente sostituito dal vescovo coadiutore che era con lui da diciott'anni: mons. Alexandre Poirier. E presto, prima della fine del 1927, quest'ultimo richiamò il dott. Vallet.

Il *Journal de la Grotte* dell'11 dicembre 1927 dà spazio a un lungo comunicato in cui si legge:

> Essendosi notevolmente modificata la situazione che aveva obbligato il dott. Vallet ad allontanarsi da Lourdes e, di conseguenza, a rimettere il mandato di presidente interinale del B.C.M., mons. Poirier è stato felice di nominare presidente — e questa volta *definitivamente* — colui che mons. Schoepfer aveva purtroppo visto costretto ad abbandonarne la direzione.

La situazione del santuario era tale che fu, dunque, necessario attendere quasi dieci anni prima che il Bureau des Constatations Médicales fosse dotato di un presidente titolare permanente, stabile... e, per di più, relativamente giovane. Infatti al momento di assumere l'incarico il dott. Vallet aveva cinquantaquattro anni.

E le guarigioni di questo periodo tormentato?

Da qualche anno mi sono impegnato a riprenderne lo studio sollecitamente, per la brevità e il carattere del tutto particolare del periodo. Mi pare che sia stato analizzato in modo sintetico e contrastato per molteplici ragioni. Ecco le principali:

1. Come specificheremo più avanti, abbiamo potuto sistemare e classificare meglio le guarigioni e i miglioramenti denunciati in questo periodo, quando i *dossier* relativi contenevano particolari e conclusioni esplicite.

2. In compenso, ci sembra che da più della metà dei « documenti » a nostra disposizione non si possa trarre la benché minima conclusione affidabile, poiché la maggioranza di essi più che veri *dossier* sono abbozzi, dichiarazioni, brutte copie di documenti riguardanti dichiarazioni di guarigioni non controllate del periodo 1914-1922.

Dunque scartiamo subito questi documenti *inclassificabili*, che rappresentano piuttosto « *dossier* in fase di costituzione »... A suo tempo il dott. Marchand li ha classificati come *dossier riservati* o *provvisori*, ma è impossibile immaginare chiaramente che cosa intendesse dire con ciò!

Nel 1920 ve ne sono 15 riservati e ben 248 provvisori, nel 1922 invece 24 riservati e 58 provvisori. Quindi c'è un totale di 345 testimonianze, costituenti *dossier* inutilizzabili, inclassificabili e *speciali*.

D'altro canto abbiamo realizzato una recensione dei (veri) *dossier* di guarigione aperti in questo periodo. Per far ciò abbiamo utilizzato un sistema di classificazione che ci è parso relativamente semplice e, tuttavia, efficace.

Diciamo subito che questo non è l'unico sistema né necessariamente il migliore! Nondimeno esso è stato utilizzato *sino ad oggi* per classificare sistematicamente questi numerosi eventi, diversi e variabili in quanto raccolti da *settant'anni*!

Si è partiti dal loro contenuto, dalle conclusioni che hanno comportato e, infine, dal seguito che hanno avuto.

In primo luogo, a ogni *dossier* aperto a nome di una persona è stato attribuito un numero progressivo. Esso è stato registrato nell'anno della sua apertura, cioè in generale al momento del primo contatto con il Bureau des Constatations. Il più delle volte questo primo incontro era motivato da una dichiarazione di guarigione (o almeno di un miglioramento nettissimo) da uno stato patologico considerato senza speranza.

A volte questo incontro era incentrato su:

— un interrogatorio inerente la storia della malattia o dell'invalidità in causa, il suo punto di partenza, la sua evoluzione, ciò che ne pensavano i medici coinvolti per curarla e i mezzi impiegati per farlo;

— anche una visita eseguita sia da tutti i medici presenti sia da due o tre di loro, giudicati più idonei e delegati dagli altri;

— in seguito, una discussione su tutti gli elementi così acquisiti, che poi sarebbero stati controllati e soppesati da ognuno traendo al termine conclusioni per lo più provvisorie o già definitive.

In generale i *dossier* non contengono solo il resoconto di

questo primo incontro. Comprendono anche le relazioni sui controlli della salute dell'interessato effettuati negli anni seguenti; e anche l'eventuale corrispondenza motivata da questa guarigione, sia con i medici curanti e consulenti che avevano avuto modo di intervenire *prima* o *dopo* la guarigione, sia con gli esperti e specialisti interpellati per l'inattesa evoluzione della malattia in causa.

Tutto questo insieme forma quello che si è stabilito di chiamare *dossier*. Più o meno consistente, più o meno accettabile e fondato a seconda delle circostanze e del periodo.

Le basi di una classificazione sono state elaborate in seguito.

In primo luogo abbiamo tenuto conto delle guarigioni sufficientemente fondate, o discusse e, prima o poi, accettate. Si tratta dei casi meno frequenti in cui è stata « accettata » (A.) una guarigione certa e « non attribuibile a un processo naturale ».

Ci sono *dossier* completi di guarigione sui quali non è stato possibile convogliare una maggioranza significativa in seno al B.C.M. che riconoscesse il carattere straordinario dell'evento, per la presenza o la mancanza di argomenti determinanti... In tali casi, dunque, il giudizio finale di questo tipo di *dossier* è stato « rifiutato » (R.) o lasciato « senza conclusione » (S.C.).

Altri *dossier* aperti a proposito di una dichiarazione di guarigione sono stati giudicati incompleti, insufficienti e di valore temporaneo, e allora sono stati lasciati in sospeso e « aggiornati » (AGG.); oppure sono stati giudicati in modo permanente e irrevocabile, cioè « archiviati » (ARCH.) definitivamente.

Gli ultimi, infine, corrispondono a guarigioni per nulla documentate, di cui il Bureau des Constatations era venuto a conoscenza unicamente attraverso una lettera o per mezzo di un articolo di giornale. Ma gli interessati non erano stati « mai visti » (M.V.) e, a maggior ragione, visitati.

Per il periodo che ci interessa, il calcolo è relativamente facile:

— nell'anno 1918 vi sono due *dossier* aperti: in un caso la guarigione è stata rifiutata, nell'altro il *dossier* è stato definitivamente archiviato;

— nel periodo 1919-1928 si contano 203 *dossier* a disposizione del Bureau des Constatations: 99 di essi sono stati accettati col riconoscimento di una guarigione inspiegabile, 16 sono stati rifiutati e 36 lasciati senza conclusione, 13 sono stati aggiornati, 33 archiviati e 6 considerati come falsi *dossier*. Dunque sono stati « classificati » 203 *dossier* in tutto.

Quali riflessioni si possono fare partendo da questa classificazione? Che essa ha l'unico merito di essere stata fatta dallo stesso « ricercatore »!

1. In primo luogo, ecco una nota puramente aritmetica. Sono stati accettati 99 *dossier* su un totale di 203, cioè meno di 1 su 2!

Si può, dunque, dire che il Bureau des Constatations ha fatto il suo dovere in maniera più rigorosa di quanto ci si potesse aspettare!

2. È ravvisabile una volontà di codificazione e classificazione, anche se essa non è evidente poiché si attua in modo relativamente diverso per i troppi « responsabili » del B.C.M. succedutisi in questo breve periodo. In effetti da quel momento i medici sono chiamati esplicitamente a rispettare una prima « griglia di criteri ». Qual era?

a. La malattia è veramente esistita?

b. C'è una guarigione completa o soltanto un evidente miglioramento?

c. È il caso di lasciare in sospeso la conclusione?

d. La guarigione può essere attribuita a un processo normale?

In relazione alle risposte date a questo insieme di domande da ogni medico presente al B.C.M. in quel giorno, diventava possibile certificare o meno la realtà di una guarigione e determinarne il carattere « naturale » o « inspiegabile ».

3. Da questa classificazione deriva una terza riflessione. Tale codificazione introdotta dopo la prima guerra mondiale ebbe un'influenza percettibile sul numero di guarigioni accettate e sul termine di tempo che s'erano dati i medici per esprimere il loro parere? Prima di rispondere in modo diretto ai due quesiti, facciamo un confronto tra i risultati degli anni 1922, 1925 e 1927.

Nel 1922, 22 *dossier* completi sono iniziati in seguito a una dichiarazione di guarigione. Su questi 22 *dossier*, 19 sono stati accettati da ogni medico, di cui 14 al primo incontro dopo la prima visita al B.C.M. In 12 casi su 14 ciò è avvenuto lo stesso anno della guarigione.

Nel 1925, su 27 *dossier* aperti, 13 guarigioni sono state riconosciute certe e non « riconducibili a un processo naturale ». Otto di esse sono state accettate in occasione del primo contatto con il B.C.M. e 5 l'anno seguente.

Nel 1927, su 10 *dossier* iniziati sono state riconosciute solo 4 guarigioni, una delle quali lo stesso anno.

Per semplificare: nel 1922 vi sono 9 guarigioni su 10 dichiarazioni, di cui 7 nello stesso anno della guarigione; nel 1927, 4 su 10, tutte l'anno successivo all'avvenuta guarigione: tre di esse sono riconosciute al secondo controllo.

Si deve dunque ammettere che era stato introdotto un metodo di valutazione ben diverso nella procedura di indagine del Bureau des Constatations, e che questo rigore — forse più apparente che reale — era salutare in quel momento.

Effettuando un'analisi dei risultati del B.C.M., il dott. Vallet ritenne necessario scrivere:

> Dopo la guerra e fino al 1925, il popolino continuava a ritenere definitive le informazioni pubblicate a titolo provvisorio. Ingenuamente e non senza una certa logica, citava la somma degli episodi registrati senza volere o, meglio, senza *poter* discernere il vero dal falso. Nella maggior parte delle menti si creava la convinzione che si dovessero contare centinaia di prodigi ogni anno (*Bulletin de l'A.M.I.L.*, n. 64, gennaio 1939).

Per illustrare questo periodo desidereremmo ricordare brevemente alcune delle 99 guarigioni accettate. In primo luogo la guarigione della sig.ra **Flipo-Beaufort**, trentenne di Madeleine-lez-Lille, da un'astasia-abasia senza disturbi viscerali né incontinenza sfinterica, comparsa dopo numerosissimi episodi morbosi a partire dal 1915: intervento di appendicite, sciatica, attacchi di « febbre mestruale » per due anni, sindrome da infezione urinaria, intervento per sventramento.

Venne a Lourdes nel settembre 1919, con deambulazione impossibile da almeno quattordici mesi malgrado le assidue cure. Guarita alla Grotta il 14 settembre 1919, è passata al

Bureau des Constatations il giorno dopo. Rivista il 23 agosto 1920 e trovata in perfette condizioni di salute, non ha mai avuto ricadute e cammina in modo assolutamente normale.

Poi, la guarigione della sig.na **Marguerite Hémour**, ventinovenne di Marsiglia, che soffriva di un'ulcera allo stomaco con stenosi pilorica, operata di gastroenterostomia.

I dolori gastrici persistevano. Il 7 settembre 1921 si immerse nella piscina e si sentì meglio. Il giorno dopo, l'8 settembre, avvertì di essere completamente guarita dopo la santa comunione. A pranzo poté mangiare in modo normale, cosa insperata che non le succedeva da almeno tre anni! Fu visitata nel B.C.M. il 9 settembre 1921 e nel 1922 (dott. Marchand)

Ecco anche la guarigione della sig.na **Madeleine Rouxel**, ventottenne di Cherbourg, da tubercolosi polmonare bilaterale in seguito a un episodio di nefrite, anch'essa tubercolare. La guarigione avvenne il 21 agosto 1922. Fu rivista 7 anni dopo, nel 1929, e trovata in perfetta salute.

Sig. **Lucien Belhache**, ventenne di Tolosa, venuto con il Pellegrinaggio del rosario nell'ottobre 1922. Da qualche mese soffriva di male di Pott lombare, certificato dal suo medico curante con conferma radiografica. La guarigione avvenne improvvisamente l'8 ottobre.

Nel 1923 vi sono molte guarigioni notevoli. Per esempio la guarigione del quarantottenne **Gustave Doisy**, di Rieux-les-Lillers (Pas-de-Calais), da una paralisi all'arto inferiore sinistro in seguito a un infortunio sul lavoro successo nel febbrario 1908 in fondo a una miniera, con trauma vertebrale.

Invalido dal 1910 per la frattura del bacino, con schiacciamento di L5 e paralisi della gamba sinistra, la sua pensione fu aumentata nel 1913. Nel 1923 la situazione non era cambiata: deambulazione assai limitata con appoggio su due stampelle. Volle venire a Lourdes con il pellegrinaggio del mese di agosto della diocesi di Arras.

Il 5 agosto, dopo un bagno nella piscina, il sig. Doisy poté alzarsi in piedi e camminare senza l'ausilio di stampelle! Il giorno dopo fu visitato nel B.C.M. I medici presenti accettarono la diagnosi di lesione vertebrale grave (frattura della colonna con compressione del midollo) e giudicarono « che questa guarigione non poteva essere attribuita a un processo naturale ».

Il 25 agosto, durante la processione eucaristica, un bambino di 10 anni chiamato **Marcel Hubert** è guarito da una paraplegia, conseguenza di una « mielite » che sembra sia stata, invece, un attacco di paralisi infantile. La sua guarigione è stata confermata l'anno successivo.

Qualche settimana dopo questa magnifica guarigione, una giovane suora di 28 anni, suor **Benigna**, al secolo Odile Dillenschneider, guarì da una tubercolosi, giudicata gravissima dal suo medico curante, durante la processione o meglio durante la benedizione dei malati, domenica 16 settembre 1923.

Il 25 settembre 1924 si verificò la guarigione della sig.na ventenne **Suzanne Lemaître** di Montivilliers, Senna Marittima, da un male di Pott dorso-lombare.

Nel mese di agosto del 1923 cominciano a manifestarsi dolori all'arto inferiore destro. In settembre, alcune radiografie mostrano una lesione di L5. In novembre le viene praticato un innesto osseo alla colonna lombare, e la malata viene immobilizzata con un corsetto di gesso dal mese di dicembre del 1923. I dolori continuano nel 1924. Non vi sono disturbi sfinterici, ma un certo grado di parestesia degli arti inferiori.

Durante l'estate, la malata decide di partire per Lourdes con il pellegrinaggio di Rouen del settembre 1924. Arrivata il 22 settembre, i dolori aumentano a partire dal 24 e dalla mattina del 25.

Poi improvvisamente, nel pomeriggio dello stesso giorno, Suzanne si sente del tutto sollevata... Dal giorno dopo può camminare, cosa che non le riusciva da dieci mesi! L'indomani, il 27 settembre, si presenta al Bureau Médical ed è visitata accuratamente da sette medici, che concludono esprimendo un parere favorevole a « una guarigione completa, assolutamente al di fuori dei canoni abituali della scienza medica ».

Nell'estate del 1924 la sig.na **Raymonde Margerie**, ventunenne di Orléans, soffriva di salpingite e peritonite tubercolare da più di due anni. Aveva subìto nel 1923 un intervento chirurgico (asportazione della tuba, ovaio destro e appendice). Ma questa operazione non aveva risolto i suoi problemi definitivamente. Venuta a Lourdes nell'agosto 1924 per fare un ultimo tentativo, guarì dopo un bagno nella piscina il 23 agosto. Si fece allora visitare nel B.C.M., che non volle pronunciarsi in assenza di particolari sulla sua passata patologia.

Ma nel 1925 tornò a Lourdes con un terzo certificato del medico curante, in cui si precisava che la guarigione sembrava completa. Nessun altro sintomo funzionale né fisico. Nulla da rilevare nell'esame. Un ricupero di dieci chili di peso. Nessuna sospensione del suo lavoro dopo la ripresa. Il 25 agosto il Bureau des Constatations ammise che la sig.na Raymonde Margerie era guarita da un'enterite e peritonite tubercolare in maniera istantanea a Lourdes e che una « tale guarigione non poteva essere spiegata con le leggi dell'arte medica ».

La guarigione di **John Traynor**, quarantunenne di Liverpool, è ancor più singolare. Ferito al capo dallo scoppio di una bomba a mano nell'ottobre del 1914, lascia l'ospedale dove è stato operato alla fine di quell'anno, ritornando nel suo reparto combattente. Nel maggio 1915 a Gallipoli è nuovamente ferito da alcune pallottole a livello del torace e del plesso brachiale destro. Dopo un primo intervento con sutura dei nervi ad Alessandria d'Egitto, viene trasportato in Inghilterra su una nave-ospedale. Durante il viaggio si manifesta il suo primo episodio di epilessia.

Dal 1915 al 1920 viene sottoposto a numerosi interventi al plesso brachiale. Di fronte al mancato successo, gli viene proposta a più riprese l'amputazione di questo braccio diventato inutile, amputazione che egli continua a rifiutare.

Gli viene concessa una pensione di invalididità di guerra dell'80% prima e del 100% poi. Viene iniziata una terapia elettrica e, infine, una rieducazione. Ma nulla riesce a portare il minimo miglioramento funzionale dell'arto superiore destro!

Le crisi epilettiche diventano in quel periodo sempre più frequenti, tanto da indurre ad eseguire una trapanazione parietale destra nel maggio 1920, che, lungi dall'arrecare un miglioramento, sembra aver provocato un'incontinenza alle feci e alle urine! Nell'agosto 1922 gli viene aumentata ulteriormente la pensione e, per effetto della maggiore frequenza e gravità delle crisi, viene considerato come un epilettico cronico di tipo coloniale.

Nel luglio 1923 viene a Lourdes affetto da epilessia con numerose crisi quotidiane, una paralisi totale dei tre nervi (muscolo-spinale, cubitale e mediano) dell'arto superiore destro con una mano *en griffe* cubitale e atrofia muscolare dello stesso braccio, una paraplegia degli arti inferiori e incontinenza doppia.

Il 25 luglio, durante la processione del santissimo Sacramento, sente improvvisamente che sta guarendo. La sera stessa è visitato dai medici del suo pellegrinaggio, che rilevano importanti modificazioni a livello degli arti inferiori: è ormai in grado di camminare!

Prima della partenza viene sottoposto a un'altra visita da parte dei medici del suo pellegrinaggio, non del Bureau des Constatations. Viene rilevato che sono ritornati l'uso e la forza del braccio destro, che cammina perfettamente e che gli arti inferiori hanno recuperato sia la forza muscolare sia la sensibilità. Infine non ha avuto crisi epilettiche da trentasei ore.

Torna a Lourdes nei due anni successivi, non più come malato ma come barelliere. Il 7 luglio 1926 viene visitato nel Bureau des Constatations ed è finalmente iniziato il suo *dossier* (n. 26.014). Non rimane che un'atrofia dei piccoli muscoli e una leggera deformità dell'estremità distale dell'arto superiore. Non ha mai più avuto crisi epilettiche dal 1923!

Inutile dire che la guarigione fu proclamata certa e definitiva e che il B.C.M. ammise che « essa non poteva essere dovuta a un processo naturale », data la certezza della diagnosi e l'inutilità delle cure prescritte, essendosi verificata improvvisamente e in modo duraturo.

John Traynor venne a Lourdes almeno una volta all'anno sino al 1939, svolgendovi sempre la funzione di barelliere. Molto presto nella sua diocesi fu considerato un miracolato, anche se non vi fu mai una dichiarazione episcopale ufficiale in suo favore.

Per quanto guarito e molto attivo, conservò per tutta la vita la sua pensione di invalido di guerra, con la sua etichetta di epilettico « incurabile e inabile ». L'8 dicembre 1943 morì per una malattia che non aveva nulla a che fare con le sue ferite.

Nel 1924 furono iniziati 32 *dossier* di guarigioni al Bureau des Constatations. Oltre alla guarigione di Henriette Bressolles del 3 luglio, riguardo alla quale riferiremo un po' più avanti i dubbi sul suo riconoscimento ecclesiastico, vorremmo segnalare altre due guarigioni.

In primo luogo, quella di **Paul Mérat**, adolescente quattordicenne di Clermont-Ferrand, da un male di Pott dorsale il 21 maggio 1924, dopo un bagno parziale nella piscina.

E poi quella della sig.ra **Bertet**, nata **Germaine Gatault**, 33 anni, di un piccolo paese dell'Indre-et-Loire, che presentava uno stato infettivo appendicolare con chiara sintomatologia clinica, ma in una condizione generale così pessima che un intervento chirurgico era considerato troppo rischioso.

Tuttavia ella poté realizzare il suo desiderio di venire a Lourdes. Il 10 luglio, durante la benedizione dei malati, avvertì un dolore così forte da provocarle una sincope. Riportata nel suo letto, non sentì più alcun dolore né malessere. Le visite a cui si sottopose a Lourdes e presso il suo medico non poterono più evidenziare alcuna anomalia.

Anche nel 1925 si ebbe un certo numero di guarigioni. Per esempio, quella di **Marie-Louise Arnaud**, un'infermiera di 49 anni di Montpellier, che da due anni soffriva di una « malattia cronica simile alla sclerosi a placche » diagnosticata dal prof. Rimbaud, titolare della cattedra di clinica neurologica della facoltà di Montpellier.

O la guarigione di **Célestine Gardelle**, 54 anni, di Crevant (Puy de Dôme), da un osteosarcoma del viso.

Ebbe grande risonanza anche la guarigione della sig.ra quarantanovenne **Augustine Augault** di Craon, nella Mayenne, avvenuta il 21 e 22 agosto 1926.

Questa donna sposata da ventott'anni, senza bambini, soffriva dal 1922 di un fibroma uterino, poco sviluppato ma doloroso. Più tardi, verso il 1920, era diventato emorragico, raggiungendo col passare degli anni la grandezza di una piccola testa di feto. Così aveva provocato una subocclusione cronica, con vomito ogni volta che ella cercava di alimentarsi o di introdurre liquidi.

Il 21 agosto, mentre faceva il bagno nella piscina, sentì che era sparita la tensione addominale. Nel pomeriggio, durante la benedizione dei malati, sparirono completamente le coliche. Si sentì in grado di alzarsi, camminare e mangiare. Ma non ne parlò con nessuno e trascorse per la prima volta, dopo molto tempo, una notte eccellente. Il giorno successivo, il 22 agosto, si presentò al B.C.M. per essere visitata davanti a una trentina di medici, e non si riuscì più a evidenziarne la benché minima tumefazione dell'utero.

In seguito questa guarigione fu confermata da due o tre medici che l'avevano avuta in cura prima che venisse a Lourdes.

Guarì definitivamente senza la minima ricaduta sino alla morte, ed ebbe modo di renderne testimonianza più volte. Fu considerata anche lei una miracolata, ma non beneficiò mai d'una dichiarazione ufficiale del suo vescovo.

Ci dobbiamo soffermare anche su un'altra guarigione, non foss'altro per provare che, già a quell'epoca, non guarivano solo malati francesi!

La sig.ra **Angela Torner-Tramunt** di Badalona, in provincia di Barcellona, aveva 34 anni quando venne per la prima volta a Lourdes nel 1926.

È di salute relativamente cagionevole durante l'infanzia, con sintomatologia tipicamente tubercolare. Si sposa a 21 anni. Lavora troppo, non mangia a sufficienza, continua a soffrire di una meno-metrorragia così grave da subire nel 1921, a 28 anni, un'isterectomia (!) con ovariectomia, che pare migliorarne le condizioni generali.

Alla fine del 1923, in seguito a una piccola ferita, sviluppa un ascesso alla coscia destra, che viene inciso, ma la cui evoluzione si cronicizza con fistola. Un anno dopo si decide di intervenire su questa infezione locale con largo sbrigliamento e drenaggio controllato.

Per un anno e mezzo, dalla fine del 1924 al giugno 1926, persiste perlomeno una grave suppurazione di origine sconosciuta, che necessita di numerose medicazioni giornaliere. Le condizioni generali si aggravano, l'anca diviene dolente, le è sempre più difficile camminare. Compare albumina nelle urine. La situazione non è proprio splendida, malgrado non sia drammatica.

Arrivata a Lourdes il 25 luglio 1926 dopo un viaggio stressante a causa dei dolori alla coscia ad ogni minimo movimento, è condotta nel pomeriggio alle piscine, dove, per evitare di farla ulteriormente soffrire, le applicano solo impacchi d'acqua. Immediatamente la malata si sente guarita e, con grande meraviglia di tutti i presenti, manifesta il desiderio di alzarsi, di camminare. Qualche minuto dopo viene visitata al Bureau des Constatations, dove viene rilevata una situazione completamente capovolta: non c'è più alcun disturbo funzionale, la coscia è mobile e indolore, la suppurazione è scomparsa, così come l'albumina nelle urine!

Al suo ritorno a casa le vengono fatte delle radiografie che mostrano « l'esistenza di un processo osteitico situato tra le due spine iliache anteriori ».

Ma per un anno non c'è alcuna recidiva di processi infettivi che i suoi medici paventavano. Finché, al suo ritorno a Lourdes il 2 luglio 1927, davanti al B.C.M. poterono essere evidenziate solamente cicatrici perfettamente saldate e secche. I circa dodici medici presenti si affrettarono tutti a formulare insieme delle conclusioni, riconoscendo formalmente una guarigione che « si è verificata al di fuori dei processi normali della natura, data la scomparsa istantanea della suppurazione, così come la ripresa funzionale dell'arto e la cicatrizzazione rapida del tragitto fistoloso ».

Racconteremo altre guarigioni avvenute prima della fine di questo periodo.

Si tratta, in primo luogo, di quella verificatasi il 31 luglio 1926, meno di cinque settimane dopo la precedente. Riguarda la sig.na **Élisabeth Delot** di Boulogne-sur-Mer, un'insegnante di 47 anni.

Nella sua anamnesi non vi è nulla da rilevare, a parte una sindrome dolorosa epigastrica non ben definita, manifestatasi dal novembre 1924. Nei mesi successivi compaiono melena e vomito, inizialmente saltuari e presto quotidiani, con un grave dimagrimento di quattrodici chili in un anno. Un secondo esame radiografico mostra una stenosi pilorica completa, con una grossa lacuna sulla piccola curvatura.

Alla fine di novembre del 1925 è sottoposta a gastroenterostomia per « neo del piloro ». Questo intervento permette un certo miglioramento delle condizioni generali e un po' di attività. Ma dal mese di aprile del 1926 si verifica un nuovo peggioramento. Risulta sempre più difficile una corretta alimentazione, che in effetti cessa del tutto.

Il 30 luglio 1926 arriva a Lourdes con il pellegrinaggio diocesano di Arras e, il giorno dopo, viene condotta alle piscine, da cui esce avvertendo un gran senso di « benessere non più provato da due anni »! Non più dolori né stanchezza, addirittura un senso di appetito! Temendo di sbagliarsi, non dice nulla per qualche giorno, anche se cerca di soddisfare il suo appetito con cibi molto più sostanziosi di quelli assunti nelle ultime settimane.

Si presentò solo il 3 agosto al B.C.M., dove venne eseguita una visita facendo un bilancio delle sue condizioni generali. Le fu raccomandato di ripresentarsi nuovamente l'anno seguente.

Ritornata a casa, fu nuovamente visitata dal suo medico. Egli poté così constatare la trasformazione dell'ammalata, la scomparsa dell'astenia, dell'anoressia e, più in generale, della sindrome funzionale. Volle farle fare un nuovo esame radiografico a distanza di dieci mesi dal precedente. Questo evidenziò che lo svuotamento gastrico avveniva in modo pressoché normale, che le immagini precedenti erano completamente scomparse e che la gastroenterostomia non era più funzionale.

La situazione si mantenne normale. Ricominciò la sua attività in ottobre alla ripresa della scuola. L'aumento di peso fu soddisfacente: dieci chili in cinque mesi, trenta libbre in un anno.

All'inizio dell'anno seguente il suo medico la giudicava « guarita » e, nel luglio del 1927, egli certificò per il B.C.M. che « lo scorso anno la sig.na Delot è partita malgrado la diagnosi di cancro pilorico. Ora la guarigione sembra definitiva ».

Il 6 agosto 1927 i periti del Bureau des Constatations ammisero all'unanimità che « questa guarigione improvvisa non può essere attribuita a un processo naturale; essa va oltre la portata delle nostre conoscenze ».

Hanno attirato la nostra attenzione anche due guarigioni del 1927.

Quella di un bambino di 7 anni chiamato **Henri Mieuzet**, dell'Ille-et-Vilaine, che soffriva di enterite bacillare. La sua guarigione fu ritenuta acquisita quando, l'anno seguente, si presentò al Bureau des Constatations.

La guarigione di suor **Marie-Joseph de La Croix**, al secolo **Marie Ramond**, trentenne di un convento di Orléans, affetta da una peritonite bacillare da due anni. La guarigione si verificò dopo un bagno nella piscina.

Ecco dunque qualche esempio di guarigione assolutamente straordinaria verificatasi nel periodo assai difficile del decennio successivo al 1918.

Se ce ne fosse ancora bisogno, questo repertorio (assai anomalo, ne conveniamo!) dimostra che le guarigioni non sono state per nulla un fatto dei medici... e che a Lourdes costoro sono sempre stati molto più dei « controllori » che dei « procacciatori »!

Infine ricordiamo l'ultima caratteristica di tale periodo. *Non furono riconosciuti miracoli nell'immediato dopoguerra!*

Per ora accontentiamoci di segnalare questo fatto. L'istituzione ecclesiastica non ha ritenuto necessario pronunciarsi in modo solenne per bocca dei vescovi competenti sul carattere miracoloso di certe guarigioni. Avremo occasione di riparlarne più avanti, tentando di spiegare le ragioni di questa carenza... Poiché la mancanza di proclamazioni era senza dubbio causata da molti motivi. E noi cercheremo di evidenziarli.

In compenso, questo silenzio ha avuto perlomeno una conseguenza che conviene mettere in rilievo. Ha creato una certa confusione nel ruolo attribuito alle procedure mediche e a quelle ecclesiastiche, ruolo che si era tentato di ripristinare in occasione del giubileo delle apparizioni della Grotta, nel 1906, attraverso l'iniziativa congiunta di mons. Schoepfer e del dott. Boissarie. Qualche esempio di questa confusione?

Nel *Bulletin de l'A.M.I.L.* (n. 63, novembre 1938, p. 192) si legge: « Quando, dunque, noi [medici] abbiamo *deciso* che quel malato è stato guarito miracolosamente... ».

E, nel 1946, in una lettera che il dott. Vallet scriveva al vescovo di Montpellier a proposito di una guarigione che lo riguardava:

La prima ragione è il rinnovo di una tradizione che, dopo il

1908, si è spenta *per non so quale motivo*. Negli anni precedenti, molte delle guarigioni più significative erano state proclamate miracolose dalla Chiesa. Da allora, nessuna guarigione è stata confermata dai vescovi.

Scrivendo queste righe, il mio eminente predecessore dimostrava il suo cattivo concetto della proclamazione episcopale che pretendeva. In nessun caso essa poteva rappresentare una « conferma delle conclusioni mediche ».

Prima di concludere questo capitolo, mi sembra opportuno rievocare dettagliatamente una delle guarigioni avvenute in questo periodo. Essa ha avuto un destino veramente particolare. Si tratta della guarigione della sig.na **Henriette Bressolles**.

Questa donna, nata nel 1894, era infermiera militare nella guerra del 1914-18. Nel luglio 1918 avverte improvvisamente un fortissimo dolore dorsale compiendo uno sforzo. Qualche giorno dopo, viene buttata a terra dall'esplosione di una granata ed è ferita agli arti inferiori.

Nell'ottobre 1918 viene ricoverata in un ospedale militare a Zuydcoote, per « male di Pott dorsolombare contratto in servizio ». Tra la fine della guerra e l'inizio del 1922 rimane nell'ospedale militare e, oltre all'immobilizzazione in corsetto gessato e minerva, viene sottoposta a numerose cure per i disturbi subentrati: paralisi dell'arto inferiore destro, paresi intestinale e vescicale, « attacchi meningitici ».

Perciò, all'inizio del 1922, le viene accordata una pensione di categoria militare del 125% per un « male di Pott lombare con paraplegia completa e incontinenza alle feci e alle urine ».

Ritorna ancora a casa a Nizza, dove per circa due anni e mezzo è soggetta a crisi di ritenzione urinaria e uremia, che capitano pressappoco ogni tre-quattro mesi. Le vengono preparati numerosi apparecchi protesici per l'immobilizzazione ed è costretta a letto.

Malgrado la sua situazione penosa, intraprende un pellegrinaggio a Lourdes nel luglio 1924 con sua madre. Il certificato redatto prima del viaggio da un famoso chirurgo di Nizza è molto chiaro: « Male di Pott lombare e cervicale. Situazione definitiva. Immobilizzata in apparecchi protesici (corsetto ortopedico e doccia gessata delle gambe, minerva) ».

Il pomeriggio del 3 luglio, giorno del suo arrivo, assiste alla benedizione degli ammalati e avverte già un certo miglioramento. In seguito è portata alla Grotta, dove, dopo una sorta di « scricchiolio generale assai doloroso », si sente guarita e, per la prima volta dopo sei anni, può alzarsi dal suo giaciglio e muovere l'arto inferiore destro.

Il giorno dopo è visitata al Bureau des Constatations Médicales. Il rachide si muove liberamente e senza dolori. In compenso, gli arti inferiori sono ancora anchilosati a livello delle ginocchia e dei piedi. Vi ritorna il giorno successivo e, prima di pronunciarsi, i medici presenti concordano di attendere tre mesi, finché i suoi medici abituali ne confermino la guarigione dopo una visita oculata.

Alla fine di settembre 1924, tre certificati firmati dai medici Fay, Lavezzari e Fighiera in seguito a tre visite diverse apportano questa conferma. Essi ne deducono tutti e tre una *guarigione completa* dalla sua malattia, avvenuta dieci settimane prima a Lourdes.

Da parte sua, il Bureau des Constatations chiude il *dossier* in questi termini il 5 ottobre:

> I documenti non possono lasciare dubbi sulla realtà, natura, gravità e incurabilità delle lesioni da cui era affetta la sig.na Henriette Bressolles.
>
> Essi attestano non meno perentoriamente che la guarigione si è verificata in condizioni e circostanze contrarie a ogni regola della medicina, senza l'intervento di alcun elemento naturale, e che è impossibile spiegarla con le sole risorse della scienza umana.

Quest'osservazione è pubblicata immediatamente dal *Journal de la Grotte* del 12 ottobre 1924. E, prima della fine dell'anno, il vescovo ausiliario di Nizza mons. Ricard autorizza (e celebra personalmente) una cerimonia religiosa di ringraziamento per questo « miracolo » in una parrocchia di Nizza.

Negli anni successivi, la sig.na Bressolles chiede di partecipare come « miracolata » a numerose cerimonie e riunioni in cui offre la sua testimonianza a vari ascoltatori attenti. La sua guarigione, dichiarata solo dai medici che la controllarono, fu anche riconosciuta implicitamente dalla Chiesa. E nessuno si faceva problemi, tutti erano soddisfatti!

Finché nel 1949 — quindi venticinque anni dopo — il dott. Leuret si accorge che il suo *dossier* non conteneva alcun documento ufficiale attestante il carattere miracoloso di questa guarigione. Per rimediare a questo errore, nel 1950 inviò il *dossier* della sig.na Bressolles al vescovo di Nizza, con una richiesta di omologazione canonica. Una commissione fu ufficialmente nominata da mons. Paul Rémond, vescovo di Nizza. Egli la incaricò di « verificare se la guarigione della sig.na H. B. avvenuta a Lourdes nel 1924 » doveva essere « considerata miracolosa ». Le conclusioni di questa commissione furono acquisite il 26 ottobre 1954. In esse si afferma che:

> Si può pensare che la guarigione della sig.na B. presenti tutte le garanzie di ordine critico e di ordine teologico per essere considerata miracolosa.

Il documento, firmato dai membri della commissione, fu inviato tale e quale al Bureau Médical di Lourdes alla fine di ottobre del 1954. Ma a quel tempo il dott. Leuret era ormai scomparso da qualche mese. Fu il suo successore, il dott. Joseph Péllissier a ricevere le conclusioni di questa inchiesta. Esse gli parvero sufficienti.

Qualche tempo dopo sorse un problema all'interno del Bureau Médical, per un libro sui miracoli di Lourdes in relazione col giudizio del diritto canonico (*Les 54 miracles au jugement du Droit Canonique*), scritto dal dott. Miest sulla base di una documentazione preparata dal dott. François Leuret.

Durante la stesura ci si accorse che il *dossier* di questa guarigione ritenuta miracolosa non aveva ottenuto il *giudizio canonico sottoscritto dal vescovo del luogo*.

In base alla norma, mons. Pierre Théas, a quel tempo vescovo di Tarbes e Lourdes, ritenne necessario chiedere al vescovo di Nizza un documento in cui fosse formalmente riconosciuto che questa guarigione era da considerarsi un miracolo. Dopo molte esitazioni, mons. Paul Rémond si decise ad inviare a Lourdes (ma nel *1957*) un documento in cui accettava di riconoscere « ufficialmente » l'esistenza di un miracolo nella guarigione della sig.na Bressolles, avvenuta a Lourdes nel 1924.

La formula, come del resto la situazione, era originale... effettivamente poco comune! Al momento si ritenne di non poter chiedere di più né, senza dubbio, ottenere una dichiarazione espressa in modo più tradizionale.

Cosa possiamo dire oggi delle iniziative prese per far riconoscere questa guarigione dopo un periodo di oltre *trent'anni*?

Ci si può chiedere se tutto ciò non abbia attirato un certo numero di critiche! Per esempio, lasciar passare trent'anni tra l'inchiesta medica e il giudizio canonico poteva non essere in sé una mancanza di approvazione se, come nel caso di Pierre de Rudder, non ci fosse stata un'evoluzione della tecnica e della scienza, se le condizioni della scienza medica fossero rimaste pressappoco le stesse. Ma non fu così tra il 1924 e il 1957!

Perciò mi permetto di esprimere il mio pensiero, ritenendo che questo riconoscimento in definitiva ufficiale, ma « a scoppio ritardato », abbia regolarizzato una situazione in sospeso. Però pone più che altro dei problemi, soprattutto oggi.

Era forse opportuno che, nel 1954 o nel 1957, il rappresentante ufficiale della Chiesa vedesse un intervento divino in una guarigione perfetta e definitiva, ma originata da una situazione patologica la cui diagnosi poteva chiaramente sembrare *insufficientemente provata* trent'anni prima? Infatti essa era stata dichiarata in un'epoca e in circostanze in cui l'ausilio della tecnica medica (per esempio radiologica) aveva certamente qualche carenza!

Mi sembra molto appropriato il riconoscimento spontaneo ed entusiasta di cui abbiamo parlato, in quanto debitamente dichiarato nel 1924, con la cerimonia di ringraziamento in una chiesa parrocchiale in presenza di un rappresentante della gerarchia ecclesiastica. Era certamente molto più della richiesta, fatta dalle autorità mediche ed ecclesiastiche di Lourdes, di un'interpretazione ufficiale e formale della Chiesa per una guarigione avvenuta in un « altro universo medico ».

Non credo di sbagliare pensando che l'errore, se di errore si può parlare, sia da attribuire piuttosto al medico che ha riproposto la questione, poiché doveva essere il primo a rendersi conto della situazione e, quindi, a temere che una critica fondata poteva essere avanzata contro questo *dossier* in futuro.

Ma quel che è stato è stato. Cerchiamo di farne tesoro!

Senza avere la pretesa di essere stato esaustivo, penso di aver inquadrato una certa realtà storica riguardante i responsabili del Bureau des Constatations nel periodo dell'immediato dopoguerra.

Ho anche tentato di mettere in luce un buon numero di fatti riguardanti alcune guarigioni, il loro discernimento e la relatività della loro interpretazione completa.

Senza dubbio si tratta di un periodo che può sembrare poco rilevante. Eppure non è così, a mio avviso. Infatti si colloca tra due epoche, meglio conosciute e meno turbolente, del sistema di controllo delle guarigioni di Lourdes, entrambe caratterizzate dalle forti personalità di due medici responsabili del Bureau des Constatations: i medici Boissarie e Vallet, rimasti in attività per oltre vent'anni.

Del resto ho ritenuto utile mettere maggiormente in luce questo decennio e renderlo più accessibile, poiché è stato una tappa importante di un « divenire » che ci è più familiare, più vicino al nostro modo di pensare. Vi si può intravedere la creazione di una certa « metodologia », a vantaggio dello studio e dell'accertamento delle guarigioni da parte di esperti, quella famosa « specificità » che, prima e in seguito, Lourdes ha saputo sempre manifestare e adattare all'evoluzione delle conoscenze mediche.

Tale periodo meritava di essere valorizzato se non altro per questo.

CAPITOLO VII

Le guarigioni di Lourdes e il Bureau des Constatations Médicales tra le due guerre e fino al 1947 sotto la direzione del dott. A. Vallet

Abbiamo appena riportato qualche elemento significativo del periodo immediatamente successivo alla guerra del 1914-18.

Sappiamo, dunque, che questa fase di risistemazione e ripresa del Bureau des Constatations è durata più del previsto. Essa terminò alla fine del 1927, quando il dott. Auguste Vallet fu nominato presidente *titolare* del Bureau Médical des Constatations da mons. A. Poirier, successore di mons. Schoepfer e vescovo coadiutore dalla fine dell'anno 1925.

A questo proposito vorremmo fare tre osservazioni.

La prima non interessa direttamente il nostro argomento. Tuttavia è indispensabile rilevare che il nuovo vescovo Alexandre Poirier non aveva che sessantun anni all'atto dell'insediamento. Morì inaspettatamente l'anno dopo, in seguito a un intervento chirurgico.

Si dovette attendere quasi un anno prima che il suo posto venisse occupato da un vescovo titolare nella persona di mons. Pierre-Paul-Marie Gerlier, dato che questi gli successe l'8 luglio 1929. Mantenne tale ufficio otto anni, con grande profitto per la diocesi. Nel luglio 1937 andò a occupare il seggio primaziale di Lione e fu ben presto promosso cardinale.

Le altre due osservazioni che mi pare opportuno fare si riferiscono più direttamente al Bureau des Constatations.

Abbiamo ampiamente evidenziato le palesi difficoltà incontrate alla morte del dott. Marchand, tra il 1925 e il 1928, nel mettere un medico a capo del Bureau des Constatations. Difficilmente potremo conoscerne un giorno le vere ragioni. Ma si può certamente pensare che le rapide dimissioni di tre medici a cui successivamente fu conferito questo incarico *in forma interinale* da mons. Schoepfer abbia avuto come causa principale il fatto che tale responsabilità era stata accordata in modo provvisorio.

In quel momento il vescovo di Tarbes e Lourdes, mons. F.-X. Schoepfer, si avvicinava alla fine della sua vita e del suo incarico. Pertanto non poteva fare altrimenti, per motivi di riguardo nei confronti del suo successore. A quell'epoca è indubbio che non ci furono veri contrasti per cause più gravi!

La terza osservazione riguarda la strana, pessima memoria del dott. Vallet! In effetti, in un articolo in cui pretende di scrivere la storia del Bureau des Constatations, egli se ne considera il presidente « in carica dal maggio del 1926 » (*Bulletin de l'A.M.I.L.*, n. 68, aprile 1946, p. 11). E, soprattutto, non cita neppure l'interinato del dott. Petit-Pierre e Abadie-Bayro a capo di questo ufficio! Inoltre, nello stesso articolo, qualche riga più avanti, scrive che il limite di età per svolgere la funzione di presidente « è di settant'anni ». Ora, nel 1946, il dott. Vallet aveva settantadue anni! Si deve dunque pensare che, all'inizio di quell'anno, aveva presentato (o avrebbe dovuto presentare?) le sue dimissioni al vescovo del momento, mons. Georges Choquet.

In effetti egli resterà in carica, a causa della morte relativamente improvvisa del vescovo di Tarbes e Lourdes avvenuta nell'aprile 1946. E sarà l'ex vescovo di Montauban, mons. Pierre-Marie Théas, nuovo titolare della cattedra di Tarbes e Lourdes dal 17 febbraio del 1946, che ne riceverà le dimissioni nel giugno 1947 e nominerà suo successore il dott. François Leuret. Ma si tratta di fatti avvenuti dopo!

Il dott. Auguste Vallet era nato il 14 marzo 1874.

Dopo studi brillanti entra subito nel corpo della sanità militare coloniale, nel quale riceve numerose decorazioni e citazioni per un servizio giudicato eccellente. Poi sopraggiunge la guerra del 1914. Partecipa alla battaglia dei Dardanelli e del Chemin des Dames. Dopo la guerra, compie numerose missioni in Estremo Oriente e scrive una *Guide médical en Afrique Occidentale*.

Va in pensione a 51 anni nel 1925 come medico maggiore di prima classe, dopo essere stato particolarmente apprezzato dai suoi capi, oltre che dalle autorità civili e religiose delle colonie in cui l'aveva portato il suo lavoro.

Presentato a mons. Schoepfer nel 1926 come uomo « di signorilità perfetta, di grande preparazione professionale e provata dedizione », con « una fede pratica e attiva », non poteva che essere particolarmente adatto ad assumere l'incarico affidatogli nel 1927 da mons. Poirier. Facciamo anche notare che parlava l'inglese correttamente.

Cosa caratterizza il periodo nel quale il dott. Vallet fu responsabile del B.C.M.?

Prima caratteristica

Subito dopo il suo arrivo, nel corso dell'anno 1928, prese l'iniziativa di fondare l'Association Médicale de Notre-Dame de Lourdes, che negli anni seguenti divenne l'Association Médicale Internationale de Lourdes, più nota mediante la sigla A.M.I.L. Essa aveva lo scopo di avvicinare tutti i medici di ogni continente che volevano rimanere collegati a Lourdes dopo essere venuti al santuario. Vi era una clausola indispensabile, e se ne comprendono i motivi: era (e senza dubbio lo è tuttora) necessario che fossero chiaramente conosciuti i titoli che i candidati potevano far valere e dei quali erano in possesso per esservi ammessi, e che esprimessero apertamente la loro volontà.

La fondazione di questa associazione rese subito necessaria la creazione di un bollettino trimestrale — il cui primo numero apparve nel mese di febbraio del 1929 — che praticamente, da allora, non cessò mai di uscire. L'abbiamo consultato spessissimo, ed è evidente che si tratta di un prezioso punto di riferimento per conoscere meglio gli avvenimenti del passato, ma soprattutto il pensiero dei nostri predecessori.

Seconda caratteristica

Nel capitolo precedente abbiamo visto che tra l'inizio e la fine del periodo di ripresa dell'attività nel dopoguerra, cioè tra il 1920 e il 1927, sussisteva una grande differenza nelle procedure e nei risultati delle inchieste del Bureau des Constatations; questa differenza indicava molto bene il miglioramento delle analisi e delle valutazioni degli eventi di Lourdes. Lo stesso rilievo può essere fatto sul periodo che va dal

1928 al 1939, quello che la storia ci induce a chiamare il periodo tra le due guerre.

Tentiamo di dare qualche cifra riguardante alcuni anni presi come punti di riferimento. Per esempio il 1926, quando il dott. Vallet era già a capo del Bureau des Constatations in forma interinale; poi i due anni 1932 e 1938, scelti a caso.

	1926	1932	1938
Numero totale dei *dossier* aperti	15	26	50
Numero delle guarigioni considerate straordinarie	12	10	9
Percentuale	80%	quasi 40%	18%
alla prima constatazione	10	3	3
lo stesso anno	2	-	-
un anno dopo	7	3	2
più tardi	1	-	-
alla seconda constatazione	2	7	6

Dunque, in parole povere, su 10 *dossier* iniziati e studiati:

— nel 1926, durante l'interinato del dott. Vallet, otto guarigioni sono state riconosciute dal B.C.M. come certe e « non attribuibili a processi naturali ». Cinque su sei sono state riconosciute alla prima visita presso il B.C.M., di cui una lo stesso anno e quattro l'anno successivo, infine la sesta alla seconda visita, un anno dopo la guarigione.

— Nel 1932 non sono state riconosciute più di tre guarigioni: solamente una alla prima visita, le altre due alla seconda visita almeno un anno più tardi.

— Nel 1938 sono state certificate meno di due guarigioni: una su tre è stata accettata un anno dopo che si era verificata e due su tre lo sono state due-tre anni dopo.

Dunque il numero delle guarigioni certificate in rapporto al numero delle dichiarazioni passa dall'*80% al 18%*; il numero delle guarigioni riconosciute dopo la prima constatazione diminuisce da cinque su sei a una su tre. Tutto ciò in dodici anni di attività del B.C.M.

Queste cifre (è forse necessario sottolinearlo?) indicano evidentemente un maggior rigore nelle inchieste, non concluse in modo troppo affrettato, e più in generale la serietà e la prudenza con cui intendeva operare il B.C.M.

Terza caratteristica

Nel capitolo precedente abbiamo accennato alla creazione di una griglia di domande con la quale si poteva giungere a conclusioni più sicure, adatte ai diversi *dossier* e alle situazioni più svariate.

a. In un primo tempo il dott. Vallet ne conserva la traccia. Ma aumenta il numero dei fogli del *dossier* tipo, lasciando dello spazio per visite successive e per un eventuale controllo con esami complementari di laboratorio e radiografici.

Nel corso degli anni 1930-32 egli comincia a modificare assai leggermente la formulazione e il senso delle domande di cui abbiamo già parlato.

Nel 1930 la prima diventa: « La malattia descritta dal certificato (o dai certificati) è esistita veramente? ». Invece la seconda diventa semplicemente: « C'è una guarigione? ».

E nel 1932 la seconda domanda diviene più completa: « C'è una guarigione? È stata preceduta da un miglioramento? Ha avuto luogo con o senza l'uso di medicine? ».

b. Tutto questo indica modifiche di particolari significativi, ma non essenziali. La più importante subentrerà più tardi, nel 1937.

La prima domanda è completata con l'espressione: « Al momento del pellegrinaggio a Lourdes », e soprattutto con l'aggiunta: « Quali erano i principali sintomi certi? ».

La seconda domanda è nuova: « L'evoluzione della malattia è stata bruscamente fermata, quando non vi era alcuna tendenza al miglioramento? ».

La terza e quarta domanda rimangono invariate.

In compenso, l'ultima è formulata in modo del tutto diverso: « Allo stato attuale della scienza è possibile dare una spiegazione medica di questa guarigione? ».

Bisogna proprio dire che il cambiamento risulta significativo e la volontà di chiarezza è evidente!

c. Quali ne erano i motivi?

Malgrado ricerche attente e uno studio sistematico dei *dossier* e degli articoli del *Bulletin de l'A.M.I.L.*, nei nostri archivi non ho mai trovato la benché minima spiegazione del dott. Vallet a questo proposito, e penso che egli non abbia ritenuto opportuno esprimersi sull'argomento. Quindi, dopo tanti anni, solamente il contesto ci può offrire una pista, un'ipotesi di lavoro, mentre un'analisi anche breve del dott. Vallet sarebbe stata molto più sicura.

Prima dell'interruzione dovuta alla guerra del 1939, sembra che il responsabile del Bureau des Constatations — e non solo lui ma certamente anche tutti i medici che frequentavano abitualmente il B.C.M. — pensasse che la procedura medica fosse perfettamente adatta a riconoscere i miracoli con le sue indagini, ignorando (o volendo ignorare?) il processo completo attraverso il quale essi erano stati proclamati in precedenza. È, per lo meno, quanto si evidenzia da un certo numero di commenti e citazioni tratti dal *Bulletin*. Per esempio, nel n. 63 del novembre 1938, a p. 190:

> [È al Bureau des Constatations Médicales che i medici] vanno a visitare i numerosi miracolati, quelli del giorno e dell'ora presente che arriveranno da loro...
>
> Bisognerà forse archiviare il caso, poiché le prove del miracolo non sono state lampanti, evidenti, indiscutibili?
>
> Senza dubbio sanno bene che il vero miracolo è raro. Ma provano tanta gioia a riconoscerlo.

E ancora, nel *Bulletin* n. 68, del mese di aprile 1946:

> Ricordo che le caratteristiche principali sulle quali si basano i medici esperti del B.C.M. per considerare miracolosa una guarigione sono le seguenti...

Sulla base di ciò si può pensare che il dott. Vallet — e più in generale il Bureau des Constatations — volle che la procedura medica di Lourdes disponesse sempre più degli stessi criteri di controllo che la Chiesa si era data dopo la metà del XVIII secolo. Da qui l'introduzione di alcuni obblighi riguardanti le diagnosi e l'eventuale cura della malattia anteriore e, anche, la subitaneità e il carattere « extranaturale » della guarigione.

Quarta caratteristica

Concludiamo con l'ultima caratteristica di questo periodo, cioè *il silenzio dell'autorità della Chiesa*, durato per tutto il periodo tra le due guerre. Ne abbiamo già parlato, e abbiamo intenzione di ritornarvi più approfonditamente in seguito. Ed è per questo che qui vi accenniamo senza cercare di spiegarlo.

In compenso segnaliamo fin d'ora che un certo numero di guarigioni, più precisamente quattro avvenute negli anni trenta e altre due tra il 1940 e il 1947, saranno inizialmente riprese dai medici e poi sottoposte al giudizio di diversi rappresentanti della Chiesa, i quali le riconosceranno miracolose. Ma tutto ciò successe molto più tardi, come avremo modo di vedere!

Questo dimostra che, in un processo così complicato, i giudizi favorevoli e definitivi non hanno nulla di sistematico. Soprattutto in certi periodi, essi appaiono aleatori e sembrano dipendere talvolta da fattori imprevedibili e occasionali!

Abbiamo segnalato in precedenza l'evoluzione dei controlli nel corso di taluni anni, ma non abbiamo riportato globalmente i risultati delle inchieste effettuate dal B.C.M. Per fare ciò, mi riferirò ancora alla classificazione dei *dossier* in « categorie » già definite e utilizzate, e cioè:

prima categoria: *dossier* che, prima o poi, sono stati *accettati* (A.) come riguardanti guarigioni certe e non attribuibili a fenomeni naturali;

seconda categoria: *dossier* completi, ma lasciati *senza conclusione* (S.C.) o addirittura *ricusati* (R.);

terza categoria: *dossier* incompleti (temporaneamente e poi definitivamente), che sono stati *aggiornati* (AGG.) o addirittura *archiviati* (ARCH.);

quarta categoria: *dossier* fittizi, i cui ex ammalati non sono mai stati visitati e *mai visti* (M.V.).

Ecco dunque i risultati globali di questo periodo divisi per categoria:

Anni	Totale *dossier* aperti	CAT. I	CAT. II		CAT. III		CAT. IV
		A.	S.C.	R.	AGG.	ARCH.	M.V.
1928-1940	353	119	34	54	12	98	36
1940-1947	53	10	4	8	2	26	3
Totale	406	129	38	62	14	124	39

Nel periodo che va dal 1928 al 1947, dunque, un po' meno di una guarigione dichiarata su *tre* è stata riconosciuta certa e nel contempo inspiegabile dai medici; un po' più di due sono state giudicate inutilizzabili o ricusate!

E ricordiamolo ancora una volta: su 129 guarigioni avvenute tra il 1928 e il 1947 e riconosciute « straordinarie e inspiegabili dal punto di vista medico » dal Bureau des Constatations, solamente *sei* saranno giudicate miracolose dalla Chiesa; ma, questo, solo tra il 1946 e il 1960, dopo un « rilancio » promosso dai medici e richieste di controllo medico sempre opportune e più o meno pressanti, come avremo modo di precisare.

Per il momento presentiamo molto succintamente alcune guarigioni riconosciute straordinarie dai medici di quel periodo.

Nell'anno 1928 ve ne sono solo 4 su 17 guarigioni dichiarate.

Jeanne Bonvarlet, cinquantacinquenne di Pas de Calais, affetta da 8 mesi da adenopatie cervicali fistolizzate e guarita in poche ore l'anno precedente.

Albert Desailly, di 22 anni, seminarista della diocesi di Soissons, che da due anni era affetto da una tubercolosi laringea e polmonare bilaterale con gravi sintomi generali.

Gabrielle Pochet, ventiduenne del Belgio, affetta da una tubercolosi polmonare bilaterale e peritoneale da quattordici mesi.

Infine **Joséphine Michel**, ventisettenne di Marsiglia, affetta invece da male di Pott cervico-dorsale con paraplegia e gibbosità.

Per l'anno seguente, il 1929, ci accontenteremo di citare ancora sei casi su tredici.

Sono tutte guarigioni da tubercolosi:

— polmonare, per **Germaine Destentis**, 23 anni, di Marsiglia;

— renale, per **Marguerite Adam**, trentenne del Belgio, la cui guarigione è stata riconosciuta nel settembre 1930 da un gruppo di medici, tra i quali vi era il dott. Alexis Carrel di New York;

— meningea, per **Paulette Margerie**, ventiduenne di Aix-en-Provence, con B.K. nel liquido cefalo-rachidiano secondo l'attestazione di una clinica di Cannes.

Inoltre:

— la guarigione da un'insufficienza cardio-polmonare in un uomo colpito molto tempo prima da gas asfissianti e invalido al 100%, padre **Eugène-M. Lochet**, 49 anni.

— la chiusura improvvisa e inopinata di uno stoma di gastrostomia, che interessò il sig. **Théo Thiem**, 32 anni, del Belgio;

— infine l'arresto di emorragie intestinali con grave anemia, riguardante **Théodore Viannès**, 52 anni, di La Somme.

Nel 1930 vengono accettate altre nove guarigioni di Lourdes, di cui tre da tubercolosi. Ma anche la guarigione della sig.na **Madeleine Boutin**, ventiduenne di Bordeaux, da un'entero-colite non specifica; della sig.ra **Aline Humbert**, quarantasettenne di La Meuse, da una colecistite acuta con diabete; della sig.ra **Antoinette Sicre**, quarantaduenne di Cruzy, nell'Hérault, da una colecistite, questa volta cronica e con un grave coinvolgimento delle condizioni generali.

Nell'anno 1931, su 21 dichiarazioni il Bureau des Constatations Médicales ha potuto registrare 12 guarigioni, che saranno anche riconosciute straordinarie. Citiamo qualche persona guarita:

— **Emma Invernizzi**, ventiquattrenne di Como, è guarita in maniera rapidissima l'8 agosto, da un'actinomicosi sottocutanea e intramuscolare manifestatasi sottoforma di ascessi multipli e fistole;

— la sig.ra **Maria Grassi**, 46 anni, di Marsiglia e la sig.na **Yvonne Huguet**, 30 anni, di Boulogne-sur-Mer, guarita da ulcere gastro-duodenali con gravissime ematemesi;

— la sig.ra **Émilie Tudesq**, nata Lindry, quarantaduenne di Bouzigues (nell'Hérault), guarita da un male di Pott lombare con ascessi in occasione del suo quarto pellegrinaggio;

— la sig.na **Lydia Brosse**, 41 anni, di Saint-Raphaël, aveva beneficiato nel 1930 di una guarigione che comportò la cicatrizzazione di fistole da ascessi multipli con vasti scollamenti della regione glutea. A questa signora toccherà una sorte particolare che più avanti presenteremo dettagliatamente.

Nell'anno 1932 sono state riconosciute 10 guarigioni su 26 dichiarate. Tra esse citiamo soltanto questi casi di tubercolosi:

— **Alice Gug**, 23 anni, tubercolotica con localizzazioni multiple;

— **Angèle Rimpoh**, 33 anni, tubercolotica con localizzazione rachidea e ascessi ossifluenti;

— la sig.ra **Emile Pierson**, nata Descombat, ventinovenne della diocesi di Belley, guarita in settembre da postumi di un'encefalite risalente a 13 anni prima.

L'anno 1933 è forse stato quello di gran lunga più ricco di guarigioni. Sono stati riconosciuti 18 casi su 34 *dossier* aperti.

Sempre la stessa quantità di malattie da bacilli. Più della metà dei casi con localizzazioni di ogni tipo:

— polmonare con B.K. positivo (signorine **Meunier**, 31 anni, e **Perdereau**, 24 anni);

— peritoneale (signorine **Mistral**, 32 anni, e **Beutron**, 30 anni);

— rachideo (signorine **Frateur**, 25 anni, **Guillet**, 37 anni, e **Leducq**, 17 anni);

— articolari (sig.na **Leménager**, 19 anni).

Si segnalano anche i seguenti casi:

— sig.na **Louise Cattaneo**, trentaseienne d'Arras guarita da enterocolite di vecchissima data (quasi 12 anni!);

— sig.na **Jeanne Dhayer**, 34 anni, anche lei d'Arras, guarita invece da un tumore anginomatoso della regione parotidea sinistra;

— sig. **Jean Fillaire** di Rouen, 23 anni, guarito da una paraplegia spastica.

Per l'anno 1934 vi sono più di 12 guarigioni riconosciute su 23 dichiarate; 18.000 ammalati sono stati accolti a Lourdes. Citiamo tra le altre le guarigioni:

— di **Yves Joucau**, un bambino di 7 anni di Parigi, che soffriva di un male di Pott sottoccipitale fistolizzato;

— della sig.na **Augustine Levrot**, 27 anni, da una peritonite bacillare. Questa paziente aveva già avuto un'infezione renale specifica con nefrectomia.

Ricordiamo anche le guarigioni di:

— **Madeleine Dodd**, quarantesettenne di Parigi, da una ferita aperta dopo mastectomia per un cancro al seno;

— **Robert Guyot**, quarantunenne d'Arras, da una psoite dovuta a un ascesso perirenale fistolizzato;

— **Fernand Legrand**, ventiseienne d'Évreux, da polinevrite ascendente.

Nel successivo anno 1935, il Bureau des Constatations Médicales riconoscerà un numero analogo di guarigioni. Oltre alle guarigioni per tubercolosi (4 degli 11 casi accettati) citiamo:

— il sig. **René Chatel**, ventisettenne di Rouen, guarito da una paralisi completa del plesso brachiale sinistro;

— padre **Flavigny** di Versailles, 63 anni, guarito da una fistola stercorale dovuta ad un'appendicectomia;

— la sig.na **Marie Schito**, un'italiana di 40 anni, da una trombo-flebite del sistema portale con ascite di cui soffriva da 7 anni;

— la sig.na **Odette Zenatti**, ventiduenne di Marsiglia, guarita da un'altra peritonite con ascite.

Sembra che l'anno 1936 sia stato molto meno propizio. Infatti solo 3 delle 25 guarigioni dichiarate sono state riconosciute prodigiose dal Bureau des Constatations. E cioè:

— una peritonite bacillare, nel caso di **Augustine Dardennes**, ventottenne di Rennes;

— manifestazioni occlusive per una peritonite cronica che interessava **Lucienne Picard**, ventiduenne di Clermont-Ferrand;

— un'ulcera pilorica con stenosi franca, di cui soffriva da sette anni la sig.ra **Gabrielle Pouxvielle** di Dax, nata Degos, di 43 anni.

Nell'anno 1937 si ebbe indubbiamente lo stesso numero di pellegrini sani e malati (16.000 circa), 50 dei quali si considerano guariti e si presentano al Bureau des Constatations per farsi visitare. Solo 9 di queste guarigioni sono state considerate « straordinarie » dopo l'esame medico. In cinque casi si trattava di tubercolosi, come per **Louise Jamain**, 23 anni, di Parigi. Essa verrà raccontata dettagliatamente più avanti. Le altre riguardavano: il sig. **Charles Mac Donald**, un irlandese di 31 anni; la sig.na **Odette Rivière**, ventisettenne di Clermont-Ferrand; **Maria Spagnolo**, un'italiana di 27 anni, e **Germaine Bristen**, ventenne di Cambrai.

Sono da segnalare anche le guarigioni:

— di **Madeleine Loyer**, ventottenne di Parigi, da compressione midollare in C2, operata con emiplegia destra residuale per siringomielia;

— della sig.ra **Madeleine Quartier**, quarantatreenne di Lione, per una patologia coronarica.

Nell'anno 1938, invece, si ebbe lo stesso numero di dichiarazioni: 44 in tutto, con soli 5 casi riconosciuti.

Sempre due localizzazioni tubercolari: **Mireille Préclin** di Beauvais, 34 anni, e suor **Albertine**, 43 anni, del Giura.

Ma anche **Germaine Bardoz**, ventisettenne di Langres, che soffriva per un reumatismo infettivo; **Yvette Conen**, ventunenne di Saint-Brieuc, guarita da un'endocardite infettiva; e **Germaine Pothier**, trentottenne di Versailles, guarita da un'atonia intestinale.

I pellegrinaggi dell'anno 1939 poterono arrivare a Lourdes solo durante i primi mesi della stagione, prima della dichiarazione di guerra, avvenuta il 2 agosto.

Quell'anno un solo *dossier* ebbe un seguito. Riguardava una giovane donna chiamata **Joséphine Marsse**, 21 anni, di

Lione. Ella soffriva del morbo di Werlhof e, nonostante una splenectomia effettuata nel 1937, continuava ad avere emorragie e soffriva di una grave anemia. Era stata accompagnata dal dott. Croizat.

La sua guarigione risaliva all'anno precedente. Fu riconosciuta nel 1941, in occasione di una seconda visita. Allora, in presenza del vescovo di Tarbes e Lourdes, il Bureau des Constatations ha indebitamente « deciso che il caso di guarigione di questa ragazza poteva rientrare nel quadro delle guarigioni miracolose di Lourdes ». Si tratta di uno dei rarissimi *dossier* medici che presenta una conclusione singolare e totalmente fuori luogo... segno della confusione che allora regnava anche nelle menti più attente!

Gli anni della guerra, cioè dal 1940 al 1946, hanno rappresentato un periodo di reale frustrazione per i malati del tempo! Non fu più organizzato alcun pellegrinaggio e solo qualche malato poté venire con i suoi mezzi, trovando il santuario eccezionalmente vuoto... Era tutta un'altra Lourdes, pur rimanendo un luogo in cui era possibile pregare.

Gli archivi del Bureau Médical conservano pochissimi *dossier* di questo periodo.

Nel 1941 è accettata una sola guarigione, quella di **Joséphine Chaboud**, cinquantenne di Montpellier, da un piede torto varo equino post-traumatico.

Nel 1942 si verifica la guarigione di **Marguerite Malgogne**, trentacinquenne di Nantes, da una tubercolosi polmonare, intestinale e renale.

Ma nessuna guarigione è dichiarata nel 1940, 1943 e 1944!

Nel 1945 vi sono 14 dichiarazioni; vengono accettate solo queste quattro guarigioni:

Nome	Data di guarigione	Certificata a Lourdes	Accettata dalla Chiesa
*Gabrielle Clauzel	8.1943	9.1945	Miracolo 3.1948
*Marie-Th. Laurent	5.1944	8.1945	—
*Camille Congras	8.1945	8.1946	—
**Yvonne Fournier	8.1945	8.1946	Miracolo 11.1959

Nel 1946 vi sono 34 dichiarazioni e, anche allora, sono accettate 4 guarigioni che interessano:

*Suor **Marguerite-Marie** (Françoise Capitaine), di Rennes;

__Paulette Monnier__, di Andernos (Gironda);

__Hélène Plo__, di Briançon;

__Annette Rougier__, di Langon.

Le osservazioni su queste guarigioni saranno riferite più avanti, in questo capitolo (*) o in quello successivo (**). Sarebbe fuori luogo fornirne adesso una presentazione più ampia.

Ho parlato sopra di quattro guarigioni avvenute tra il 1928 e il 1940 e di altre due verificatesi tra il 1940 e il 1947, dunque quando era in carica il dott. A. Vallet. Dopo un certo « rilancio » da parte dei periti medici, esse furono infine riconosciute dalla Chiesa.

Di quale rilancio si trattava? Chi ne ha preso l'iniziativa? E anzitutto chi riguardavano queste guarigioni?

Seguendo l'ordine cronologico delle guarigioni, si tratta di:

— Lydia Brosse, guarita l'11 ottobre 1930;

— suor Marguerite-Marie, guarita il 22 gennaio 1930;

— Louise Jamain, guarita il 1° agosto 1937;

— Francis Pascal, guarito il 31 agosto 1938.

Le guarigioni meno recenti risalgono al periodo prima della guerra.

Abbiamo poi Gabrielle Clauzel, guarita il 15 agosto 1943, e infine Yvonne Fournier, guarita il 19 agosto 1945.

Il dott. Vallet, medico permanente di allora, ebbe certamente modo di conoscere e studiare i *dossier* di queste guarigioni. Ma il suo intervento per un reale « rilancio » non è dimostrato che per tre di esse, cioè per suor Marguerite-Marie, Gabrielle Clauzel e Louise Jamain. Quando e come è avvenuto questo « rilancio »?

1. Tentiamo in primo luogo di scoprire quali erano le intenzioni del dott. Vallet, medico permanente del Bureau des Constatations di allora. Una sua lettera del 1° agosto 1951, indirizzata all'arcidiocesi di Parigi, ce le fa conoscere almeno in parte.

> Quando ero ancora presidente del B.C.M. a Lourdes, in vista del centenario delle apparizioni della Grotta di Lourdes desideravo raccogliere una decina delle guarigioni più belle e *farle riconoscere ufficialmente dalla Chiesa.*

Può forse essere datato con precisione questo progetto di ripetere l'iniziativa presa dal dott. Boissarie nel 1905-1906 in occasione del cinquantenario, che ci sembrava del tutto lodevole? È precedente al 1939? Risale piuttosto al 1946? È posteriore? Queste tre date sono poco probabili, per motivi di coerenza intrinseca.

Tale progetto deve risalire all'anno 1945, stando a un'altra lettera del dott. Vallet, indirizzata al dott. Cornet di Pau e pubblicata nel *Bulletin de l'A.M.I.L.* dell'ottobre 1946. In questa lettera datata 16 settembre 1945 si legge:

> C'è un mezzo per porre fine alle discussioni oziose che talvolta agitano i membri occasionali del nostro B.C.M: circoscrivere le competenze dell'ufficio a un ruolo essenzialmente e puramente medico, senza interessarsi di qualsivoglia campo altrui.
>
> Ai dottori in medicina spetta la funzione di riconoscere se quella persona è passata in modo istantaneo da uno stato di malattia a uno di salute senza l'uso di medicine, senza convalescenza.
>
> Ai dottori in teologia compete accertare se, nelle condizioni in cui si è verificato, questo cambiamento di stato abbia un carattere miracoloso o meno.

Senza dubbio si tratta di una cosa evidente, ma anche di un'idea molto felice. C'è solo da rimpiangere che essa non sia stata sostenuta prima, poiché nello stesso *Bulletin* (*ibid.*, p. 13) ci viene rivelata una decisione ben diversa presa meno di un mese prima:

> Nella seduta del 19 agosto 1945, i medici del Bureau des Constatations hanno deciso che la guarigione della signorina L. rientrava nell'ambito delle *guarigioni miracolose di Lourdes.*

Certamente, il dott. Vallet faceva parte di quei medici che non hanno esitato a concludere in questo modo improprio l'inchiesta medica di cui erano stati incaricati!

2. Dobbiamo anche tener conto di certi avvenimenti che

hanno avuto un'influenza non trascurabile sul responsabile permanente del B.C.M.

a. In primo luogo la guarigione istantanea di una certa suor **Marguerite-Marie** (al secolo Françoise Capitaine), di 64 anni, avvenuta nella sua comunità di Rennes durante una novena a Nostra Signora di Lourdes, il 22 gennaio 1937. Essa riguardava un « ascesso del rene sinistro con edemi flittenulari agli arti inferiori e crisi cardiache ». La guarigione era stata segnalata a Lourdes, più precisamente al responsabile del B.C.M. in quanto esperto, solo all'inizio dell'anno 1945, cioè 8 anni dopo, senza dubbio per discrezione, ma anche a causa della guerra del 1939-45.

Dopo aver esaminato il *dossier* trasmessogli, il dott. Vallet ritenne di chiedere al cardinale Roques, arcivescovo di Rennes, di interessarsi di questa guarigione stabilita da un certificato del dott. Philouze, medico curante dell'interessata, firmato in data 20 gennaio 1945.

Nel novembre 1945 il cardinale Roques chiese a una commissione *medica* diocesana di riunirsi per visitare l'ex ammalata e, più in generale, per esprimere una regolare perizia medica. Il 21 dicembre 1945 invitò anche il dott. Vallet a partecipare in qualità di esperto all'ultima riunione di questa commissione.

Dopo aver ricevuto le conclusioni della perizia medica collettiva, nominò nel gennaio 1946 un'altra commissione, questa volta canonica, per studiare su un piano ben diverso questa guarigione certificata come reale e inspiegabile. A sua volta questa commissione rese noto il risultato dei suoi lavori l'11 maggio 1946, e il 20 maggio il cardinale Roques dichiarò solennemente che questa guarigione « doveva essere attribuita all'intervento di Dio per l'intercessione di Nostra Signora di Lourdes ».

È chiaro che si ricuperava così un procedimento di giudizio logico, coerente e soprattutto *regolamentare.*

Del resto si trattava della prima conclusione di un'inchiesta completa riguardante una guarigione per l'intercessione di Nostra Signora di Lourdes *dopo il 1913*! Era il quarantunesimo miracolo di Lourdes.

Tale proclamazione soddisfece tutti i protagonisti della vicenda, e in particolar modo — ne abbiamo le prove — mons.

G. Choquet, vescovo di Tarbes e Lourdes, che scrisse al dott. Vallet: « Ecco qualcosa di positivo: la risurrezione delle commissioni canoniche. Tale successo va attribuito a voi. Mi congratulo con voi ».

b. Eccitato da quest'esperienza riuscita e soprattutto sotto la pressione del tempo, in quanto sapeva di non poter rimanere in carica a lungo, il dott. Auguste Vallet volle segnalare a un certo numero di vescovi interessati alcune delle guarigioni accettate recentemente dal Bureau des Constatations Médicales:

— la guarigione di Joséphine Chaboud, segnalata al vescovo di Montpellier il 28 febbraio 1946;

— quella della sig.na Gabrielle Clauzel, segnalata al vescovo di Orano mons. Lacaste, il 6 giugno 1946;

— quella di Louise Jamain, comunicata all'arcivescovo di Parigi, mons. Feltin, nel luglio (?) 1946.

Tenendo conto del riconoscimento della guarigione di suor Marguerite-Marie del 20 maggio 1946, possiamo dire che per il dott. Auguste Vallet l'inizio del 1946, anno che segna anche la vera ripresa di Lourdes dopo la guerra, è caratterizzato da ogni sorta di iniziative.

Precisiamo che due delle tre guarigioni indicate sopra hanno beneficiato della stessa decisione presa nel caso di suor Marguerite-Marie. Si tratta della sig.na Gabrielle Clauzel, riconosciuta miracolata il 18 marzo 1948, e della sig.na Louise Jamain, riconosciuta tale l'11 dicembre 1951. Quanto alla terza, riguardante Joséphine Chaboud, una commissione diocesana si occupò dell'inchiesta relativa senza però portarla a termine.

È giusto che presentiamo ora quelle due persone che abbiamo conosciuto assai bene.

La sig.na **Gabrielle Clauzel** era nata il 15 agosto 1894 e abitava da sempre in Algeria, a Orano.

Nel 1943, a 49 anni, soffriva almeno già da sette anni di reumatismo vertebrale, associato a manifestazioni dolorose (viscerali e funzionali) e a movimenti mioclonici attribuiti dai suoi medici alla spondilite e alle compressioni radicolari che quest'ultima poteva provocare. Dopo anni di immobilità pressoché completa a letto, essendo colpita da acciacchi diversi che interessavano tutte le grandi funzioni dell'organismo, il suo stato generale era divenuto assai cagionevole. La sua vita sembrava in pericolo.

Il giorno dell'Assunzione del 1943 volle assolutamente partecipare alla messa nella sua parrocchia. Si fece portare in chiesa, a qualche centinaio di metri di distanza. Subito dopo la funzione si alzò, uscì dall'edificio da sola e, con grande meraviglia di tutti coloro che le stavano attorno, ritornò a casa a piedi!

Da allora è sempre stata bene. Non ebbe mai la minima ricaduta né alcun'altra manifestazione della precedente malattia.

Fu visitata nel Bureau des Constatations Médicales alla fine della guerra, più di due anni dopo la sua guarigione, il 19 agosto e il 12 settembre 1945, con un controllo radiologico.

Questo procedimento di controllo ammise in un secondo tempo che la guarigione era completa ma funzionale, che era avvenuta in maniera improvvisa e senza convalescenza, al di fuori di ogni intervento terapeutico particolare e con persistenza delle lesioni organiche e che era, in altre parole, inspiegabile. E il 18 marzo 1948, circa cinque anni dopo questo fatto, mons. Lacaste, a quell'epoca vescovo di Orano, decretò che la guarigione era miracolosa.

Qualche anno dopo l'esodo dall'Algeria degli anni settanta, la sig.na Gabrielle Clauzel decise di finire i suoi giorni presso la Grotta, proprio a Lourdes. Sino alla morte, avvenuta nel marzo 1982 all'età di 88 anni, restò là, sempre devota e affabile.

Louise Jamain era un'ammalata del tutto diversa, nel 1937.

Questa giovane donna, nata a Parigi il 1° novembre 1914, era orfana di padre e di madre dall'età di 14 anni. Quattro dei suoi cinque fratelli erano morti prima di raggiungere la pubertà. Erano tutti morti di tubercolosi. Lei stessa ne era stata contagiata nel 1927 all'età di 13 anni e, da quel momento, era stata ripetutamente ricoverata in numerosi reparti ospedalieri parigini di medicina e di chirurgia per molte malattie, tutte in relazione a una tubercolosi evolutiva e con remissioni troppo brevi.

Venne a Lourdes con il pellegrinaggio parigino delle Bernardette, in occasione della Pasqua degli anni 1933, 1934 e 1935, senza trarne alcun beneficio particolare.

Nell'agosto 1936 è ricoverata all'Ospedale Cochin per peritonite tubercolare. Dopo essere rimasta sotto osservazione per qualche settimana, viene sottoposta in ottobre a un intervento chirurgico addominale. L'esito immediato è buono. Ma all'inizio di novembre vi è l'indicazione categorica di un (nuovo!) ano artificiale. Questo viene eseguito e permette di superare una situazione di subocclusione critica; ma purtroppo le condizioni generali non migliorano affatto. La giovane donna accusa febbre, anoressia pressoché assoluta e ancora emottisi.

Nel gennaio 1937 viene ricoverata all'Ospedale Laënnec, nella divisione del prof. Bezançon, dove vengono scoperti bacilli di Koch nel suo espettorato e nelle feci.

Due mesi dopo « sopravvive » appena, non riesce più ad alimentarsi e le emottisi continuano, ma chiede di partecipare nuovamente al pellegrinaggio delle Bernardette, che in quell'anno 1937 partiva il 28 marzo.

Il viaggio è estremamente difficoltoso. Ha due emottisi, reagisce di male in peggio, la febbre è alta. I primi due giorni a Lourdes, il 29 e 30 marzo, vuole andare alla Grotta a bagnarsi e a fare un vero pellegrinaggio, malgrado lo stato di debolezza estrema e la persistenza di emottisi. La sera del 30 marzo, al suo ritorno, ha crisi di dispnea così gravi che si teme una morte imminente e il cappellano della sala le amministra l'unzione degli infermi. Il giorno dopo, il 31 marzo, è un'altra giornata pessima.

E poi, il mattino di giovedì 1° aprile, dice di aver riposato perfettamente, non ha più febbre, chiede di mangiare, si alza e si comporta quasi in modo normale, come una persona sana. Il pomeriggio del giovedì e il venerdì passano senza emottisi e senza la minima difficoltà respiratoria. Louise è sempre più convinta di essere guarita.

Sabato 3 aprile si presenta al Bureau des Constatations, dove viene visitata assai meticolosamente e convocata per l'anno successivo.

Il suo ritorno nella divisione ospedaliera, da cui era uscita in pessime condizioni, ebbe un'enorme risonanza tra i malati, ma anche tra il personale medico e paramedico.

Dopo il suo ritorno da Lourdes, la ricerca anche reiterata del B.K. nell'espettorato e nelle feci non darà più alcun esito positivo per tutto l'anno successivo, in cui ella rimane sotto stretto controllo medico, e anche in seguito.

Il 10 aprile, meno di una settimana dopo il suo ritorno, ella è autorizzata a lasciare il reparto. E a metà maggio le viene trovato un impiego, per il quale ella si prodiga senza mezzi termini né ricadute. Il 5 luglio 1938 si presenta nuovamente al Bureau des Constatations, dove ne viene confermata la guarigione senza poter dare una spiegazione medica.

Nel 1939 scoppia la guerra. Ancora una volta furono rimandate tutte le iniziative avviate.

Nel 1943 ella si sposa divenendo la sig.ra Maître. E la sua salute si è così ristabilita che potrà avere due bambini nel 1946 e nel 1949.

Senza informarla apertamente, era stato ripetutamente sollecitato il riconoscimento di questa guarigione da parte dell'arcivescovo di Parigi. Il suo *dossier* medico era stato ricevuto nel 1946, dimenticato in un cassetto e poi opportunamente ritrovato. Finalmente fu sottoposto a una commissione canonica nominata dall'arcivescovo di Parigi, mons. Feltin, il 6 dicembre 1951.

Questa commissione si riunì una sola volta otto giorni dopo, il 14 dicembre. E, anche in assenza dell'interessata, che dunque non fu né interrogata né ascoltata, basandosi solamente sul *dossier* medico, essa formulò conclusioni assolutamente favorevoli a una « guarigione umanamente inspiegabile e da attribuire a un intervento soprannaturale ». Lo stesso giorno, il 14 dicembre 1951, mons. Feltin giudicò e dichiarò:

> La guarigione di Louise Jamain, avvenuta a Lourdes il 1° aprile 1937, è miracolosa e deve essere attribuita all'intervento speciale della santissima Vergine Maria, Madre di Dio.

Riguardo a questa persona, facciamo anche notare che è stata la prima « miracolata » nata nel secolo XX e che, nel 1987, abbiamo avuto la gioia di festeggiare con lei a Lourdes il cinquantesimo anniversario della sua guarigione.

Mentre vengono scritte queste righe, è certo che Louise Maître Jamain è viva, gode di buona salute e sta per compiere ottant'anni.

In questo periodo altre guarigioni si sono forse distinte in modo particolare? Certo!

a. In primo luogo, un'altra guarigione ha goduto dell'interessamento della Chiesa tra le due guerre. Si tratta di quella del piccolo **Francis Pascal**, verificatasi in effetti nel 1938. Ma il Bureau des Constatations non ne ebbe notizia prima della fine della guerra del 1939-45.

Nel 1946 a Lourdes si tenne una riunione del Bureau Médical con il dott. Vallet e uno dei medici curanti del bambino, il dott. Roman, ma in assenza dell'interessato e della sua famiglia. Vi fu un dibattito sulla sorprendente evoluzione della malattia in un bimbo colpito da meningite... Furono proposte delle conclusioni. Ma esse non ebbero alcun seguito ufficiale.

Il 2 luglio 1947 Francis Pascal, quasi tredicenne, fu finalmente visitato presso il Bureau Médical in presenza del dott. Leuret, nuovo responsabile di allora. Si poté così certificarne la guarigione in un momento in cui una commissione canonica aveva già iniziato i suoi lavori, su precisa richiesta dell'arcivescovo della diocesi di Aix-en-Provence. Pertanto questa guarigione verrà descritta dettagliatamente nel prossimo capitolo, poiché, in definitiva, riguarda maggiormente il periodo successivo, quello del dott. François Leuret.

b. Ricordiamo ora le sopraccitate guarigioni di Marie-Thérèse Laurent e di Camille Congras.

La sig.na **Marie-Thérèse Laurent**, nata nel marzo 1924, di Chabanais (dipartimento Charente), dopo un attacco renale è guarita da una peritonite tubercolare a casa sua nel maggio 1944.

Il 19 agosto 1945 questa guarigione fu riconosciuta in occasione della sua prima visita al Bureau des Constatations. Fu poi oggetto di una diatriba epistolare tra il dott. Vallet e il dott. Cornet (cfr. *Bulletin de l'A.M.I.L.*, n. 70, ottobre 1946).

Il relativo *dossier* fu trasmesso nel dicembre del 1947 al Comité Médical in occasione della sua prima riunione, nella quale venne ricusato in seguito alla relazione del prof. Jean Lhermitte.

Infine si segnala il sig. **Camille Congras**, trentottenne di Lourdes, che il 23 agosto 1945 era stato guarito da una spondilartrosi traumatica con manifestazioni polinevritiche e paralitiche, per intossicazione saturnina anteriore.

Nell'agosto 1946, la sua guarigione fu accettata alla sua terza presentazione a Lourdes. Come la precedente, fu poi ricusata dal Comité Médical, in seguito alla relazione del prof. Jean Lhermitte.

I requisiti del controllo medico comportano per questi *dossier* l'intervento di un Comité Médical per il momento sconosciuto... Nelle prime pagine del capitolo seguente verrà chiarita ogni cosa su questa procedura di controllo medico, creata alla fine del 1947.

c. Infine, una trentina di guarigioni, sempre riguardanti il periodo tra le due guerre, sono state scelte dal dott. F. Leuret, successore del dott. Vallet, per essere anch'esse in un certo senso « rilanciate » presso i vescovi competenti. Avremo modo di parlarne lungamente a proposito del prossimo periodo del dopoguerra.

Per il momento, precisiamo per inciso che quest'opera di ampia portata, iniziata a partire dagli anni 1948-49, non ottenne che scarsi risultati. Certamente per *molteplici ragioni*!

Quella che mi pare, senza dubbio, la più importante sta nel fatto che queste guarigioni, ritenute acquisite e straordinarie nel decennio che va dal 1920 al 1930, *a partire dal dopoguerra* non potevano impressionare come nel momento in cui erano successe. Soprattutto a livello dei periti medici, incaricati di certificare il carattere « straordinario » di certi ricuperi di uno stato di salute soddisfacente. Ma anche per gli esperti ecclesiastici, in seguito invitati a cercar di determinare un intervento di Dio. Per costoro era necessario che la perizia medica delle procedure di controllo portasse alla certezza scientifica riguardo a una guarigione « prodigiosa », « inspiegabile secondo le semplici leggi naturali ». E poteva accadere che talune commissioni ecclesiastiche non considerassero soddisfatta questa condizione...

In modo forse implicito ma comunque assai verosimile è ravvisabile in questo uno dei principali motivi della creazione, nell'immediato dopoguerra, di un secondo organo medico incaricato di garantire con maggior rigore la realtà oggettiva delle « guarigioni di Lourdes ». Così si procuravano alla Chiesa tutte quelle garanzie di cui desiderava disporre nel discernimento che eventualmente doveva concludersi per il meglio.

Cosa si può dire alla fine di questo periodo, l'ultimo in cui la registrazione, lo studio critico, il riconoscimento o il rifiuto di tutte le dichiarazioni di guarigioni spettavano *soltanto al Bureau des Constatations Médicales*?

Secondo il nostro parere di medici e tenendo conto degli incredibili progressi che hanno permesso alla medicina moderna apparsa alla fine degli anni quaranta di svilupparsi nel suo ambito, di diventare più affidabile nella scienza della diagnosi delle malattie e più efficace nella cura, oggi il periodo precedente alla guerra che abbiamo raccontato a lungo, con le sue incertezze, i suoi limiti ed errori, sembra veramente rappresentare un'« altra epoca », come il medioevo di una medicina che è ormai senza paragoni alla vigilia del terzo millennio.

La medicina di oggi sembra avere ormai solo lontani rapporti con quella di cui abbiamo parlato finora, per le tecniche e i mezzi che essa offre, per le possibilità terapeutiche e i risultati che consente, e tende ad essere come una « scienza esatta ». Infatti gli attuali esperti sono molto più portati ad essere obiettivi, ad assicurarsi di essere più che mai in grado di accostarsi alla realtà degli avvenimenti. Eppure, essi sono tenuti a « relativizzare » maggiormente i punti di vista, le conclusioni a cui possono giungere, nonché i principi di base di cui si servivano un tempo.

CAPITOLO VIII

Le guarigioni di Lourdes e il Bureau Médical nel periodo moderno: dal 1947 al 1954 con il dott. F. Leuret

Come abbiamo già avuto modo di scrivere, il dott. Vallet è rimasto a capo del Bureau des Constatations Médicales fino a quando il dott. François Leuret fu effettivamente chiamato per questo incarico di grande responsabilità, nel giugno del 1947. Il ruolo avuto dal dott. Vallet nel 1946, verso il termine del suo incarico, fu effettivamente importante. Infatti, grazie soprattutto a lui, le autorità ecclesiastiche competenti ricominciarono a valutare le guarigioni di Lourdes.

Ma riprendiamo in ordine cronologico gli eventi di Lourdes di quegli anni.

Nel 1946 si ebbe una timida ripresa dei pellegrinaggi al santuario. Sono stati contati pressappoco un milione di visitatori e registrati 10.000 ammalati accompagnati da 386 medici. Nell'anno 1947, un milione e mezzo di pellegrini, 12.000 ammalati e quasi 600 medici.

Per fare un paragone, precisiamo che nel 1949, anno santo, saranno registrati 2.400.000 visitatori, quasi 20.000 ammalati e 1.174 medici. E nel 1958, anno del centenario, quasi 5 milioni di visitatori, più di 47.000 ammalati e 2.000 medici... cifre che diverranno abituali a partire dal 1965 per i malati, e dagli anni ottanta per i visitatori e i medici.

Ma torniamo all'immediato dopoguerra.

Il 1946 è stato un anno di « ripresa » per l'intera Francia, assai difficile sul piano politico ed economico, assai triste per le condizioni di vita (problemi di fame, povertà, carenza di abitazioni) e le riduzioni delle spese in tutti i campi per un gran numero di francesi.

Queste condizioni erano aggravate dalla distruzione materiale di ogni cosa e dalla svalutazione del franco a causa della guerra. Inoltre vi erano le conseguenze ancora disastrose degli eventi dell'anno precedente, in cui i rapporti interpersonali erano diventati molto tesi in seguito agli eccessi e ai rancori dell'epoca della liberazione e, soprattutto, a causa dell'epurazione.

Per tutti questi motivi, il 1946 e forse anche il 1947 non potevano essere considerati anni propizi e splendidi dai responsabili del santuario di Lourdes e, più in generale, dei pellegrinaggi.

Tuttavia la regione e la città erano state risparmiate molto più di altri luoghi e il santuario era stato, in qualche modo, doppiamente protetto, anzitutto per la collocazione geografica della città mariana nell'« esagono », poi per il concorso di circostanze poco note.

Nel 1906, al momento delle leggi di separazione tra Chiesa e stato, per un accordo tra il vescovo di allora mons. Schoepfer e il governo, il santuario e tutti gli edifici annessi erano diventati un « bene nazionale », affidato ufficialmente alla città di Lourdes e al suo Bureau de Bienfaisance (« Ufficio di beneficienza ») e considerato da quel momento come un « deposito intoccabile ». Poco tempo dopo, il tutto fu *dato in locazione* al sig. Beauchamp, presidente dell'Hospitalité de Notre-Dame de Lourdes, cioè lasciato a disposizione dell'autorità religiosa.

Ma nel 1941 la *proprietà* del santuario fu rivenduta all'Association Diocésaine di Tarbes e Lourdes.

Per tutti questi motivi non era il caso di disperarsi dopo la liberazione del territorio! Sarebbero certamente ritornate le folle di pellegrini sani e malati, e si fece di tutto affinché il santuario fosse in condizione di riceverli nuovamente.

Per quanto riguarda più specificatamente le guarigioni, sembra che in quel momento — non so per quale impulso — si sia presa coscienza del fatto che *ufficialmente* la Chiesa era restata in silenzio troppo a lungo. Abbiamo avuto modo di metterlo in evidenza nel capitolo precedente.

Dall'inizio di quell'anno 1946 alcune commissioni canoniche diocesane si erano rimesse al lavoro, affinché per certe guarigioni il giudizio atteso dalla Chiesa venisse eventualmente proclamato in forma ufficiale. Ciò faceva presagire la ritrovata funzione ecclesiale circa il giudizio sulle guarigioni miracolose. La Chiesa non poteva più rimanere inattiva come nei decenni precedenti!

In compenso, all'inizio del 1946 successe un evento triste e imprevedibile.

Dopo aver giudicato che la ripresa del processo di discernimento ecclesiastico era una felice opportunità ed essersi congratulato col dott. Vallet che pareva esserne l'artefice, il vescovo di Tarbes e Lourdes, mons. Georges Choquet, scomparve il 20 aprile 1946 in maniera imprevedibile e improvvisa, in seguito a un intervento chirurgico del tutto insignificante.

La sua sostituzione a capo della diocesi era urgente e indispensabile. Ma capitava indubbiamente in un momento inopportuno, quando le autorità politiche francesi del momento sollevavano sospetti sui membri dell'episcopato francese — salvo una piccola minoranza —, a causa del comportamento generale da loro assunto durante l'occupazione.

In base alla tradizione, questa successione doveva avvenire con l'accordo delle due parti interessate, cioè il governo francese e il Vaticano. E, dunque, doveva essere oggetto di scambi e incontri preliminari tra il rappresentante del Vaticano (il nunzio a Parigi mons. Angelo Roncalli, futuro papa Giovanni XXIII) e le autorità francesi. Ma a causa del clima del momento, la successione richiese tempo e diplomazia molto più del solito!

Finalmente ci si accordò sulla persona dell'allora vescovo di Montauban mons. Pierre-Marie Théas, ex deportato, originario dei Pirenei, che fu perciò, a partire dal luglio 1946, amministratore della diocesi di Tarbes e Lourdes e ne ricevette poi l'investitura episcopale, insediandovisi il 17 febbraio 1947.

Il 1947 fu l'anno del rinnovamento, con taluni cambiamenti riguardanti le abitudini, le tradizioni e i responsabili.

Per quanto concerne l'incarico del Bureau des Constatations, qualcuno doveva succedere al dott. Vallet nel più breve tempo possibile. Ciò avvenne nel giugno 1947. Si trattò del dott. François Leuret, medico negli ospedali di Bordeaux dopo un concorso di assistente nel 1930. Incaricato d'insegnare alla facoltà di Bordeaux, era cavaliere della Legione d'onore e Croce di guerra dell'ordine militare. La sua candidatura era stata proposta da un « areopago » di medici cattolici francesi. Egli fu chiamato a capo del Bureau des Constatations.

Il dott. F. Leuret era nato il 12 giugno 1890. Al momento della sua nomina, all'età di 57 anni, era ancora lontano dalla pensione. A quell'epoca è stato anche il più giovane presidente del Bureau des Constatations a partire dalla sua fondazione.

Doveva quindi abbandonare ogni attività a Bordeaux, e non si tirò indietro!

Oltre alla sua esperienza medica — ospedale e studio in città — e all'insegnamento universitario, aveva già accettato e occupato posti di responsabilità in varie associazioni, quali l'Ordre Départemental des Médecins, il Conseil de la République, il Comité d'Aquitaine de la Société de St.-Luc e, certamente, molte altre meno note.

Padre di una famiglia numerosa, possedeva una fede religiosa che aveva sempre voluto incarnare in una costante dedizione agli altri.

Così aveva voluto occuparsi per anni di una periferia diseredata di Bordeaux e, grazie alla sua personalità e intraprendenza, aveva fatto in modo che in questo quartiere si costruisse anzitutto un ambulatorio e poi una cappella, diventata più tardi una chiesa parrocchiale.

Senza dubbio accettò assai volentieri di venire a Lourdes, al servizio di Nostra Signora. Ed è anzi probabile che si sia sentito onorato di essere stato proposto e, poi, nominato.

Ma così facendo era obbligato a rivedere e cambiare la sua vita professionale. Infatti, a causa del prolungarsi della « stagione » dei pellegrinaggi, era necessario assicurare una reale presenza anche per sei mesi a Lourdes. E quindi dovette lasciare una clientela, un incarico d'insegnamento, una posizione sociale considerevole e solida... tutte realtà alle quali era ovviamente assai legato.

Di primo acchito si poteva pensare che, svolgendo il suo nuovo compito, avrebbe portato a Lourdes la stessa determinazione, la competenza e il senso dell'organizzazione mostrati in precedenza... insomma un'autorità e brillantezza che avrebbero potuto sostituire e rimpiazzare almeno in parte la « posizione invidiabile », la « situazione di fatto » che aveva dovuto abbandonare.

Così, non sorprese alcuno quando decise dei cambiamenti in seno al Bureau des Constatations Médicales.

Per cominciare, pensò di dover adattare questa istituzione già venerabile alle mutate condizioni del momento. Volle cioè che la procedura del controllo medico di cui si assumeva la responsabilità potesse disporre di maggior spazio e migliori mezzi che nei decenni precedenti, per poter studiare meglio le dichiarazioni di guarigioni che avrebbe dovuto conoscere. Soprattutto in una maniera più approfondita e meno desueta, meno « artigianale ».

A fianco di una grande sala ad anfiteatro dove tenere le riunioni generali dei medici e anche conferenze al pubblico, era indispensabile collocare:

— qualche sala riservata agli esami degli specialisti;

— una sala di radiologia con locali annessi;

— una camera che servisse da ambulatorio, ritenuto indispensabile per assicurare delle cure e, in primo luogo, seguire i pneumotoraci terapeutici ancora assai comuni in quei tempi;

— infine una biblioteca, soprattutto medica, a disposizione dei medici dei pellegrinaggi.

Così, al di fuori della segreteria del Bureau des Constatations Médicales e dell'ufficio del medico permanente, sempre collocati nel medesimo posto sotto la rampa destra dell'Esplanade, fu creato *ex novo* dal dott. Leuret un Centre d'Études Scientifiques nei locali che gli furono concessi dall'Oeuvre de la Grotte, dietro l'edificio chiamato Abri des pèlerins (il « rifugio dei pellegrini »), al pianterreno.

Va anche notato che l'alloggio di servizio concesso al dott. Leuret e alla sua numerosa famiglia era situato allora al secondo piano dello stesso edificio, all'estremità orientale dell'attuale sala Giovanni XXIII.

In un campo totalmente diverso ma per noi molto interessante, fu nel contempo introdotta un'altra innovazione. Infatti prima della fine del 1947 fu decisa e, anzi, avviata la creazione di un altro organo di controllo medico delle guarigioni di Lourdes.

Mi riferisco al *Comité Médical National* di Lourdes, istituito da mons. Théas per dare una risposta a una serie di problemi che doveva certamente porsi il vescovo di Tarbes e Lourdes, responsabile del santuario. Di che cosa si trattava? Dei numerosi interrogativi sul valore della garanzia medica che poteva fornire il Bureau Médical di Lourdes a proposito delle dichiarazioni di guarigioni.

Per esempio: nel 1947 un'istituzione speciale e famosa come il Bureau des Constatations, la cui base però era sempre reclutata tra medici generici, possedeva ancora una competenza medica riconosciuta e giudicata sufficiente?

In futuro, le conclusioni che avrebbe tratto potevano essere considerate sicure e corrette in un campo come quello della scienza medica in cui le conoscenze « scientifiche » recenti sembravano a quell'epoca in via di ridistribuzione, per diventare appannaggio dei « medici specialisti »?

Non era forse opportuno modificare la composizione di questa istituzione medica di Lourdes? Occorreva aggiungere un certo numero di « medici specialisti », certamente più competenti, ai medici del Bureau Médical? Infatti costoro erano in gran parte « medici di famiglia » che desideravano accompagnare i malati nei pellegrinaggi, destinati a esprimersi per primi sulla realtà di una guarigione straordinaria.

Insomma: come attuare questo cambiamento? La decisione di mons. Théas non si fece attendere.

Ai medici dei pellegrinaggi, sempre più numerosi per assicurare cure ai malati che venivano in numero crescente, così vicini nel tempo e nello spazio all'evento di una possibile guarigione prodigiosa a Lourdes, conveniva mantenere il ruolo di « esperto collettivo », raggruppati in quella struttura esemplare che era da tempo divenuto il Bureau des Constatations.

Ma a partire dalla fine dell'anno 1947 il vescovo di Tarbes e Lourdes volle affiancare una seconda istituzione, il Comité Médical National, a quest'organo medico così utile che non era destinato a scomparire e che non era opportuno rimaneggiare profondamente.

Tale comitato doveva essere composto unicamente da specialisti di ogni disciplina medica, tutti professori universitari o primari d'ospedali. Erano tutti francesi, poiché sino a quel momento il santuario aveva ricevuto pellegrini sani o ammalati e visitatori in grande maggioranza di lingua francese.

Nelle intenzioni di mons. Théas, questo comitato era destinato ad aggiungere allo studio dei *dossier* già accettati, secondo la procedura di Lourdes, la *conferma* di esperti, necessariamente più competenti e meno esposti a una certa pressione, poiché le riunioni di questo gruppo dovevano tenersi abitualmente al di fuori di Lourdes. Secondo lui, tale comitato doveva avvalorare il controllo medico delle guarigioni. E in effetti le inchieste divennero più obiettive e rigorose. Le statistiche di cui parleremo più avanti ne daranno un'idea.

L'intervento di questo comitato non poteva che collocarsi nel seguente ambito preciso:

— il Comité Médical National affrontava obbligatoriamente *tutti* i casi di guarigione riconosciuti in prima istanza dal Bureau Médical di Lourdes;

— il Comité apriva un'inchiesta affidata a un relatore scelto all'interno di esso;

— la relazione era sottoposta all'esame di tutti i suoi membri e discussa in seduta plenaria una volta all'anno.

A proposito delle conclusioni della relazione, si doveva ottenere un voto con una maggioranza significativa, perché il caso fosse accettato come una guarigione certa e inspiegabile o rifiutata senza possibilità di appello.

E così, di fatto, il Comité Médical National si riunì cinque volte tra il 1947 e il 1954, cioè nei suoi sette anni di attività: nel 1947, 1949, 1950, 1951 e 1953.

Le sue inchieste riguardarono le guarigioni di 28 persone. Le sue conclusioni confermarono le decisioni di Lourdes *solamente 10 volte*; furono contrarie 18 volte.

Chi sono queste dieci persone?

GUARIGIONI				
Nome	Avvenute o constatate a Lourdes	Certificate dal Bureau Médical	Certificate dal Comité Médical	Miracolo per la Chiesa
M. Malgogne	7.10.1941	20.8.1943	Dic. 1947	—
R. Martin	3.7.1947	6.7.1948	Febbr. 1949	1949
J. Gestas	22.8.1947	19.8.1950	Marzo 1951	1952
E. Gibault	16.9.1947	15.5.1949	Marzo 1950	—
G. Baillie	26.9.1947	4.9.1948	Febbr. 1949	—

M.-T. Canin	9.10.1947	6.10.1948	Febbr. 1949	1952
M. Carini	15.8.1948	17.9.1950	Marzo 1951	1960
J. Fretel	8.10.1948	5.10.1949	Marzo 1950	1950
F. Mauri	25.5.1949	15.6.1950	Marzo 1951	—
P. Pellegrin	3.10.1950	8.10.1952	Febbr. 1953	1953

Tra i casi di queste dieci persone, la cui guarigione prodigiosa e « inspiegabile allo stato attuale della scienza » è stata riconosciuta dai *due organi* di controllo medico, solamente sei sono stati proclamati ufficialmente « miracoli » dalla Chiesa, dopo un periodo di tempo estremamente variabile.

Ma stiamo andando troppo in fretta! Torniamo a Lourdes.

Cos'è successo durante questi sette anni, tra il 1947 e il 1954?

In primo luogo, fin dal dicembre 1948 mons. Théas volle dare *ex novo* indicazioni chiare, precise e logiche in materia di riconoscimento delle guarigioni agli esperti, cioè ai medici del Bureau des Constatations Médicales, che, per primi, erano chiamati a studiare le dichiarazioni di guarigioni.

Pensò che le indicazioni che intendeva ricordare a tutti i medici dei pellegrinaggi sarebbero state più efficaci se fossero state diffuse il più possibile. A questo scopo scrisse una lettera all'Association Internationale des Médecins de Lourdes, che li riuniva, e la fece diffondere attraverso il bollettino di questa associazione. Ecco alcuni passi significativi.

A Lourdes, che cosa si aspetta la Chiesa dal corpo medico? Che esso ci dia le seguenti indicazioni: in quel determinato caso ci fu veramente una malattia? C'è stata una vera guarigione? Per questa guarigione vi è una spiegazione naturale?

Non è compito mio indicarvi che cosa sia indispensabile fare per dare una risposta a queste tre domande. È compito vostro.

La Chiesa desidera che voi lavoriate seriamente. Vi chiede di non avere nulla da rimproverare alla vostra coscienza e di meritare gli elogi degli studiosi per la vostra competenza e il rigore dei vostri metodi.

D'ora in avanti nessuna guarigione di Lourdes sarà ufficialmente riconosciuta finché non sia stata constatata sia dal Bureau des Constatations Médicales di Lourdes sia dal Comité National des Médecins.

Signori, la Chiesa vi riconosce e vi lascia completa autonomia nel vostro campo. D'altro canto vi chiede di non intervenire come medici nelle questioni di ordine teologico: ad esempio non compete a voi dichiarare un miracolo. Ciò compete alla Chiesa.

Ringraziandovi per la vostra collaborazione indispensabile e preziosa, e del vostro impegno nel far conoscere Lourdes per la gloria della santa Vergine, vi prego di accettare...

† Pierre-Marie Théas
vescovo di Tarbes e Lourdes
30.12.1948

Era indubbiamente opportuno che queste indicazioni fossero chiaramente ricordate, se si pensa che meno di due anni prima lo stesso *Bulletin* aveva riecheggiato la dichiarazione del dott. Vallet riguardante le « caratteristiche sulle quali si basavano i medici esperti del B.C.M. per definire miracolosa una guarigione ».

Anzitutto, qual è stata l'attività di controllo del Bureau Médical in questo periodo?

Quattrocentotrentasei persone hanno dichiarato una guarigione e, perciò, hanno avuto contatti con il Bureau Médical, nuova denominazione dell'istituzione medica di Lourdes che presentava le stesse caratteristiche, la stessa composizione e funzione dell'ex Bureau des Constatations Médicales.

Dunque, in sette anni sono stati avviati 436 *dossier*, ognuno per una particolare dichiarazione di guarigione. Cioè, in media, 62 all'anno.

Come possiamo oggi classificare questi *dossier*? Quali sono i risultati del loro studio completo? E soprattutto, quanti di questi *dossier*, in seguito a un'inchiesta rigorosa e a un'indagine anamnestica sufficiente, hanno ottenuto conclusioni favorevoli, *sono stati accettati* dal Bureau Médical in quanto rappresentavano « guarigioni certe e definitive, la cui spiegazione sfugge alle leggi naturali »?

Seguendo sempre lo stesso criterio di classificazione, va detto che sono state accettate solo 34 guarigioni su 436 dichiarazioni pervenute che hanno comportato l'apertura di un *dossier*.

Anni	Totale dei dossier aperti	Cat. I	Cat. II		Cat. III		Cat. IV
		A.	R.	S.C.	AGG.	ARCH.	M.V.
1947-54	436	34	79	29	6	237	51
Tot.	436	34	108		243		51

Ma devono essere evidenziate altre caratteristiche.

Fin da quando iniziò la sua attività nel 1947, il dott. Leuret volle seguire l'esempio dei suoi predecessori, i dottori Vallet e Boissarie. In vista del successivo centenario delle apparizioni di Lourdes, cioè del 1958, prese l'iniziativa di far conoscere meglio alcune guarigioni di vecchia data e, quindi, di attirarvi l'attenzione dei vescovi competenti.

A questo scopo utilizzò due procedimenti complementari.

Anzitutto, durante le prime due sedute (dicembre 1947 e febbraio 1949) del Comité Médical appena costituito, furono presentati 7 *dossier* riguardanti guarigioni *avvenute prima del 1947*, ma accettate dal B.C.M. poco prima che il Comité cominciasse a funzionare o addirittura dopo.

Guarigione di	Avvenuta in data	Certificata a Lourdes	Esaminata a Parigi
Marguerite Malgogne	ott. 1941	agosto 1943	dic. 1947 A.
Marie-Th. Laurent	maggio 1944	agosto 1945	dic. 1947 R.
Camille Congras	agosto 1945	agosto 1946	dic. 1947 R.
Hélène Plo	ott. 1945	ott. 1947	dic. 1947 R.
Paulette Monnier	agosto 1946	agosto 1947	dic. 1947 R.
Annette Rougier	agosto 1946	agosto 1947	dic. 1947 R.
Guy Leydet	giugno 1946	ott. 1948	marzo 1951 R. (dopo 2 rinvii, nel 1949 e 1950)

Abbiamo già avuto modo di segnalare che questa « campagna di rilancio » non fu molto proficua, in quanto solo la guarigione della sig.na Malgogne venne confermata dal secondo organo di controllo, e lo studio degli altri sei *dossier* non consentì al Comité di giungere alle stesse conclusioni del Bureau des Constatations.

La seconda iniziativa ebbe luogo un po' più tardi, nel 1949 e nel 1950. Venendo a conoscenza di tutti i *dossier* medici, ho scoperto tracce di questo tentativo di cui non avevo mai sentito parlare.

In effetti, una trentina di *dossier* riguardanti guarigioni avvenute tra il 1923 e il 1939 conservano la copia di una lettera che il dott. François Leuret ha ritenuto di inviare al vescovo della diocesi della persona interessata, per tentare di sopperire al silenzio della Chiesa nel periodo tra le due guerre.

Eccone il testo:

Dott. François Leuret
presidente del Bureau des Constatations Médicales

Lourdes, 1949

Eccellenza,

Rivedendo guarigioni di vecchia data prese in considerazione da qualche anno dal Bureau Médical, ho constatato che molte di esse, pur essendo valide e ben controllate, non sono mai state presentate alle commissioni canoniche diocesane.

Con il consenso di Sua Eccellenza mons. Théas vescovo di Tarbes e Lourdes, mi permetto di inviare l'osservazione della guarigione di ...., avvenuta nel 19... e accettata dopo due constatazioni successive.

Questa guarigione non va sottoposta al giudizio della Commission Médicale Nationale, essendo anteriore alla costituzione di quest'ultimo organo di superperizia.

Non dipende quindi che dal giudizio di Vostra Eccellenza sottoporre o meno il *dossier* a una commissione canonica, nominata *ad hoc*, per decidere il carattere miracoloso della guarigione.

Non abbiamo avuto notizie recenti di questa persona, ma ci è parso più pratico che la relativa inchiesta, che ci sembrerebbe utile, sia fatta *in loco*.

Nella speranza che voglia prendere in considerazione questa iniziativa, prego Vostra Eccellenza di accettare i miei profondi ossequi.

Firmato: dott. F. Leuret

D'altro canto, altri cinque o sei *dossier* sono tuttora quasi vuoti. Si può pensare che le parti mancanti dei *dossier* siano state inviate a qualche vescovo per essere esaminate e che non siano state restituite.

Quali sono stati i risultati di queste due iniziative nei mesi e negli anni seguenti?

Vorremmo parlare anzitutto dell'unica guarigione di vecchia data riconosciuta dal Comité Médical: quella di **Marguerite Malgogne**. Di che si trattava?

Marguerite Malgogne era nata nel maggio 1906. Dal 1922 presentava una peritonite bacillare con episodi occlusivi, e questa malattia, il cui decorso comportava episodi di acuzie e di miglioramenti, fu sottoposta ad attente cure sia in ospedale sia in sanatorio per circa vent'anni.

Per di più, negli anni 1933-34, si manifestò una tubercolosi cavitaria destra con B.K. nel catarro. Va infine rilevato uno screzio renale tubercolare, anch'esso dimostrato con la presenza di B.K. nelle urine.

La guarigione avvenne a Lourdes il 7 ottobre 1941, ma non si poterono conoscere le circostanze in cui si verificò. Da quel momento le condizioni generali, la febbre, l'esame fisico, le funzioni proprie della vita quotidiana e anche tutte le analisi batteriologiche, tutto ha contribuito a far considerare certa, istantanea e definitiva questa guarigione.

Marguerite Malgogne è stata visitata nel 1942. La sua guarigione è stata certificata a Lourdes nell'agosto 1943 e accertata nello stesso modo presso il Comité Médical National nel dicembre 1947 dal dott. Grenet, incaricato di fare una relazione su di essa. Dunque è stata sottoposta a due perizie mediche, a quattro anni di distanza l'una dall'altra e caratterizzate dalla medesima conclusione: « Nelle condizioni in cui si è verificata, la guarigione non si può spiegare allo stato attuale della scienza medica ». Nel 1948 è stata sottoposta al giudizio del vescovo di Nantes.

Questi si rifiutò di pronunciarsi, sentito il parere della sua commissione canonica, anzi di uno dei suoi membri influenti. In effetti, faceva parte della commissione un teologo per il quale la formula usata dal Comité National al termine delle sue conclusioni: « Allo stato attuale della scienza medica... », era « incresciosa e inopportuna », e impediva ogni giudizio da parte della Chiesa. Essa rendeva letteralmente « invalido e persino immotivato ogni giudizio sul carattere miracoloso di una guarigione ».

Dunque, a causa dell'errata accezione di una formula utilizzata *sistematicamente* dai custodi delle scienze sperimentali, e quindi dai medici, nel loro abituale modo di pensare ed esprimere conclusioni, egli si è imbattuto in un « teologo » assai formalista e pignolo. Pertanto è stata completamente bloccata una procedura di giudizio ecclesiastico che si sarebbe potuta seguire per una guarigione riconosciuta ben due volte dai medici, e che rappresentava forse il segno di un intervento di Dio!

Per quanto riguarda la lettera inviata a una trentina di vescovi, a cui erano allegati i documenti principali di ogni *dossier* raccolti al momento della guarigione di uno degli abitanti della loro diocesi, quattro-cinque vescovi non risposero affatto, e il relativo *dossier* andò perduto. Pochissime risposte da parte di qualche altro vescovo furono caratterizzate dal *rifiuto* di istituire un procedimento di giudizio, per motivi più o meno validi. Per esempio:

— la guarigione non sembrava ottenuta diciotto anni dopo;
— l'interessato era morto poco tempo dopo la guarigione;
— un'altra malattia persisteva in un altro;
— in tre casi si auspicava che, prima di ogni procedimento, il Comité Médical di recente costituzione confermasse la vecchia perizia medica.

Infine, molto più tardi, il vescovo di Nizza istituì un solo procedimento canonico, che ha portato al riconoscimento della guarigione di Henriette Bressolles, di cui abbiamo già parlato diffusamente.

Come si vede, i fatti sono lampanti. Siamo ben lontani dai ventidue miracoli dichiarati tra il 1907 e il 1908, che furono « ottenuti » dal dott. Boissarie.

Nel periodo che va dal 1947 al 1954, dunque, furono avviati 436 *dossier* riguardanti altrettante dichiarazioni di guarigione. Solamente 113 di essi si sono rivelati *utilizzabili*. Sono quelli per i quali si è potuto giungere a una qualche conclusione.

Di conseguenza 323 furono *inutilizzabili*. Si tratta di quelli che si possono considerare senza conclusione (S.C.), o aggiornati (AGG.), archiviati subito (ARCH.) e, anche, riguardanti guariti mai visti (M.V.)

Dei suddetti 113, 79 sono stati rifiutati, non sono stati giudicati probanti. La guarigione che ne stava alla base non è stata ritenuta « straordinaria ».

In seguito a un'indagine, quindi, si è giudicato che solo 34 *dossier* riguardavano una guarigione nel contempo « certa, definitiva e straordinaria » a distanza di tempo dal suo verificarsi, in seguito a un'indagine anamnestica soddisfacente.

Perciò questi 34 *dossier* hanno avuto un seguito: a Lourdes ma anche altrove; a livello di Comité Médical e, inoltre, a livello ecclesiastico. A questi 34 *dossier* bisogna sottrarre i casi di 8 guarigioni certificate dal Bureau Médical a Lourdes, al di fuori dei limiti cronologici del nostro capitolo.

Cinque tra il 1954 e il 1959:

Fulda	guarigione nel 1950	certificata a Lourdes	nel '54
Schwager	guarigione nel 1952	*idem*	nel '56
Couteault	guarigione nel 1952	*idem*	nel '55
Pietrasanta	guarigione nel 1952	*idem*	nel '56
Bigot	guarigione nel 1953-54	*idem*	nel '55

Le guarigioni elencate qui sopra saranno trattate nel prossimo capitolo.

Altre tre guarigioni anche dopo il 1959:

Angele	guarigione nel 1950	certificata a Lourdes	nel '65
Bouley	guarigione nel 1952	*idem*	nel '61
Santaniello	guarigione nel 1952	*idem*	nel '63

Esse verranno esposte a tempo debito.

Quindi restano *26* guarigioni riguardanti questo periodo. In compenso è opportuno aggiungerne altre tre, avvenute prima del 1947 ma certificate in quegli anni. Esse riguardano: Hélène Plo, guarita nel 1945, Paulette Monnier e Annette Rougier, guarite nel 1946.

E quindi, con tutte le difficoltà di classificazione che è logico aspettarsi dopo più di quarant'anni, in questo capitolo riservato al dott. Leuret dovremo considerare solamente i *dossier* che ebbero una certificazione dal Bureau Médical *tra l'inizio del 1947 e l'inizio del 1954*, cioè nel periodo di attività appunto del dott. Leuret.

Qui dobbiamo dunque parlare di *29 guarigioni.*

È necessario spiegare ora questo nuovo sistema di classificazione e, possibilmente, giustificarlo.

Sino alla seconda guerra mondiale, le dichiarazioni di guarigione erano conosciute perlopiù nello stesso anno, a distanza di qualche giorno o persino di qualche ora dal ricupero della salute. D'altro canto, la guarigione era spesso accettata in occasione del primo incontro, che avveniva lo stesso anno o l'anno successivo.

Ma da quando il dott. F. Leuret diventa responsabile del Bureau Médical, vengono introdotte nuove modalità:

— l'apertura di un *dossier* o il primo contatto del malato con il Bureau Médical avviene sempre più spesso a distanza di uno o più anni;

— le conclusioni dell'inchiesta avviata si raggiungono *obbligatoriamente* dopo un intervallo di tempo rispetto al momento stesso della guarigione.

Questo fa sì che la data di apertura del *dossier* diventi irrilevante, poiché essa perlopiù corrisponde solo al momento in cui viene redatto il verbale delle dichiarazioni dell'interessato. Diviene invece interessante *la data del riconoscimento di una guarigione straordinaria* da parte delle istituzioni di controllo medico, in primo luogo il Bureau Médical di Lourdes, soprattutto per un metodo di classificazione.

Non intendo affatto sostenere che bisogna attribuire più valore intrinseco al giudizio del Bureau Médical di Lourdes che ad altri. Ma è utile rilevare che esso è il primo in ordine cronologico, e quindi permette e motiva tutti gli altri.

È per tale motivo che, a partire da questo momento, ci permettiamo di considerare l'anno di *certificazione* di un'indagine effettuata dal Bureau Médical di Lourdes, più che l'anno della sua apertura.

Ciò creerà certamente un'ulteriore difficoltà nella sistemazione e nella comprensione della nostra classificazione!

Per questo periodo, dunque, dobbiamo prendere in considerazione *29 guarigioni*, non avvenute in questo intervallo di tempo, ma dichiarate « inspiegabili » dal Bureau Médical in seguito a un'inchiesta.

A tal proposito dovremo ricordare:

— le 3 guarigioni di « vecchia data », avvenute prima ma certificate nel 1947: quelle di Hélène Plo, Paulette Monnier e Annette Rougier;

— in seguito, le 2 guarigioni i cui *dossier* sono stati aperti nel 1947: quella di Francis Pascal, avvenuta il 28 agosto 1938, e quella di Guy Leydet, avvenuta il 6 ottobre 1946;

— infine le guarigioni avvenute nel 1947 quando era responsabile il dott. Leuret e certificate tra il 1947 e il 1954; esse sono 24 e vanno distinte in tre gruppi:

Gruppo I: i 12 casi la cui conferma è stata demandata al Comité Médical National e non è stata ottenuta, dopo almeno un'altra indagine e, talvolta, anche dopo due o tre aggiornamenti. Si tratta delle guarigioni di:

— Léa Cottais (riunione del febbraio 1949);

— Daniel Kilmetis, Marie Lacaze, suor Giaron, Gina Cagnolati, Georgette Kérignard, Éliane Lucas e, in seguito a un aggiornamento nel 1949, Christiane Dupuy (riunione del 1950);

— Julia Roussignié, Berthe Petitdidier e Angèle Delpierre (riunione del 1951);

— infine quella di Marie Datin (riunione del 1953).

Si tratta in tutto di 12 casi di guarigione, per i quali la conferma del carattere straordinario è stata ricusata dal Comité Médical, e che, secondo la nuova risoluzione, non possono più essere considerati realmente « inspiegabili ». Va anche notato che, per tale motivo, queste guarigioni non sono state segnalate all'autorità ecclesiastica.

Gruppo II: i 9 casi di guarigione la cui perizia effettuata dal Comité ha confermato quella del Bureau Médical di Lourdes. Va rilevato che queste guarigioni sono state tutte segnalate alle autorità ecclesiastiche competenti, con risultati diversi: sei riconoscimenti e tre rifiuti da parte della Chiesa.

Gruppo III: infine altre 3 guarigioni avvenute tra il 1951 e il 1952, certificate prima del 1954 ma presentate al Comité Médical nel 1954, divenuto nel frattempo « International ». Sono i casi di:

Nome	Guarigione avvenuta	Certificata a Lourdes	Certificata a Parigi	Autorità ecclesiast.
Christiane Prost	8.1951	9.1953	2.1954 (AGG.)	—
Thérèse Rivez	5.1952	7.1953	2.1954 (R.)	—
Noëlle Roux	10.1952	10.1953	2.1954 (R.)	—

Nel periodo che ci interessa, quindi, partendo da 436 *dossier* iniziati per una dichiarazione di guarigione avvenuta tra il 1947 ed il 1954, si giunge a *29 guarigioni dichiarate inspiegabili* a Lourdes, tra cui:

1) 5 guarigioni di vecchia data, avvenute prima del 1947 ma certificate nel 1947-48;

2) 12 guarigioni del gruppo I, ricusate dal Comité;

3) 9 guarigioni del gruppo II, accettate dal Comité prima del 1954;

4) 3 guarigioni del gruppo III, presentate al Comité nel 1954.

Passiamole in rassegna.

1. Le 5 guarigioni di « vecchia data », avvenute prima della nomina del dott. Leuret ma accettate dal Bureau Médical dopo il 1947, riguardavano Hélène Plo, Paulette Monnier, Annette Rougier. Ricordiamo anche Francis Pascal e Guy Leydet.

La sig.na **Hélène Plo**, nata nel giugno 1899, era affetta da una tubercolosi sacro-iliaca destra fistolizzata, che causava un'impotenza funzionale notevole, e da altre localizzazioni tubercolari. Fu guarita l'8 ottobre 1945 sul treno del ritorno. È certo che ella non si presentò al Bureau Médical prima dell'anno successivo. La sua guarigione fu riconosciuta certa e straordinaria dopo la seconda visita, l'8 ottobre 1947. Il *dossier* relativo fu trasmesso al Comité Médical prima della fine dell'anno, per la riunione di dicembre. Ma il caso fu ricusato da quest'organo di controllo, come è già stato detto.

La sig.na **Paulette Monnier** aveva solo 26 anni quando, nell'agosto del 1946, guarì da una cicatrice retraente da mastectomia sinistra che impediva certi movimenti del braccio. Nell'agosto del 1947 questa guarigione fu riconosciuta certa e straordinaria alla sua seconda presentazione a Lourdes, ma fu ricusata dal Comité lo stesso anno, perché, dopo la discussione sulla relazione del dott. Grenet, la malattia iniziale non risultò grave.

La sig.na ventiquattrenne **Annette Rougier** guarì, il 21 agosto 1946, da una sacrocoxalgia tubercolare sinistra trattata con artrodesi e da una laringite verosimilmente della stessa natura. Nel 1947 la sua guarigione fu accettata e riconosciuta straordinaria alla sua seconda presentazione a Lourdes e il relativo *dossier* venne anch'esso trasmesso per la prima riunione del Comité. Dopo la discussione della relazione del prof. Oberlin, questa guarigione non fu giudicata inspiegabile per difetto di documentazione.

Francis Pascal era un bambino di 4 anni quando fu portato a Lourdes dalla madre alla fine di agosto del 1938. Da alcuni mesi soffriva di una duplice patologia neurologica, cioè di paraplegia flaccida e perdita della vista, entrambe postumi di una meningite. Durante il pellegrinaggio, questi postumi invalidanti parvero scomparire dopo il secondo bagno nella piscina. Ma per ragioni difficilmente determinabili con esattezza, il Bureau Médical *non ne venne avvisato*. Al suo ritorno a casa fu visitato da tre medici che l'avevano conosciuto e curato. Con grande sorpresa essi constatarono una totale scomparsa dei disturbi di cui soffriva qualche settimana prima. Una guarigione totale, inattesa e inspiegabile.

A causa della guerra il B.C.M. non fu in grado di visitare il bambino prima del mese di luglio 1947, cioè nove anni dopo. Di primo acchito ne confermò la guarigione, che appariva evidente, ammettendo che era impossibile darne una spiegazione medica.

Una lettera del dott. Vallet ci svela che, nell'aprile 1947, l'arcivescovo di Aix-en-Provence aveva chiesto notizie sul *dos-*

sier medico di questo bambino. Esso fu sottoposto dapprima all'esame di una commissione medica diocesana che, in un primo tempo, pose delle riserve. Poi finalmente questa commissione accettò di associarsi alle conclusioni definitive del Bureau Médical, ribadite il 1° settembre 1948.

Il 31 maggio 1949, mons. Charles de Provenchères, arcivescovo di Aix-en-Provence, giudicò e dichiarò che la guarigione di Francis Pascal era miracolosa e che doveva essere attribuita a un intervento speciale della beata Vergine Maria, Madre di Dio.

Per questa guarigione facciamo notare che non ci fu una vera azione di « rilancio » da parte del responsabile del Bureau des Constatations, ma una presa di posizione da parte del vescovo ordinario del luogo, onde garantirne il giudizio.

Guy Leydet era un bambino di 7 anni quando, il 6 ottobre 1946, guarì da un'encefalopatia infantile con ritardo mentale. Il Bureau Médical ebbe modo di visitarlo due volte, nel 1947 e nel 1948. Nell'ottobre del 1948 ammise che questa guarigione era sufficientemente esplicita e la trasmise al Comité Médical National, che, a sua volta, l'esaminò tre volte: nel 1949, 1950 e 1951. Le prime due volte, le conclusioni del Comité furono aggiornate sulla base della relazione del prof. Lhermitte. L'ultima volta, il Comité Médical rifiutò di accettare l'esistenza di una guarigione straordinaria.

2. Le 12 guarigioni accettate dal Bureau Médical, ma rifiutate dal Comité Médical, riguardavano le seguenti persone.

Léa Cottais di Rennes, nata nel 1920 e guarita il 21 maggio 1947 da una tubercolosi peritoneale. Questa guarigione fu riconosciuta dal Bureau Médical alla sua prima presentazione, il 9 giugno 1948. Fu l'unica ad essere ricusata dal Comité Médical nel 1949.

Invece le sette che seguono non furono riconosciute dal Comité Médical in occasione della riunione tenutasi nel marzo 1950.

La guarigione di **Christiane Dupuy**, ventisettenne di Clichy-sur-Seine, da postumi di paraplegia da iniezione tossica intrarachidea, era stata accettata dal B.M. di Lourdes alla sua prima presentazione, nell'agosto 1948. Il relativo *dossier* fu trasmesso al Comité Médical National per la riunione del 1949, ma la decisione venne rinviata.

Daniel Kilmetis, un bambino di 6 anni, guarì a casa sua nel settembre 1947 da postumi di male di Pott cervicale di vecchia data, del tipo compressione midollare. Il 14 settembre 1949 la sua guarigione era stata riconosciuta dal Bureau Médical alla seconda visita.

Marie Lacaze, di La Rochelle, nata nel 1888, guarì il 3 ottobre 1947 da peritonite bacillare e reumatismo articolare acuto. Questa guarigione era stata riconosciuta dal Bureau Médical in occasione della sua seconda presentazione, il 23 settembre 1949.

Suor **Velia Giaron**, trentunenne di Padova, guarì il 24 luglio 1947 da una pielonefrite in rene malformato. Il 22 luglio 1949 questa guarigione fu riconosciuta a Lourdes dopo la prima visita.

Gina Cagnolati, ventottenne dei dintorni di Milano, guarì da tubercolosi polmonare e laringea l'11 agosto 1948. La sua guarigione fu riconosciuta dal Bureau Médical di Lourdes in occasione della seconda visita, il 13 agosto 1949.

Georgette Kérignard di Vannes, 33 anni, guarì nel settembre 1948 da un reumatismo poliarticolare infettivo subacuto di vecchia data. Questa guarigione fu riconosciuta a Lourdes il 17 settembre 1949.

Éliane Lucas, 39 anni, guarì l'8 ottobre 1948 da postumi di male di Pott di vecchia data, aggravatisi qualche mese prima con vertigini. Questa guarigione venne giudicata straordinaria a Lourdes il 5 ottobre 1949.

Invece la guarigione di **Angèle Delpierre**, quarantunenne di Arras, da una malattia di Leber (atrofia familiare del nervo ottico), avvenuta il 22 giugno 1948, fu riconosciuta a Lourdes dopo la prima visita presso il Bureau Médical il 7 luglio 1949, ma nel 1950 non fu accettata dal Comité Médical National: il giudizio fu rinviato all'anno seguente.

La riunione del Comité Médical National del marzo 1951 fu determinante per tre *dossier* relativi a guarigioni riconosciute a Lourdes. Anzitutto la guarigione di Angèle Delpierre, appena citata, che già aveva subìto un aggiornamento nel 1949. E poi altre due riguardanti:

Julia Roussignié, di 66 anni, guarita da una cecità per coroidite atrofica bilaterale su miopia grave. Questa guarigione, avvenuta il 16 luglio 1949, era stata accettata dal Bureau Médical il 18 luglio 1950.

Berthe Petitdidier, di 32 anni, guarita il 21 agosto 1949 da una sacrocoxalgia destra fistolizzata, con ascesso freddo e fistola alla coscia sinistra ed epistassi molto gravi. Il Bureau Médical aveva accettato questa guarigione il 19 agosto 1950.

Infine nel febbraio 1953 — non ci furono riunioni nel 1952 — il Comité Médical National non ammise come guarigione straordinaria quella di **Marie Datin**, di 58 anni. Si trattava della guarigione da un'osteoporosi del rachide di origine osteomalacica con atrofia muscolare grave, avvenuta il 18 agosto 1951 e riconosciuta a Lourdes il 16 agosto 1952.

3. Prenderemo maggiormente in considerazione le 9 guarigioni raccolte nel gruppo II. Ricordiamo che queste guarigioni sono state registrate e poi studiate e accettate dal Bureau Médical di Lourdes come guarigioni « certe, definitive e inspiegabili ». Pertanto sono state sottoposte alla perizia del Comité Médical National per una conferma, ottenendo conclusioni identiche.

Queste nove guarigioni sono state sottoposte anche all'autorità ecclesiastica competente. Come avremo modo di rilevare in proposito, solamente sei di esse sono state « guarigioni miracolose ». Passiamole tutte in rassegna seguendo l'ordine cronologico del loro manifestarsi a Lourdes.

In primo luogo, la sig.ra **Rose Martin**, di Nizza.

Ella aveva 45 anni quando, nel febbraio 1946, subì un'isterectomia allargata per epitelioma ghiandolare del collo uterino. Il decorso postoperatorio fu relativamente normale. Ma alla fine di aprile del 1947 venne diagnosticata una metastasi *in loco* del tumore con sintomi clinici evidenti, accompagnati da una cachessia esordiente. Il 30 giugno è condotta a Lourdes su sua richiesta, in uno stato di prostrazione caratteristica.

I primi due giorni del pellegrinaggio non passano né bene né male. E il 3 luglio, al terzo bagno nella piscina, si sente improvvisamente rinvigorita: si alza, non si lamenta più, si comporta come una persona in buona salute. Resta soltanto in sospeso la necessità di una disintossicazione da morfina.

Al suo ritorno a casa non presenta più sintomi funzionali. Sono scomparse le perdite vaginali. Visitandola, il suo medico non trova più tracce di tumore. Si sente bene, mangia in modo normale, ricupera peso: diciassette chili in dieci mesi!

Nel luglio del 1948 ritorna a Lourdes e si presenta al Bureau Médical. Prima di concludere in modo certo l'inchiesta su questa guarigione, viene richiesta una rettoscopia e un esame radiografico locale. I risultati di queste indagini sono assolutamente favorevoli e rendono più facile e obiettiva la decisione del Bureau Médical. La guarigione viene considerata « certa, definitiva e inspiegabile », e il *dossier* viene trasmesso al Comité Médical per la conferma di questa valutazione favorevole.

Qualche mese dopo, nel febbraio 1949, le conclusioni della relazione affidata al prof. Serge Oberlin sono approvate a maggioranza significativa, e il Comité Médical ritiene che questa guarigione sia priva di « spiegazione medica e naturale ».

Le conclusioni identiche di queste due inchieste mediche vengono allora trasmesse da mons. Théas al vescovo di Nizza mons. Rémond, con l'invito a stabilire eventualmente il carattere miracoloso dell'evento. Presto una commissione canonica nominata dal vescovo di Nizza trasmetterà a sua volta i risultati del suo lavoro e, il 5 maggio 1949, comunicherà al suo mandante che ritiene « miracolosa la guarigione della sig.ra Rose Martin ».

Inizialmente, mons. Paul Rémond non ritenne di dover consacrare questa conclusione con un formale giudizio canonico. Quasi 9 anni dopo, il 17 marzo 1958, su precisa richiesta di mons. Pierre Théas, il vescovo di Nizza volle « approvare e adottare le conclusioni della commissione canonica in data 5 maggio 1958, certificando che tale guarigione è veramente un miracolo ». La dichiarazione non era *formalmente* canonica, al pari di quella riguardante Henriette Bressolles fatta un anno prima, il 4 giugno 1957; ma era chiara. E le autorità ecclesiastiche di Lourdes avevano motivo di esserne contente!

Mentre scriviamo queste righe, la sig.ra Rose Martin è ancora viva, all'età di 92 anni. Dio la conservi ancora a lungo!

Qualche settimana dopo, il 22 agosto 1947, avvenne un'altra guarigione durante il Pèlerinage National.

La sig.ra **Jeanne Gestas** di Bègles, nella periferia di Bordeaux, aveva 51 anni quando venne a Lourdes per la seconda volta. Dal dicembre 1943 aveva subìto tre interventi chirurgici particolari: una gastrectomia, un'operazione per ernia diaframmatica con colecistectomia e una lisi di aderenze epigastriche assai tenaci, con un decorso postoperatorio drammatico.

Fino al marzo 1946 subentrano sempre più difficoltà digestive, che non le danno tregua: vomito ripetuto, dolori pseudoulcerosi, sindrome da subocclusione più o meno costante. Ormai pesa solo quarantaquattro chili. Si pensa a un quarto intervento, quando ella si lascia convincere a venire a Lourdes nell'agosto 1946. Non ne trae alcun beneficio fisico. Ma — come dirà lei stessa — ricomincia a pregare dopo questo pellegrinaggio.

Arriva la fine del 1946, tra molti dolori. Il medico ritiene che tutti i suoi disturbi siano legati a una peritonite adesiva, che la soluzione chirurgica non sia necessariamente quella migliore e che comunque è indispensabile adoperarsi per trovare una terapia più efficace. Si fanno tentativi per aiutarla in questo senso. Ma si rivelano tutti illusori. Come ultima risorsa, ella decide di venire nuovamente a Lourdes nell'agosto 1947, in una condizione penosa come quella dell'anno precedente.

Vi giunge il 21 agosto. Il mattino dopo, nella piscina, prova una sensazione che è in un certo senso dolorosa e « dilaniante », e subito si spaventa. Eppure il pomeriggio sta decisamente meglio: non ha più malesseri né dolori. Si sente rivivere! L'indomani, dopo una buona notte, va a bagnarsi nuovamente e, uscendo dalla piscina, è sicura di essere guarita! Fin dal pasto di mezzogiorno abbandona tutte le limitazioni dietetiche cui era costretta in precedenza. Da allora si comporta in modo del tutto normale, senza inconvenienti e, soprattutto, senza problemi digestivi. Tornata a casa, ritrova il gusto di vivere, riprende un'attività normale e aumenta di peso.

Nell'agosto del 1948 e del 1950 viene sottoposta a una visita presso il Bureau Médical, dove la sua guarigione è finalmente considerata certa, straordinaria, « provata e consolidata ». Il relativo *dossier* viene trasmesso al Comité Médical nell'autunno del 1950.

A questo punto il prof. Pierre Mauriac di Bordeaux è incaricato di contattare la sig.ra Gestas e di stendere una relazione peritale, che servirà come base per la discussione e la decisione che ci si aspetta dal Comité. La guarigione inspiegabile è confermata dal relatore e, in seguito, dalla stragrande maggioranza dei membri presenti nella riunione di marzo del 1951.

Molto presto l'arcivescovo di Bordeaux Paul Richaud è informato circa le conclusioni delle inchieste dei due organi di giudizio medici, e nomina una commissione canonica che possa dargli il suo parere. Il 13 luglio 1952 pubblica un decreto in cui dichiara che « la guarigione di Jeanne Gestas deve essere considerata come un intervento miracoloso da attribuire alla beata Vergine Maria Immacolata, Madre di Dio ».

Ella muore quasi trent'anni dopo, nell'aprile del 1981, a 85 anni.

Il 16 settembre 1947, cioè nemmeno un mese dopo la guarigione della sig.ra Gestas, una certa **Ernestine Gibault**, quarantunenne di Lingreville, nel dipartimento della Manica, venne a Lourdes per testimoniare la sua guarigione.

Questa donna di età matura soffriva di epilessia da più di vent'anni. Le sue crisi le causavano cadute improvvise e incontrollabili, che erano quindi all'origine di numerosi traumi. Nel 1943 subì anche una frattura del cranio con disturbi nei movimenti degli arti inferiori e, nel 1945, una frattura della colonna vertebrale con paraplegia transitoria, disturbi degli sfinteri e vertigini assai gravi quando voleva alzarsi in piedi.

Il 15 settembre 1947 le vertigini scompaiono dopo la benedizione dei malati a Lourdes. E il giorno seguente, dopo un bagno nella piscina, è liberata dall'impotenza funzionale degli arti inferiori e può camminare.

Il 13 maggio 1949 si presenta per la seconda volta al Bureau Médical e i medici presenti accettano di considerare che questo ricupero di uno stato di salute normale è nel contempo certo, definitivo e inspiegabile.

Poco tempo dopo, il *dossier* viene sottoposto al giudizio del Comité Médical National per la conferma. E nel marzo 1950, il relatore prof. Jean Lhermitte ammette che, malgrado i « postumi » della frattura del rachide non siano dimostrabili (i sintomi patologici relativamente imprecisi non possono essere in relazione con una frattura della colonna lombare), sussistono una « risoluzione assai rapida e disturbi oggettivi dell'ottavo paio dei nervi cranici: sordità pressoché completa e sindrome labirintica a sinistra », inspiegabili per il relatore. Queste conclusioni sono approvate a larga maggioranza dagli esperti presenti.

I risultati della duplice perizia medica vennero comunicati al vescovo di Coutances. Questi ritenne suo dovere istituire una commissione canonica, al fine di studiare gli eventi di Lourdes riguardanti la sig.ra Gibault, e trarre eventuali conclusioni a favore del riconoscimento del carattere miracoloso di questa guarigione.

Il 31 luglio 1951, il Bureau Médical ricevette una lettera del presidente di tale commissione — certamente un religioso —, nella quale questi gli comunicava le difficoltà incontrate dalla commissione *partendo dagli elementi del dossier strettamente medico*. Non per informarlo sul problema del carattere miracoloso o meno di questa guarigione, ma sulla realtà della stessa!

Inutile precisare che il processo di giudizio non è andato oltre!

Dieci giorni dopo, a Lourdes avvenne un'altra guarigione che suscitò un certo scalpore. Un « bambino cieco » ricuperò la vista! **Gérard Baillie**, nato nel marzo 1939, già in tenera età era considerato un bambino dalla vista assai modesta.

Ritenuto già cieco, aveva cominciato a imparare la scrittura Braille. Anche gli specialisti più ottimisti non immaginavano affatto che egli potesse frequentare normalmente la scuola e vedere in modo appena sufficiente in età adulta. Poiché all'origine della cecità quasi totale c'era una vera e propria corioidite e un'atrofia ottica bilaterale.

Eppure, alla fine di settembre del 1947 il bambino sembra improvvisamente ricuperare la vista a Lourdes. Visitato il 28 settembre da un oculista di Tarbes, viene considerato come uno che ha avuto « un miglioramento funzionale inaspettato per la sua rapidità, a partire da una malattia che si evolveva ineluttabilmente verso la cecità completa ».

Il 14 luglio 1948 è visitato nuovamente nel Bureau Médical. Sembra che la funzione visiva sia stata ricuperata completamente, poiché si dice che egli frequenti la scuola quasi normalmente. Due mesi più tardi, il 4 settembre 1948, il Bureau Médical ammette sulla base di diversi certificati che una guarigione da questa malattia possa essere effettivamente accettata e che debba essere considerata un fatto inspiegabile.

Il *dossier* è allora trasmesso al Comité Médical. Cinque mesi dopo, esso viene convocato dal dott. Lescaux di Lilla, relatore designato dal Comité. Dopo averlo esaminato, egli conclude la relazione in questi termini:

> Esiste un *insperato miglioramento dell'acutezza visiva*, miglioramento ben valutabile, anche se non è stato subito totale malgrado la modificazione della pupilla ottica, che è ritornata colorata e ha perso il suo aspetto atrofico, fenomeno che non ho mai constatato in precedenza.

Nel febbraio 1949 il Comité Médical si associa a queste conclusioni e accetta all'unanimità di considerare tale « guarigione » come un evento inspiegabile.

Il vescovo di Lilla nomina una commissione canonica, che, il 31 gennaio 1951, rifiuta di considerare la guarigione come un evento straordinario e, a maggior ragione, come un intervento di Dio. E il giudizio ecclesiastico si fermerà qui.

La guarigione successiva è quella di **Marie-Thérèse Canin**, di Marsiglia, nata nel 1910. È avvenuta il 9 ottobre 1947, e fu una delle ultime di quell'anno.

La patologia è tipica degli anni trenta. Nel 1936, all'età di ventisei anni, è contagiata anche lei dalla tubercolosi che aveva già colpito e ucciso i suoi genitori. Presenta un male di Pott lombare e una peritonite tubercolare. Per dieci anni, a partire da quel momento, la sua vita è un'alternanza di miglioramenti transitori e recidive, un susseguirsi ininterrotto di ricoveri ospedalieri, di interventi (innesti ossei del rachide e dell'articolazione sacroiliaca) e riprese temporanee di una certa attività. Nel 1947 si aggiungono edemi agli arti inferiori, una fistola vaginale, collassi assai frequenti. È quasi cachettica, ormai pesa solo trentotto chili quando arriva a Lourdes il 7 ottobre con il Pellegrinaggio del Rosario.

I primi due giorni passano con le solite difficoltà, ma in una condizione morale più serena. Durante la benedizione dei malati del terzo giorno, il 9 ottobre, si sente improvvisamente risollevata, forse guarita! Vuole subito alzarsi, stare in piedi e, la sera, mangiare come tutti gli altri!

Il giorno dopo viene condotta davanti all'assemblea dei medici di questo grande pellegrinaggio. Viene fatto un bilancio delle sue condizioni di quel momento. Si constata un netto miglioramento, che sarà confermato negli anni successivi.

Passa un anno. Ella è controllata con assiduità dal suo medico curante, il dott. Sivan. Riprende la sua attività, senza alcuna interruzione per ricadute o malattie, recupera il peso normale di cinquantacinque chili nel mese di giugno del 1948. In quella data il dott. Sivan le fornisce un certificato: « Constato la scomparsa totale dei sintomi clinici precedenti. Le funzioni fisiologiche hanno ripreso il loro corso normale, la fistola vaginale è chiusa ».

Nell'ottobre 1948, ella si presenta nuovamente al Bureau Médical, davanti a trentatré medici. Quasi unanimemente, essi concordano sul fatto che, l'anno precedente, Marie-Thérèse Canin è guarita da una peritonite tubercolare in modo improvviso e senza medicine, e nelle « condizioni attuali della scienza non è possibile dare alcuna spiegazione a questa guarigione ». Essi auspicano altresì che il *dossier* venga trasmesso al Comité Médical.

L'anno successivo, il prof. Serge Oberlin, chirurgo negli ospedali di Parigi, stese la relazione dopo averne ricevuto l'incarico. Essa viene discussa il 27 febbraio 1949 in una riunione plenaria. I medici presenti accettano le conclusioni del relatore e dichiarano « di non trovare alcuna spiegazione naturale o scientifica a questa guarigione, giudicando all'unanimità che il caso meriti di essere sottoposto al giudizio di una commissione canonica ».

Dopo la nomina di tale commissione, avvenuta il 21 febbraio 1950, e dopo aver preso atto delle sue conclusioni nell'aprile dello stesso anno, il 6 giugno 1952 l'arcivescovo di Marsiglia Jean Delay rese pubblico un decreto nel quale dichiarava:

> Noi giudichiamo e dichiariamo che la guarigione della sig.na Marie-Thérèse Canin è miracolosa e dev'essere attribuita allo speciale intervento della beata Vergine Maria, Madre di Dio.

Oggi non sappiamo con certezza se Marie-Thérèse Canin sia ancora in vita, all'età di ottant'anni. Ma se si è verificato, il suo decesso non ci è stato annunciato.

Alla fine del 1947, in seguito a controlli a *due* livelli, era stato riconosciuto il carattere straordinario delle cinque guarigioni sopraccitate, il che costituisce un record ineguagliabile. Con il 1948 iniziava un periodo di adattamento progressivo riguardante i pellegrinaggi accolti a Lourdes. Cominciava a svilupparsi l'« internazionalizzazione » del santuario, e il risultato più immediato per il Bureau Médical fu che le guarigioni di malati di « paesi amici » divennero sempre più numerose.

Così è stato per una certa **Maddalena Carini**, un'italiana originaria della provincia di Pavia, nata nel 1917 e, quindi, trentunenne quando venne a Lourdes nel 1948.

Da molto tempo era affetta anche lei da una tubercolosi familiare. Tra i dieci e i vent'anni presentò numerose localizzazioni a livello della pleura, del rachide dorsale e del peritoneo, che l'obbligarono a lunghi soggiorni in sanatorio e case di cura. Fu curata a domicilio dal 1938 sino alla fine della guerra quando, nel 1945, il suo periplo riprese, a causa di altre localizzazioni specifiche, a livello del pericardio e del femore destro. Un certificato medico del 1° luglio 1948 indicava questa situazione penosa che sembrava allora incurabile. Citava anche un'insufficienza coronarica e un peso di trentadue chili all'età di trentun anni!

In occasione della festa dell'Assunzione del 1948 ella venne a Lourdes per la seconda volta con il pellegrinaggio dell'UNITALSI lombarda e, il 15 agosto, davanti alla Grotta ebbe la sensazione improvvisa di star meglio, che non confidò a nessuno prima del viaggio di ritorno, il giorno dopo.

Nell'anno successivo al pellegrinaggio, i suoi numerosi medici controllarono a più riprese la persistenza della guarigione e, prima che ella ritornasse a Lourdes, vollero dichiarare: « Ci si trova in presenza di una guarigione contraria a tutti i presupposti logici, in rapporto al passato della malata... ».

Maddalena Carini si presentò per la prima volta al Bureau Médical nell'agosto 1949 e poi nel settembre 1950. Al termine di questo secondo incontro, ventun medici del Bureau Médical affermarono che la guarigione era reale e inspiegabile dal punto di vista medico e che era opportuno trasmetterne il *dossier* al Comité Médical per la conferma. Nella sua seduta del marzo 1951 e dopo aver udito e discusso la relazione del dott. Lanos, il Comité Médical confermò le tesi e le conclusioni del Bureau Médical.

Le autorità della diocesi di Milano vennero allora informate dei risultati di questa duplice inchiesta medica, condotta a Lourdes e riguardante la guarigione fisica di un'abitante di questa metropoli. Tutto fa pensare che l'allora arcivescovo di Milano Alfredo Ildefonso Schuster non abbia ritenuto opportuno affrettarsi a prendere una decisione in quella circostanza e che poi la sua morte abbia impedito l'avvio di un'inchiesta ecclesiastica.

Pertanto il *dossier* venne ritrovato solo molti anni dopo, senza dubbio su sollecitazione degli amici dell'interessata, e, nel marzo del 1960, il cardinale Giovanni Battista Montini, succeduto nel 1954 al cardinal Schuster, nominò una commissione canonica a cui associò un medico. L'inchiesta ecclesiastica durò qualche settimana. Il 2 giugno 1960, dopo averne ricevuto le conclusioni, l'arcivescovo dichiarò che « la guarigione di Maddalena Carini è formalmente un fatto miracoloso ».

Aggiungiamo che, dopo la sua guarigione, Maddalena Carini ha fondato un'opera chiamata « La famiglia dell'*Ave Maria* » per aiutare i bambini handicappati o malati. Ha chiesto e ottenuto ormai da trent'anni che almeno un pellegrinaggio all'anno sia riservato ai bambini di questa comunità e ai loro genitori.

Un'altra guarigione del 1948 riguarda la sig.na **Jeanne Fretel** di Rennes, nata il 27 maggio 1914. Dal gennaio 1938 questa persona era affetta da tubercolosi peritoneale, per la quale aveva dovuto essere operata successivamente di appendicite e di cisti ovarica. Nel maggio 1941, ancora una volta, si ritiene utile sottoporla a un intervento (laparoscopia esplorativa?) che le procura una fistola fecale! Saranno necessari quattro tentativi di sutura chirurgica, effettuati tra il dicembre 1941 e il novembre 1944, prima di ottenere un risultato favorevole.

L'anno 1945 è quasi discreto, malgrado due erisipele.

Ma il 6 novembre viene nuovamente ricoverata, sempre a Rennes. E passa l'intero anno successivo in due istituti di cura e convalescenza in Aquitania, dove le sue condizioni continuano a peggiorare anziché migliorare.

All'inizio di dicembre del 1946 viene nuovamente ospedalizzata a Rennes. Le sue condizioni generali sono pietose: è assai dimagrita, giace a letto e i medici sono costretti a somministrarle morfina in dosi elevate ogni giorno. Ha una febbre etica con ampie oscillazioni, e le sue condizioni generali non fanno che peggiorare durante tutto il 1947.

Nell'aprile del 1948, negli ospedali si può disporre di un nuovo prodotto: la streptomicina. Viene provata per quarantacinque giorni, senza alcun giovamento apprezzabile. In un certificato firmato dal dott. Pellé, primario della divisione dove era ricoverata, si può leggere:

> La malata è sempre più spossata; compaiono sintomi meningei, l'addome è assai globoso e doloroso. Viene emesso abbondante pus con le feci. È soggetta a vomito frammisto a sangue nero e a insufficienza cardiaca. Sembra che non vi siano più speranze.

Nell'ottobre 1948 è condotta a Lourdes con il Pellegrinaggio del Rosario, in uno stato semicosciente... mezza morta. I primi due giorni sono assai penosi. Il vomito è continuo e le impedisce di mangiare; la febbre persiste; continua lo stato di semicoscienza. Nessun miglioramento, nessuna terapia!

Il terzo giorno, l'8 ottobre, nel corso della celebrazione eucaristica per gli ammalati che le dona un certo sollievo e un po' di lucidità, viene condotta in barella alla Grotta dopo la comunione, e avverte i primi segni di una guarigione completa: non più dolori, non più vomito, ma una fame incredibile! Viene riportatata in ospedale, dove si alza, cammina, chiede di mangiare e divora il cibo!

Il giorno dopo viene condotta al Bureau Médical. Si constata la scomparsa quasi totale dei sintomi; viene annotato il suo peso (quarantaquattro chili) ed è convocata per l'anno successivo!

Dopo qualche giorno dal suo ritorno nell'ospedale di Rennes, secondo le annotazioni del dott. Pellé, ella non ha più febbre, non ha avuto bisogno di alcuna cura per disintossicarsi dalla morfina e non ha avvertito alcun malessere a causa della brusca interruzione; il suo peso è aumentato assai rapidamente di quattordici chili. Infine ha ripreso prestissimo le sue mansioni di infermiera senza alcuna difficoltà apparente.

Nell'ottobre 1949 il Bureau Médical di Lourdes, composto da una trentina di medici, ammette al termine di una discussione:

> Non si può dare alcuna spiegazione a questa guarigione. Essa è al di fuori delle leggi naturali.

Anzi, auspica che il *dossier* sia trasmesso al Comité Médical. Nella seduta del marzo 1950, la relazione del dott. Lanos mise in rilievo che numerosissime ragioni obiettive (tra cui trenta grafici della temperatura, diciotto prima e dodici dopo la guarigione) fecevano pensare che questa guarigione fosse assolutamente inspiegabile. E il Comité approvò queste conclusioni all'unanimità, auspicando che l'attenzione dell'ordinario di Rennes si concentrasse su questa guarigione prodigiosa.

Il 10 settembre 1950 il cardinale Roques, arcivescovo di Rennes, istituì una commissione canonica, ricevendone le conclusioni due mesi dopo. Esse erano favorevoli al riconoscimento di un intervento di Dio, per un ragionamento che oggi sembrerebbe inadeguato. Eccolo:

> Dato che Jeanne Fretel è guarita « in modo immediato, completo e definitivo, senza cure né convalescenza » e che tutto questo « è attestato da medici di valore e incontestabilmente autorevoli », non c'è motivo di dubitare che questo prodigio « è un segno certo di un intervento soprannaturale ».

Qualche giorno dopo, il 20 novembre, l'arcivescovo di Rennes emise un decreto in cui giudicava e dichiarava che « questa guarigione è miracolosa e dev'essere attribuita a *Nostra Signora di Lourdes* ». Tale denominazione era chiaramente un nuovo modo di esprimere l'intercessione attribuita alla Vergine Immacolata dalla Chiesa degli uomini.

Nel corso degli anni Jeanne Fretel è diventata un vero « pilastro » di Lourdes! Lo è ogni anno con la sua presenza a più riprese nel santuario, ma anche grazie alla testimonianza che non ha mai rifiutato di offrire ai vari mass media desiderosi di raccoglierla.

A questo punto vorrei ringraziarla nel modo più solenne e dirle ancora una volta quanto ho apprezzato il fatto di poter avvicinare una personalità così accattivante durante gli anni del mio servizio a Lourdes.

Il 24 maggio 1949, all'inizio della successiva stagione dei pellegrinaggi, arriva a Lourdes da Milano una certa **Francesca Mauri**, di 27 anni. Dal giugno 1945 ella soffre in modo accertato di un'annessite tubercolare bilaterale, con pelviperitonite bacillare associata. Il giorno dopo, il 25 maggio, fa il bagno al mattino e al pomeriggio, avvertendo un grande miglioramento. La notte seguente sta decisamente meglio. Il mattino, non più dolori né febbre; le perdite vaginali scompaiono nella giornata del 26 maggio. Può mangiare, alzarsi e comportarsi come una persona sana. Dopo il suo ritorno a Milano, torna nel reparto ospedaliero da dove era partita, per fare una serie di esami. Lascia l'ospedale il 20 giugno con un certificato che la dichiara clinicamente guarita e, presto, è assunta per la prima volta nella sua vita come commessa.

Un anno dopo, nel giugno 1950, torna a Lourdes presentandosi al Bureau Médical, dove tutti i medici presenti concludono a favore di una guarigione inspiegabile dopo una visita e una discussione.

Nel marzo 1951, sulla base della relazione del dott. Oberlin, chirurgo degli ospedali di Parigi, il Comité Médical National conferma che « questa guarigione improvvisa può essere solo attribuita a Lourdes ». Ancora una volta, l'arcivescovo di Milano non ha ritenuto opportuno considerare questa guarigione come un miracolo, come nel caso di Maddalena Carini. Il Bureau Médical non ha ricevuto alcuna informazione ufficiale.

In compenso, nel 1977 abbiamo appreso che ella ha sposato un certo sig. Zachinetti ed è affetta da una malattia assai grave: un cancro alla tiroide con metastasi multiple, ossee e polmonari.

Infine l'ultima guarigione di tale periodo certificata dai due organi di controllo medico è avvenuta il 3 ottobre 1950. Si tratta di quella del colonnello **Paul Pellegrin** di Tolone, nato nell'aprile 1898 e, dunque, cinquantaduenne.

Dall'inizio dell'anno precedente era affetto da ascesso amebico al fegato. Operato nel marzo 1949, fu sottoposto per diciotto mesi a un'infinità di cure per una fistola postchirurgica, che causava una copiosa emissione di liquido purulento e doveva essere perlopiù medicata due volte al giorno.

Niente da fare... Tutte le cure furono inefficaci e, come ultima risorsa, egli volle partecipare al Pellegrinaggio del Rosario nell'ottobre del 1950. Dopo il secondo bagno pare che la fistola tenda a saldarsi, poiché le medicazioni restano pulite!

Né lui né la moglie, sua infermiera che lo medicava, osano pensare a una vera guarigione. Era già successo che cessasse l'emissione di liquido per qualche giorno o una settimana al massimo, ma per ricominciare in modo peggiore in seguito. Quindi, per il momento, non ne parlano con alcuno a Lourdes.

In effetti, la fistola non s'è più riaperta, con grande stupore dei suoi medici e chirurghi!

L'anno seguente, egli ritorna a Lourdes per rendere grazie e per darne notizia al Bureau Médical. Dopo la visita e specialmente dopo una discussione su tutta la storia clinica, si concorda di non prendere alcuna decisione, ma di aspettare.

Ed è dopo un'altra proroga di un anno che, l'8 attobre 1952, il Bureau Médical decide di rispondere alle domande tradizionali: la guarigione improvvisa e completa era chiaramente definitiva e non aveva alcuna spiegazione. Si collocava al di fuori delle leggi naturali.

Qualche mese dopo, nel febbraio 1953, il Comité Médical confermava a sua volta questa opinione con la relazione del prof. S. Oberlin.

Nell'ottobre dello stesso anno viene costituita una commissione canonica nella diocesi di Fréjus e Tolone. Anch'essa si basa sulle condizioni richieste dalla Chiesa per una guarigione miracolosa, che in questo caso sono chiaramente soddisfatte. Ma « si guarda bene dal dimostrare che tale guarigione è "assolutamente" al di fuori delle possibilità della natura ». E la sua relazione si conclude così:

Nel 1950, una tale guarigione in simili circostanze straordinarie controllate attentamente non può che avere un carattere miracoloso.

Mons. Auguste Gaudel, vescovo di Fréjus e Tolone, l'8 dicembre 1953 approvò questo parere, dichiarando:

La guarigione del colonnello Pellegrin, avvenuta il 3 ottobre 1950, è miracolosa e dev'essere attribuita all'intervento speciale della beata Vergine Maria, Madre di Dio.

Segnaliamo che la guarigione persistette per ventisei anni, poiché il colonnello Pellegrin morì nel novembre del 1976, dopo esser diventato uno dei commissari più assidui del suo pellegrinaggio. Infine rileviamo un'altra peculiarità legata all'età di questo « guarito »: egli è stato l'ultimo « miracolato » nato nel secolo XIX!

4. Infine è necessario riferire qualche particolare a proposito delle ultime 3 guarigioni avvenute e certificate a Lourdes prima del 1954 e, quindi, all'epoca del dott. Leuret, di cui abbiamo già parlato.

Queste guarigioni hanno riguardato in primo luogo **Christiane Prost**, un bambino 5 anni affetto da malattia fibrocistica al pancreas. La guarigione avvenne il 31 agosto 1951. Il riconoscimento da parte del Bureau Médical è del 5 settembre 1953. Il suo caso fu trasmesso al Comité Médical International nella prima riunione del febbraio 1954, che è stata anche l'ultima per il dott. Leuret. La relazione del dott. Grenet terminava logicamente con un aggiornamento della decisione, per ottenere informazioni complementari. Per quanto ne so, il caso non fu mai ripreso né concluso.

Viene poi **Thérèse Rivez**, trentenne di Lille. La guarigione da peritonite tubercolare si verificò l'8 maggio 1952. Il riconoscimento da parte del Bureau Médical risale al 5 luglio 1953, alla sua prima presentazione. Il *dossier* venne trasmesso al Comité International in occasione della seduta del febbraio 1954, ma non vi fu alcun riconoscimento.

Infine ecco il caso di **Noëlle Roux**, un bimbo di quasi tre anni. L'8 ottobre 1952 guarì da una sordità postmeningitica. Il 7 ottobre 1953 la sua guarigione fu considerata certa e straordinaria dal Bureau Médical alla seconda visita. Ma il Comité International la rifiutò nel febbraio del 1954, dopo la relazione del prof. Jean Lhermitte.

Una volta terminato il resoconto — assai complicato e monotono — delle guarigioni di questo « periodo cerniera », occorre menzionare un'assistente che, come il dott. Cox di cui ho parlato in precedenza, svolse per decenni un ruolo importante e del tutto originale a livello del Bureau Médical.

Mi riferisco alla signora Winifred A. Feely, conosciuta e apprezzata da tanti medici, alla quale molti pellegrini devono immensa riconoscenza per tutto il bene che ha fatto loro. Nata in una famiglia protestante di origine scozzese, visse da giovane in Estremo Oriente, dove si era convertita al cattolicesimo durante l'adolescenza. In seguito si sposò continuando a vivere in Cina. Più tardi trascorse anni di dure prove a causa della guerra. Suo marito fu fatto prigioniero dai giapponesi e, infine, morì per le conseguenze della terribile prigionia.

Alla fine degli anni quaranta, in età matura, sperimentò una guarigione fisica a Lourdes. Per tutta la vita la sentì come una grazia, ma non la rivendicò mai. In seguito a quest'evento e all'incontro con il dott. Leuret avuto in quell'occasione, ella fece voto di mettersi a disposizione del Bureau Médical e del suo responsabile, per aiutarlo a comunicare con il mondo anglosassone e con tutte le persone di lingua inglese. Portò avanti questa missione per trentacinque anni!

Per quattro-cinque mesi all'anno aiutò ogni giorno il medico responsabile (ognuno dei quattro medici succedutisi nel Bureau Médical tra il 1950 e il 1985) a comunicare con la gente di lingua inglese. Fu continuamente a disposizione di migliaia di persone, sane e ammalate, religiose e laiche che provenivano da tutto il mondo: dal Regno Unito, dagli Stati Uniti d'America, dall'Irlanda e da Singapore, « sante donne » e peccatori incalliti!

Ben presto prese la decisione di andare ogni inverno negli Stati Uniti per farvi conoscere Lourdes, il messaggio della Vergine e il suo significato, mediante conferenze e incontri un po' ovunque, anche in televisione. Tutto ciò, affinché il senso dell'importante luogo mariano guadagnasse in trasparenza, realtà e autenticità.

I miei predecessori avrebbero potuto ricordare senz'altro meglio di me ciò che ella ha fatto per il Bureau Médical in quegli anni lontani. Si tratta veramente di un'opera incommensurabile e profonda...

Sfortunatamente è troppo tardi perché ella possa leggere queste righe, in quanto il Signore l'ha voluta con sé il 17 maggio 1993.

Nondimeno desidererei testimoniarle ancora una volta il mio affetto e la mia riconoscenza per tutto il bene che ha sempre voluto fare in modo quasi riservato a tutti quelli che hanno avuto la fortuna di avvicinarla, tra cui certamente mia moglie e io stesso.

Compiuto questo dovere in modo necessariamente troppo breve, occorre tornare al nostro argomento.

Mi pare indispensabile segnalare ora un lieve cambiamento nella metodologia di controllo medico delle guarigioni, subentrato a cavallo tra il 1953 e il 1954. Mi riferisco all'« internazionalizzazione » del Comité Médical.

Nel 1953 si poteva già prevedere un profondo cambiamento, dovuto al fatto che il santuario era assai frequentato anche da stranieri di lingue diverse da quella francese. Tutto lo favoriva.

Ad esempio la passione per i viaggi, le possibilità offerte dal turismo (all'occorrenza « religioso ») e le facilitazioni crescenti date dalle ferie pagate, la maggiore agiatezza di coloro che partecipavano ai pellegrinaggi di massa e molti altri motivi forse più importanti che mi sfuggono.

Quel che è certo è che il numero dei visitatori (pellegrini sani e malati, quasi tutti francesi o di lingua francese), che tendeva un po' a stabilizzarsi negli anni prima della guerra del 1939-45, aumenta rapidamente subito dopo per l'arrivo di nuovi pellegrinaggi stranieri, soprattutto italiani ma anche di lingua inglese (provenienti dalla Gran Bretagna e dall'Irlanda), tedesca, fiamminga, ecc.

Lourdes, che all'inizio e fino al 1880 circa era stato un luogo di raduno e di pellegrinaggio *diocesano*, diventando poi un fenomeno *regionale* e assai presto *nazionale* ma essenzialmente francese, negli anni cinquanta del nostro secolo è diventato in pochissimo tempo un luogo di pellegrinaggio *europeo*, aprendosi a una dimensione necessariamente internazionale. E questo in tutti i campi, compreso quello dei malati e dei medici incaricati di curarli...

Così, mons. Théas — non saprei dire se da solo o consigliato da altri — ebbe la felice ispirazione di trasformare il Comité Médical in un'assise internazionale, facendovi accedere medici non francesi almeno per la metà, a partire dall'anno 1954. Infatti vi erano rappresentati paesi come il Belgio, l'Italia, la Gran Bretagna, l'Irlanda, la Scozia, la Germania, l'Olanda, la Svizzera, la Spagna, il Lussemburgo e anche il Canada, con uno o due membri.

La prima riunione di questo nuovo comitato formato da trenta-quaranta membri ebbe luogo nel febbraio 1954 a Parigi e fu l'ultima a cui partecipò il dott. François Leuret come membro di diritto.

In effetti, a partire dal 1952, il dott. François Leuret sentì la minaccia di piccole avvisaglie cardiache. Senza dubbio fu contentissimo di aver organizzato e guidato senza inconvenienti il pellegrinaggio di un centinaio di medici a Roma nel marzo 1953, durante l'anno mariano. In seguito, l'inverno del 1953-54 fu contrassegnato da due seri episodi coronarici, curati con successo.

All'inizio dell'aprile 1954 riprese la sua attività di medico permanente del Bureau Médical, come se nulla fosse successo. Egli non aveva alcuna intenzione di risparmiarsi malgrado tutte le raccomandazioni dei suoi cari, soprattutto della figlia maggiore, allora sua segretaria che ne vedeva l'affanno. Il 6 maggio 1954 volle ancora partecipare alla processione pomeridiana con tutti i colleghi presenti a Lourdes, come faceva quasi ogni giorno. Due giorni dopo, l'8 maggio, morì attorniato da tutti i suoi cari come desiderava: *lavorando per la santa Vergine*! Per molti medici, fedeli di Lourdes, francesi e stranieri, egli fu un esempio, un modello e un maestro: in numerosissimi campi!

La sua competenza medica, la sua onestà intellettuale, il suo rigore scientifico, il suo fervore spirituale, tutte queste qualità fondamentali che possedeva le mise in qualche modo a disposizione di quell'istituzione che era ed è tuttora il Bureau Médical, seguendo i binari dei suoi più grandi predecessori.

La sua morte, avvenuta in modo relativamente improvviso e, per di più, all'inizio di una stagione di pellegrinaggi, colse di sorpresa i responsabili del santuario e, in primo luogo, il vescovo di Tarbes e Lourdes, nonché i medici che vi giungevano continuamente e che si sentirono orfani.

Mons. Pierre-Marie Théas volle porvi rimedio al più presto. Chiese al medico Joseph Péllissier, legato a Lourdes da quasi cinquant'anni, soprattutto in quanto membro dell'Hospitalité de Notre-Dame de Lourdes, di assicurare momentaneamente la continuità del Bureau Médical.

Ufficialmente, poi, lo nominò presidente del Bureau Médical nella prima metà dell'anno seguente.

Così terminava un altro periodo assai importante dell'ex Bureau des Constatations Médicales.

Un « periodo cerniera » che, secondo alcuni, è stato notevole per la nuova stagione di guarigioni permesse e suscitate a Lourdes. Sia sul piano delle perizie mediche sia su quello del numero dei casi.

E questo vale per tutti i tipi di « guarigione » che abbiamo avuto modo di conoscere e registrare. Dalla semplice dichiarazione alle guarigioni riconosciute ufficialmente miracolose.

Tutte, *assolutamente tutte* sono state soggette a un controllo medico particolarmente rigoroso, notevole, ma, bisogna riconoscerlo, non infallibile! E solo alcune sono state sottoposte al giudizio della Chiesa, sempre difficile da riscontrare e attivare!

Benché questo non riguardi direttamente il nostro argomento, facciamo anche notare che, per il periodo in questione — cioè dal 1947 al 1954 —, le competenti autorità della Chiesa hanno riconosciuto miracolose otto delle guarigioni che erano state loro segnalate. E cioè:

— nel 1948: sig.na Gabrielle Clauzel;
— nel 1949: sig.ra Rose Martin e il bambino Francis Pascal;
— nel 1950: sig.na Jeanne Fretel;
— nel 1951: sig.na Louise Jamain;
— nel 1952: sig.na Marie-Thérèse Canin e sig.ra Jeanne Gestas
— infine nel 1953: sig. Paul Pellegrin.

Si tratta certamente di prese di posizione di particolare importanza da parte della Chiesa.

C'è ancora qualcosa da notare. Riguardo a questo periodo restano da ricordare: le guarigioni di Fulda, Schwager, Pietrasanta e Bigot da una parte; le guarigioni di Angele, Bouley, Santaniello dall'altra. Avvennero tutte prima del 1954. Le une furono certificate a Lourdes dopo il 1954, le altre dopo il 1960, e vennero tutte sottoposte al Comité Médical International. Le tratterò parlando del periodo successivo.

CAPITOLO IX

Le guarigioni di Lourdes e il Bureau Médical nel periodo moderno: dal 1954 al 1960 con il dott. J. Péllissier

Da molto tempo il dott. Joseph Péllissier di Marsiglia aveva voluto consacrarsi alla Madonna di Lourdes, prendendo l'abitudine di frequentare il santuario. Fu proprio per questo radicato attaccamento agli ammalati e alla Madonna di Lourdes che, nel giugno 1954, egli accettò subito di garantire la continuità della direzione del Bureau Médical, alla morte del dott. Leuret.

Nato il 5 luglio 1876, ebbe certamente la possibilità e la fortuna di conoscere e stare vicino al dott. Boissarie, poiché già prima della grande guerra, nel 1909, era diventato membro titolare dell'Hospitalité de Notre-Dame de Lourdes.

Quasi cinquant'anni dopo, nel 1954, ormai settantottenne, aveva alle spalle una lunga carriera di neuropsichiatra. Questa specialità assai particolare non lo aveva indotto ad avvicinarsi al Bureau des Constatations Médicales. Aveva certamente stretto ottimi rapporti con i vari responsabili del Bureau che aveva avuto modo di conoscere. Ma tra i frequentatori abituali del santuario, tra le « figure » che si era abituati a vedere a Lourdes, egli era noto soprattutto come barelliere.

Dopo la sua nomina svolse il ruolo di medico « permanente » in modo tanto efficace e opportuno da riuscire subito a farsi aiutare da due dottori di sua conoscenza, i quali avevano frequentato il Bureau des Constatations Médicales nel periodo tra le due guerre. Mi riferisco al dott. Varache e al dott. Olivieri, che accettarono volentieri di venire a Lourdes per due settimane al mese tra aprile e ottobre, cioè durante la stagione dei pellegrinaggi.

A quell'epoca il dott. Varache era vicedirettore dell'École

de Santé Navale di Bordeaux. Il dott. Olivieri era invece chirurgo a Château-Gontier, vicino a Laval, nella Mayenne.

Non sono riuscito a trovare alcuna traccia del dott. Varache; mi riprometto invece di presentare più avanti l'attività svolta dal dott. Olivieri in qualità di medico permanente del Bureau Médical.

Dal maggio 1954 alla fine del 1959, mentre il dott. J. Péllissier era a capo del Bureau Médical, questo medesimo ufficio accertò un determinato numero di guarigioni.

Esse erano avvenute in parte molto tempo prima: per esempio la guarigione di Lydia Brosse, verificatasi nell'ottobre 1930 e accertata nell'ottobre 1931 e nell'ottobre 1955; e quella di Yvonne Fournier, che avvenne nell'agosto 1945 e fu accertata nell'agosto 1946. Entrambi i casi sono stati sottoposti al Comité Médical International, rispettivamente nel 1956 e nel 1959. Per questo motivo si può includerli in tale periodo. Altri casi sono semplicemente un po' più recenti: mi riferisco alle cinque guarigioni avvenute poco prima del 1954, già ricordate nel periodo del dott. Leuret.

Guarigione di	Avvenuta a Lourdes	Certificata a Lourdes	Presentata al Comité	Miracolo per la Chiesa
Edeltraut Fulda	1950	1954	1955 (A.)	1955
Léo Schwager	1952	1956	1959 (A.)	1960
Alice Couteault	1952	1955	1956 (A.)	1956
Rachele Pietrasanta	1952	1956	1957, 1959, 1969 (AGG.)	—
Marie Bigot	1952 e 1954	1955	1956 (A.)	1956

D'altra parte, a Lourdes sono stati iniziati 212 *dossier* in questi sei anni, cioè in media 35 all'anno, il che vuol dire la metà di quelli del precedente periodo del dott. Leuret. Su 212 *dossier*, 128 appartenevano alla Cat. III (AGG., ARCH.; cfr. capitolo VII) e 24 alla Cat. IV (M.V.). Dunque si ebbero 152 *dossier* « inutilizzabili ».

Su 50 *dossier*, 21 risultano senza conclusione (S.C.) e 29 rifiutati (R.): tutti questi rientrano nella Cat. II.

Vi sono soltanto 10 guarigioni accettate (Cat. I: A.), che sono state riconosciute « straordinarie » dal Bureau Médical più o meno rapidamente. Si tratta dei *dossier* di guarigione riguardanti Andrée Aguinet, Clara Bartoluz, Evasio Ganora, Giovanna Longhin, Ginette Nouvel, Marie-Elisabeth Lefebvre, Célestine Sabbe, Elisa Aloi, Maurice Georget, Simonne Rams.

Durante il periodo che va dal 1954 al 1960, dunque, si ebbe l'accertamento di due guarigioni di vecchia data, di cinque più recenti e di una decina soltanto di guarigioni avvenute a quell'epoca.

Sei delle 10 guarigioni avvenute tra il 1954 ed 1960 sono state accertate dal Bureau Médical durante lo stesso periodo: Ganora, Longhin, Aguinet, Bartoluz, Lefebvre e Sabbe.

Le altre quattro sono state accertate nel 1960 o nel 1961. Ne parleremo nel capitolo seguente. Si tratta delle guarigioni di Nouvel, Georget e Aloi (nel 1960) e di Rams (nel 1961).

Queste 10 guarigioni si dovevano sottoporre *tutte* al Comité Médical International. Tre non sono state presentate per varie ragioni non molto chiare: si tratta delle guarigioni di Bartoluz, Aguinet e Georget. Delle sette guarigioni presentate al Comité International:

— due furono rifiutate (R.): Lefebvre e Sabbe (dopo un rinvio);

— una fu dapprima rinviata, poi aggiornata (AGG.): Longhin;

— quattro furono accettate (A.): Ganora, Nouvel, Aloi e Rams (dopo un rinvio nel 1962).

Ed ecco, anno dopo anno, l'elenco dei risultati di questo periodo a livello del Bureau Médical, per ciò che concerne le guarigioni che hanno ottenuto un riconoscimento ulteriore e sicuro da parte di almeno una delle commissioni di controllo medico.

Nel 1954 sono avviati quattro *dossier* di guarigioni avvenute: nel 1950: Ganora; nel 1953: Aguinet; nel 1954: Bartoluz e di nuovo Bigot. D'altra parte si ebbe l'accertamento delle guarigioni di Couteault, Ganora e Fulda.

Nel 1955 sono registrate le guarigioni di Nouvel e Longhin,

avvenute nel 1954. Il Bureau Médical ha anche certificato due guarigioni precedenti (Bigot e Brosse), senza contare il ripetuto accertamento di quella di Couteault.

Nel 1956 viene avviato il *dossier* della guarigione di Lefebvre, avvenuta nel 1954, e sono accertate tre guarigioni precedenti: Schwager, Pietrasanta e Longhin.

Nel 1957: nessuna guarigione dichiarata quell'anno sarà accettata, mentre sono certificate le due guarigioni precedenti di Bartoluz e Aguinet. Ricordiamo che queste ultime non sono state presentate al Comité International.

Tra le guarigioni documentate nel 1958 solo quella della sig.ra Sabbe sarà accettata dal Bureau Médical; in compenso non fu certificata alcuna guarigione precedente.

Infine, nel 1959 sono iniziati due *dossier* di guarigioni avvenute nel 1958: quelli di Georget e Aloi. È constatata la guarigione di Rams e sono certificate altre due guarigioni precedenti (Sabbe e Lefebvre).

Ripetiamo che nel periodo 1954-1960 avvennero altre guarigioni che sono state *certificate più tardi*: nel 1960 per quanto riguarda Nouvel, Georget e Aloi e nel 1961 nel caso di Rams. Ne parleremo più avanti, nel prossimo capitolo.

Come sempre, presentiamo ognuna di queste guarigioni, che sono state studiate tutte con la stessa scrupolosa obiettività. Presentiamo per prime le due guarigioni molto anteriori: quelle delle signorine Brosse e Fournier, avvenute rispettivamente nell'ottobre 1930 e nell'agosto 1945.

Lydia Brosse ebbe un destino veramente fuori del comune. Era nata il 14 ottobre 1889, e fino all'età adulta aveva sofferto di alcune malattie ossee definite tubercolotiche prima che scoppiasse la guerra nel 1914.

Nel 1912 una piaga suppurante all'avambraccio guarì una prima volta in maniera spontanea e improvvisa, dopo un'applicazione dell'acqua di Lourdes. Andò, quindi, al Bureau Médical per farsi visitare e le sue dichiarazioni furono registrate, ma non fu ritenuto opportuno fare altro.

Gli anni passarono, ma non passò la sua tendenza agli ascessi multipli e recidivanti!

Durante i diciotto mesi che precedettero il Pellegrinaggio del Rosario dell'ottobre 1930, cui doveva partecipare, ella aveva subìto numerosi interventi per ascessi e flemmoni a ripetizione, perlopiù assai voluminosi, probabilmente di origine ossea e di natura bacillare, localizzati a livello delle natiche e nella regione perineale. Perciò era obbligata a stare sempre sdraiata sul ventre. Era spossata per il dolore, molto dimagrita (era ridotta a meno di quaranta chili) e fortemente anemizzata a causa di emorragie intestinali e nasali.

Durante il suo soggiorno a Lourdes non aveva avuto alcun miglioramento sensibile. Le medicazioni dovevano essere cambiate almeno due volte al giorno: anche l'ultimo giorno non si poté neppure immergerla nelle piscine!

Fu nel viaggio di ritorno, tra Lourdes e St.-Raphaël, che improvvisamente si sentì in grado di alzarsi... guarita! L'attento controllo del medico del treno (un dottore marsigliese che diventò celebre qualche lustro dopo, il dott. Robert de Vernejoul) constatò che le piaghe e le fistole erano scomparse.

Al suo arrivo a St.-Raphaël, il suo medico curante nota « un eccellente stato di salute, una cicatrizzazione completa delle sue piaghe e la scomparsa di qualsiasi secrezione ». Tre mesi dopo è confermata la scomparsa delle emorragie. Lo stato locale resta immutato... non si nota alcuna recidiva e la ripresa ponderale è di dodici chili.

Ella torna a Lourdes nel 1931 ancora con il Pellegrinaggio del Rosario, in ottobre, come continuerà a fare nel resto della sua vita. In quest'occasione si presenta di nuovo ai medici del Bureau des Constatations. Costoro concludono il *dossier* aperto l'anno precedente con una dichiarazione assai esplicita: « Questa guarigione si è verificata con una tale rapidità da sfidare e sorpassare l'attuale concetto delle leggi della biologia ».

In seguito questa osservazione è riportata in pubblicazioni religiose a più riprese. Ma non è prospettato né attuato alcun provvedimento vescovile, non arriva nessuna dichiarazione ufficiale, come avveniva sempre a quell'epoca!

Gli anni passano e nel 1955, nel venticinquesimo anniversario della sua guarigione, la sig.na Lydia Brosse decide di tornare a farsi visitare dai medici di Lourdes.

Il Bureau Médical di allora riprende le conclusioni del Bureau des Constatations di una volta, decidendo anzi che, malgrado sia passato del tempo, il caso va sottoposto per una valutatazione al Comité Médical International, il secondo ufficio di controllo recentemente fondato. La relazione del prof. Serge Oberlin è approvata all'unanimità nel 1956, quando egli propone come conclusione che la guarigione di Lydia Brosse « non può avere alcuna spiegazione di ordine medico ». Il *dossier* è trasmesso al vescovo di Coutances, diocesi dell'interessata.

Il 5 agosto 1958, dopo aver ottenuto l'opinione favorevole di una commissione canonica nominata da lui, mons. Jean Guyot giudica e dichiara che la guarigione di Lydia Brosse avvenuta 28 anni prima deve essere considerata miracolosa.

Quest'amabile persona si dedicherà agli ammalati per più di 25 anni. Tornerà ogni anno a Lourdes, dove ho avuto modo di incontrarla più volte, prima di rientrare alla casa del Padre all'età di 95 anni, nel settembre 1984.

La seconda guarigione riguarda la sig.na **Yvonne Fournier**.

Nel gennaio del 1940, all'età di diciassette anni, questa giovane subì un infortunio sul lavoro, in fabbrica. Intrappolato dalla cinghia di una macchina, il suo arto superiore sinistro fu proiettato violentemente verso il basso. Nei mesi e negli anni successivi si manifestò una sindrome estenso-progressiva traumatica, con dolori più o meno intollerabili, edema e disturbi trofici di tutto l'arto interessato, associati a un'impotenza funzionale che fu subito completa.

Per alleviare le conseguenze del trauma, furono praticati *nove interventi chirurgici*! Parecchi di essi riguardavano il ganglio stellare e la catena simpatica e furono eseguiti dal prof. Leriche e dal dott. Clovis Vincent, due chirurghi di fama mondiale. Tali interventi consentirono solo un miglioramento di breve durata. Circa tre anni dopo l'incidente, un tribunale le assegnò una pensione di invalidità del 70%. Va notato incidentalmente che tale grado di invalidità corrisponde all'amputazione di un arto.

Disperata, cinque anni e mezzo dopo la sua disgrazia Yvonne Fournuer volle partecipare al Pèlerinage National del 1945, il primo dopo la seconda guerra mondiale.

Il 19 agosto, dopo un bagno nella piscina, ella si accorge che « le torna la forza nel braccio »; nel giro di pochi minuti non avverte più alcun dolore. È condotta immediatamente al Bureau des Constatations Médicales, dove viene visitata meticolosamente dal gruppo dei medici del Pèlerinage National, insieme al prof. Michel M. Salmon, professore di clinica ortopedica della facoltà di medicina di Marsiglia. Tuttavia non si ritiene opportuno trarre una conclusione definitiva.

Nel febbraio 1946 il dott. Clovis Vincent scrisse al dott. Vallet: « La guarigione persiste, è completa... ». Nel mese di agosto del 1946 ella fu di nuovo esaminata nel Bureau des Constatations dal prof. Thiébaut di Strasburgo, un neurologo che ne confermò sia la diagnosi sia la guarigione. In seguito a quest'esame, il Bureau des Constatations riconobbe all'unanimità (vi erano quel giorno ventisei medici) che questa guarigione era « medicalmente inspiegabile », ma in quel periodo di transizione non venne presa nessun'altra decisione.

Dieci anni dopo, nel 1956, questa guarigione fu l'argomento di una pubblicazione molto particolareggiata del prof. Salmon, uscendo così dall'oblio in cui si trovava da quando si era verificata nel 1945, e, segnalata al Bureau Médical, venne finalmente sottoposta nel 1959 al giudizio del Comité Médical International. Con la relazione del prof. Thiébaut, questo comitato approvò conclusioni analoghe a quelle già espresse, con la sicurezza che poteva ispirare il fatto che fossero trascorsi dieci anni: « La guarigione della sig.na Yvonne Fournier è stata istantanea e definitiva. Inoltre essa è assolutamente inspiegabile dal punto di vista medico ».

Avendo ricevuto qualche mese dopo il parere della sua commissione canonica, il 14 novembre 1959 l'arcivescovo di Parigi Feltin riconobbe a sua volta che la guarigione era miracolosa.

Il prof. Salmon aveva definito quest'avvenimento come « la guarigione tipo di Lourdes ». A questo punto mi piace ricordarlo.

Ora è opportuno presentare le cinque osservazioni di guarigioni avvenute *prima del 1954*, cioè prima dell'incarico dato al dott. Péllissier.

La prima guarigione di questo gruppo è avvenuta nel 1950, e il Bureau Médical ne venne subito avvertito. Si tratta della sig.na **Edeltraut Fulda** di Vienna. Questa giovane donna trentacinquenne aveva degli antecedenti assai gravi. Giudicate voi:

— nel giugno 1937, a Milano, gastrectomia allargata per ulcera perforata;

— nell'agosto 1937, ureterotomia destra per calcolo renale e, meno di un mese dopo, pielotomia per infezione conseguente;

— nel maggio 1938, nefrectomia dello stesso lato per pionefrosi.

Da quel momento iniziò ad accusare una serie di sintomi subdoli e relativamente insignificanti: un malessere generale, con astenia e ipotensione, anemia, una pigmentazione particolare della pelle. Tutta questa sintomatologia faceva pensare a un'insufficienza surrenale, un morbo di Addison. Infatti questa fu la diagnosi fatta dal dott. Kline nel 1941.

Fu lui a prescrivere per primo un trattamento sostitutivo a base di ormone cortico-surrenale (l'unica specialità utilizzabile a quell'epoca era il Percorten), ottenendo in tal modo un miglioramento sensibile. Ma assai presto ci si rese conto che tale terapia andava seguita in maniera continuativa, cosa tutt'altro che facile negli anni di guerra e di totale penuria.

A partire dal 1947 la paziente passò in cura presso il prof. Siedek, dell'università di Vienna, che stabilì una terapia fondamentalmente analoga, poiché anche lui pensò che la sig.na Fulda era certamente affetta dal morbo di Addison.

Così, negli anni seguenti, ella dovette sperimentare periodi alterni di benessere e di malessere, con terapie sostitutive. Nel 1950 aveva raggiunto un certo equilibrio, prendendo 20 mg al giorno di Percorten per via orale e con iniezioni endovenose di 50 mg del medesimo prodotto ogni due giorni. Il peso si era stabilizzato sui 48 kg, la pressione arteriosa si era normalizzata e la pigmentazione era praticamente scomparsa. Ma la malata e il suo medico sapevano bene che la stabilità di questa normalizzazione dipendeva unicamente dalla terapia in corso e dalla sua continuazione.

Nell'agosto 1950 ella decise di venire a Lourdes: vi arrivò l'11 agosto accompagnata dalla madre, e si sentì meglio già dopo il primo bagno. A partire dal terzo giorno si considera guarita e sospende ogni terapia di sua iniziativa. Il 16 agosto viene condotta al Bureau Médical, dove è registrata la sua dichiarazione; l'esame clinico effettuato non rivela alcuna sorpresa né fa scoprire cose nuove. Esso servirà come riferimento per l'avvenire. Come era ormai sua abitudine, il Bureau Médical non esprime alcun parere e la convoca per l'anno successivo.

Tornata a Vienna, ella si fa visitare dai suoi medici, che ammettono una guarigione, la seguono di tempo in tempo e le fanno fare un certo numero di esami di controllo sistematico. Durante i mesi e gli anni successivi a questo pellegrinaggio, la migliore prova della guarigione fu, del resto, l'assenza di ricadute malgrado la soppressione di ogni terapia.

Il 13 agosto 1952, ella si presentò di nuovo al Bureau Médical, dove venne constatata la persistenza della guarigione e, stranamente, si decise infine di chiedere al prof. Siedek un'indagine complementare.

Due anni dopo, nell'agosto del 1954, il Bureau Médical ebbe modo di visitarla una terza volta in presenza del dott. Péllissier, con un *dossier* medico completo che permetteva di prendere decisioni. Venticinque medici ammisero allora che la guarigione era sicura e poteva essere considerata definitiva, e che non era possibile darne una spiegazione: si decise così di trasmettere al Comité Médical International la documentazione relativa, affinché fosse presa una decisione definitiva.

Nella seduta del febbraio del 1955 il Comité prese atto della relazione affidata al prof. Langeron di Lille, discutendone anche le conclusioni. Queste erano favorevoli al riconoscimento di una guarigione inspiegabile e furono approvate a larga maggioranza dai membri presenti.

All'arcivescovo di Vienna furono comunicati il *dossier* della sig.na Fulda e i pareri delle due commissioni di controllo medico di Lourdes. Poco tempo dopo, il 18 maggio 1955, l'arcivescovo di Vienna Theodor Innitzer, basandosi sul fatto che « le constatazioni delle due commissioni mediche consultate concordano con le condizioni che Benedetto XIV ha disposto per il riconoscimento del carattere miracoloso », dichiarò che « la guarigione improvvisa di Edeltraud Fulda, che era stata colpita dal morbo di Addison e curata per tredici anni senza alcun risultato, è una guarigione miracolosa, priva di spiegazione naturale ».

Nell'aprile 1968, la sig.na Fulda è diventata la sig.ra Haidinger, essendosi sposata. Per quanto ne so, vive attualmente in Austria.

Due anni dopo, il 30 aprile 1952, durante la processione del santissimo Sacramento (dunque sotto gli occhi di molti medici!), si verificò la guarigione improvvisa di un benedettino svizzero: fr. **Léo Schwager**, di ventisette anni. Anche lui aveva avuto degli antecedenti molto gravi.

In gioventù aveva subito vari traumi con poche conseguenze, che non gli avevano impedito di entrare come novizio in un convento benedettino e di pronunciarvi i voti perpetui nel 1950. Tuttavia, a partire dal 1947, aveva sofferto di disturbi della parola, della vista e dell'equilibrio. Quasi sempre questi disturbi erano scomparsi assai rapidamente. Ma essendosi manifestati di nuovo nel 1951, fu ricoverato in ospedale per poter fare un accurato esame neurologico: prima della fine dell'anno la diagnosi di « sclerosi a placche » era considerata assai probabile, se non addirittura sicura.

Qualche mese dopo, in seguito a un'emiplegia con afasia rapidamente regredita, decise di venire a Lourdes nell'aprile del 1952 per ricuperare la salute, confidando molto nell'intercessione della Madonna. E il 30 aprile, secondo giorno del suo pellegrinaggio, mentre il santissimo Sacramento era davanti a lui e l'officiante lo benediva, egli si alzò in uno stato di estasi e cadde in ginocchio vicino alla sua carrozzella. Al termine della cerimonia, si rese subito conto che tutti i suoi disturbi erano scomparsi: posizione eretta, possibilità di camminare, parola, vista, appetito, tutto era stato ricuperato in un istante. Era sicuro di essere guarito!

L'indomani si presentò al Bureau Médical con uno dei medici del suo pellegrinaggio. Venne esaminato, fu immediatamente effettuato un esame neurologico risultato normale, e gli diedero appuntamento per l'anno successivo.

Rientrato nel suo convento, venne visitato dai suoi medici, che non riscontrarono nessuno dei disturbi accusati in precedenza, ed egli riprese la sua attività all'interno della comunità dopo essere stato obbligato ad abbandonarla. Da quarant'anni viene regolarmente a Lourdes, dapprima come barelliere e in seguito come responsabile amministrativo del pellegrinaggio della Svizzera tedesca.

Nel 1956 i medici del Bureau Médical credettero che i quattro anni dopo la guarigione bastassero per trarre conclusioni, ma i medici del suo pellegrinaggio espressero una richiesta del tutto originale, che venne accolta. Con il pretesto che la decisione di riconoscere la guarigione fosse anzitutto di loro pertinenza, essi chiesero di prelevare dal Bureau Médical il *dossier* medico di fr. Léo Schwager.

Quei documenti tornarono a Lourdes soltanto nell'agosto 1958, e i medici svizzeri avanzarono l'esplicita richiesta di far sì che quella guarigione straordinaria fosse finalmente riconosciuta. Perciò, in quella data, sei anni dopo il verificarsi della guarigione nel 1952, il Bureau Médical di Lourdes poté dichiarare che si trattava di una guarigione sicura, durevole e inspiegabile, trasmettendone il *dossier* al Comité Médical International.

Nell'aprile 1959, il prof. François Thiébaut, relatore designato e titolare della cattedra di neurologia della facoltà di Strasburgo, propose le conclusioni seguenti:

> I caratteri della malattia di fr. Léo Schwager risultano indubbiamente di origine organica, e le condizioni della sua guarigione restano medicalmente inspiegabili.

Queste conclusioni furono accettate a grande maggioranza dai medici del Comité, e fu chiesto di informarne l'autorità diocesana.

Mons. François Charrière, vescovo di Losanna, Ginevra e Friburgo, dopo aver nominato una commissione canonica che si fece aiutare dal dott. Terrier di Losanna, ne ricevette le conclusioni dei lavori nel novembre 1960.

Il successivo 18 dicembre, mons. Charrière emise a sua volta un decreto in cui dichiarava:

> La guarigione di fr. Léo Schwager, avvenuta a Lourdes il 30 aprile 1952, è *miracolosa* e dev'essere attribuita all'intervento speciale dell'onnipotenza divina, ottenuta per l'intercessione della beata Vergine Immacolata, Madre di Dio.

Il dott. C. Thozet, che per la sua tesi di laurea in medicina ha avuto modo di rivedere nel 1975 (quasi) tutti i malati guariti « miracolosamente » che erano ancora in vita, ha concluso il capitolo riguardante fr. Schwager con queste parole:

> Fr. L. Schwager è in perfetta salute, data l'età. In ventidue anni non si è potuta notare alcuna recidiva dei sintomi che avevano fatto proporre la diagnosi di sclerosi a placche.

E ciò vale tuttora! A parte qualche leggero disturbo coronarico e qualche dolore reumatico, fr. Léo è in buone condizioni, a sessantanove anni di età.

Va anche notato che la sua guarigione gli ha permesso una « promozione » all'interno del convento, poiché è passato dal ruolo di cuoco subalterno, al quale lo costringeva la sua malattia, a quello di « dirigente amministrativo » di un pellegrinaggio importante.

Due settimane dopo, più precisamente il 16 maggio 1952, un'altra guarigione fu registrata presso il Bureau Médical, quella di **Alice Couteault**, di Bouillé-Loretz (Deux-Sèvres). Ecco le circostanze in cui si verificò.

La sig.ra Alice Couteault aveva trentadue anni quando, durante il secondo semestre del 1949, cominciò ad accusare un insieme di sintomi di ordine neurologico, interessanti l'andatura e la coordinazione dei movimenti e accompagnati da febbricola e astenia, e reagì a un trattamento sintomatico. Questo quadro clinico indusse i suoi medici curanti e consulenti a pensare a una sclerosi a placche in fase iniziale.

La malattia continuò ad aggravarsi per due anni. Le sue infermità erano sempre più manifeste, compromettendone la deambulazione, diventata impossibile senza un appoggio bilaterale, l'equilibrio e la parola, cioè tutte le attività abituali della vita di casa, che ella non poteva più svolgere senza aiuto. Era diventata una vera e propria invalida, che doveva essere aiutata a vestirsi, a mangiare e in tutte le altre necessità. All'inizio del 1952 si aggiunsero turbe degli sfinteri e un dimagrimento notevole. Alice era completamente scoraggiata, non sapeva più che cosa fare e guardava al futuro con grande apprensione.

A questo punto decise improvvisamente di andare a Lourdes con il pellegrinaggio dell'Angiò nel maggio 1952, perché il rapido peggioramento del suo stato generale continuava. Il marito e i suoi medici la lasciarono partire perché ella lo voleva assolutamente, ma erano molto scettici circa il risultato.

Arrivata a Lourdes il 12 maggio dopo un viaggio assai penoso, nei primi giorni partecipò non senza difficoltà a tutte le cerimonie del pellegrinaggio. Il mattino del 15 viene condotta alla piscina. Ha un'intensa reazione durante il bagno, e ne esce sollevata. Ma è soprattutto dopo la benedizione pomeridiana del santissimo Sacramento che ella ricupera la capacità di parlare e può di nuovo camminare senza alcun aiuto.

Il giorno dopo è condotta al Bureau Médical, dove viene sottoposta a una visita neurologica assai minuziosa. È quasi normale, e tutti i medici presenti sono assai impressionati da questo miglioramento del tutto inatteso. Alla fine della visita è convocata per un ulteriore controllo negli anni successivi, così che, in futuro, se ne possa trarre una conclusione definitiva.

Dopo il suo ritorno a casa, i vicini sono meravigliati del cambiamento del suo modo di comportarsi, del ricupero di quasi tutte le capacità di un tempo. La sua vita riprende il corso normale, senza febbre né dolori. Ha ricuperato l'equilibrio, così come la forza muscolare e, assai rapidamente, il peso. Il medico curante constata una guarigione completa, auspicando in cuor suo che questo ristabilimento insperato sia definitivo e non si verifichino più ricadute.

Le settimane passano senza il minimo ostacolo. Nei due anni seguenti ella si presenta regolarmente al Bureau Médical. La guarigione viene confermata e riconosciuta sicura nel 1954, essendo passato abbastanza tempo perché fosse giudicata definitiva e soprattutto inspiegabile. Inoltre si auspica che il suo *dossier* sia trasmesso al Comité Médical International.

Nel febbraio 1955, tale ufficio studia questo caso di guarigione e ritiene opportuno rinviare la decisione in attesa di un esame complementare. Nel maggio dello stesso anno ella torna a Lourdes, presentandosi ancora una volta al Bureau Médical, dove non viene rilevato nulla di nuovo. In quell'occasione, però, viene invitata a presentarsi durante il Pèlerinage National, per essere esaminata un'ultima volta dal prof. François Thiébaut, il relatore designato dal Comité. Come previsto, quest'ultimo esame prima della conferma ufficiale del carattere straordinario della guarigione ebbe luogo il 19 agosto. Esso servì come base del rapporto scritto che il relatore presentò nella riunione del Comité International nel marzo 1956. Eccone la conclusione:

In questo esame non rilevo alcun segno patologico.

Lo stato dei riflessi tendinei, cutanei e del nistagmo si mantiene nei limiti fisiologici.

La sig.ra Alice Couteault risulta guarita dal 16 maggio 1952.

Il suo stato neurologico non è mutato da quella data, dunque la guarigione persiste da quasi quattro anni.

Questa dichiarazione fu approvata da una buona maggioranza dei membri presenti, e il caso venne trasmesso al vescovado di Poitiers.

Il 1° giugno 1956 fu nominata una commissione canonica. Poco tempo dopo venne dichiarato un parere nettamente a favore del carattere miracoloso di questa guarigione. Il 16 luglio 1956, mons. Vion, vescovo coadiutore di Poitiers, giudicò e proclamò che la guarigione di Alice Couteault doveva essere considerata miracolosa.

Circa vent'anni dopo, il dott. C. Thozet ha avuto l'occasione di esaminare di nuovo l'ex ammalata e di scrivere in proposito: « La signora Couteault non presenta nessuno dei sintomi che ne motivarono la diagnosi di sclerosi a placche ».

Dopo la sua guarigione, per circa quarant'anni si è messa a servizio dei malati con il marito, che divenne barelliere a Lourdes. Ella ci ha lasciato domenica 10 maggio 1992 dopo una breve malattia in apparenza benigna, all'età di 75 anni.

Il 17 settembre 1952 una giovane italiana chiamata **Rachele Pietrasanta**, di 28 anni e proveniente da Milano, è stata guarita da una diatesi emorragica grave e particolarmente rara: la malattia emorragica di Chevalier e Moutier.

La guarigione fu studiata dal Bureau Médical di Lourdes con l'aiuto di documenti importanti e precisi che provenivano da una clinica di ematologia. Del resto notizie dettagliate sul caso sono state pubblicate su riviste specializzate italiane.

Questa guarigione fu riconosciuta reale, definitiva e straordinaria dal Bureau Médical alla sua terza presentazione, il 29 agosto 1956, e fu anche deciso di sottoporla al Comité International per una conferma.

Però non venne mai accettata da questo comitato, per l'estrema rarità della malattia precedente e per la scarsa conoscenza che ne avevano i medici internisti del Comité Médical International. Tuttavia essa fu presentata *a tre riprese*, nel

1957, nel 1959 e nel 1969, con le relazioni dei medici Cattabeni e Trabucchi.

E la decisione del Comité International è rimasta in sospeso fino ad oggi!

Per finire, bisogna riferire la guarigione di **Marie Bigot**, le cui caratteristiche ne fanno una delle più singolari.

La storia patologica di Marie Bigot, nata nel dicembre 1922 a La Richardais, in Bretagna, è lunga e complicata. Nel 1953, all'età di trentun anni, soffriva da tempo di varie minorazioni gravi: emiplegia destra accompagnata da sordità e cecità totale. Nell'ottobre di quell'anno venne a Lourdes con il Pellegrinaggio del Rosario, ed ebbe modo di presentarsi al Bureau Médical per far constatare la regressione dei disturbi motori. In quest'occasione fu aperto un *dossier*, le sue parole furono registrate e venne fatta una visita. Ma certamente i medici non prestarono molta attenzione a questa malata, che denunciava la scomparsa di disturbi motori più o meno provati, dato che presentava ancora due infermità assai più gravi ed evidenti, rimaste invariate.

Ma l'osservazione era tutt'altro che conclusa! Infatti un anno dopo, nell'ottobre 1954, ella tornò al Bureau Médical per segnalare la scomparsa della sordità, ma non della cecità! Come si erano formate le due infermità?

Questa giovane donna aveva avuto una salute malferma durante l'infanzia, soprattutto per certe infezioni cutanee ripetutesi più volte. Nel marzo 1951 l'acutezza visiva, che stava diminuendo da qualche settimana, si ridusse ulteriormente (tre decimi in ciascun occhio). Nel contempo, ella accusava cefalea e vertigini.

Qualche settimana dopo, il 14 aprile, malgrado un trattamento antibiotico notevole per arrestare una sinusite, l'aggravamento è tale che viene ritenuta necessaria l'ospedalizzazione: quattro giorni in una clinica otoiatrica e poi il trasferimento in neurochirurgia, dove esami clinici e di laboratorio obbligano il direttore prof. Ferey a intervenire. Viene compiuta una trapanazione il 29 aprile, che però non mette in evidenza né un ascesso né un tumore, ma soltanto un'aracnoidite della fossa posteriore.

Nei giorni successivi si deve riconoscere che l'intervento

non ha arrecato nessun miglioramento. Viene dimessa il 23 maggio 1951 con un notevole peggioramento, pressoché emiplegica, sorda e con acutezza visiva di 1/20 a destra e di 2/10 a sinistra. L'aggravamento continua sino alla fine dell'anno. La cecità e la sordità divengono totali, ed è costretta a letto.

I medici curanti e consulenti giudicano irreversibile la sua malattia. Essi pensano a un danno organico celebrale che, per uno di loro, è associato a una componente nevrotica.

Nell'anno 1952 non si nota alcun progresso. L'acutezza visiva diminuisce ulteriormente: è nulla a destra e inferiore a 1/20 a sinistra nell'agosto 1952. Disperata, ella decide di venire in pellegrinaggio a Lourdes nel mese di ottobre. Ne ritorna immutata sul piano fisico.

Nel successivo anno 1953 non farà che sprofondare sempre più in uno stato fisiologico penoso e nell'isolamento. Decide di imparare il Braille e sopravvive in qualche modo, quasi senza la possibilità di comunicare.

Nell'ottobre 1953 torna a Lourdes, dove, come abbiamo detto più sopra, scompaiono i disturbi motori dell'emiplegia e dell'atteggiamento varo-equino. Ma al Bureau Médical si constata che la sordità e la cecità restano invariate, con un enorme edema della papilla.

L'anno 1954 passa senza che le sue infermità si modifichino sensibilmente, ed ella torna a Lourdes in autunno con lo stesso pellegrinaggio. L'8 ottobre, alla fine della processione pomeridiana, ricupera l'udito!

Il giorno dopo, al Bureau Médical si constata un udito quasi normale, la scomparsa delle vertigini e un fondo dell'occhio regolare!

Infine la notte seguente, sul treno del ritorno, scompare la sua ultima imperfezione, ed ella ricupera un *visus* quasi normale.

La scomparsa di tutte le sue infermità — completa benché in fasi successive! — sarà confermata dai medici curanti e specialisti che si sono sempre occupati di lei, meno di un mese dopo il ritorno, nel novembre 1954 e nel febbraio 1955.

Nell'ottobre 1955 Marie Bigot fu esaminata ancora una volta presso il Bureau Médical. I medici presenti riconobbero il carattere straordinario di questa guarigione avvenuta in più episodi e vollero che il caso fosse presentato al Comité International.

Nella sua riunione tenutasi nel marzo 1956, questo secondo ufficio di controllo ne discusse basandosi sulla relazione che era stata assegnata al prof. E. Thiébaut. Dopo aver evidenziato le ragioni che gli permettevano di riconoscere l'organicità dei disturbi presentati da Marie Bigot, egli concludeva in questi termini:

> Pare impossibile spiegare in modo naturale la guarigione improvvisa dalla sordità e poi dalla cecità, risalente a più di due anni fa.

Il card. Roques, arcivescovo di Rennes, ne fu informato ufficialmente. Il 5 giugno 1956 egli nominò una commissione canonica perché lo aiutasse a prendere una decisione con cognizione di causa. Poco tempo dopo ricevette le conclusioni favorevoli dell'inchiesta, basate sulla concordanza dei fatti riguardanti Marie Bigot con i criteri medici richiesti dal diritto canonico.

Il 15 agosto 1956 il card. Roques, dopo aver stabilito che « gli elementi medici dimostrano sovrabbondantemente... che questa guarigione ha tutti i caratteri del soprannaturale », ha giudicato e dichiarato solennemente che « la guarigione di Marie Bigot è miracolosa e dev'essere attribuita all'intervento speciale di Dio, per intercessione della Madonna di Lourdes ».

Marie Bigot è tuttora vivente, e ogni anno abbiamo avuto la gioia di rivederla nel luogo delle apparizioni. Ella è anche diventata un pilastro di Lourdes, per la sua frequentissima presenza nel santuario e la disponibilità verso i mass media.

Le siamo molto riconoscenti!

Passiamo al gruppo di *dossier* iniziati a cominciare dal 1954. La prima guarigione di tale gruppo riguarda **Evasio Ganora**.

Alla fine del 1949 questo contadino italiano trentanovenne di Casale Monferrato cominciò ad accusare i primi disturbi di ciò che apparve dapprima un'infezione di poco conto: febbre, notevole spossatezza e un malessere generale accompagnato da inappetenza. Fu prescritta comunque penicillina, ma, a quanto pare, invano!

Meno di un mese dopo fu ricoverato in ospedale, dove si

continuò a curarlo con diversi antibiotici, ma inutilmente. Alla fine della terza settimana di ospedalizzazione furono rilevati gangli ascellari ingrossati, la cui exeresi ed esame bioptico procurarono l'accertamento diagnostico poco tempo dopo. Si trattava della malattia di Hodgkin, ossia di linfogranuloma maligno.

A quell'epoca era una malattia letale, priva di terapie valide o palliative. Fare una simile diagnosi allora era come proclamare una condanna a morte. Per prudenza, si fecero controllare i risultati delle biopsia ganglionare ad altri esperti anatomo-patologi, tra i quali il prof. Storti, che godeva di fama internazionale.

Si prescrissero antimitotico (la mostarda all'azoto) e trasfusioni di sangue (ne ricevette ventidue) e, in seguito, sedute di radioterapia ascellare e splenica. Questa terapia cominciata in ospedale fu continuata a domicilio dopo che fu dimesso, cioè verso la fine di marzo del 1950. Nel mese successivo, lo stato di salute generale peggiorò e, ormai disperato, Evasio Ganora espresse il desiderio di andare a Lourdes.

Partì all'inizio di maggio con il pellegrinaggio della sezione locale dell'O.F.T.A.L, un'organizzazione di pellegrinaggi di malati dell'Italia del nord, senza essere perfettamente al corrente della gravità della sua malattia. Dopo il primo bagno egli si sentì guarito. Ritrovò l'appetito e il sonno e, il terzo giorno, si ritenne in grado di aiutare gli altri malati. Ma per ragioni che non conosciamo non entrò in contatto con il Bureau Médical. Solo il medico del suo gruppo, il dott. Visetti di Torino, fu da lui informato di questa trasformazione.

Tornato a casa, il cambiamento subentrato nel suo stato clinico sorprese i familiari e il medico, poiché questa affezione gravissima non comportava *mai* un miglioramento del genere in così poco tempo. Ma per anni si ignorò tutto ciò a Lourdes.

Il Bureau Médical ebbe modo di conoscere Evasio Ganora soltanto nel 1954, di apprendere ciò che gli era successo e visitarlo. Una prima volta il 16 agosto, quando il *dossier* medico incompleto non permise ai medici presenti a Lourdes di prendere una decisione e di arrivare a colpo sicuro a una conclusione.

Ma un mese dopo il Bureau Médical, in possesso degli elementi diagnostici necessari che mancavano in precedenza, constatò che la guarigione era « certa, improvvisa e definitiva », dunque straordinaria. Inoltre desiderò che questo caso fosse sottoposto all'esame del Comité Médical International, che ne assegnò lo studio al prof. Marcel Sendrail della facoltà di Tolosa.

Anzitutto il relatore decise di far controllare la diagnosi fondata sulla biopsia ganglionare da due professori titolari della cattedra di anatomia patologica presso la stessa facoltà, i professori Fabre e Nanta. Entrambi arrivarono ufficialmente alla stessa conclusione dei loro colleghi italiani: questo fatto stabilì in modo inequivocabile la realtà della grave malattia.

Il relatore propose conclusioni del tutto favorevoli al riconoscimento obiettivo di un'evoluzione profondamente differente « da quella che l'esperienza medica ha finora permesso di attribuire al morbo di Hodgkin ». Inoltre egli ritenne che questa osservazione presentava « tutti i caratteri che autorizzano il Comité Médical International a proporre una guarigione all'autorità ecclesiastica ». Questi due pareri furono condivisi dalla stragrande maggioranza dei membri presenti, alla fine di febbraio del 1955.

Una settimana dopo fu nominata una commissione canonica presso la diocesi di Casale Monferrato. Essa si avvalse della cooperazione di tre periti medici. Dopo aver sottoposto Evasio Ganora a una visita, essi non osarono esprimere un giudizio definitivo che poteva essere utilizzato come dichiarazione di una guarigione miracolosa e scaricarono la loro incombenza, chiedendo che Ganora fosse di nuovo controllato dal Bureau Médical di Lourdes. A posteriori c'è da chiedersi perché.

L'8 maggio 1955 il Bureau Médical, al quale si era aggiunto un membro del Comité, il dott. Terrier di Losanna, stimò che convenisse « associarsi, in coscienza, al parere favorevole espresso dal Comité International, seguendo il Bureau Médical di Lourdes... ».

Rinfrancata, il 24 maggio 1955 la commissione canonica di Casale Monferrato raccomandò al suo vescovo di attribuire a questa guarigione un carattere di miracolo. Lo fece mons.

Angrisani una settimana più tardi, il 31 maggio 1955, in questi termini:

> La guarigione di Evasio Ganora è miracolosa, e deve essere attribuita all'intervento speciale della Immacolata Vergine santissima, Madre di Dio...

Meno di tre anni dopo, nel dicembre 1957, Evasio Ganora moriva per un infortunio sul lavoro, cadendo sotto le ruote del suo trattore agricolo.

Nel 1954 fu registrata un'altra guarigione di vecchia data, la cui indagine fu proseguita a livello degli uffici di controllo medico. Essa non deve aver stupito colei che ne beneficiò, **Andrée Aguinet**, di St.-Ouen de Sècherouvre (dipartimento di Orne), poiché l'esatta data della sua guarigione, avvenuta nel 1953, non ha potuto essere fissata! Si trattava di una sindrome di Banti con emorragie digestive, manifestatasi in una ragazza di quindici anni con una grave anemia.

Il giorno 8 ottobre 1957, quattro anni dopo, il Bureau Médical di Lourdes ha riconosciuto nella ragazza una guarigione « che sfugge alle leggi naturali », malgrado la persistenza di una notevole splenomegalia.

Ma il caso non è mai stato presentato al Comité International, poiché vi fu una ripresa del processo patologico, e infine il decesso sopraggiunse nell'agosto del 1961 durante un'emorragia.

Ora passiamo alle quattro guarigioni avvenute e riconosciute straordinarie dal Bureau Médical tra il 1954 e la fine del 1959. Si è ritenuto che solo una di esse potesse essere confermata dal Comité International, creato recentemente, per ragioni tuttora sconosciute a quarant'anni di distanza.

Si tratta di **Clara Bartoluz**, un'italiana di 33 anni. La guarigione da una « pelviperitonite d'origine indeterminata », avvenuta il 19.7.1954, fu certificata il 6.8.1957 a Lourdes. Ma di primo acchito la documentazione presentata apparve manifestamente insufficiente, e perciò fu deliberato che questo caso di guarigione riconosciuto a Lourdes non andava presentato al secondo organo di controllo.

Altre guarigioni sono state invece esaminate dal Comité International.

La prima riguarda **Marie-Élisabeth Lefebvre**, 52 anni, di Parigi.

Il 15 settembre 1954 ella guarì di dolori del rachide dovuti a un'artrosi plurivertebrale. Si presentò nel 1956 e nel 1959 al Bureau Médical per farsi visitare e, al momento della seconda visita, i medici di Lourdes ritennero che la guarigione aveva « tutte le caratteristiche di un fatto straordinario ».

Tale osservazione fu trasmessa al Comité Médical International. Fu nominato come relatore il prof. Thiébaut. Nell'aprile del 1960, né lui né il Comité riunito conclusero a favore di una guarigione « inspiegabile », perché essa sembrava essere di natura funzionale.

Un'altra guarigione, avvenuta quindici giorni dopo quella precedente, il 1° ottobre 1954 — anche se nessuna delle due è stata constatata a Lourdes nei giorni immediatamente successivi —, riguardava **Giovanna Longhin**, una giovane italiana di 22 anni di Bizzòzero (Varese). Questa malata soffriva di peritonite tubercolare.

La sua guarigione fu comunicata al Bureau Médical soltanto l'anno successivo, nel 1955, e si è riconosciuto che essa sfugge alle « leggi naturali » a Lourdes il 1° ottobre 1956, dopo un secondo esame.

Il Comité Médical International, al quale era stato trasmesso il *dossier*, aveva previsto la discussione di questo caso per la seduta del febbraio 1957. La relazione del prof. Cattabeni presentava conclusioni sfavorevoli all'inclusione di questa guarigione tra i fatti inspiegabili. Questa tesi fu accettata dalla maggioranza del Comité. Dunque la decisione venne aggiornata *sine die*.

Pochissimo tempo dopo questo mancato riconoscimento (o anche prima, poiché la cronologia non è perfettamente nota) si verificò una ricaduta caratteristica della sua malattia, forse in seguito a un fenomeno psichico.

La terza guarigione interessò la sig.ra **Célestine Sabbe**, cinquantaquattrenne di Bapaume (Passo di Calais). Il 22 giugno 1958 ella guarì improvvisamente dai postumi di artrite sacro-iliaca D, operata nel 1945. La guarigione, ritenuta sicura e straordinaria a Lourdes, è stata trasmessa al Comité International un anno dopo.

Nella sua seduta del 1960, questo ufficio ne rinviò la decisione e chiese un'ulteriore istruttoria. Nell'aprile del 1961, con la relazione del prof. Oberlin, questa guarigione fu dapprima discussa minuziosamente e poi rifiutata a causa del suo carattere puramente « funzionale », e anche per la scarsa documentazione che l'accompagnava.

Come abbiamo già detto, nel periodo che va dal giugno 1954 alla fine del 1959 molti altri malati si sono presentati al Bureau Médical per ottenere il riconoscimento di una guarigione straordinaria, della quale *tutti* erano convinti di aver beneficiato.

Tutti desideravano subito il riconoscimento di una guarigione inattesa e prodigiosa, che doveva permettere alla Chiesa di interpretarla come un intervento di Dio nella loro vita.

Ribadiamo che 212 dichiarazioni di guarigioni sono state registrate tra il 1954 e il 1960. In definitiva, il Bureau Médical ha potuto pronunciarsi in favore di una guarigione « sicura, definitiva e inspiegabile » soltanto *dieci* volte in questi sei anni: cioè solo nel 5% dei casi presentati.

Evidentemente le conclusioni dei periti medici del Bureau Médical di Lourdes non hanno corrisposto alle attese di un gran numero di persone!

E a proposito di qualche *dossier*, desideriamo ora spiegare *perché* i medici del Bureau Médical di Lourdes in buona fede non hanno potuto concludere le loro inchieste in modo favorevole in certi casi, tenendo conto semplicemente delle informazioni che gli stessi *dossier* offrivano loro, delle notizie presenti o assenti in essi. Tuttavia, per proteggere l'anonimato di queste persone forse ancora viventi, eviteremo di offrire la minima indicazione sulla loro identità.

Desidero ricordare per primo il caso della sig.na Hélène X, nata nel 1911 nella Francia occidentale. Ella ebbe modo di presentarsi al Bureau Médical una prima volta nel maggio del 1948, per una sindrome clinica che faceva pensare a una tubercolosi. Fu interrogata ed esaminata, e le si domandò di procurare una documentazione su quanto affermava. Tentò di fare ciò in modo non probante nel 1949 e nel 1950. La conclusione rimase, dunque, in sospeso.

Tornò nel 1951, dichiarando la guarigione da un male di Pott, un'altra diagnosi del tutto discutibile.

L'anno seguente ritorna di nuovo, asserendo di aver beneficiato di un'altra guarigione da disturbi puramente funzionali!

Stessa storia nel maggio del 1956. Ella non ritenne opportuno informare il nuovo medico permanente, il dott. Péllissier, del fatto che era già ben conosciuta dal Bureau Médical.

Ancora una volta questa pseudoguarigione da uno stato patologico impreciso non fu riconosciuta per mancanza di elementi chiarificanti.

Nel settembre dello stesso anno comparve improvvisamente una paraplegia. Le radiografie del rachide misero in evidenza un affossamento della decima e undicesima vertebra dorsale, con un'immagine di ascesso ossifluente. Due mesi dopo si intervenne per sistemare una sintesi metallica di Albee. Ma la paraplegia non scomparve.

Nell'aprile del 1958 il *deficit* motorio scomparve completamente a Lourdes. Perciò si ebbe un terzo *dossier*, completato nel 1959, 1960 e 1961, ma senza che il Bureau Médical sia stato in grado di riconoscere una vera guarigione in questa evoluzione clinica.

Infatti sembra che, in questa lunghissima storia di « guarigioni » ripetute, il Bureau Médical non sia *mai* stato in grado di determinare la natura organica di un precedente stato patologico e *nel contempo* la sua scomparsa, tanto più che, nell'ultimo esame radiologico eseguito, le immagini rachidee risultavano sospette.

Un altro *dossier* controverso, che i medici non hanno concluso (o non hanno potuto concludere secondo le previsioni) riguarda un militare di carriera: sig. Jacques Y, nato nel 1923.

In seguito a una ferita di guerra riportata in Indocina, egli subì una doppia frattura esposta del femore S., nel novembre 1953. Questa ferita fu curata benissimo in diversi ospedali militari fino al maggio 1954.

Tre settimane dopo la sua dimissione partecipa al Pellegrinaggio Militare Internazionale, come malato con un'impotenza funzionale totale dell'arto inferiore, che non gli permette di camminare né di reggersi in piedi. Dopo un bagno che accetta di fare a malincuore nella piscina di Lourdes, scopre con sua grande sorpresa di poter camminare senza appoggio e non avverte più dolori all'arto!

Si presenta al Bureau Médical, dove viene esaminato e si nota che i disturbi trofici persistono, che egli presenta un'amiotrofia e un accorciamento dell'arto. Viene convocato per l'anno successivo in attesa della sua cartella clinica, che viene richiesta.

Il suo *dossier*, iniziato dal dott. Péllissier, non comprende assolutamente alcun altro documento né rendiconto, a parte le annotazioni sulla copertina: « Non è venuto nel 1955 », e sotto: « Rivisto nel 1957 ». Nessuna traccia di altri documenti!

Negli anni ottanta il Bureau Médical ricevette una lettera, alla quale ne seguirono rapidamente parecchie altre, scritta da uno dei suoi ex colleghi ufficiali. In essa costui chiedeva perché il sig. Y, un tempo suo ufficiale subalterno, non aveva ottenuto dalle autorità mediche ed ecclesiastiche il riconoscimento del carattere del tutto straordinario e *miracoloso* della sua guarigione.

Questa corrispondenza durata qualche anno si fece talmente pressante che alla fine il medico permanente del Bureau Médical accettò di far convocare di nuovo l'interessato nell'agosto 1984 e di sottoporre il suo *dossier* a una discussione medica collettiva a Lourdes secondo le regole. Lo scopo era l'eventuale dichiarazione di un giudizio medico sul fatto avvenuto *trent'anni* prima e, finalmente, il riconoscimento ufficiale di una « guarigione inspiegabile ».

In seguito all'interrogatorio e all'esame ai quali fu sottoposto il sig. Jacques Y, e dopo la discussione che ne seguì, il gruppo dei medici del Bureau Médical presenti quel giorno ha ritenuto a grande maggioranza di non dover ammettere che gli avvenimenti verificatisi nel giugno 1954, e che potevano essere ritenuti come una guarigione, « fossero interpretabili come un fenomeno contrario alle osservazioni e previsioni dell'esperienza medica ».

Vi è anche un terzo *dossier*, o meglio un altro caso controverso, che merita di essere presentato.

Riguarda una certa sig.ra Simone Z anche lei del centro-ovest della Francia. All'età di ventidue anni, alla fine del 1949, le fu diagnosticato un cancro al collo uterino. Fu sottoposta a un trattamento radium-terapico, poi a radioterapia profonda integrata con isterectomia nel marzo 1950, per recidiva *in situ*.

L'evoluzione dello stato generale è tanto critica che ella intraprende un pellegrinaggio a Lourdes nel settembre 1950. Da quel momento sembra ritrovare improvvisamente la gioia di vivere.

Nell'ottobre 1951 torna a Lourdes e si presenta per la prima volta al Bureau Médical per essere ascoltata e visitata. Nulla di patologico in apparenza, se non la presenza di una grossa massa infiltrante il parametrio. Viene invitata a presentarsi l'anno successivo, ma decide diversamente e non si presenta.

Nel 1955, volendo saperne di più e chiarire questo ristabilimento, i dottori Varache e Olivieri cercano di raccogliere qualche certificazione riguardante tale persona, informandosi presso i medici e i chirurghi che l'avevano in cura e facendola esaminare a casa sua nel 1956. L'iniziativa non porta ad alcuna conclusione decisiva.

Nel luglio 1981, la sig.ra Z, « sollecitata dalle persone del suo ambiente », come dice lei, riprende contatti con il Bureau Médical ventisei anni dopo.

Perché? Con quale vero scopo? Non saprei dirlo!

Nell'agosto 1984 tornò ancora una volta a Lourdes con il Pèlerinage National come malata, con un certificato che ne dichiarava la diagnosi di « carcinoma al retto ». La diagnosi era confermata da una biopsia e da una T.A.C., che dimostravano la presenza di una massa perirettale. D'altra parte, poiché la malata rifiutava l'intervento, era stata iniziata la cobaltoterapia. Fu perciò una visita di cortesia, senza alcuna dichiarazione.

Nel 1985, incontrai la sig.ra Z un'altra volta. Dal punto di vista fisico non stava troppo male.

Ma mi sembrava che ella volesse consapevolmente propagare una specie di « messianismo » personale difficile da definire! Da quattro-cinque anni non ho più avuto contatti con lei.

Alla luce di questi pochi esempi, il Bureau Médical può forse essere ritenuto troppo esigente, troppo rigoroso? Il suo modo di ragionare può essere considerato formalmente errato? Avrebbe dovuto agire diversamente? Ma poteva farlo?

Senza dubbio si può ammettere che potrebbe esserci materia di discussione... qualcosa da approfondire. Lasciamo ad altri responsabili la preoccupazione di tale indagine, poiché, per definizione, essa non concerne le guarigioni di Lourdes *riconosciute*.

Anche se quanto segue non interessa veramente il nostro studio, bisogna accennare ad un'altra particolarità di questo periodo.

Infatti non possiamo tacere gli inconvenienti creati da un enorme progetto e dalla sua realizzazione a quell'epoca. Non possiamo evitare di alludere alle difficoltà che hanno comportato i cantieri per la sistemazione del santuario. Il progetto doveva consentire celebrazioni più agevoli e più grandiose a Lourdes quando, nel 1958, in occasione del centenario delle apparizioni, si prevedevano grandi folle. Mi riferisco alla costruzione di una grandissima basilica nell'area del santuario, che, dopo molte esitazioni, si era deciso di costruire sottoterra.

È certo che la costruzione dell'edificio — di questa immensa nave rovesciata dall'architettura così audace e sobria — ha avuto conseguenze molto spiacevoli (malgrado gli scrupolosi studi precedenti), essendo a quel punto azzardata e onerosa. La costruzione ha prodotto effetti così imprevedibili, ha causato inconvenienti tanto funesti per l'intera diocesi e soprattutto per mons. Théas, che anche il Bureau Médical ha subìto qualche contraccolpo, sia pure indirettamente.

Ma non ne parleremo più! Poiché ancora una volta ci siamo allontanati troppo dal nostro tema, senza aver avuto modo di penetrare quell'epoca veramente particolare per il santuario...

Tuttavia è certo che l'arrivo a Lourdes nel maggio del 1958 del patriarca di Venezia card. Roncalli in qualità di legato di papa Pio XII, per presiedere alla commemorazione del centenario e consacrare il nuovo edificio della basilica di San Pio X, e il fatto che, alla fine di ottobre dello stesso anno, egli divenne addirittura papa col nome di Giovanni XXIII hanno attenuato e fatto scomparire il pessimo clima presente da qualche anno a scapito di mons. Pierre-Marie Théas.

Eccoci dunque alla vigilia del bell'anno in cui si commemorò il centenario delle apparizioni, che fu l'occasione di un maggiore afflusso di pellegrini sani, malati, e anche di medici!

Con un sistema che non può essere del tutto affidabile, ma mi sembra nel complesso relativamente corretto, si sono calcolati quasi 5 milioni di visitatori (più del doppio degli anni precedenti!), più di 2.500 medici che accompagnarono quasi 50.000 malati, quindi con un aumento superiore al 50%.

Ora ci troviamo alla fine del 1959, un anno meno « pieno » del 1958. Gli ultimi pellegrinaggi si preparano a partire quando, intorno al 20 ottobre, il dott. Péllissier cade sulle rampe dell'*Esplanade*, fratturandosi il collo del femore destro. È rapidamente ricoverato all'ospedale di Lourdes, e il dott. Olivieri si reca a visitarlo a più riprese prima di partire da Lourdes, poiché la stagione dei pellegrinaggi è terminata.

Il dott. Péllissier muore improvvisamente nella notte tra il 1° e il 2 novembre, per un'evoluzione dell'affezione traumatica che a quell'epoca era assai frequente negli anziani. Egli aveva allora più di ottantatré anni.

La scomparsa del dott. Joseph Péllissier ebbe per il Bureau Médical conseguenze immediate meno gravi della morte del dott. Leuret, avvenuta nel maggio 1954. Infatti i responsabili di Lourdes, mons. Théas in testa, avevano molto più tempo per nominare un medico permanente a capo di questo ufficio di controllo.

Il dott. Olivieri, chirurgo in pensione che conosceva il Bureau des Constatations da moltissimo tempo — avendone assicurato l'effettivo funzionamento negli ultimi anni —, fu nominato titolare dell'ufficio nella primavera del 1960.

Circa il breve periodo di sei anni in cui il dott. Péllissier fu responsabile dell'ufficio, dobbiamo ancora notare che sette guarigioni sono state riconosciute *miracolose* dai vescovi competenti:

— nel maggio del 1955: sig.na Edeltraud Fulda ed Evasio Ganora;

— nell'estate 1956: sig.ra Alice Couteault e sig.na Marie Bigot (guarigioni recenti, avvenute negli anni cinquanta);

— nel giugno del 1957: sig.na Bressolles (guarigione del 1924);

— nell'agosto 1958: sig.na Lydia Brosse (guarigione del 1930);

— nel novembre del 1959: sig.na Yvonne Fournier (guarigione del 1945).

Si tratta ancora di una percentuale eccezionale.

CAPITOLO X

Le guarigioni di Lourdes e il Bureau Médical nel periodo moderno: dal 1960 al 1972 con il dott. A. Olivieri

Nella primavera del 1960 il dott. Alphonse Olivieri venne nominato presidente del Bureau Médical da mons. Théas, succedendo così al dott. Péllissier dopo essere stato suo collaboratore discreto negli anni precedenti, come abbiamo già detto.

Cercheremo di descrivere più dettagliatamente il cammino di colui che, da molto tempo, aveva voluto essere « un laico al servizio della Madonna ».

Nato in Corsica, ad Ajaccio, il 23 aprile 1890 — dunque quasi due mesi più giovane del dott. François Leuret —, negli anni prima della guerra era stato un brillante studente in medicina, poi, nel 1913, aveva vinto il concorso di internista negli ospedali di Parigi, ciò che gli aveva aperto la strada per acquisire la formazione e la qualifica di chirurgo.

In seguito svolse per qualche decennio un'attività professionale molto intensa e apprezzata come chirurgo presso gli ospedali di Château-Gontier e di Renazé, vicino a Laval, nella Mayenne.

Come gli piacque scrivere, da molto tempo era stato « catturato » da Lourdes, essendo molto interessato a « tutto il funzionamento del Bureau Médical ». Conosceva il dott. Vallet dal 1935 e aveva avuto la possibilità di controllare guarigioni sorprendenti.

Più tardi, nel periodo in cui era ancora in attività, aveva voluto partecipare in modo più continuo e approfondito all'opera del Bureau Médical, che frattanto aveva assunto un'altra fisionomia sotto la direzione del dott. François Vallet.

Infine, come ho già detto, a partire dal 1957-58, insieme al dott. Varache, si era generosamente impegnato a collaborare con il titolare della carica di medico permanente, il dott. Péllissier, offrendo un aiuto efficace per assicurare il miglior funzionamento al Bureau Médical.

Nel 1960, dunque a settant'anni, quando, abbandonata la vita attiva, avrebbe meritato di prendersi un po' di riposo e vivere tranquillo con la moglie e la numerosa famiglia a Versailles, accettò l'incarico che aveva già in parte esercitato. Lo ha mantenuto mirabilmente per dodici anni, ritenendo inconcepibile rifiutarlo, benché questa decisione diventasse ogni giorno più impegnativa e sofferta.

Era sempre sorridente, mostrava gentilezza e affabilità, non si lamentava mai.

Quando ebbe ottant'anni, a maggior ragione avrebbe potuto rinunciare alla carica e agli obblighi connessi, per curare o almeno sopportare più agevolmente la sua cecità quasi totale e altri disturbi. Ma si sentiva tenuto a restare al suo posto finché la situazione si sarebbe sbloccata da sola, senza il suo intervento.

Penso infatti che si sia detto: « Perché di mia iniziativa — o quanto meno dando retta a me stesso — dovrei tentare di abbandonare una situazione "privilegiata", che è indubbiamente dono della Provvidenza? ».

Ritengo d'aver conosciuto bene quest'uomo anziano, tanto buono, riservato, umile e modesto; quest'umanista dalla cultura e sensibilità squisitamente latine!

Credo che, com'egli ha lasciato intendere, quest'incarico sia stato per lui un motivo di grandissima soddisfazione interiore, consentendogli di esercitare la sua solida formazione e competenza chirurgica di base, la sua prontezza nel giudicare le cose e le persone, la sua intelligenza particolarmente viva.

Inoltre egli ha trascorso a Lourdes « il più bel periodo della sua vita », perché ha potuto associare a un'elevata attività intellettuale quotidiana la pratica di una fede profonda ed esemplare, radicata in una religione cristiana tradizionale (quella della sua adolescenza), applicata e legata alla vita comune. E nessuna difficoltà e contrarietà gli è stata risparmiata.

Si è comportato veramente come un medico « modello » del Bureau Médical, proponendo sempre il suo punto di vista senza tentare di imporlo, preoccupato soprattutto della libertà degli altri (della mia in particolare) e sempre pronto ad ascoltarli.

Aveva un sacro timore di « apparire ». Temeva complimenti, ricompense, onori, tutto ciò che avrebbe potuto spingerlo all'autocompiacimento.

Non era legato a niente di quello che potesse allontanarlo o poco o molto dal suo ambiente naturale: l'incarico di medico permanente che egli esercitava in modo naturalmente riservato, il suo ufficio (per quanto angusto), l'ambiente familiare. E soprattutto temeva di allontanarsi da Lourdes, che conosceva e apprezzava in quanto luogo d'apparizione della Vergine alla tanto modesta Bernardetta, che egli aveva infine sostanzialmente « adottato ».

Come volle scrivere, egli « si è identificato con Lourdes », e mi piacerebbe aggiungere: con il « meglio di Lourdes », desiderando sempre servire passando inosservato!

Il dott. Olivieri ha, dunque, mantenuto l'incarico di effettivo responsabile del Bureau Médical dal 1960 alla fine dell'anno 1971, per dodici anni.

Che cosa è avvenuto in questo periodo, a proposito dei malati e delle guarigioni a Lourdes?

Nel capitolo precedente abbiamo avuto modo di dire che il numero dei malati venuti per il centenario del 1958 era *all'incirca raddoppiato* rispetto alla media degli anni cinquanta.

Tra gli anni 1960 e 1966 questo numero è aumentato quasi secondo le medesime proporzioni: da 37.600 a 55.170, soprattutto per l'aumento dei pellegrinaggi non francesi e per l'internazionalizzazione crescente dei pellegrinaggi di Lourdes. Ma queste cifre non potevano assolutamente essere superate, poiché la capacità massima dei posti letto nei due centri di accoglienza era ormai satura, comportando problemi che cominciavano ad essere sentiti duramente da tutti. Perciò dal 1966 si ebbe:

— all'inizio, una diminuzione: da 55.000 circa si passò a 48.000, e poi a 44.000 malati accolti nei due centri di accoglienza abituali;

— in seguito, con la creazione di luoghi di accoglienza riservati ad alcuni pellegrinaggi in qualche modo « privati », un certo numero di pellegrini malati e interi pellegrinaggi hanno potuto essere accolti al di fuori dei luoghi di accoglienza del santuario.

Le cifre alle quali si è arrivati hanno dunque ricominciato ad aumentare, superando i 50.000 e i 60.000 malati con la sistemazione di 15.000-20.000 di loro nei centri riservati ai malati italiani (il Salus Infirmorum dell'organizzazione U.N.I.T.A.L.S.I.), inglesi (l'Hosanna House per l'Across) o semplicemente negli alberghi di Lourdes, ad esempio a servizio dell'Handicapped Children Pilgrimage Trust.

E le guarigioni, mi direte?

All'inizio di questo periodo, bisogna anzitutto ricordare che tre guarigioni avvenute *prima del 1954*, cioè al tempo del dott. Leuret, per vari motivi sono state certificate soltanto nel 1960 o dopo.

Si tratta di:

Nome	Guarigione avvenuta	Accertata a Lourdes
Théa Angele	1950	1960
Anna Santaniello	1952	1963
Berthe Bouley	1952	1961

Ne tratteremo all'inizio di questo capitolo perché sono le meno recenti.

Altre quattro guarigioni sono avvenute *tra il 1954 e il 1960*, dunque all'epoca del dott. Péllissier, e sono state accertate nel 1960 o in seguito, all'epoca del dott. Olivieri. Le presenteremo più avanti, prima di quelle avvenute dopo il 1960. Si tratta di:

Nome	Guarigione avvenuta	Accertata a Lourdes
Ginette Nouvel	1954	luglio 1960
Maurice Georget	aprile 1958	maggio 1960
Elisa Aloi	giugno 1958	giugno 1960
Simonne Rams	1959	settembre 1961

Anche in tal caso si può dunque ammettere che esse appartengano più al periodo del dott. Oliveri che a quello precedente.

Una sola di queste sette guarigioni accertate a Lourdes e riconosciute sicure, definitive e « straordinarie », quella di Maurice Georget, non è stata sottoposta al Comité Médical International. Le altre sei furono invece presentate e vennero *tutte confermate* da questo secondo ufficio di controllo.

Passiamole in rassegna.

I — Cominciamo dal primo gruppo delle tre guarigioni meno recenti.

La sig.na **Théa Angele** di Tettnang, nel Württemberg, aveva ventitré anni quando, nel 1944, accusò i primi sintomi della sua malattia: una sindrome neurologica da *deficit* motorio interessante i quattro arti, con dolori irradiati, tremori, diplopia, disturbi della parola e degli sfinteri, in fase di continuo peggioramento.

Tutte queste anomalie riguardanti dapprima la capacità di camminare e poi la possibilità di mantenere la posizione eretta ostacolavano (perlomeno!) una vita normale. Alla fine del 1944, di fronte a questi disturbi diffusi che interessavano il sistema nervoso centrale, si propose la diagnosi di sclerosi a placche.

Nell'aprile 1945, in seguito a un seppellimento per un fatto di guerra, la situazione peggiorò e la malata passò gli ultimi cinque mesi dell'anno in una clinica neurologica, dove fu stabilita la diagnosi definitiva: « Sclerosi a placche la cui evoluzione non può essere ritenuta favorevole ».

Durante i due anni seguenti, Théa Angele resta ricoverata in vari centri di cura senza presentare alcun miglioramento. Poi la malata torna a casa e, malgrado molte cure e diversi trattamenti, continua a peggiorare. Cominciano a verificarsi crisi dolorose e contratture, il vomito la costringe ad alimentarsi tramite una sonda e, tra la fine del 1948 e l'inizio del 1950, si manifesta anche uno stato soporoso.

Da quel momento, T. Angele è in uno stato semicosciente. Non riesce più a comunicare e la sua vita sembra in pericolo. Pare moribonda e i suoi familiari hanno perso ogni speranza. Ormai agli estremi, ci si ricorda di una richiesta che ella aveva espresso e si decide di condurla a Lourdes, malgrado il parere decisamente contrario dei suoi medici. Vi arriva dopo un viaggio di trenta ore durante il quale si era creduto necessario amministrarle l'unzione degli infermi il 17 maggio 1950.

Il terzo giorno, dopo alcuni bagni, ella recupera *in qualche ora* tutte le capacità che aveva perduto: stato cosciente, parola, forza muscolare, appetito, possibilità di camminare e alimentarsi. La sera del 20 maggio è visitata al Bureau Médical per la prima volta. L'indomani continua a migliorare, ed ella si fa nuovamente esaminare prima di ripartire e tornare a casa.

Quasi due mesi dopo, il 17 luglio 1950, un medico afferma: « L'immagine classica della sclerosi a placche non esiste più ». Ella riprende il lavoro assai rapidamente. Per settimane e mesi continua a stare bene, a ricuperare peso, a condurre una vita normale.

Si ripresenta al Bureau Médical nel 1952 e nel 1955, ma la maggioranza dei medici non riesce a valutare se si tratti di una guarigione persistente da una malattia organica e obiettivamente dimostrata.

Fu soltanto in occasione di un esame supplementare effettuato da un neurologo qualificato e dopo averne appreso il parere che, il 22 agosto 1960 — cioè dieci anni dopo la guarigione —, il Bureau Médical decise che questa guarigione doveva essere ritenuta sicura e inspiegabile. Perciò bisognava trasmetterne il *dossier* al Comité Médical International per la conferma.

Il 23 aprile 1961 anche il Comité accettò le conclusioni del prof. F. Thiébaut, relatore per questo caso:

> 1. La sig.na T. Angele era affetta da una grave malattia organica del sistema nervoso, che clinicamente era diagnosticabile come sclerosi a placche.
> 2. Colpita da sei anni da una malattia che si aggravava continuamente, la sig.na T. Angele è guarita durante il suo pellegrinaggio a Lourdes, il 20 maggio 1950.
> 3. La guarigione persiste senza postumi della malattia dopo dieci anni, il 22 agosto 1960, quando l'ho esaminata io.
> 4. Una tale guarigione appare medicalmente inspiegabile.

Il 5 maggio 1961, in seguito alla conferma del Comité Médical International, una commissione canonica d'inchiesta fu nominata da mons. P.-M. Théas, vescovo di Tarbes e Lourdes e ordinario del luogo di residenza dell'interessata, che nel frattempo aveva cominciato il noviziato in un convento di Lourdes. Il 27 giugno 1961 la commissione si dichiarava favorevole al « carattere miracoloso della guarigione » in un documento assai preciso. Il giorno dopo, mons. Théas pubblicò un decreto in cui riconosceva che questa guarigione era miracolosa.

Da allora non si è manifestata nessuna recidiva di una sindrome neurologica equivalente nella nostra ex ammalata, diventata suor Marie-Mercédès.

In meno di un mese, dal 19 agosto al 17 settembre 1952, altre due dichiarazioni di guarigione potevano essere registrate al Bureau Médical, se quest'ufficio ne fosse stato informato dalle persone interessate.

Anzitutto **Anna Santaniello**, quarantunenne proveniente dalla Campania.

Ella guarì il 19 agosto 1952 da una stenosi mitrale reumatica, ma si è presentata al Bureau Médical per la prima volta nel 1953. Undici anni dopo, la sua guarigione fu riconosciuta a Lourdes dopo la terza visita, il 24 luglio 1963.

Con la relazione del dott. Merle, il Comité Médical International confermò il 3 maggio 1964 che si trattava certamente di una guarigione straordinaria.

Ma qualche tempo dopo, una commissione canonica dell'arcivescovado di Salerno sostenne che lo studio di questa guarigione non poteva condurre a « una conclusione a favore del miracolo, senza tuttavia poterlo negare »!

Otto giorni dopo, il 27 agosto 1952, la sig.ra **Berthe Bouley**, quarantaseienne proveniente dai dintorni di Digione, fu guarita da una sclerosi a placche insorta all'incirca un anno prima.

La guarigione fu riconosciuta a Lourdes alla quarta presentazione, nell'agosto 1961 (cioè nove anni dopo!), e fu confermata l'anno successivo dal Comité International sulla base della relazione del prof. Thiébaut, con una netta maggioranza di voti dei membri presenti. La relazione terminava con conclusioni chiare e relativamente precise:

La guarigione della sig.ra Boluey è medicalmente inspiegabile e appare in contraddizione con l'esperienza neurologica...

In merito a questo avvenimento, una commissione canonica diocesana nominata dal vescovo di Digione non osò pronunciarsi, per l'intervento intempestivo di un medico generico che aveva contribuito alla deliberazione, e soprattutto per « la mancanza di unanimità » del Comité International.

II — Passiamo al secondo gruppo di quattro guarigioni, avvenute più recentemente ma accertate nel 1960 o in seguito. Ne fanno parte in ordine cronologico Ginette Nouvel, Elisa Aloi e Simonne Rams. Questi tre casi di guarigione sono stati studiati e confermati dal secondo ufficio di controllo medico.

Vi è poi un uomo, Maurice Georget, la cui guarigione non è stata confermata dal Comité. Vedremo perché.

1. La guarigione della sig.ra **Ginette Nouvel** ebbe luogo a Lourdes in un momento e in un modo difficili da stabilire.

Questa giovane donna che abitava a Carmaux, nel Tarn, stava per compiere ventisei anni quando, nel novembre 1953, accusò improvvisamente e in modo drammatico i segni allarmanti di un'urgenza addominale chirurgica.

Rapidamente, si decise di praticare una laparotomia esplorativa. I chirurghi misero in evidenza il lobo epatico sinistro violaceo e un'ascite. Si chiamarono a consulto, sempre a Carmaux, alcuni professori delle due vicine facoltà di Montpellier e Tolosa. Anche loro non poterono far altro che consigliare un ricovero urgente a Tolosa, in un reparto di cure intensive.

Nelle settimane seguenti, la ferita laparotomica si chiuse. Molti esami, la persistenza dell'ascite e una poliglobulia suggerivano la diagnosi: si trattava di trombosi delle vene sottoepatiche, ossia della malattia di Budd-Chiari.

In ospedale si inizia allora un trattamento con fosforo radioattivo e lo svuotamento settimanale dell'ascite. Lo stato generale di Ginette Nouvel rimane pessimo. Dimagrisce rapidamente ed è colpita da un grave esaurimento. Il trattamento non sembra arrecare alcun miglioramento, e la malattia viene ritenuta sempre più incurabile.

A metà giugno del 1954, dopo otto mesi, viene sottoposta a un nuovo intervento chirurgico importante (biopsia del lobi epatici e legatura dell'arteria epatica!), che non apporta il miglioramento sperato. L'11 agosto torna a casa con l'indicazione della seguente terapia: svuotamento dell'ascite ogni dieci giorni e, in compenso, iniezioni di plasma.

Molto rapidamente pensa di fare un pellegrinaggio a Lourdes. Il 20 settembre vi arriva con la sua diocesi.

Aveva l'aspetto di una donna consunta e incinta, quasi al termine. Segue tutte le funzioni religiose, ogni giorno va alle piscine per il bagno e riparte il 24 agosto con l'impressione di essere guarita, ma senza poter fare riferimento a una causa particolare, a un momento preciso e determinabile. Passano i giorni e l'impressione viene confermata.

Infatti, a partire da questo pellegrinaggio, ella non ha più bisogno di svuotamenti d'ascite; in poco tempo l'addome si sgonfia, il peso diminuisce, la poliglobulia si riduce. La sua vita ritorna normale ed ella può riprendere una certa attività. Tre mesi dopo Lourdes, la guarigione pare ottenuta ed è durevole. Nei mesi seguenti svaniscono i segni e il ricordo della gravissima malattia. Continua a farsi seguire dal suo medico, ma non intraprende alcuna terapia.

Nel settembre 1955 torna a Lourdes a scopo di ringraziamento, e si presenta per la prima volta al Bureau Médical. Nel luglio 1960, dopo la sua terza visita, è giudicata guarita in modo sicuro, definitivo e del tutto straordinario, dato che la guarigione persiste. Il suo caso è sottoposto al giudizio del Comité International.

Il prof. Mauriac, relatore designato, studiò questo caso molto minuziosamente. Egli propose al comitato di riconoscervi una guarigione « certamente non rapida », ma « del tutto straordinaria », nella riunione dell'aprile 1961, cioè sei anni e mezzo dopo che si era verificata.

Queste conclusioni furono approvate quasi all'unanimità dai membri presenti. Mons. Claude Dupuy, vescovo di Albi, nominò una commissione canonica nel gennaio del 1963, quasi due anni dopo la decisione del Comité International. Il 31 maggio 1963 egli dichiarò con un decreto indirizzato ai suoi diocesani che in questa guarigione si doveva riconoscere un intervento divino, un miracolo.

Dopo la guarigione e fino al 1969, dunque per quindici anni, la sig.ra Nouvel è tornata frequentemente a Lourdes, dove ha permesso ai medici del Bureau Médical di verificare il carattere durevole e definitivo della sua guarigione. Ma nel giugno 1970 un episodio patologico ne ha determinato il decesso per una peritonite diagnosticata troppo tardivamente, in seguito ad una perforazione intestinale. Tale lesione era avvenuta in seguito a un'errata manovra strumentale, durante una celioscopia, esame del resto motivato da una recidiva assai probabile della sua malattia iniziale.

Nella sua sopraccitata tesi di laurea del 1974, il dott. Thozet constata a proposito di tale evoluzione fatale:

> Questo sarebbe, dunque, il solo caso di recidiva sui ventidue casi di guarigione miracolosa più recenti. Pertanto, anche se il persistere di una guarigione completa per sedici anni non è « unico »... dal punto di vista strettamente medico il suo persistere per sedici anni è eccezionale per questa malattia, che normalmente ha un esito fatale nel giro di qualche mese.

Infine, a proposito di questo caso e della sua evoluzione tardiva, dobbiamo ancora segnalare che, nel 1977, il Comité Médical International ha deciso di riesaminare il caso di Ginette Nouvel in merito alle circostanze della sua morte. Con la relazione del prof. J.-Y. Barbin di Nantes, il Comité ha sottoscritto la seguente conclusione:

> Alla luce dei documenti riguardanti l'evoluzione patologica e tenendo conto delle conoscenze attuali sulla sindrome di Budd-Chiari, è apparso che in questa ammalata si è probabilmente verificata una ripresa evolutiva dell'affezione iniziale, dopo un lungo periodo (sedici anni!) di perfetta remissione.

2. Ricordo ora l'unica guarigione di questo gruppo che riguardi un uomo, la quale non è mai stata presentata al Comité International.

Maurice Georget era un contadino nato nel 1911 e originario della Mayenne. Nel 1946-47 aveva sofferto per un male di Pott dorsolombare. Pertanto fu costretto a rimanere in casa, portando un apparecchio gessato per due anni, poiché a quell'epoca non si prescriveva altro per una tubercolosi del rachide.

Nel 1956, cioè dieci anni dopo, si dovette praticargli una biopsia per un tumore a una tonsilla. Il prof. Delarue diagnosticò un reticolo-sarcoma. Sembra che esso sia stato trattato con successo mediante radioterapia.

Nell'ottobre 1957 viene scoperta una leucosi acuta con fortissima anemia. La malattia è curata con corticoidi, antimitotici e trasfusioni. Sei mesi dopo, nell'aprile 1958, viene in pellegrinaggio a Lourdes in un pessimo stato di salute, portando con sé un certificato del suo medico curante con l'indicazione « moribondo ».

Ne ritorna trasformato e può riprendere il lavoro assai rapidamente, interrompendo ogni cura: nell'aprile 1959 il midollo sternale viene trovato normale. Nello stesso periodo ritorna a Lourdes a scopo di ringraziamento.

Si presenta per la prima volta al Bureau Médical, dove, non avendo alcun documento medico per convalidare le sue parole, viene solo visitato sommariamente ed è convocato per l'anno successivo.

Qualche mese dopo sembra che abbia avuto una recidiva del reticolo-sarcoma tonsillare, operato (?) e indubbiamente curato di nuovo con corticoidi.

Nel febbraio 1960 presenta un enorme ascesso alla spalla, con grave distruzione della testa dell'omero, a quanto pare di natura tubercolare, che viene operato e drenato.

Nel maggio 1960 si presenta di nuovo al Bureau Médical, dove è nuovamente esaminato. Vengono eseguiti anche esami radiografici della spalla e del rachide. Questi esami consentono di appurarne il buono stato di salute, e la guarigione della leucosi nell'inverno del 1957-58 è considerata in quel momento « al di fuori delle leggi naturali ». Si pensa seriamente di domandare conferma di questa guarigione al Comité International.

Qualche mese dopo, alla fine dell'inverno del 1960-61, arriva a Lourdes la notizia del suo decesso collegato a una tubercolosi diffusa, forse provocata dalla forte corticoterapia alla quale era stato sottoposto a lungo.

3. All'inizio di giugno del 1960 fu controllata e certificata la guarigione di una giovane italiana a Lourdes.

Elisa Aloi era nata il 26 novembre 1931 a Patti, in Sicilia. Aveva quasi diciassette anni quando, nel 1948, accusò un'artrosi specifica al ginocchio destro, cioè un'infezione tubercolare, che fu curata e guarita in sei-otto mesi.

In seguito, per dieci lunghi anni fino al 1958, presentò numerosissime localizzazioni infette osteoarticolari, molto probabilmente di origine tubercolare. Quasi sempre questi attacchi evolvevano verso una fistolizzazione, per la quale era praticamente obbligatorio il ricovero in ospedale o in sanatori.

Il trattamento di questi ascessi e fistole era più o meno efficace e i risultati si manifestavano molto lentamente. In questo lungo periodo, le ricadute e le recidive erano pressoché costanti.

Dopo essere venuta una prima volta a Lourdes nel 1957 senza ottenere alcun risultato tangibile, ella passa un inverno un po' più tranquillo, ma, nell'aprile del 1958, ricompaiono tutti i sintomi e, il 3 maggio, viene ricoverata all'ospedale di Messina. Fino all'inizio di giugno del 1958 si deve intervenire su alcuni ascessi, si tenta di sopprimere talune fistole, si prescrivono nuovamente antibiotici e l'immobilizzazione degli arti inferiori.

Il 4 giugno parte di nuovo con il pellegrinaggio della Sicilia orientale (almeno cinquanta ore di viaggio di andata e altrettante di ritorno e cinque giorni a Lourdes, per un totale di circa dieci giorni). È munita di un apparecchio pelvipodalico, con qualche fenestratura per permettere il drenaggio e le cure necessarie alle fistole.

A causa di questo apparecchio ingombrante e indispensabile non può essere immersa nella piscina, ma, dietro sua richiesta, l'acqua di Lourdes è instillata attraverso i drenaggi e i tragitti fistolosi. Anche le medicazioni a piatto sono imbevute di acqua di Lourdes.

Verso la fine del suo soggiorno ci si rende conto che non vi è più fuoriuscita di pus sia attraverso i drenaggi sia attraverso le fistole e, durante il viaggio di ritorno, prima di arrivare a Messina, si scopre con grande meraviglia che tutte le medicazioni sono pulite e asciutte.

Elisa Aloi torna regolarmente nell'ospedale da dove era partita, suscitandovi l'immensa meraviglia di tutto il personale:

chirurghi, infermieri e ricoverati! Il prof. Di Cesare, capochirurgo, reputa necessario renderne testimonianza:

> Certifico che Elisa Aloi è tornata da Lourdes completamente guarita e in ottime condizioni, tanto da non credere che si trattasse della stessa persona partita in condizioni disperate...

Ma il Bureau Médical ne era completamente all'oscuro! Soltanto nel 1959 quest'ufficio ebbe occasione di conoscere Elisa Aloi, quando ella tornò in riva al Gave per rendere grazie.

Dopo averla interrogata a lungo, i medici presenti l'esaminarono per mettersi al corrente di tutta l'evoluzione della malattia e dei suoi trattamenti.

Essi preferirono attendere ancora un anno prima di pronunciarsi con maggiore certezza e dichiararne la guarigione. Ed è quanto avvenne nel giugno 1960. Quattordici medici ammisero allora all'unanimità che « la malattia esisteva con certezza, che l'evoluzione ne era stata improvvisamente modificata senza motivi terapeutici, nel momento in cui non esisteva alcuna tendenza a un miglioramento... ». Dunque la guarigione doveva essere stata ottenuta in modo straordinario e bisognava ritenerla definitiva. Il verdetto fu trasmesso al Comité Médical International.

Durante la sua riunione dell'aprile 1961, il relatore designato prof. Michel Salmon fece approvare a larga maggioranza delle conclusioni che riprendevano quelle del Bureau Médical di Lourdes. La sua relazione terminava così: « Sul piano medico, questa guarigione è attualmente inspiegabile... ».

Per mezzo del vescovo di Tarbes e Lourdes, il *dossier* fu trasmesso alla curia arcivescovile di Messina. Una commissione canonica venne nominata nel febbraio 1964 da mons. Francesco Fasola, arcivescovo e archimandrita di Messina. Essa emise un giudizio favorevole tre mesi più tardi, permettendo all'ordinario della diocesi di riconoscere, il 26 maggio 1965, « formalmente come un fatto miracoloso la guarigione della sig.na Elisa Aloi da tubercolosi multipla fistolizzata, avvenuta a Lourdes il 5 giugno 1958 ».

Qualche mese dopo ella si sposava diventando la sig.ra Varacalli. Tra il 1966 e il 1974 ebbe quattro figli. Essi sono stati indubbiamente e sono tuttora « la miglior testimonianza della sua guarigione »! Da più di trent'anni non ha avuto né ricadute né recidive delle sue malattie precedenti.

4. Fa parte dello stesso gruppo anche una giovane donna la cui guarigione fu dichiarata dopo la morte del dott. Péllissier: la sig.na **Simonne Rams**, nata il 7 luglio 1936, della regione di Anversa.

In seguito a una « tumefazione » alla coscia sinistra apparsa alla fine del 1949 e a causa di dolori iniziati qualche mese dopo nello stesso posto, questa ragazza di quindici anni fu finalmente ricoverata nell'aprile 1951 all'ospedale Stuivenberg di Anversa. Fu effettuata una biopsia a livello di un « tumore al femore », e si pensò, dopo consultazioni con numerosi specialisti, a una « metastasi assai probabile di un adenocarcinoma alla tiroide ».

Il resto del 1951 e gli anni seguenti fino al 1958 sembrano trascorrere senza un netto peggioramento, ma la situazione generale resta assai precaria. La paziente dice di non poter mantenersi in posizione eretta, sembra soffrire molto. Ma ancora una volta non vengono intrapresi né un serio controllo né una terapia rilevante. Nessun documento accenna a complicazioni o a uno stato di salute allarmante.

È certo che la giovane è accompagnata come malata in pellegrinaggio a Lourdes nel 1955, 1956 e 1958, dunque dopo aver compiuto vent'anni, senza poter rilevare alcun cambiamento apparente della sua salute.

Anzi, nel gennaio 1959, a ventitré anni, la tumefazione aumenta di volume, lo stato generale si aggrava diventando rapidamente pessimo, al limite della cachessia (il suo peso è di trentasette chili). Praticamente cessa di alimentarsi, ma non di soffrire.

In maggio vuole tornare a Lourdes, malgrado il parere contrario del dott. Bouwens, suo medico curante, che rilascia un (altro!) certificato con la diagnosi di « tumore osseo ».

La guarigione avviene il 18 maggio 1959, lunedì di Pentecoste, in seguito a un bagno. Questa giovane che sembrava in una situazione penosa si raddrizza improvvisamente, non avverte più dolore. Vuole camminare e ci riesce! Qualche ora più tardi prova fame e, sottoposta a un esame, non presenta più alcuna tumefazione!

La sig.na Simonne è condotta lo stesso giorno al Bureau Médical, dove l'esame clinico non fa rilevare nulla di particolare a livello della coscia. Una radiografia eseguita l'indomani conferma una « condensazione femorale di aspetto cicatriziale ».

Il ricupero di una situazione normale dopo dieci anni continua a casa sua, sotto il controllo dei medici.

Ella tornò a Lourdes e non mancò mai di presentarsi al Bureau Médical. Alla sua quarta visita, il 17 settembre 1961, la guarigione improvvisa da un allarmante stato di salute fu ritenuta certa e inspiegabile dal Bureau Médical. Era inevitabile che il caso fosse comunicato al Comité International per la conferma.

Il prof. M. Salmon fu incaricato di fare uno studio approfondito, una relazione ad uso del comitato. Nel maggio del 1962, le conclusioni del relatore non furono accettate e la decisione del comitato fu rimandata all'anno successivo per un aggiornamento. Le vere ragioni di questa dilazione restano relativamente misteriose. In effetti la proroga era dovuta anzitutto a una mancanza di documentazione sul lunghissimo periodo in cui la malata si trovava a casa sua. La lacuna era riconducibile all'irremovibile dott. Bouwens, suo medico curante, che non rispose a nessuna delle richieste di informazioni rivoltegli sia direttamente sia attraverso intermediari. Durante questo anno di proroga furono fatti altri tentativi, ma senza successo.

Nel 1963 non si tenne alcuna seduta del Comité International. Nel maggio 1964 la discussione fu ripresa con un'altra relazione del prof. Salmon, senza aggiungere alcuna documentazione ulteriore. Le conclusioni del relatore confermavano quelle di Lourdes e questa volta furono accettate da una buona maggioranza dei membri presenti.

L'arcivescovado di Anversa ne fu informato. Nel gennaio 1970 venne nominata una commissione canonica i cui lavori durarono molto tempo. Simonne Rams e i suoi genitori furono convocati e ascoltati a più riprese.

In definitiva fu richiesto il parere supplementare di un perito medico, un « osteologo »: il prof. Rombouts. Dopo un lungo studio, egli disse che riteneva impossibile « concludere a favore del carattere miracoloso della guarigione ». Certamente non gli era stato chiesto questo! Ma tale presa di posizione costrinse la commissione, formata — ci preme ricordarlo — unicamente da ecclesiastici, a dichiarare, il 22 marzo 1972, « di non essere in condizione di pronunciarsi a favore del miracolo ».

Naturalmente l'arcivescovo di Anversa condivise le conclusioni della sua commissione. Dunque la realtà medica e la doppia approvazione degli uffici di controllo di Lourdes a proposito di questa guarigione non furono mai presi in considerazione né accettati da una commissione ecclesiastica.

Per quanto ne so, il giudizio riservato alla Chiesa non è mai stato così confuso!

Infine informiamo che nel 1963 la sig.na Rams era già infermiera diplomata presso l'università di Lovanio e che, dal 1964 al 1968, lavorò in Colombia come infermiera e levatrice nell'ambito di un'organizzazione umanitaria. Si è sposata nel 1971 e ha avuto una figlia nel maggio 1972. Con tutta probabilità, oggi è viva e forse anche nonna! E così siamo ormai al corrente delle « guarigioni di vecchia data ».

Cosa è successo dopo il 1960?

Uno studio attento dei nostri archivi ha permesso di determinare che sono stati aperti 409 *dossier* in dodici anni, cioè in media 34 all'anno. Un numero *analogo* a quello del periodo precedente, ripartito nel seguente modo:

— 33 dichiarazioni di guarigione per le quali non si stabilì un vero contatto con gli interessati;

— 259 *dossier* di guarigione aperti e « archiviati » più o meno presto;

— 54 *dossier* « senza conclusione possibile »;

— 40 *dossier* « rifiutati » per insufficienza di prove;

— infine 22 dichiarazioni di guarigioni prese in considerazione e poi accettate.

Quale evoluzione hanno avuto?

Nel periodo tra il 1960 e la fine del 1971 è comparso un nuovo « tipo » di guarigione. Infatti nove di queste guarigioni ammesse dal Bureau Médical sono state, lo ripetiamo, considerate immediatamente « funzionali ». In qualche modo sono state accettate *con riserve*...

Invece le rimanenti tredici guarigioni sono state riconosciute dal Bureau Médical secondo le norme abituali. Ma il procedimento seguito per il loro studio non è stato lo stesso per tutto il gruppo.

I *dossier* di sei di queste guarigioni sono stati di nuovo sottoposti all'approvazione del Comité International, ma non è stato così per le altre sette.

Precisiamo che tre guarigioni di questo secondo gruppo (quelle di Marie-Thérèse Amouroux, Sarah Mac Cloy e Giuseppina Colombo) non sono state considerate adatte a una perizia da parte del presidente del Comité International. Invece le altre quattro di questo gruppo (quelle di Maria Rosa Bariani, Margaret Gresham, Christian Lebrun e Riccarda Rossi) non furono trasmesse al Comité International per vari motivi imprecisati, dopo che il Bureau Médical le aveva riconosciute.

Per le prime sei, studiate anche al secondo livello di controllo, le modalità e i risultati sono stati diversi. Due di esse (quelle di Émilien Dossot e di suor Céline de Jésus) sono state periziate 14 e 20 anni dopo la loro comparsa, e nessuna delle due è stata confermata. La decisione riguardante le ultime quattro è stata ratificata dal Comité International nei tempi abituali; si trattava di:

Nome	Guarigione avvenuta	Accertata dal B. M.	Confermata dal C.M.I.L.	Miracolo per la Chiesa
J. Tamburini	17.7.1959	11.7.1963	A. il 3.5.1964	1965
E. Gaultier	7.10.1960	4.10.1961	A. il 20.5.1962	—
M. Mura	sett. 1962	23.8.1963	A. il 3.5.1964	—
V. Micheli	1.6.1963	maggio 1967	in sospeso nel maggio 1969; A. il 3.5.1971	1976

Presentiamo la storia clinica delle persone la cui guarigione è stata ammessa almeno dal Bureau Médical di Lourdes.

Cominciamo dalle nove guarigioni definite « funzionali » dallo stesso dott. Olivieri. Esse riguardano cinque guarigioni del 1960, una del 1962, altre due del 1969 e infine una del 1971.

Come nel capitolo precedente, daremo dapprima alcune notizie sulle malattie precedenti dei beneficiari di queste « guarigioni », ma siamo tenuti a rispettare l'assoluto anonimato, poiché in definitiva le decisioni relative non sono state mai rese note e pubblicate.

Nel 1960, primo anno dell'incarico conferito al dott. Olivieri nel Bureau Médical di Lourdes, cinque guarigioni con relativi *dossier* sono state definite « funzionali ». A che cosa corrispondeva tale denominazione? E quale tipo di ristabilimento sanzionava?

1. Una sindrome funzionale coronarica, senza alcun segno di necrosi all'E.C.G., risalente a un anno prima, in una malata di 58 anni.

2. Una neurite retrobulbare bilaterale di origine tossica, in un uomo di 60 anni.

3. Un'altra sindrome coronarica con segni di necrosi incerta, in una donna di 39 anni.

4. Una sindrome di spondilosi rizomelica, in un'ammalata della terza età priva di documento sanitario.

5. Un'artrosi del rachide, in una suora italiana di 36 anni.

Nel 1962, l'unica malata descritta in questo modo è stata una persona di 65 anni che soffriva di osteoporosi vertebrale.

Nel 1969 altri due malati furono definiti così. Soffrivano entrambi di coxartrosi sia bilaterale che monolaterale, dopo una malformazione congenita (o meno). Infine la guarigione del 1971 riguardava una persona che soffriva di « triplegia » (?) da diciassette anni, ma non fu possibile metterne in evidenza una diagnosi eziologica. Si trattava di una spagnola di 53 anni.

Tutte queste persone erano fermamente convinte di essere state guarite, ma, in generale, non potevano fornire le prove, la certezza formale di uno stato patologico organico precedente, né presentare elementi probanti delle modificazioni anatomiche del loro stato. Perciò tutto fa pensare che il dott. Olivieri non abbia mai voluto deludere completamente sia le persone che avevano beneficiato di questi miglioramenti sia i medici che le presentavano.

Infatti è indubbio che, in tutti questi casi, si trattava più di un miglioramento che di una guarigione.

Ho detto in precedenza che tredici guarigioni erano state riconosciute sicure, definitive e inspiegabili dopo molti incontri. Sette di questo gruppo non erano state presentate al secondo ufficio di controllo, come era facile aspettarsi.

Chi fu interessato a questa misura restrittiva?

I — Le prime tre guarigioni citate *non sono state ammesse all'esame*, essendo state rifiutate in quanto non comprovate dal presidente o dal relatore designato del Comité International. Si tratta di:

1. Sig.ra **Marie-Thérèse Amouroux** guarita nel maggio 1962 all'età di 27 anni da « manifestazioni renali in rapporto con un tumore mal determinato ». Questa guarigione era stata ritenuta acquisita dal Bureau Médical di Lourdes alla sua nona presentazione, nell'agosto del 1968.

Il rifiuto di esaminarla venne dal dott. Michon, per una diagnosi insufficientemente documentata e per un intervento a scopo terapeutico da non sottovalutare.

2. **Sarah Mac Cloy**, una signora di Birmingham guarita il 5 agosto 1962, all'età di 41 anni, da « postumi gravi d'irradiazioni per cancro al collo dell'utero ». Questo ristabilimento, riconosciuto straordinario a Lourdes il 2 agosto 1965, non fu sottoposto a una seconda perizia presso il Comité International, poiché nell'aprile del 1966 (cioè otto mesi dopo il parere espresso a Lourdes) si dovette ricorrere a un intervento operatorio per correggere una fistola rettovaginale alta, associata a un fibrosi.

3. L'ultima guarigione che il Comité International ha rifiutato di prendere in considerazione e di esaminare riguardava una certa **Giuseppina Colombo**, un'italiana di 43 anni proveniente dalla provincia di Como. La guarigione si verificò nel settembre 1964 e fu accettata dal Bureau Médical alla sua terza presentazione, nell'ottobre 1967.

Da che cosa era guarita questa persona? La diagnosi più descrittiva e sicura è quella di « piaghe atoniche da amputazione dell'arto inferiore sinistro e della spalla dello stesso lato ».

Si può pensare che sia la diagnosi imprecisa sia l'insufficiente documentazione spieghino perché il relatore designato del Comité International, il dott. Michon, chirurgo negli ospedali di Parigi, rifiutò di esaminare il caso nel 1968.

II — Altre quattro guarigioni non sono state valutate dal secondo ufficio di controllo per altre ragioni. Un'analisi attuale della situazione permette di affermare che, dopo un riconoscimento formale e valido secondo la procedura abituale del Bureau Médical, esse non sono state giudicate proponibili al Comité International nei tempi normali.

Da parte di chi? Perché? Mi sembra impossibile e inopportuno volerlo determinare oggi, in modo così poco sicuro. Tuttavia si può ammettere che noi medici responsabili di Lourdes — mi riferisco al dott. Olivieri e a me stesso — abbiamo temuto ancora una volta di non essere accettati come portavoce del Bureau Médical. Abbiamo temuto di far considerare troppo *facili* le approvazioni di tale ufficio! Ma di questo avremo occasione di riparlare nello studio critico che costituisce la seconda parte del libro.

Chi aveva beneficiato di queste quattro guarigioni?

La prima riguardava una certa **Maria Rosa Bariani**, un'italiana ventiquattrenne di Voghera. Nel settembre 1957 si notò la comparsa di un tumore osseo all'estremità superiore del femore. Venne proposta una biopsia, che fu rifiutata. Non fu accettata neppure un'amputazione dell'arto inferiore.

Nell'aprile 1958 ella arriva a Lourdes, tornandone rassicurata. Non soffre più e ha la convinzione di essere guarita. Nel 1960, 1962 e 1963 torna a Lourdes e si presenta al Bureau Médical. Sempre in ottime condizioni di salute... La sua guarigione è finalmente accettata, ma non si può confermare e garantire il carattere immediato di essa né la diagnosi della malattia precedente. Fu proprio la mancanza di prove di ordine medico a impedire la presentazione al Comité International, e dunque una seconda perizia.

La seconda guarigione si era verificata in un'irlandese di 41 anni, **Margaret King Gresham**, che aveva avuto una colecistite calcolosa.

La guarigione avvenne nel luglio 1958. Il Bureau Médical ne è stato informato cinque anni dopo, nel 1963. Nell'ottobre dello stesso anno tale guarigione fu subito riconosciuta « funzionale », senza alcun dubbio.

La terza guarigione è stata quella di **Christian Lebrun**, cinquantottenne di Saumur.

Nell'agosto 1964 era guarito a casa sua da lesioni ai legamenti e al menisco del ginocchio sinistro, sei mesi dopo un intervento chirurgico di ricostruzione dell'articolazione.

Dopo un attento esame, il suo stato era considerato assai migliorato. Infatti, il 18 giugno 1967, alla sua terza presentazione gli venne riconosciuta soltanto una guarigione « funzionale », poiché non presentava alcuna incapacità fisica.

La quarta e ultima guarigione riguardava una certa **Riccarda Rossi**, un'italiana di Giovi (Arezzo), di 43 anni. La guarigione era avvenuta nell'agosto 1968, e anch'essa era stata constatata in occasione della terza visita fatta al Bureau Médical nell'agosto 1971. Si trattava della chiusura di una fistola da piaga atona, in seguito a un ascesso della regione trocanterica.

Per almeno cinque anni, la fistola era stata curata, a quanto pare inutilmente per mezzo di frequenti interventi di ripulitura e con numerosi trattamenti antibiotici.

III — Descriviamo ora le *sei guarigioni* per le quali è stato possibile seguire la procedura abituale di controllo *a due livelli, in modo ritardato o in tempi normali.*

Le prime due sono state sottoposte a una perizia, ma a grande distanza di tempo per ragioni differenti.

1. **Émilien Dossot** è stato guarito nel 1960 da « postumi di ernia discale operata due volte ».

La guarigione è stata riconosciuta dal Bureau Médical di Lourdes il 22 agosto 1962, e il relativo *dossier* fu trasmesso al Comité International secondo il solito *iter.*

Il dott. Huc, nominato relatore per questo caso, non poté portare a termine il suo compito, perché fu colpito dalla malattia che ne determinò il decesso nel 1964. Il dettagliato *dossier* originale gli era già stato consegnato, e in seguito non è stato più possibile ricuperarlo.

Malgrado tutto, il Comité International è stato invitato ufficialmente a pronunciarsi sul caso nel 1980, poiché era emersa una carenza manifestata nel 1965, dopo un rinvio deciso nel 1964.

Il *dossier* fu presentato dal dott. Mangiapan e venne discusso in modo acceso dai molti membri presenti. Ma il carattere inspiegabile di questa guarigione non è stato riconosciuto dal secondo ufficio di controllo a distanza di vent'anni.

2. Suor **Céline de Jésus**, 61 anni, fu guarita nel maggio 1964 da « disturbi digestivi gravi, in seguito a interventi ripetuti e mutilanti del tratto digestivo, che hanno dato origine a un'anastomosi digestiva alta, *esoileale* ». Era la tipica « guarigione funzionale », con la restaurazione di una funzione senza modificazione anatomica avvertibile, che il Comité International non ha mai accettato di prendere in esame.

Tenuto conto dell'accanimento chirurgico di cui suor Céline era stata vittima e dell'evidente persistenza delle normali funzioni digestive quattordici anni dopo la sua guarigione, il Comité International fu di nuovo sollecitato *nel 1978*, e accettò infine di occuparsi di questo ristabilimento del tutto straordinario quando la suora aveva raggiunto l'età di 75 anni.

Dopo aver visitato accuratamente l'interessata dal punto di vista fisico e clinico, dopo averla sottoposta a un esame psichico minuzioso, le conclusioni del dott. Charles Chassagnon, relatore designato, furono accettate da una discreta maggioranza. Cioè: questa guarigione funzionale sembrava essere motivata dalla costituzione psichica assai particolare di suor Céline prima e dopo la guarigione. Perciò si escludeva la possibilità di attribuire un carattere « inspiegabile » a questo ristabilimento, malgrado il carattere veramente inconsueto delle condizioni anatomiche e l'insperata restaurazione funzionale del sistema digestivo di suor Céline!

Infine restano le *quattro guarigioni* confermate dai due uffici di controllo medico negli stessi termini e in tempi normali. Esse riguardano due uomini e due donne.

1. Nel luglio 1959 arrivava a Lourdes con il pellegrinaggio diocesano **Juliette Tamburini**, una ragazza di Marsiglia nata nel 1936, che dunque aveva 23 anni.

Dall'età di dodici anni questa ragazza era stata assai frequentemente ospedalizzata e curata con mezzi medici e chirurgici, dopo che un episodio di osteomielite si era complicato con una fistola inizialmente ossea.

La fistola, l'infezione del tutto localizzata, aveva resistito a undici interventi, tra i quali quattro raschiamenti ossei, a mesi di ospedalizzazione, soprattutto nel 1952, 1953 e nel 1956, e a misure terapeutiche con applicazione di apparecchi gessati per l'immobilizzazione, antisettici per istillazione e antibiotici iniettabili.

A questa infezione cronica si associavano sintomi di interessamento generale, rinoraggie ripetute (ogni dieci-quindici giorni), tanto che si resero necessari piccoli interventi: tamponamenti emostatici, cauterizzazioni che avevano provocato perfino una perforazione del setto nasale.

Nel corso del precedente anno 1958, era stata di nuovo ospedalizzata (in settembre), subendo un raschiamento in dicembre. Era stata sottoposta a una trapanazione ossea nel febbraio 1959. Fu dimessa dall'ospedale nella primavera del 1959, con una suppurazione persistente e abbondante — occorrevano due medicazioni al giorno — ed epistassi, anch'esse ribelli ad ogni cura. Inoltre era avvilita per tutti questi anni di cure che le sembravano perduti.

Decise allora di andare a Lourdes con il pellegrinaggio diocesano, per pregare e tornarne possibilmente guarita, o almeno in grado di sopportare meglio quelle condizioni di vita tanto penose.

Arrivata il mattino del 13 luglio, assistette i primi due giorni a tutte le cerimonie previste. Ma non volle mai fare il bagno, perché temeva il contatto con l'acqua fredda. Il 15 luglio un'infermiera professionale le propose di iniettare nel tramite fistoloso acqua della Grotta, e la paziente accettò di buon grado. E così passò la giornata. Dopo una notte movimentata a causa di un'epistassi che si dovette ancora tamponare, l'indomani occorreva medicare la fistola della coscia.

Subito ci si accorse che la medicazione *in situ* non appariva molto sporca. Inoltre si constatò che mancava il drenaggio messo come sempre nell'orifizio della fistola il giorno prima, e che era impossibile introdurne un altro perché l'orifizio sembrava otturato. Inizialmente l'infermiera che aveva notato tutte queste modificazioni non le prese in considerazione. Ma l'indomani ella fu ancora più colpita dall'aspetto che presentava la fistola. Le sembrò completamente chiusa, e la secrezione di pus pareva cessata, poiché la medicazione era asciutta.

Allora l'infermiera comunicò queste osservazioni all'interessata, ma, come se si trattasse di una cosa già avvenuta, la malata e i suoi familiari non fecero nulla per rendere noto questo risultato al suo ritorno, aspettandosi che ricominciasse la secrezione. Passarono settimane e mesi, e la fistola restava chiusa. Juliette era indubbiamente guarita!

Dopo il ritorno da Lourdes, la fistola non si è più riaperta. Anche le epistassi sono cessate, e tutto è tornato alla normalità: stato generale, attività professionali e tempo libero.

Negli anni seguenti ella tornò a Lourdes come aiuto infermiera e si presentò al Bureau Médical, dove fu visitata a più riprese. A differenza del Bureau Médical, che volle attendere ancora prima di pronunciarsi definitivamente, uno dei suoi chirurghi di Marsiglia certificò che la guarigione era « definitiva » il 21 maggio 1961.

Fu nel 1963, al terzo incontro, che il Bureau Médical ammise a larghissima maggioranza che si trattava di una guarigione straordinaria e si doveva inviare il relativo *dossier* al Comité International. Il prof. Michel Salmon fu il relatore designato nella riunione del maggio 1964. Alla fine della sua relazione ammise che « questa guarigione istantanea, senza uso di alcun farmaco né convalescenza, doveva essere ritenuta medicalmente inspiegabile ».

L'11 maggio 1965, dopo averne ricevuto le conclusioni formali e favorevoli dell'apposita commissione canonica da lui nominata, l'arcivescovo di Marsiglia mons. Marc Lallier emise un decreto in cui dichiarava miracolosa la guarigione di Juliette Tamburini, avvenuta quasi sei anni prima.

In seguito, il Bureau Médical ha ricevuto le frequenti visite di Juliette Tamburini, diventata aiuto infermiera nell'ambito dell'assistenza pubblica di Marsiglia. Da una ventina d'anni sembra che ella preferisca venire alla Grotta evitando i pellegrinaggi e, dunque, i periodi in cui il medico permanente del Bureau Médical ha poche possibilità di essere presente.

2. **Edmond Gaultier**, di Lisle (Loir-et-Cher), aveva 43 an-

ni quando, il 7 ottobre 1960, guarì a Lourdes da « postumi di meningo-encefalite di origine indeterminata ».

Il 4 ottobre 1961 la guarigione fu considerata avvenuta, definitiva e inspiegabile dal Bureau Médical alla sua seconda presentazione, cioè un anno dopo che si era verificata. Il *dossier* fu quindi trasmesso al Comité Médical International.

Nel maggio 1962, il prof. Thiébaut, relatore designato, confermò e fece accettare sia la guarigione sia il suo carattere straordinario da una larga maggioranza del comitato.

Che cosa ne è stato in seguito?

Mons. Goupil, vescovo di Blois, fu informato dei risultati delle due inchieste mediche. Il 15 ottobre 1962, egli nominò una commissione canonica perché lo aiutasse nel giudizio di sua competenza. Il 30 ottobre, dopo due sole settimane di lavoro, gli venne presentata una nota nella quale si affermava che « il *dossier* sottoposto all'esame della commissione non sembra sufficientemente convincente per diventare oggetto di una dichiarazione canonica di miracolo ». Naturalmente, il vescovo di Blois non andò oltre...

3. Nel settembre 1962, un'altra dichiarazione di guarigione fu presentata da una certa **Marchesa Mura**. Costei, originaria di Sassari, in Sardegna, aveva 51 anni quando ebbe la convinzione di essere guarita da un'« adenopatia ascellare, in relazione con una fibrosi cistica dei seni ».

Il 23 agosto 1963 il Bureau Médical, in possesso dei documenti medici relativi all'osservazione clinica e alle misure terapeutiche messe in atto, riconobbe come guarigione sicura e inspiegabile questa evoluzione improvvisa e inattesa verso un deciso miglioramento dello stato di salute.

Questo punto di vista fu approvato qualche mese dopo dal Comité International, nel maggio 1964, sulla base della relazione del dott. Oberlin.

L'arcivescovado di Sassari fu debitamente informato che i medici dei due organi di controllo non avevano trovato la spiegazione dell'insperato ricupero della salute di una delle sue diocesane.

Ma al momento questa interpretazione fu nettamente contestata dal prof. Delitala, il chirurgo che aveva avuto in cura questa donna prima che ella venisse a Lourdes. Egli rimetteva tutto in causa: sia il carattere « straordinario » di quella evoluzione sia la realtà della diagnosi della malattia da cui era affetta al momento del pellegrinaggio a Lourdes. E anche l'« equilibrio psichico » dell'interessata.

È facilmente comprensibile che, di fronte a un atteggiamento tanto provocatorio, l'arcivescovo di Sassari non abbia ritenuto opportuno iniziare una procedura di riconoscimento.

Nell'anno 1977 le condizioni locali si erano modificate, e l'arcivescovo di Sassari mons. Paolo Carta iniziò un'indagine ufficiosa presso il Bureau Médical, per sapere se era opportuno riprendere un processo di riconoscimento che era stato impossibile portare a compimento più di dodici anni prima. Secondo quanto ricordo, Marchesa Mura era a quel tempo viva e vegeta, e aveva più di 65 anni.

Dopo un lungo scambio di opinioni, sembrò che allora nessuno avesse interesse a rimettere in discussione la situazione del momento, anche per non dare modo ai diocesani di chiedersi quindici anni dopo la guarigione perché era stato necessario tanto tempo per comunicare loro un simile segno di Dio. Perciò non se ne fece nulla.

4. Anche un altro malato dell'Italia settentrionale, **Vittorio Micheli** di Scurelle (in Valsugana), ebbe l'immensa gioia e la convinzione di essere guarito a Lourdes l'anno seguente, il 1° giugno 1963.

Egli presentava un quadro patologico tipico dell'epoca, come lo era la tubercolosi un tempo. Aveva appena 22 anni — stava facendo il servizio militare in un reggimento di alpini — quando manifestò i primi sintomi della malattia, con dolori lombosacrali all'anca e alla coscia sinistra, senza accusare un qualche fatto traumatico.

Fu rapidamente ricoverato all'ospedale di Verona fin dall'aprile 1962, dove gli venne riscontrata una massa tumorale molle nella regione iliaca sinistra, già accompagnata da una grave limitazione della mobilità all'anca dello stesso lato.

Dopo diversi esami biologici pressoché normali, un'osteolisi dell'osso iliaco, rilevata mediante un esame radiografico, fece sospettare una neoplasia, per cui si rese necessaria una biopsia, praticata alla fine del mese per via chirurgica. Questo permise di appurare l'esistenza di un tumore maligno terribile: un sarcoma.

Per un anno intero peregrinò da un ospedale all'altro (militare o civile) senza iniziare alcun effettivo trattamento specifico (a scopo antineoplastico: chirurgico, antimitotico medico o fisioterapico).

Dall'inizio di agosto del 1962 sino alla fine di maggio del 1963 rimase nel medesimo ospedale sottoponendosi a trattamenti episodici e sintomatici. Nel frattempo si modificò lo stato generale e proseguì la distruzione locale: la radiologia evidenziò una lussazione patologica prima della fine del 1962.

Il malato si sentiva abbandonato.

Nel marzo 1963 decise di andare a Lourdes con la sua diocesi. Al momento di partire fu deciso di applicargli un altro apparecchio gessato pelvipodalico più robusto. In quell'occasione si rilevò che la morfologia dell'anca era completamente distrutta: al suo posto vi era una massa di consistenza pastosa, assai dolorosa alla palpazione; infine l'arto inferiore non sembrava più in relazione con il bacino se non per la presenza delle parti molli superficiali.

Il pellegrinaggio si svolse dalla fine di maggio all'inizio di giugno del 1963 senza fatti salienti né ostacoli. Una cosa è certa: fu immerso nella piscina più volte malgrado l'apparecchio gessato.

Più tardi, egli confidò al medico del treno di aver notato una diminuzione dei dolori e una ripresa dell'appetito durante il suo soggiorno a Lourdes. Naturalmente ritornò all'ospedale militare di Trento, da dove era partito per Lourdes.

Là ricupera la gioia di vivere grazie al miglioramento del suo stato generale. Ben presto riesce a camminare, o meglio si sposta faticosamente con il suo apparecchio gessato. Nel luglio, agosto e novembre 1963 vengono eseguite radiografie di controllo, che, forse perché da esse non ci si attendeva divergenze, sono *a torto* considerate prive di « differenze significative » rispetto alle precedenti.

Al di fuori di cure banali per disturbi intercorrenti (disturbi digestivi e bronchite) non gli viene applicata alcuna terapia particolare. Si aspetta.

Infine, nel dicembre 1963, una nota ottimistica compare

nella sua cartella clinica: « Condizioni generali assai migliori, scomparsa dei dolori, peso in notevole aumento ».

Malgrado l'inattesa evoluzione, è soltanto a metà febbraio del 1964 che viene effettuato un esame radiologico *senza l'apparecchio gessato*. Esso evidenzia « una ricostruzione singolare dei tessuti ossei dell'emibacino che erano completamente distrutti » (ricostruzione già chiaramente iniziata sei mesi prima, come abbiamo fatto capire), e che « la testa femorale aveva ricreato una cavità articolare, situata quattro centimetri più in alto dell'altra ».

Due mesi dopo, i medici militari ritengono che egli possa « essere dimesso per guarigione »! E il Micheli è rimandato a casa in attesa della pensione. Ben presto trova un impiego nell'industria tessile locale, che svolge stando quasi sempre in piedi.

Dal 1964 ritorna ogni anno a Lourdes senza mai tralasciare di presentarsi al Bureau Médical, che nei primi due o tre anni ne controlla lo stato di salute, e soprattutto la mancanza di recidive o di metastasi, la riabilitazione funzionale e anatomica dell'anca. Infine quest'ufficio decise di verificare la diagnosi di partenza, facendo controllare dal prof. Henri Payan, titolare della cattedra di anatomia patologica della facoltà di Marsiglia, la biopsia iniziale e la relativa interpretazione.

Nel 1967 il Bureau Médical afferma che non è più il caso di esitare a concludere e ammettere « che non si può fornire nessuna spiegazione medica di questa guarigione ».

Il *dossier* è allora trasmesso al Comité International. Il prof. Michel Salmon viene scelto come relatore per questa guarigione. Egli presenta la sua relazione una prima volta nel maggio 1969.

Il comitato desidera che sia effettuata una controperizia della biopsia eseguita sei anni prima, per accertare la diagnosi in modo definitivo. E intanto decide di aggiornare il suo giudizio. L'incarico di questo ultimo controllo viene affidato al prof. Fabre, titolare della cattedra di anatomia patologica della facoltà di Tolosa. La sua conclusione è identica alle interpretazioni precedenti: « Tumore maligno di origine connettivale e non osteogenico ».

Nel maggio 1971, il prof. Salmon presenta una nuova relazione con alcuni documenti supplementari, soprattutto una riproduzione delle prime radiografie eseguite nei mesi *dopo* l'evento di Lourdes, nel secondo semestre del 1963. Le sue conclusioni riguardano:

— la malattia riconosciuta « reale, sicura, incurabile »;

— l'evoluzione del sarcoma, « bruscamente modificata in occasione del suo pellegrinaggio a Lourdes »;

— infine il fatto che « nessuna spiegazione medica può essere attribuita a questa guarigione ».

La relazione e le sue conclusioni sono state accettate all'unanimità nel 1971 anche dal Comité International, con un ritardo di otto anni.

Notiamo tra l'altro che Vittorio Micheli si è sposato lo stesso anno a Lourdes, dove continua a venire come barelliere dell'Ospitalità della diocesi di Trento.

Secondo la prassi, il vescovo di Lourdes Théas comunicò a tempo debito i risultati della doppia perizia medica all'arcivescovo di Trento.

In un primo momento, mons. Alessandro Gottardi volle assicurarsi che la procedura seguita fosse corretta. A tal scopo chiese il parere di una commissione medica diocesana. Quest'ultima gli comunicò in definitiva che la guarigione doveva « essere ritenuta straordinaria sia per il ristabilimento completo della funzione dell'arto sia per la perfetta ricostruzione ossea ».

Qualche tempo dopo, mons. Gottardi, rassicurato dalla commissione canonica, ammise che in quel fatto, « in un avvenimento tanto straordinario strettamente legato al contesto religioso di Lourdes », vi erano « elementi sufficienti per riconoscere un intervento speciale e potente di Dio, Creatore e Padre ». Era il 2 maggio 1976, cioè *tredici anni* dopo il verificarsi della guarigione. Vittorio Micheli è ancora in vita e continua a venire a Lourdes, dove abbiamo modo di incontrarlo spesso.

Segnaliamo la testimonianza di un'altra guarigione, fornita da un ultimo malato nel 1970, quindi ancora al tempo del dott. Olivieri. Si tratta di Serge Perrin, di Lion d'Angers. Ma la sua guarigione fu certificata e accettata soltanto nel 1972, e perciò la descriveremo nel capitolo seguente.

Dopo aver riferito in modo dettagliato le caratteristiche delle guarigioni negli anni sessanta, riteniamo opportuno prendere in considerazione altre particolarità che, secondo noi, caratterizzano questo periodo.

In primo luogo, gli anni sessanta hanno permesso a tutti una migliore e progressiva consapevolezza dei progressi straordinari della terapeutica, progressi che erano cominciati nel decennio precedente.

A posteriori, sembra che a quell'epoca i risultati eccezionali della terapeutica, che prima erano alla portata di pochi medici di famiglia, siano lentamente penetrati nella mentalità di ognuno, modificando assai profondamente la posizione dei malati nei riguardi della medicina e rinnovando la loro fiducia in essa. Non è assurdo né eccessivo riconoscere che a quell'epoca quasi tutti i malati hanno cominciato non a sperare, ma a *credere* che le loro malattie — di qualunque genere fossero — potevano essere curate con successo, se non oggi almeno un domani.

Ci si trovava in un'era nella quale le diagnosi, rese nel contempo più facili, precoci e sicure, permettevano ai malati di beneficiare di trattamenti medici specifici (come gli antibiotici, i corticoidi, gli antimitotici, ecc.).

Era anche un'epoca in cui la maggior parte dei malati colpiti da affezioni gravissime poteva trarre immenso beneficio da misure terapeutiche complesse come quelle applicate nei reparti di cure intensive e di urgenza, o da sperimentate tecniche chirurgiche che consentivano di intervenire a qualunque livello, su qualunque organo malato.

In un momento simile non è forse comprensibile un certo capovolgimento della fiducia del malato, che si rivolge *anzitutto* ad altri uomini, ai medici, i quali paiono più vicini, più avvicinabili, più solidali e sembrano diventati tanto efficaci?

Vi è di conseguenza una differenza nel comportamento e nell'aspettativa rispetto alle precedenti generazioni di ammalati, che potevano ricorrere *unicamente* a Dio, il solo che potesse venire in loro aiuto. L'« istituzione », si trattasse del santuario di Lourdes con la sua funzione carismatica o di uno dei suoi organi correlati quale il Bureau Médical, avrebbe potuto conservare la sua ragione d'essere, avere ancora « fedeli » di Lourdes con le stesse motivazioni di quelli dei decenni passati?

In secondo luogo dobbiamo segnalare come corollario una tendenza manifestatasi in modo sensibile a partire da quegli anni. Mi riferisco alla *rarefazione* delle dichiarazioni di guarigione e soprattutto del riconoscimento di una guarigione « sicura, definitiva e inspiegabile », conclusione decisa — come tutti i lettori ora sapranno — dai periti medici del Bureau Médical in un primo tempo e confermata dal Comité International in seguito.

Se esaminiamo i nostri archivi in relazione al periodo del dott. Olivieri, le cifre parlano da sé.

Nei primi tre anni (1960, 1961 e 1962) vi furono 130 dichiarazioni, negli ultimi tre (1969, 1970 e 1971) soltanto 86.

Nella prima metà di questo periodo (1960-66) 12 guarigioni furono riconosciute a Lourdes, nella seconda metà (1966-72) soltanto 2!

A livello del Comité International, in un periodo di attività identico (1960-66) si ebbero 9 conferme di guarigione; tra il 1966 e il 1972 soltanto una, quella di Micheli.

Questo è indiscutibilmente un fatto nuovo, forse sfuggito all'attenzione dei responsabili in carica, cioè al medico permanente e soprattutto al vescovo di Tarbes e Lourdes dell'epoca.

Perché? Le ragioni sono certamente molteplici, e io non sono sicuro di poterle conoscere tutte o di scoprirle...

Anzitutto va notato che in quel periodo il numero di malati venuti a Lourdes non è diminuito e, anzi, non ha cessato di aumentare! Si può pensare che soltanto la costanza e la sollecitudine nel rispondere all'invito della Vergine abbiano potuto ingannare coloro che avrebbero dovuto accorgersi di questa realtà.

D'altra parte, la « rivoluzione terapeutica » ricordata in precedenza non fu compresa molto presto e, soprattutto, in modo eguale dai pellegrini o « fedeli » di una certa età, perché per la loro formazione e cultura non erano assolutamente preparati a questo cambiamento di prospettiva.

Il dott. Olivieri e mons. Théas erano nati nel secolo XIX!

Per questi responsabili, come per molte persone legate a Lourdes da generazioni, le circostanze restavano identiche a quelle degli anni e decenni passati, quando a Lourdes venivano innumerevoli malati nonostante i pareri contrari dei loro medici e malgrado un sicuro rischio di aggravamento, talvolta mettendo persino a repentaglio la vita. Essi non si aspettavano assolutamente niente da una « medicina attendista che se ne stava a guardare », tanto era sprovvista di ogni arma terapeutica efficace.

Era già possibile accorgersi che la speranza di molti malati nei medici e il beneficio che essi potevano trovare in una « scienza medica » tanto decantata per i suoi successi e per i suoi salvataggi non potevano non avere una certa influenza sui loro atteggiamenti, sulle loro motivazioni e sul numero di coloro che venivano in pellegrinaggio per ottenere una guarigione.

A Lourdes, da molto tempo, l'attenzione dimostrata verso i malati, il posto che era loro riservato e, più in generale, la doverosa missione del santuario — indipendentemente dal messaggio della Vergine — a vantaggio delle persone la cui salute compromessa poteva essere migliorata, sembravano diminuire sostanzialmente in quegli anni, malgrado non se ne fosse realmente consapevoli.

Gli anni passavano e, alla fine del 1969, mons. Théas aveva raggiunto l'età della pensione, fissata a settantacinque anni dal Concilio Vaticano II. Gli successe il vescovo di Tulle, mons. Henri Donze, nominato all'inizio del 1970 quando il dott. Olivieri era ancora al suo posto benché fosse ottuagenario!

Ho già ricordato i rischi della nomina di un responsabile del Bureau Médical negli ultimi anni in cui era in carica un vescovo di Tarbes e Lourdes. Tuttavia al nuovo vescovo sembrò ben presto necessario nominare anche un successore più giovane del dott. Olivieri.

Durante i pellegrinaggi del 1970 e 1971 furono stabiliti contatti con i medici dei pellegrinaggi: fu predisposto un elenco dei candidati per assicurare la successione nel 1972.

Le circostanze avevano indotto a un cambiamento sostanziale, ed era stato deciso che il successivo medico permanente del Bureau Médical doveva essere *prima di tutto* di mezza età e in piena attività, a differenza degli ultimi due, che erano medici già in pensione con una carriera di trent'anni alle spalle!

Per motivi di coerenza e per soddisfare questa esigenza, era stato deciso di rinnovare l'antica usanza di rimunerare la funzione, al fine di permettere al titolare di far fronte alle necessità familiari senza dover ricorrere ancora all'attività di libero professionista, sia pure in modo parziale.

Durante l'inverno del 1971-72 fu deciso che i candidati sarebbero stati invitati a presentarsi per mettersi in contatto con il vescovo di Tarbes e Lourdes, prima che il successore del dott. Olivieri fosse scelto e nominato. Il candidato più giovane fu convocato per primo da mons. Donze, e fu lui ad essere scelto!

Non avevo ancora cinquant'anni, quando entrai effettivamente in carica. Avrei potuto essere il figlio del mio predecessore, e fui il *primo* medico permanente del Bureau Médical nato nel XX secolo. Ma *nel 1972* fu una sfida al buon senso!

Quell'anno il dott. Alphonse Olivieri ebbe la grandissima delicatezza di trascorrere qualche mese a fianco del suo successore. Con una cortesia infinita lo mise al corrente e l'aiutò in maniera molto efficace — ma assai discreta — nella « gestione » di una situazione nuova e tanto diversa per lui, in un mondo tutto da scoprire. Come dire: l'insieme delle attività specifiche del medico permanente che sono veramente tantissime!

Negli anni seguenti il dott. Olivieri venne a Lourdes... ma per molto meno tempo, solo per qualche settimana. Il 10 gennaio 1975, all'età di ottantacinque anni, morì in seno alla sua famiglia in un modo assai rapido, nella sua casa di Versailles.

Terminava un'altra pagina della storia di Lourdes, con il ritorno alla casa del Padre di questo servo della Madonna così delicato, intelligente e caritatevole.

Il Bureau Médical di Lourdes ha ricevuto un totale di *1057 dichiarazioni di guarigioni in 25 anni di attività*, nel periodo dei tre medici succedutisi dal 1947, anno che ci serve come punto di partenza perché per noi è veramente l'anno della ripresa dopo la guerra del 1939-45, nonché dell'insediamento di mons. Pierre-Marie Théas e del dott. Leuret, sino alla fine del periodo del dott. Olivieri, cioè sino alla fine del 1971.

Le indagini fatte a proposito di più dei 4/5 delle testimonianze, cioè su 853 di esse, non hanno potuto condurre a una conclusione precisa e definitiva.

Invece, dopo uno studio, un esame e un'inchiesta, 204 *dossier*, cioè 1/5 del totale, sono stati oggetto di una decisione.

In 146 di questi casi, cioè quasi i 3/4, per ragioni diverse ma tutte pertinenti, la guarigione prodigiosa non è stata riconosciuta dal Bureau Médical, malgrado la convinzione di coloro che l'avevano dichiarata...

In definitiva sono state accettate solo *58 guarigioni dichiarate*, perché, al termine di uno studio lungo e rigoroso, presentavano tutte le garanzie per essere riconosciute « sicure, definitive e straordinarie ».

Dunque, *solamente 58 casi su più di mille in 25 anni!*

Come si vede, il numero delle guarigioni di Lourdes stava, perlomeno, diminuendo.

CAPITOLO XI

Le guarigioni di Lourdes e il Bureau Médical nel periodo moderno: dal 1972 al 1990 con il dott. T. Mangiapan

Affrontiamo ora il periodo contemporaneo della storia delle guarigioni di Lourdes, che però non sarà semplice da esporre!

Nell'aprile del 1972, come medico permanente novello di Lourdes, mi trovai all'interno di un'équipe di responsabili nuova o, perlomeno, rinnovata.

Mons. Henri Donze era in carica da due anni. Egli aveva già espresso il desiderio, anzi la volontà, di dirigere quella grandissima « istituzione » che era diventato il santuario di Lourdes in più di cento anni dalla sua fondazione e si era circondato di collaboratori ecclesiastici (secolari e regolari) giovani, che in quest'ambito non avevano mai avuto lunghi incarichi di responsabilità o addirittura non avevano mai collaborato al suo « funzionamento ».

Stavano emergendo nuove tendenze. Un'azione pastorale stava per essere ridefinita e introdotta con la collaborazione di numerosi religiosi e laici.

Chiaramente ci si interrogava sull'« eredità » ricevuta. Su ciò che era bene fare *hic et nunc* per ritrovare lo slancio iniziale, una vera fedeltà a un passato un po' abbandonato.

Occorreva ricuperare il contatto con la *vera specificità di Lourdes*, cioè con il messaggio della Vergine Maria a Bernardetta.

Come agire per meglio presentare a tutti coloro che venivano a Lourdes il messaggio affidato a Bernardetta? Come far scoprire a tutti i pellegrini sempre più numerosi che venivano o isolati o in gruppo fino a che punto il significato di questo messaggio poteva adattarsi al nostro mondo, al nostro tempo?

Quale medico permanente novello del Bureau Médical ebbi la fortuna di avere a che fare (perlomeno in modo periferico) con questa riflessione relativamente inedita. Essa mirava, in sostanza, a definire e valutare i mezzi più idonei per:

— accogliere meglio i pellegrini sani o malati e i visitatori venuti da ogni parte che rispondevano all'invito della Vergine (anche senza essere consapevoli del suo messaggio), e far scoprire loro ciò che poteva rappresentare al giorno d'oggi questo grande luogo di pellegrinaggio e di preghiera, ciò che essi potevano attendersi;

— tentare di rispondere alle numerose domande che si ponevano quelli che si avvicinavano alla Vergine della Grotta, allo scopo di confidarsi, pregare, supplicare;

— infine fare in modo che Lourdes potesse restare « un segno di Dio, per gli uomini », un luogo nel quale ricercare « la conversione piuttosto che la guarigione », come ha scritto R. Solé sul giornale *Le Monde* nel 1973.

Nel servizio che ci si aspettava dal Bureau Médical, ho logicamente tentato di adattare questo orientamento, in gran parte nuovo, nei contatti e nelle comunicazioni che potevo avere con i nostri visitatori.

Per prima cosa si trattava di rendersi conto maggiormente della necessità di contattare persone di diversa origine e, quindi, di diverse lingue: sia per l'accoglienza dei medici e dei pellegrini sia per la documentazione scritta, offerta o messa a loro disposizione nelle sei lingue più parlate a Lourdes.

Nel medesimo ordine di idee si collocava una nuova presentazione delle fotografie di quasi tutte le persone guarite. Era soprattutto una « galleria » più omogenea e completa, collocata in bacheche rinnovate e più idonee, in un ambito più armonioso che in precedenza. Furono esposte anche delle « schede di guarigione », cioè riassunti nelle sei lingue correnti delle osservazioni di qualche caso di guarigione più recente riguardante malati di ogni nazionalità.

Una sistemazione della massa di documenti a disposizione del Bureau Médical e una classificazione più sistematica di tutti i *dossier* di guarigione dei nostri archivi ha permesso uno studio più accurato di tutta la documentazione accumulata che il passato ci ha trasmesso.

Infine vi fu la redazione e la discussione di una mezza dozzina di tesi di laurea in medicina sul tema delle guarigioni di Lourdes, presso alcune facoltà francesi.

E le guarigioni?

Mi è sembrato che nel 1972 le dichiarazioni di guarigione siano state numerose come in passato, come al tempo del dott. Olivieri. Ma, in un secondo momento, una migliore valutazione globale dell'anno avrebbe portato a un giudizio differente e più realistico.

Ciò che mi aveva ingannato e, in un certo senso, illuso era il numero relativamente elevato di persone che dicevano di essere guarite e si sono presentate per ottenere finalmente il riconoscimento delle loro guarigioni, poiché i loro *dossier* erano stati iniziati dal mio predecessore parecchi anni prima e non erano stati ancora conclusi: sette in tutto!

In un caso il Bureau Médical ha riconosciuto che non si doveva rimandare la conclusione del *dossier*, il quale era stato iniziato nell'ottobre 1970 per una guarigione avvenuta il 1° maggio 1970. E così i membri presenti del Bureau Médical hanno deciso all'unanimità di riconoscere la guarigione « perfetta, istantanea e durevole » di Serge Perrin quando, il 5 maggio 1972, egli si presentò la quarta volta per essere di nuovo esaminato dai medici di Lourdes. Essa verrà presentata in seguito.

Invece:

— per due volte abbiamo definitivamente *rifiutato*, dopo tre o quattro incontri, di riconoscere come guarigioni inspiegabili due ristabilimenti avvenuti rispettivamente nel 1950 e nel 1967;

— per tre volte abbiamo lasciato *senza conclusione* delle dichiarazioni di guarigioni risalenti al 1968 e 1970;

— infine abbiamo lasciato *in sospeso* la conclusione di uno studio iniziato a proposito di una guarigione del 1965.

Se a questi sette casi di vecchia data si aggiungono dodici nuove dichiarazioni di guarigioni recenti prese in considerazione durante la stagione dei pellegrinaggi del 1972, si può comprendere come quest'attività poteva suscitare illusioni, soprattutto in un neofita come me.

I due anni seguenti furono sufficienti per chiudere, a livello del Bureau Médical, la serie dei vecchi *dossier* ancora in corso di studio.

Altri tre furono *rifiutati* dopo serrate discussioni. Il primo nel 1973, alla quinta presentazione, dopo una dichiarazione di guarigione del 1968. Gli altri due nel 1974, in seguito a dichiarazioni di guarigione risalenti al 1970 e 1971, cioè alla terza presentazione al Bureau Médical.

Ma torniamo ora alla guarigione di **Serge Perrin**. Questo contabile viveva a Lion d'Angers, nel Maine-et-Loire. Nel maggio 1970 aveva quarantuno anni, e da diciassette mesi soffriva di una malattia invalidante che, secondo l'opinione dei suoi medici, era ribelle a qualunque terapia, con una prognosi infausta a breve scadenza.

Già a sedici anni aveva avuto un'« insolazione » con forti mal di testa, che aveva reso necessaria un'assistenza medica per alcuni giorni. Poi, nel 1964, compare improvvisamente una sindrome neurologica con attacchi di cefalea violenti, difficoltà nel camminare, disturbi della parola e un'emiplegia destra a predominanza crurale.

Questo quadro clinico costringe il suo medico curante, il dott. Émile Sourice, a chiedere un consulto a un neurologo, il dott. Lefranc, e anche a un neurochirurgo, il prof. Pecker. Vengono fatte alcune ricerche. Dal punto di vista eziologico non si mette in evidenza nulla di preciso.

Ci si accontenta di un semplice trattamento a base di vasodilatatori e anticoagulanti. In tal modo la sindrome neurologica sensitivo-motoria, deficitaria e atipica, attribuita certamente a una causa vascolare mal definibile, regredisce assai rapidamente senza lasciare postumi e incapacità.

Passano quattro anni senza inconvenienti né malattie. Solo un intervento causato da una colecistite viene eseguito nel 1965 senza problemi.

Ma all'inizio di dicembre del 1968 ricompare assai brutalmente il quadro clinico neurologico, mentre egli si sta recando al lavoro in auto. Cefalea, difficoltà nel guidare la macchina. Per fortuna riesce ad arrivare sul posto di lavoro, dove cade svenuto. Viene riaccompagnato a casa.

Il dott. Sourice riscontra un quadro clinico identico a quello che aveva trattato quattro anni prima e prescrive la medesima terapia, che però non ha la stessa efficacia della volta precedente. Al termine della seconda settimana rimanda il suo malato al dott. Lefranc, che mantiene una terapia dello stesso tipo.

Nel febbraio 1969, tre mesi dopo, la situazione non è affatto migliorata. Si teme un peggioramento, e il paziente viene ricoverato nella clinica neurochirurgica della facoltà di Rennes, dove è caporeparto il prof. Pecker. Dopo una serie di esami si arriva alla diagnosi di trombosi della carotide sinistra, con un discreto interessamento dell'acutezza visiva dell'occhio sinistro. Le lesioni sono ritenute troppo rilevanti per essere trattate chirurgicamente e lo si dimette con una terapia più forte.

Nell'aprile 1969 il prof. Pecker viene invitato di nuovo a visitarlo. In quel momento egli osserva:

— l'assenza di regressione della sindrome clinica, che dura dunque da cinque mesi;

— una « tendenza alla bilateralizzazione della sindrome d'insufficienza circolatoria cerebrale, denunciata da un abbassamento caratteristico della pressione retinica dei due occhi »;

— una limitazione del campo visivo.

Le stesse considerazioni portano di nuovo a prescrivere solo una terapia dello stesso tipo.

Disperato, il nostro malato parte in pellegrinaggio per Lourdes nel maggio 1969. Ne ritorna nello stesso stato allarmante.

Nelle settimane dopo il suo ritorno cominciano delle « eclissi cerebrali » che, rare all'inizio, diventano sempre più frequenti (due o tre alla settimana nell'ultimo trimestre dell'anno). Nell'ottobre 1969 il malato riceve dalla Sécurité Sociale una pensione di invalidità di terza categoria, con assistenza da parte di una terza persona. Si riconosce dunque che egli è « obbligato all'aiuto di una terza persona per svolgere le normali attività ».

All'inizio dell'anno 1970 il prof. Pecker viene di nuovo chiamato a visitare l'ammalato, il cui stato si è ulteriormente aggravato. In quel momento si nota:

> Un'emiplegia destra sempre a predominanza crurale, ma con interessamento degli arti superiori e del viso, accompagnata da disturbi sensitivi dello stesso lato, oltre a un *deficit* sensoriale di tipo emianopsico. Inoltre si riscontra a sinistra una sindrome piramidale e un'emianopsia.

I disturbi visivi sono al limite della cecità: O.D.: 1/10; O.S.: 1/20; dopo correzione: 7/10 dai due lati; TACR a destra: 78-120; a sinistra: 56-100.

Le eclissi celebrali diventano sempre più frequenti e i suoi familiari sono sempre più preoccupati. A ciò si aggiunge un'impotenza fisica crescente che gli rende ancora più insopportabile la sensazione di essere incurabile, quindi è dato per spacciato a quarantunanni: se ne prospetta soltanto la fine!

Per soddisfare il desiderio della moglie, ma senza grande speranza evidente, egli accetta di partecipare una seconda volta al pellegrinaggio diocesano a Lourdes, alla fine di aprile del 1970. I primi giorni passano senza alcun effetto sensibile. Coloro che gli sono vicini comprendono che la sua angoscia e il suo scoraggiamento lo rendono più che mai ribelle.

Arriva il mattino dell'ultimo giorno di pellegrinaggio. Egli ottiene di partecipare al rito dell'unzione degli infermi, o estrema unzione com'era chiamata qualche anno prima, che a Lourdes si celebra da qualche tempo in modo comunitario.

Alla fine del rito avverte strane sensazioni ai piedi, che gli fanno temere un aggravamento del suo stato... o pensare, al contrario, a una guarigione!

Poco dopo torna a letto nella sua sala, trasportato come di consueto su una sedia a rotelle. Ma ha rapidamente la sensazione di poter camminare senza l'aiuto di bastoni. Qualche ora dopo, nel pomeriggio, si accorge di vedere meglio, che la vista e il campo visivo a sinistra sono tornati normali.

La sera, alla stazione, sale sul vagone senza alcun aiuto ed entra nello scompartimento da solo. Prima di partire si fa infine visitare — come desiderava fin da mezzogiorno — dal dott. Sourice. Questi non riscontra più il grave quadro clinico a lui ben noto, ma da solo non vuole trarre conclusioni da una visita così superficiale.

Poco tempo dopo il suo rientro a casa, il Perrin si sottopone alla visita collegiale del gruppo di medici del pellegrinaggio, che diventa la prima constatazione ufficiale.

Il dott. Drevillon, suo oftalmologo, ne mette in evidenza l'acutezza visiva tornata quasi normale: O.D. 9/10; O.S. 10/10, e constata la stessa normalizzazione per il campo visivo e per la pressione arteriosa della retina.

Infine, per venire incontro alle richieste dei suoi medici,

è di nuovo ospedalizzato nel reparto del prof. Pecker, per essere sottoposto a un esame approfondito e a una serie di indagini.

I risultati sono menzionati in due lettere indirizzate al dott. Sourice.

La prima, risalente al 12 maggio, dichiara che l'esame clinico è diventato del tutto *normale*, a parte « una modestissima asimmetria facciale residua, una vivacità dei riflessi rotulei e un segno di Hoffman bilaterale ». La seconda lettera, del 30 maggio, è ancor più interessante:

> ...Un'ulteriore angiografia totale da cateterismo aortico non fa rilevare né stenosi né trombosi, particolarmente per la carotide sinistra. La guarigione clinica è, dunque, confermata sul piano anatomico.

Ma più sotto si legge:

> Confrontando le precedenti arteriografie si constata che:
> — l'arteriografia del 1964, che era normale, è di ottima qualità;
> — quella del 1969 ha invece mostrato un'iniezione parziale nella guaina dell'arteria del lato sinistro.
> Pertanto è scientificamente impossibile affermare che esistesse veramente una trombosi, poiché le immagini dell'ostruzione potrebbero essere conseguenti ad uno spasmo.
> Ciò è veramente spiacevole.
> Però è vero che Serge Perrin ha presentato dei segni certamente organici di origine circolatoria, contemporaneamente clinici, oftalmici ed elettroencefalografici.

Dato che il ristabilimento completo perdurava, Serge Perrin ritorna a Lourdes tre volte: nell'ottobre 1970, nel maggio e nell'ottobre 1971. In queste occasioni si è presentato al Bureau Médical per un controllo dello stato di salute, perché la sua guarigione fosse finalmente riconosciuta.

Da parte sua, la Sécurité Sociale gli aveva revocato il beneficio di terza categoria prima della fine del 1971, facendolo passare alla seconda, cioè « senza diritto al lavoro », per non riconoscere implicitamente che egli non presentava più alcuna infermità.

Il 1° maggio 1972, alla quarta visita, il Bureau Médical ritiene possibile ammettere che questa evoluzione « di una stenosi (o trombosi) carotidea, con una sindrome di emiplegia alterna destra e poi sinistra, con manifestazioni oculari ed eclissi cerebrali » evidenzia una guarigione perfetta, istantanea e duratura. I ventun medici del Bureau Médical ritengono all'unanimità che questa guarigione è acquisita e sicura, chiedendo inoltre che il *dossier* sia trasmesso al Comité International.

Nel frattempo viene chiesto al vescovo di Angers di nominare una commissione di medici che avevano conosciuto e curato Serge Perrin, per avere una perizia di particolare valore, data la loro conoscenza del caso.

Quattro medici, il dott. Fresneau, Pasquier, Drévillon e Sourice hanno potuto così rivisitare il loro malato, testimoniando anche loro a favore di una « guarigione sicura e duratura da una sindrome neurologica certamente organica », per la quale non si può « sfortunatamente addurre la prova scientifica di un'immagine arteriografica indiscutibile che avrebbe permesso di determinarne l'esatta natura », nel febbraio 1974.

Infine, il 17 ottobre 1976, presentano le loro relazioni il dott. Pierre Mouren, neurologo e professore della facoltà di medicina di Marsiglia, e il dott. Dominique Bartoli, direttore del reparto di oftalmologia del centro ospedaliero di Troyes, nominati entrambi relatori dal Comité Médical International. Eccone le conclusioni:

> Il sig. S. Perrin ha avuto disturbi vascolari cerebrali accompagnati da manifestazioni neurologiche diverse. Queste manifestazioni neurologiche hanno avuto un'evoluzione e sono guarite in modo medicalmente inconsueto (prof. Mouren).

> La mia convinzione formale è che ci si trova davanti a una malattia organica delle vie ottiche che è guarita in modo assolutamente inspiegabile sul piano medico, soprattutto se si tiene conto dell'estrema rapidità della guarigione e della completa *restitutio ad integrum*... e del fatto che essa sussiste ancora in questo momento, sei anni dopo la sua constatazione (dott. Bartoli).

Dopo la discussione, la conclusione è approvata all'unanimità dai membri presenti. Eccola:

> Il sig. Serge Perrin presentava un'emiplegia recidivante organica con lesioni oculari dovuta a disturbi circolatori cerebrali,

ma non è possibile definirne con precisione la natura e il livello delle lesioni vascolari.

La guarigione da questo stato in assenza di un trattamento efficace, per il suo carattere di istantaneità e per la mancanza di reliquati importanti, essendo sicura e stabile da sei anni, può essere considerata del tutto straordinaria dal punto di vista medico.

Il vescovo di Angers fu informato del risultato della perizia, perché potesse iniziare un giudizio canonico, qualora lo ritenesse opportuno. Perciò egli nominò una commissione canonica il 28 novembre 1977. Per la prima volta, la commissione non si dedicò a uno studio critico delle « caratteristiche mediche » — ottenute secondo le regole (o meno), probatorie (o meno) — ma del carattere di « segno di Dio » eventualmente attribuibile a questo ristabilimento.

Dopo otto sedute, il 29 maggio 1978 la commissione invitò il proprio vescovo Orchampt a stabilire ufficialmente che questa « guarigione-segno » meritava di essere dichiarata miracolosa e ad « esortare i cristiani a riconoscere e accogliere in questo avvenimento gli appelli che Dio rivolge alla loro fede ».

Meno di un mese dopo, il 17 giugno 1978, mons. Orchampt seguì il parere della commissione e, in quanto vescovo di Angers, riconobbe che la guarigione di S. Perrin era miracolosa, invitando « i cristiani della diocesi a riconoscere in questo segno un atto dell'amore misericordioso del Signore ».

Dopo questa decisione, Serge Perrin e sua moglie ebbero contatti ancor più stretti con Lourdes, dove negli anni ottanta non era affatto eccezionale vederli due o tre volte nella stagione dei pellegrinaggi.

Egli pareva sempre in buona salute, se non fosse stato per una certa obesità molto evidente, malgrado i suoi sforzi. Chiaramente essa rappresentava una minaccia.

La morte sopraggiunse improvvisamente alla fine di novembre del 1989, praticamente senza prodromi. Morì all'età di sessantuno anni, circa vent'anni dopo la guarigione.

Come abbiamo già avuto modo di scrivere, si tratterà ora della fine dell'inchiesta iniziata dal dott. Olivieri circa una guarigione e della sua accettazione qualche anno dopo.

Altre nove dichiarazioni di guarigioni meno recenti, i cui *dossier* erano stati iniziati tra il 1965 e il 1972, non hanno avuto la medesima sorte, e sono stati archiviati dal Bureau Médical: cinque sono stati rifiutati, tre lasciati senza conclusione e uno in sospeso tra il 1972 e il 1975.

Per quanto riguarda le dichiarazioni ricevute e registrate a partire dal 1972, va notato che la diminuzione, già sensibile a partire dagli anni sessanta, è continuata e persino cresciuta.

Infatti, durante i primi tre anni (1972, 1973 e 1974), il numero dei malati che si presentavano a denunciare una guarigione o un miglioramento insperato è diminuito in maniera evidente: da dodici a cinque, per essere precisi. Inoltre queste rare dichiarazioni di guarigione hanno perduto quasi completamente ogni interesse: esse riguardavano assai spesso dei particolari collegati a sindromi rimaste immodificate.

Lo stesso nel 1974: solo cinque dichiarazioni fatte grazie alla testimonianza degli interessati stessi, tre *dossier* avviati e immediatamente archiviati, due rifiutati per mancata guarigione. Si ebbero invece otto « annunci di guarigione » conosciuti attraverso lettere o ritagli di giornale, senza poter effettuare alcun esame degli interessati.

Per le dichiarazioni note al Bureau Médical dopo il 1972, dunque, mi è sembrato opportuno modificare le basi della classificazione da me elaborata per tutti i casi di guarigioni a partire dal 1920.

Quali sono queste nuove basi di classificazione? Cosa permettono di fare?

In pratica consentono di definire tre gruppi di dichiarazioni di guarigione di diverso tipo.

Il *primo gruppo* riunisce i *dossier* aperti per le dichiarazioni di guarigioni fatte dai malati che hanno voluto testimoniare di persona al primo incontro, con un interrogatorio e un esame effettuato dal Bureau Médical al completo. In generale ne fanno parte tutti i casi che di primo acchito possono sembrare degni di interesse, poiché le condizioni di giudizio sono complete fin dal principio. Vi è, cioè, la comunicazione di certi dati riguardanti la malattia precedente e la sua diagnosi, il trattamento prescritto e applicato, e più in generale la possibilità di valutare la personalità dell'interessato.

Il *secondo gruppo* comprende i casi nei quali lo stesso malato guarito si presenta al medico permanente solo o accompagnato dai familiari oppure con un medico del pellegrinaggio. Ma in tali casi era subito possibile notare un difetto evidente che quasi certamente poteva compromettere l'esito dell'indagine che si sarebbe potuta cominciare, per esempio:

— una carenza a livello della malattia precedente (gravità insufficiente, organicità dubbia) oppure la certezza quasi assoluta di un'eccessiva partecipazione soggettiva;

— o al contrario, un elemento evidente e di troppo, come un trattamento specifico prescritto e seguito, prima e soprattutto *dopo* la guarigione;

— anche la notizia di una convalescenza, per esempio.

Il *terzo gruppo* è costituito dall'insieme dei ristabilimenti dei quali il Bureau Médical viene a conoscenza per l'intervento, per così dire, di una terza persona, per corrispondenza o attraverso un articolo di giornale. Dunque, senza che l'interessato offra o autorizzi realmente la minima possibilità di controllo oggettivo.

Con l'applicazione di queste basi di classificazione a livello del primo — e inevitabile — organo di controllo, il Bureau Médical di Lourdes, delegato a filtrare le dichiarazioni presentategli, appare evidente che, tra le guarigioni registrate che hanno determinato l'avvio di un'inchiesta, quelle che, dopo un sufficiente tempo di osservazione, possono essere realmente considerate come avvenimenti nel contempo « sicuri, definitivi e inspiegabili » dal Bureau Médical di Lourdes, appartengono soltanto *al primo gruppo*, perlopiù fin dal primo momento. O rientrarvi in un secondo tempo, trattandosi di avvenimenti prodigiosi.

Qual è la ripartizione dei *dossier* tra i vari gruppi e la proporzione di ciascuno rispetto all'insieme?

Nel 1988 ho avuto modo di presentare al Comité International una statistica relativa alle testimonianze ricevute dal Bureau Médical nei primi sedici anni della mia permanenza e negli ultimi tre anni del periodo del dott. Olivieri, per farne una base di confronto.

Ora sono in grado di fornire le stesse statistiche fino al 1990. Le cifre sono forse un po' diverse, ma restano, bisogna dirlo, del medesimo ordine. Eccole:

	1969-72 dott. Olivieri (1)		1972-90 dott. Mangiapian (2)		Rapporto (2)/(1)
	numero assoluto	media annuale	numero assoluto	media annuale	
Gruppo I	31	circa 10	45	2,5	1/4
Gruppo II	35	circa 12	106	5,88	circa 1/2
Gruppo III	22	circa 7	133	7,38	circa 1
Totale	88	circa 30	284	circa 16	

Partendo da questi dati appare evidente che:

— il paragone con il periodo precedente indica per i gruppi I e II una diminuzione notevole e significativa, per il gruppo III, invece, condizioni pressoché identiche;

— si può dire, in modo certamente troppo assoluto e matematico ma realistico, che nel periodo dal 1972 al 1990, di cui ci stiamo occupando, in corrispondenza di 3 dichiarazioni del primo tipo se ne sono contate 7 del secondo tipo e 9 del terzo tipo;

— infine mediamente 16 dichiarazioni di guarigione sono state presentate e ricevute al Bureau Médical ogni anno.

Abbiamo appena scritto che i casi che presentano un certo interesse — cioè quelli che offrono la possibilità di aprire una discussione, di avviare un'inchiesta — potevano solo trovarsi nel primo gruppo, cioè tra quelli che ci sono stati presentati dai beneficiari stessi. Sono gli unici che il Bureau Médical ha ritenuto di dover studiare; gli unici che vogliamo analizzare qui più dettagliatamente, poiché soltanto in questi casi la nostra convinzione ha trovato fondamento.

Diciamo subito che un'analisi più approfondita di queste situazioni eccezionali ci obbliga ad attenuare il nostro proposito.

Come abbiamo detto, in 18 anni abbiamo avuto 45 volte l'occasione d'interrogare e visitare una persona con uno *status* di « malata », venuta a Lourdes con una malattia, un'imperfezione, un *handicap* da cui *diceva di essersi liberata da poco tempo.*

Non bisogna credere che a Lourdes sia oggi sufficiente che un uomo, una donna o un bambino vengano a chiedere al Bureau Médical di constatare un risanamento, mettendosi a disposizione dei periti medici, perché la dichiarazione di guarigione sia prima o poi constatata e riconosciuta inspiegabile, come invece avveniva quasi regolarmente nel periodo antecedente alla prima guerra mondiale e pressoché abitualmente nel periodo tra le due guerre.

A posteriori possiamo oggi scrivere che *solo* 26 casi su 45 (ricordiamolo!) sono stati giudicati particolari e degni di essere notati perché:

— ci siamo messi a studiarli in modo attento, con un'indagine durata più anni;

— le persone che dichiaravano una guarigione hanno accettato di sottoporsi a un'inchiesta necessariamente scomoda.

Quanto alle altre 19 guarigioni, per ragioni diverse e a noi quasi sconosciute ci è stato impossibile proseguire le nostre ricerche dopo un primo approccio, e dunque non possiamo dire nulla.

A proposito di queste *26* dichiarazioni studiate in 18 anni, qual è stata la loro distribuzione nel tempo? Da cosa si dicevano guarite queste persone? Come sono state considerate queste dichiarazioni?

1. Anzitutto, quando sono avvenute?

In considerazione di tutte queste dichiarazioni, abbiamo aperto — generalmente al momento del primo contatto con il Bureau Médical — un *dossier* numerato. Cominciando da questi 26 *dossier*, la suddivisione di quelli che sono stati oggetto di una decisione di qualunque tipo ha dato questo risultato:

— *nessuno* di quelli avviati nel 1972, 1976, 1981 e 1983;

— nel 1973, 1974, 1985 e 1986 *un* solo *dossier* ha ottenuto una conclusione netta;

— nel 1975, 1977, 1978, 1980, 1982, 1984, 1987 e 1988 sono stati accettati *due dossier*;

— infine, *tre* dei *dossier* iniziati nel 1979 e 1989 sono ancora da esaminare.

2. Da cosa si dicevano guarite queste persone?

Un elenco nosologico delle 26 dichiarazioni accettate sarebbe veramente troppo lungo e noioso. Nella maggior parte dei casi si trattava di malattie che erano state curate: reumatismi acuti, tumori maligni, cisti idatidea, *deficit* neurologici senza dubbio organici. Vi erano anche postumi di malattie contratte o congenite, oppure importanti traumatismi, tutti con una minorazione residua di tipo deficitario più o meno grave, oppure, infine, piaghe e fistole.

In casi particolari si è incontrata qualche difficoltà nel riconoscere e valutare in modo sicuro una diagnosi eziologica riguardante la situazione iniziale della malattia.

3. Che cosa ne è stato di queste dichiarazioni di guarigione una volta effettuata l'inchiesta medica?

Siamo quasi convinti e certi che:

— quattro di queste dichiarazioni, riguardanti tre donne e in particolare un uomo, andavano attribuite a « simulatori » più o meno consapevoli e organizzati;

— altre cinque rappresentavano « guarigioni funzionali », riguardanti quattro uomini e una donna;

— per cinque di esse bisognava vedere nella guarigione dichiarata « una conseguenza logica » della terapia prescritta, nel caso di un uomo, tre donne e una piccola bambina;

— altre tre volte si trattava più della scoperta di capacità latenti e ignorate piuttosto che di un vero cambiamento di stato, nel caso di un uomo e due donne;

— altre quattro persone non erano affatto guarite, ma vi era un'impressione di benessere che disgraziatamente non poteva durare (quattro donne);

— in due casi si trattava di « guarigioni carismatiche », cioè che, secondo noi, comportavano una reazione soggettiva più che una realtà clinica o biologica (un uomo e una donna).

Infine, soltanto in tre casi abbiamo ritenuto necessario ammettere che esisteva una realtà dimostrata. E dopo un'inchiesta rigorosa il Bureau Médical ha deciso collettivamente che la guarigione in causa doveva essere riconosciuta acquisita in modo « definitivo e inspiegabile ».

Descriveremo nei dettagli soltanto uno di questi casi, quello riguardante la piccola Delizia Cirolli — il sessantacinquesimo miracolo di Lourdes —, perché le inchieste mediche ed ecclesiali sono finalmente terminate e la sua guarigione è ormai di dominio pubblico.

Quanto agli altri due casi, dopo essere stati accettati dal Bureau Médical di Lourdes, sono ancora allo studio presso il Comité International, e perciò manterremo il massimo riserbo in proposito.

Riassumendo, dunque, si può dire che nel periodo 1972-1990 il Bureau Médical ha ricevuto in un modo o nell'altro *una dichiarazione di guarigione da parte di 284 persone ammalate o minorate.*

Soltanto 45 volte la testimonianza di guarigione è stata sostenuta dalla persona che ne ha beneficiato (gruppo I).

Solo 26 volte l'inchiesta compiuta dal Bureau Médical è stata in grado di fornire una conclusione.

Al termine della necessaria inchiesta medica, *tre* di queste guarigioni sono state riconosciute « reali, definitive e inspiegabili » dal Bureau Médical di Lourdes.

Infine il riconoscimento da parte del Bureau Médical di Lourdes è stato confermato dal Comité International per una sola guarigione (per il momento!): quella di Delizia Cirolli, una piccola siciliana di dodici anni.

Qual è la sua storia? Come è avvenuta questa guarigione?

Delizia Cirolli è nata il 17 novembre 1964 a Paternò, cittadina di media importanza ai piedi dell'Etna, in provincia di Catania. Nel 1976 ella aveva, dunque, dodici anni. Era la primogenita di quattro fratelli e fino a quel momento non aveva mai sofferto di malattie gravi.

All'inizio di marzo del 1976 comincia ad accusare un fastidioso dolore al ginocchio destro. Sembra che lo sentisse più a scuola che a casa. Questo dolore continua, tanto che il 20 marzo la maestra ritiene di dover avvertire i genitori di questo fatto.

La bimba è presto sottoposta alla visita del medico di famiglia. Dopo la visita il dott. Fallica è rassicurante, prescrive qualche esame abituale e due medicinali a scopo analgesico. Ma nei giorni seguenti non si nota alcun miglioramento, mentre il dolore persiste. Allora i genitori si rivolgono a una « guaritrice » del loro paese. Naturalmente senza successo!

Soltanto il 7 aprile viene eseguito un esame radiografico, il cui referto afferma che « esiste una zona anormale a livello dell'estremità superiore della tibia destra » e che « sarebbe opportuno praticare una biopsia ».

Due settimane dopo, una serie di tomografie rivela un'« immagine evidente di rottura della corticale al livello superiore della tibia D ». Questa immagine corrispondeva a una formazione tumorale, e perciò lo specialista aggiungeva: « La causa del processo morboso dovrebbe essere precisata da una scintigrafia e una biopsia ».

In seguito a queste indagini, la bambina viene portata per un consulto alla clinica ortopedica dell'università di Catania, prof. Q. Mollica. Anch'egli pensa che sia necessaria una biopsia e che a questo scopo la bambina debba essere ospedalizzata nel suo reparto presso l'Ospedale Santa Marta di Catania.

Ciò avviene il 30 aprile 1976, quasi due mesi dopo la comparsa dei primi sintomi della malattia.

Nei giorni seguenti si pratica un esame generale che fornisce alcune informazioni. Dal punto di vista clinico non viene evidenziato alcun segno patologico. Risulta colpito soltanto il ginocchio. Vengono praticate nuove radiografie: al livello del ginocchio la relazione conclude con il « sospetto di un osteo-sarcoma ». Al livello dei polmoni e dello scheletro in generale non si riscontra alcuna anomalia. Sono effettuati altri esami biologici che non fanno rilevare alcunché di anormale.

Infine, il 6 maggio, lo stesso prof. Mollica pratica una biopsia chirurgica allargata.

Qualche giorno dopo, l'11 maggio, il prof. Cordaro, direttore dell'Istituto di anatomia e istologia patologica dell'università di Catania, dichiara il suo parere: « Presenza, a livello della metafisi, della tibia destra, di una metastasi di neuroblastoma ».

Il neuroblastoma è un tumore la cui comparsa risale perlopiù alla vita endouterina. Si comporta come un tumore maligno nei bambini molto piccoli e la sua prognosi è tuttora decisamente fatale.

Dunque, secondo questa indicazione, la lesione in questione è:

1) un tumore osseo secondario e, dunque, *non primitivo*;
2) un tumore *maligno* già metastatizzato;
3) più precisamente un *neuroblastoma*.

Dopo aver informato i genitori della bambina circa la gravità della malattia riscontrata, il prof. Mollica comunica che è opportuno amputare la gamba destra della loro figlia, ma senza poter garantire la guarigione.

La misura terapeutica preconizzata fa pensare — anche se il chirurgo non l'ha mai detto pubblicamente — che il prof. Mollica non riteneva di aver a che fare con un tumore metastatico, ma con un tumore primitivo, per di più maligno.

Colpiti dagli avvenimenti, dal ruolo che essi dovevano svolgere e al quale non erano affatto preparati, i genitori della bambina rifiutano di prendere tale decisione, di acconsentire a una tale mutilazione. Essi non vogliono prendersi questa responsabilità e non autorizzano il chirurgo a praticare un tale intervento.

Comprendendo la situazione di questi genitori sconvolti, il prof. Mollica ordina allora un trattamento con irradiazioni del tumore, che i familiari accettano perché sembra più sopportabile.

Per questo motivo, Delizia fu trasferita il 17 maggio dal reparto del prof. Mollica dell'Ospedale Garibaldi all'Istituto di radiologia dell'università di Catania, dove le sedute di radioterapia potevano essere effettuate più facilmente.

Disgraziatamente questo trasferimento si effettua in condizioni catastrofiche. Quella piccola bambina che era Delizia si trova del tutto sola in una camera senza finestre; si sente abbandonata e piange quasi tutta la notte. L'indomani, il 18 maggio, i suoi genitori sconvolti di fronte all'angoscia di Delizia la riportano a casa prima ancora di poter iniziare qualsiasi terapia.

Dopo qualche tempo si sentono ancor più sconvolti di fronte alla responsabilità che ormai incombeva su di loro: Delizia era malata... e gravemente! E per colpa loro non riceveva nessuna cura! Questa situazione non poteva durare.

Dopo lunghe riflessioni, essi decidono di andare a consultare altri medici, forse più qualificati. Allora partono per Torino, vanno presso parenti che abitavano in quella città per avere un altro parere medico, forse un'altra diagnosi. E perché fosse decisa un'altra terapia.

Ma anche questa volta rinunciano al loro progetto per il panico e per la reale disperazione della loro bambina, all'idea di un soggiorno presso la clinica pediatrica dell'università di Torino, ricovero necessario per poter compiere nuove ricerche onde permettere una diagnosi in condizioni ottimali. Essi tornano a Paternò senza aver ottenuto alcun aiuto, né per loro né per la figlia.

Rientrata a casa, Delizia si rende spesso assente durante l'ultimo mese dell'anno scolastico, perché non si sente di andare a scuola, le riesce sempre più difficile camminare ed è sempre sofferente.

Questa situazione deplorevole e i contatti che ella mantiene con i suoi compagni di scuola e con la maestra fanno nascere in quest'ultimi un'idea un po' folle: « E se si mandasse Delizia a Lourdes? ».

Si fa una colletta. Se ne parla con i dirigenti locali dell'U.N.I.T.A.L.S.I. Ci si mette d'accordo con loro, affinché la bambina e sua madre non siano considerate come malate, ma vengano sistemate in albergo, per evitare a Delizia il contatto con una sala di ospedale, cosa che ella non ha mai tollerato molto bene.

In questo modo madre e figlia si trovano a Lourdes dal 7 all'11 agosto 1976, senza essere per niente conosciute né aiutate. Il loro soggiorno fu estenuante: rimasero in albergo solo per il tempo dei pasti e la notte: parteciparono a tutte le funzioni religiose. Così andarono alla Grotta, alle piscine, alle fontane sempre a piedi, e spesso la madre portava la figlia!

Al loro ritorno, la piccola malata non stava certo meglio, e in più era estenuata per il pellegrinaggio.

Un mese dopo, l'11 settembre, il medico che continuava a seguirla le fece fare nuove radiografie. Come si poteva temere, esse evidenziarono « un netto peggioramento, un'estensione del processo morboso e la presenza di travate di osteogenesi periostea ». Questi esami, che mettevano in evidenza un'evoluzione normale del tumore osseo, e l'esigua speranza a cui davano adito non modificarono affatto la decisione dei genitori: la piccola morirà, forse, ma questo avverrà a casa sua, integra e vicino ai suoi!

I giorni passano e l'anno scolastico riprende, ma niente è cambiato per Delizia.

La maggior parte del tempo, ella non può svolgere alcuna attività, resta confinata a letto, e anche così, immobile, soffre talmente da non aver più voglia di niente, e soprattutto non ha più voglia di mangiare. Sopravvive penosamente e deperisce. All'inizio di dicembre pesava soltanto ventidue chili.

Ella si univa da lontano a tutte le preghiere che la sua famiglia, certamente, ma anche tutti coloro che la conoscevano potevano recitare secondo le sue intenzioni. Tutti i giorni la madre non mancava di farle bere un po' di acqua di Lourdes, ma la speranza di vederla guarire diminuiva sempre più. Verso la metà di dicembre, i giorni della bambina sembravano ormai contati, e la mamma aveva già preparato la veste mortuaria che la bambina avrebbe indossato dopo il suo decesso, come vuole la tradizione in Sicilia.

E poi, un mattino prima di Natale, Delizia si accorge improvvisamente che soffre meno, che non avverte più tanto dolore al ginocchio. Chiede alla mamma il permesso di alzarsi! E la mamma acconsente, ritenendo di non dover opporsi a uno degli ultimi capricci della figlia. Con grande meraviglia vede che la bambina si alza senza lamentarsi, è capace di camminare in casa e anche di uscire in strada! Sta per gridare al miracolo!

Senza dubbio, questo piccolo sforzo che Delizia non ha più compiuto da settimane l'ha completamente spossata, e presto ella si rimette a letto per riposare, ma è chiaro che si è verificato l'imprevedibile, che sembra cominciato il ritorno alla normalità.

Nei giorni seguenti la bimba può riprendere la vita di tutti i giorni, sotto gli occhi stupefatti di quanti le erano stati intorno durante la malattia. Molto rapidamente, ella può di nuovo alimentarsi, recuperare le forze e il peso, andare e venire! Alla fine delle vacanze di Natale ritorna regolarmente a scuola, cosa che aveva smesso di fare da molto tempo.

Poiché il miglioramento continua, in qualche mese ricupera dodici chili di peso, una piccola parte dei muscoli persi, e si sviluppa normalmente.

Nel maggio 1977, cinque mesi dopo il suo ritorno alla vita, si cerca di eliminare ogni preoccupazione: si vuol conoscere la situazione del suo osso malato, se si tratta di una vera guarigione, se non c'è più da temere una ricaduta.

A tale scopo, il suo medico le ordina di fare altre radiografie. Esse permettono di scoprire a livello di ginocchio « un aspetto di riparazione sia ossea sia corticale, con la scomparsa completa delle reazioni periostee. C'è anche da notare un evidente ginocchio valgo ».

Dunque un aspetto di « cicatrice ossea ». Come dire, una conferma obiettiva della scomparsa della malattia ossea causata dal tumore maligno. Evoluzione che dimostra una reale guarigione, del tutto inattesa e imprevedibile qualche mese prima!

Da allora la vita può ritornare normale in questa famiglia finalmente risollevata dalla sua situazione di angoscia e già sicura — come è comprensibile — che questa guarigione fosse dovuta a un intervento divino grazie alla misericordia della Madonna. Allora madre e figlia decidono di compiere un pellegrinaggio di ringraziamento a Lourdes, alla fine di luglio del 1977.

Qui giunte, esse vollero comunicare ai medici del pellegrinaggio lo straordinario avvenimento accaduto l'anno precedente a casa loro in Sicilia. La cosa mi fu riferita, e perciò furono invitate a presentarsi al Bureau Médical il 28 luglio 1977. Questo primo contatto fu fondamentale sotto ogni aspetto, determinante per tutto il seguito degli avvenimenti.

L'interrogatorio permise di apprendere dalla mamma alcuni particolari sulla malattia della bambina, che in un primo tempo erano sembrati poco importanti. Consentì anche di comprendere le ragioni per le quali, secondo loro, il Bureau Médical di Lourdes era interessato alla guarigione, anche se essa era avvenuta in Sicilia.

L'esame medico fu difficile a causa del terrore, del vero panico mostrato da Delizia, che non semplificò per niente l'approccio. Questo esame permise almeno di stabilire che:

— la statura era relativamente più alta del normale rispetto all'età, rendendo la muscolatura poco evidente data la sua corporatura longilinea;

— ella non presentava alcun segno secondario di pubertà, malgrado l'età (dodici anni e mezzo) e l'origine meridionale;

— vi era una deviazione molto evidente dell'asse della gamba destra sotto il ginocchio « valgo », che rendeva l'intero arto molto asimmetrico e l'andatura difficile.

Infine abbiamo avuto la possibilità di esaminare le prime radiografie in possesso della famiglia: quelle dell'aprile 1976, quelle del settembre dello stesso anno effettuate al ritorno dal primo pellegrinaggio a Lourdes, e infine le radiografie del maggio 1977 fatte cinque mesi dopo la sua trasformazione, lastre che la madre aveva avuto la buona idea di portare con sé. Esse furono sottoposte a un'analisi del tutto particolare. Infatti avallarono da sole tutto il racconto della madre e avrebbero potuto attirare l'attenzione di qualunque perito medico!

Alla madre e a Delizia furono fatte raccomandazioni perché l'inchiesta potesse essere condotta in modo corretto ed efficace, portando a un risultato positivo. A tal scopo il Bureau Médical doveva disporre prima o poi di tutta la documentazione precedente che riguardava la malattia di Delizia. Ma logicamente la bimba doveva anche sottoporsi a molti esami di controllo, magari assai fastidiosi.

Prima della fine dell'anno 1977 ci venne trasmessa tutta la documentazione scritta, cioè: la cartella clinica ospedaliera della bimba, i risultati delle analisi e della biopsia.

Il resoconto *istologico* della biopsia pose un problema inaspettato, poiché fino ad allora non sapevamo *la natura* presunta del tumore, non avendolo appreso al momento dell'incontro con la madre e la figlia.

Ora, le conclusioni dell'anatomopatologo precisavano che si trattava di un *tumore osseo secondario, di una metastasi di neuroblastoma*! Ma stando ai soli dati clinici, tutto faceva pensare che potesse trattarsi soltanto di un tumore *primitivo*.

Era necessario che ci fossero inviati persino i vetrini, per essere esaminati da altri specialisti ed essere di nuovo interpretati. Il prof. Cordaro fu contattato e non ebbe alcuna difficoltà a inviare dei vetrini della biopsia (n. 90.988) al prof. Henri Payan, titolare della cattedra di anatomia patologica della facoltà di medicina di Marsiglia, per una nuova perizia.

Nel luglio 1978 Delizia si presentò di nuovo al Bureau Médical. Appariva più fiduciosa, meno spaventata. Era nella fase della pubertà. Naturalmente presentava ancora il ginocchio valgo, fastidioso e antiestetico. Portava con sé altre lastre del ginocchio che mostravano « una ricostruzione parziale della zona spugnosa, con una deformazione del piatto tibiale e un ispessimento del bordo esterno della tibia ». In conclusione, non vi era nulla di anormale.

Alla fine dell'estate arrivano le conclusioni della controperizia anatomica da Marsiglia. Eccole:

> La diagnosi di neuroblastoma può essere discussa.
> D'altra parte diversi elementi fanno orientare maggiormente verso una diagnosi di reticulo-sarcoma di Ewing.

Il sarcoma di Ewing è un tumore osseo che colpisce i bambini tra gli otto e i dieci anni, altamente maligno e di prognosi rigorosamente infausta se non vengono applicate terapie.

Il Bureau Médical disponeva, dunque, di pareri diversi ed egualmente giustificati. Perciò era necessario chiedere la decisione di un terzo esperto. Fu scelto il prof. Christian Nezelof, specialista di tumori ossei di fama mondiale.

La sua risposta arrivò nel febbraio 1979. Essa forniva tre principali conclusioni:

> Tutti i membri del laboratorio si sono trovati d'accordo nell'ammettere l'esistenza di un processo neoplastico...
> La diagnosi più probabile è quella di sarcoma di Ewing...
> La diagnosi di metastasi di neuroblastoma non può essere completamente scartata sul piano strettamente anatomico.

Evidentemente tale risposta rendeva questo esame più coerente con la realtà clinica e rafforzava la convinzione dei periti clinici.

Qualche mese dopo, nel luglio del 1979, Delizia fu rivisitata a Lourdes per la terza volta. All'età di 14 anni e 8 mesi, presentava ormai tutta la corporatura di una donna, pesava 58 kg ed era alta 1,57 m. Era in perfetta salute, la sua unica anomalia era il ginocchio valgo. In quest'occasione si apprese che ella doveva incontrare il prof. Q. Mollica nelle settimane successive, per valutare la possibilità di un intervento ortopedico per la deviazione della gamba destra.

Il 4 settembre 1979 il prof. Nezelof ci mandò una conferma delle sue precedenti conclusioni, in questi termini: « Penso effettivamente che la migliore diagnosi del tumore di Delizia Cirolli sia quella di tumore di Ewing ».

Qualche giorno dopo siamo venuti a sapere che il prof. Mollica aveva avuto occasione di sottoporre Delizia a una visita. Dopo la visita, egli certificava la natura della terapia alla quale aveva pensato e che era stata rifiutata dai genitori. Precisava che secondo lui poteva essere eseguita « una correzione chirurgica del ginocchio valgo, ma non certo immediatamente ».

Nell'inverno del 1980, per chiudere la polemica della diagnosi istologica, il Bureau Médical trasmise al prof. Cordaro di Catania i pareri concordi dei due esperti consultati dall'ufficio stesso, chiedendogli di precisare se egli avrebbe modificato la sua posizione dopo un ulteriore esame dei vetrini di questa famosa biopsia.

Il 2 luglio 1980, il prof. Cordaro ci mandò una lunghissima dichiarazione, in cui esponeva i motivi che gli facevano mantenere la sua prima diagnosi, espressa in data 11 maggio 1976. Egli giustificava la sua profonda convinzione con affermazioni che a noi sono apparse nuove, originali e perentorie! Del tipo:

> Il tumore di Ewing non è un'entità patologica definita.
>
> Nella maggioranza dei casi, i tumori di Ewing diagnosticati su bambini e adolescenti non sono altro che dei neuroblastomi metastatizzati.
>
> La diagnosi di neuroblastoma è garantita solo dall'autopsia.

Delizia ritornò a Lourdes alla fine di luglio, e, in previsione di un ultimo esame da parte del Bureau Médical prima che questo si esprimesse sulla guarigione, le vennero fatte nuove radiografie a Lourdes.

Esse mettevano in evidenza:

— nel ginocchio destro « un aspetto normalizzato della trama ossea dell'estremità superiore della tibia, con addensamento della corticale »;

— a livello del cranio, nessuna immagine patologica;

— a livello del torace e dell'addome, nessuna immagine di calcificazione.

Il quarto esame effettuato dal Bureau Médical ebbe luogo il 28 luglio 1980, in presenza di venti medici di vari paesi.

Delizia venne visitata a lungo, dopo aver sentito la storia della malattia e della guarigione e dopo aver preso atto di tutti gli elementi obiettivi della diagnosi in tre lingue (inglese, italiano e francese). Poi, in sua assenza, ciascuno iniziò una discussione nella lingua materna sulle perizie contrastanti e su altri punti, in cui ognuno poté illustrare la sua convinzione.

Fu chiesto a ciascun membro del Bureau Médical di esprimere il proprio punto di vista, rispondendo semplicemente secondo il questionario stabilito dal Comité International, riprodotto in tre lingue. A grande maggioranza furono accettate le seguenti conclusioni:

— persisteva l'anomalia morfologica del ginocchio valgo, come unico postumo della malattia precedente;

— la diagnosi di un « tumore primitivo e maligno » e la prognosi infausta non potevano essere messe in dubbio;

— nessun trattamento specifico poteva essere messo in evidenza per spiegare questo ritorno allo stato normale, né poteva averlo favorito;

— la guarigione era sicura malgrado l'evidente postumo costituito dalla deformazione dell'arto colpito, che però contraddistingue il carattere organico della malattia.

Dunque, « nelle condizioni nelle quali essa si è verificata e mantenuta » per tre anni e mezzo, questa guarigione può essere considerata come « un fenomeno contrario alle osservazioni e alle previsioni dell'esperienza medica e scientificamente inspiegabile ». Inoltre si è convenuto che questo caso di guarigione doveva essere sottoposto al giudizio del Comité Médical International.

Nei mesi che seguirono questa decisione, la delibera del Bureau Médical fu trasmessa all'arcivescovo di Catania e al Comité Médical International. Due membri di quest'ultimo furono incaricati di fare una relazione su tale guarigione. Erano il prof. André Trifaud di Marsiglia e il dott. Bernard Colvin di Dundee (Scozia).

Nel tentativo di ottenere un parere supplementare, il prof. Trifaud chiese al prof. Cordaro di mandargli altri vetrini non colorati della biopsia di cui disponeva. La richiesta fu soddisfatta molto gentilmente. I vetrini furono consegnati al dott. A. Mazabraud dell'Institut Curie di Parigi, per eseguire colorazioni più specifiche ed effettuare un'ultima perizia. Il 5 febbraio 1981 ricevemmo il seguente responso:

> Si tratta di una formazione tumorale maligna fatta di cellule indifferenziate, senza architettura identificabile, non elaboran-

te reticolina. In assenza di ogni osteogenesi, penserei in primo luogo a un sarcoma di Ewing, senza poter escludere formalmente l'ipotesi di un neuroblastoma.

Intanto, nell'autunno del 1981 era stata nominata una commissione medica *diocesana*. Essa comprendeva sei medici, tra cui i tre che avevano avuto a che fare con la piccola malata: il dott. Fallica, il prof. Mollica e il prof. Cordaro. A loro si erano aggiunti altri due professori di pediatria e oncologia della facoltà di Catania e il medico del pellegrinaggio in qualità di esperti.

I membri della commissione ebbero qualche difficoltà a comprendere e stabilire il loro compito. Ma nella primavera del 1982 furono invitati a rispondere secondo lo schema utilizzato dal Bureau Médical, e le loro conclusioni si rivelarono del tutto uguali alle precedenti:

— 5 medici su 6 ammisero che si trattava di « un tumore maligno e primitivo ».

— 4 su 6 che in questo caso esisteva una guarigione « scientificamente inspiegabile ».

Queste conclusioni furono comunicate, tra l'altro, ai rappresentati del Comité Médical International.

La relazione dei due medici Trifaud e Colvin fu presentata, discussa e votata nella riunione del Comité Médical International del 26 settembre 1982, a Parigi. Anche in tal caso, i membri presenti confermarono quasi all'unanimità le conclusioni già espresse dagli altri organi di controllo, dopo una discussione assai animata. Ecco i termini esatti della conclusione della relazione, che fu accettata essendo stati scelti molto assennatamente:

> La guarigione — avvenuta al di fuori di ogni trattamento e verificata dopo sei anni d'evoluzione — dalla proliferazione maligna all'estremità prossimale della tibia destra, di cui fu affetta la giovane Delizia Cirolli, costituisce un fenomeno del tutto eccezionale in senso stretto, contrario a ogni osservazione e previsione dell'esperienza medica e, inoltre, inspiegabile.

Pochissimo tempo dopo la conferma solenne del carattere del tutto eccezionale di questa guarigione, Delizia, che aveva allora diciotto anni, decise di continuare gli studi, per diventare infermiera professionale, poiché evidentemente questa prova l'aveva segnata profondamente.

Mentre i responsabili ecclesiastici, debitamente avvertiti, non sembravano affatto avere molta fretta, e tanto meno si davano da fare per mobilitare uomini e mezzi allo scopo di giudicare se questo avvenimento inspiegabile sul piano medico e umano poteva essere ricondotto a un intervento di Dio, ella conseguiva nel 1985 il diploma statale di infermiera, dopo tre anni di studi teorici e pratici non sempre facili.

Lo stesso anno conobbe il dolore per la morte del padre, un padre che l'adorava e che a suo tempo aveva saputo assumersi una così tragica responsabilità di fronte alla sua figliola sofferente.

Nel settembre del 1986 ha sposato il sig. Consolato Costa, un giovane all'incirca della sua età che ella conosceva.

E nel 1988, dopo un lungo periodo di esitazione e di riflessione, ha chiesto al prof. Mollica, il chirurgo che l'aveva seguita — e data per spacciata! — dodici anni prima, di operarla per la sua deformazione residua. L'intervento è stato eseguito con un risultato magnifico, un successo totale a grande vantaggio di questa giovane donna così attiva.

Nello stesso anno la sede arcivescovile di Catania cambiò titolare. Mons. Luigi Bommarito, il nuovo arcivescovo, non esitò a nominare una commissione canonica, per aiutarlo a definire in quale misura la guarigione di Delizia presentava o meno le caratteristiche di un miracolo. Il 28 giugno 1989, dopo essersi riunita quattro volte e aver ascoltato tutti i testimoni della malattia e della guarigione di Delizia, vicini e lontani, questa commissione consegnò all'arcivescovo una relazione molto elaborata e assai completa, che stabiliva:

— la realtà fisica della malattia e della guarigione;

— il suo carattere contemporaneamente « prodigioso » e religioso;

— infine il valore di « segno » in rapporto al mistero della salvezza in Gesù Cristo.

Nelle sue conclusioni, la commissione chiedeva unanimemente all'arcivescovo di dichiarare il carattere *miracoloso* e il *valore di segno* di questa guarigione.

Il 6 luglio successivo veniva pubblicata in Sicilia e a Lourdes questa dichiarazione ufficiale di mons. Bommarito, arcivescovo di Catania:

> Dopo esser venuto a conoscenza delle relazioni della commissione medica e della commissione canonica diocesana, nominate per lo studio della guarigione di Delizia Cirolli di Paternò, prendo atto del fatto che questa guarigione, per le condizioni nelle quali si è verificata e mantenuta, è « scientificamente inspiegabile » e, quale arcivescovo di Catania, ne dichiaro il carattere « miracoloso ».
>
> Essa si aggiunge a tante altre guarigioni ottenute da 130 anni a Lourdes, luogo privilegiato di preghiera e di fede, grazie alla materna intercessione di Maria, Madre di Gesù, Figlio di Dio...
>
> Esorto tutti i fedeli di questa diocesi a ringraziare Dio per questo nuovo e recente « segno » della sua misericordia.
>
> Questa guarigione è certamente una realtà e un segno di salvezza che Dio ha voluto donare a Delizia Cirolli... Costei non se ne rallegrerà mai abbastanza ringraziando Dio.
>
> Ma soprattutto è un « segno » che Dio ha voluto mostrare alla Chiesa, per confortare la fede e aiutare la conversione.
>
> È dovere di ogni fedele accoglierlo ed esprimerlo con la propria vita.

Ecco dunque la descrizione particolareggiata dell'ultima guarigione di Lourdes, che ho potuto seguire in tutti i dodici anni che sono stati necessari per il suo riconoscimento e la sua definizione completa.

La dichiarazione dell'arcivescovo di Catania, autorizzato a decidere in nome dell'intera Chiesa, risale all'anno 1989, quando, a rigor di logica, avrei dovuto cedere l'incarico di medico permanente del Bureau Médical a un successore più giovane, come era accaduto quando ero stato nominato io.

Le circostanze e soprattutto l'insistenza del nuovo vescovo di Tarbes e Lourdes, che mi aveva chiesto di ritirarmi un anno dopo, mi hanno permesso di ricevere quella dichiarazione e la bellissima notizia per Lourdes prima delle mie dimissioni. Ne fui subito felicissimo e ne ringrazio ancora la Provvidenza!

A Lourdes gli anni sembrano più brevi, o forse passano più in fretta!

Alla fine del 1987 anche mons. Henri Donze raggiungeva i fatidici settantacinque anni. La sua successione non comportava alcuna difficoltà particolare, perché già da più di due anni e mezzo era stato nominato vescovo coadiutore della diocesi mons. Jean Sahuquet, ex vescovo ausiliario della vicina diocesi di Bayonne.

L'insediamento di mons. Jean Sahuquet avvenne il 25 marzo 1988, giorno della festa dell'Annunciazione, alla vigilia della ripresa di quella che doveva essere la mia ultima stagione.

Ma come ho detto, in quel momento il nuovo vescovo di Tarbes e Lourdes, un po' preoccupato per i doveri della carica che ricopriva e della quale era ormai il solo responsabile, non volle aggiungervi anche quelli della nomina di un altro medico. Dunque sono rimasto in carica fino al maggio 1990, sotto l'autorità del tutto benevola e comprensiva di mons. Sahuquet.

E ora è certamente il momento di dire quanto io abbia gradito questo lungo servizio reso a Lourdes.

Più ci penso, più mi persuado che per questa funzione che ho sempre svolto con passione e pertanto, credo, con metodo ma anche con i miei difetti e i miei limiti, cercando però di non rinchiudermi in essi; per questa insolita attività che la Provvidenza mi ha donato in modo così imprevedibile e per la quale ho cercato di dare il meglio di me stesso, cioè energia, fermezza e forse ostinazione e, in particolare, buon senso; ma soprattutto per la fiducia dimostratami sempre sia da coloro che dovevo ascoltare — e sono veramente moltissimi — sia da coloro che in tanti anni hanno avuto la pazienza e la bontà di ascoltarmi... per tutto questo sono sicuro che l'intera mia vita non poteva trascorrere e finire in modo più fortunato e apprezzabile, per l'esperienza tanto esaltante da me vissuta a Lourdes fino ad oggi, ossia per due decenni.

Mi si consenta di dire fino a che punto ho apprezzato di essere stato accolto con tanta benevolenza e comprensione. Di dire inoltre che sono sbalordito per lo spazio lasciatomi dai miei due « superiori »: mons. Henri Donze prima e Jean Sahuquet poi.

Sono grato delle loro attenzioni nei miei riguardi e tanto contento di esprimere loro ancora una volta tutta la mia riconoscenza e la mia profonda gratitudine.

Epilogo

Ho presentato, forse troppo diffusamente, ma spero nel modo più chiaro possibile, ciò che mi è sembrato necessario per ricordare ad alcuni o far conoscere ad altri le *guarigioni di Lourdes*.

Questo elenco, questo catalogo di quasi tutte le guarigioni, di cui l'attuale Bureau Médical dispone e che può testimoniare, non riuscirà necessariamente a soddisfare tutti coloro che sono interessati all'argomento.

Forse perché non vi troveranno l'eco di un avvenimento, di un « miracolo » di cui hanno sentito parlare in famiglia e del quale potrebbe aver beneficiato un loro parente stretto o lontano.

Altri invece non avranno la fortuna o l'opportunità di scoprire in queste pagine ciò che pensavano di trovarvi. Voglio dire che forse non vi riscontreranno una conferma, un motivo del loro attaccamento a Lourdes, alla Madonna, alla Vergine Immacolata, ovvero argomenti e prove che avrebbero desiderato utilizzare in una discussione con non credenti, in una conversazione con giovani o con persone a loro vicine.

Non è questo ciò che ho *anzitutto* cercato di offrire scrivendo la prima parte di questo libro.

Prescindendo dalla mia personalità, che non intende esprimere una professione di fede e convinzioni per quanto rispettabili — lo sa bene chi più o meno mi conosce —, mi pare che in questo libro niente, né il titolo né, quindi, il soggetto né la volontà dell'autore, niente permetta a chiunque di cercarvi qualcosa che non sia la *testimonianza* più obiettiva possibile *di un medico* su alcuni ricuperi inspiegabili della salute che si verificano da molto tempo e avvengono tuttora.

Più precisamente, in questa prima parte si può soltanto trovare una « cronistoria » o, per essere meno pretenziosi, un elenco di (quasi) tutte le guarigioni di Lourdes. Ovvero un catalogo di (quasi) tutti gli avvenimenti che, nel corso degli anni, hanno modificato il concetto di guarigione inspiegabile.

Abbiamo voluto mostrare come il prodigio delle guarigioni di Lourdes è stato sentito, vissuto, valutato dai nostri predecessori quando, all'inizio, ne hanno scoperto la realtà e, quindi, ne hanno compreso l'origine soprannaturale. Poi come a questo fenomeno spontaneo siano rapidamente subentrati lo studio e l'analisi sulle condizioni e le modalità delle guarigioni effettuati da una scienza medica in evoluzione. Come nel corso dei decenni questa procedura medica sia servita da garanzia per i « fedeli » di Lourdes e per l'istituzione ecclesiastica.

Attraverso questa prima parte del libro abbiamo voluto in qualche modo mostrare fino a che punto a Lourdes la logica e la prudenza inizialmente ma anche i criteri canonici abbiano costretto i medici ad applicare il precetto dello scrittore e filosofo Bernard Le Bovier de Fontenelle (1657-1757) in modo forse — ne convengo! — esagerato:

> Assicuriamoci bene del fatto prima di preoccuparci della causa... È vero che questo metodo è molto lento per la maggior parte delle persone che corrono dietro alla causa passando sopra la verità dei fatti... Ma alla fine eviteremo il ridicolo di aver trovato la causa di ciò che non esiste affatto!

PARTE II

STUDIO CRITICO DEL FENOMENO DELLE GUARIGIONI DI LOURDES

Dopo la parte storica e analitica, dopo il lunghissimo elenco, il catalogo delle principali « guarigioni di Lourdes », che abbiamo cercato di rendere completo il più possibile, col rischio di essere giudicati troppo prolissi; dopo aver ricordato le istituzioni e gli uomini che sono stati incaricati di cercare la verità o addirittura di stabilirla controllando le « dichiarazioni di guarigione »; dopo l'analisi del « fenomeno » delle guarigioni di Lourdes e dei suoi risultati, necessaria ad ogni studio critico delle modalità e condizioni generali nelle quali esso è avvenuto e anche dei criteri utilizzati per evidenziarlo, occorre ora riprendere il discorso su:

— le basi e la procedura di controllo di questo fenomeno nel contesto religioso;

— l'evoluzione della loro applicazione a Lourdes e i problemi che questo controllo ha potuto creare in passato (nel XIX e all'inizio del XX secolo) e in un periodo più vicino a noi, dopo la seconda guerra mondiale.

Occorre anche affrontare lo studio critico e *teorico* dei mezzi e delle condizioni di controllo e di verifica medica delle guarigioni cosiddette di Lourdes e delle loro conseguenze, nonché quello della *procedura* di verifica.

Ci sforzeremo in seguito di rispondere a questa domanda banale: *cosa pensarne oggi?* E ai suoi corollari: si tratta ancora di una realtà? Quale atteggiamento si può assumere di fronte a questa « realtà »? Si può tentare di liberarsi delle condizioni in cui è comparsa?

Intendiamo infine suggerire un certo modo di guardare avanti, secondo una prospettiva realistica ma prudente.

CAPITOLO I

Le basi e la procedura di controllo delle « guarigioni prodigiose » nel contesto religioso

Il problema in questione non è nuovo, come abbiamo già ricordato a più riprese.

Di fronte a un miglioramento imprevedibile o addirittura una trasformazione fisica che consentivano il ricupero di soddisfacenti condizioni di salute, per esempio dopo una malattia, una ferita o un incidente, i nostri avi facilmente gridavano al « miracolo ». Essi pensavano che all'origine di una guarigione straordinaria ci fosse sempre un intervento soprannaturale ottenuto attraverso l'intercessione della Vergine Maria. Infatti quest'evento felice costituiva la risposta a preghiere, era l'esaudimento di una pia pratica... E questo soprattutto perché, fino a qualche tempo fa, la medicina e coloro che se ne occupavano erano incapaci di procurare, se non in via del tutto eccezionale, una guarigione, raggiungere un risultato insperato: ciò che, in definitiva, costituiva per una persona un vero colpo di fortuna!

Partendo da questo dato perfettamente comprensibile (se appena ci si sforza di penetrare la mentalità dei nostri avi), si può facilmente capire che *qualche volta* la credulità, lo zelo, il fervore rischiavano di far sì che una qualsivoglia favola, invenzione o leggenda potessero essere proposte come segno del soprannaturale. Ma la Chiesa si è sempre preoccupata di educare ed elevare la mentalità dei fedeli, come anche di schierarsi, all'occorrenza, contro un certo atteggiamento « illuministico » di un numero ristretto di persone.

La « comunione dei santi » costituisce uno degli elementi della fede più antichi e radicati nel popolo cristiano. E ciò è comprensibile: si tratta di un mezzo alla portata di tutti, cui si può facilmente ricorrere per ottenere un aiuto e, così, attenuare la durezza dei tempi o di una situazione particolare.

In un ambiente generalmente ostile, poi, ciascuno era spinto a cercare il sostegno di coloro che erano ritenuti vicini a Dio, quindi capaci di influenzarlo circa la sorte di chi era particolarmente misero.

Fin dalle origini, i santi erano sentiti necessariamente vicini, perché essi erano innalzati agli onori degli altari dalla comunità dei credenti e anche perché, dopo morte, la loro memoria e le loro reliquie erano oggetto di culto. La stessa parola « canonizzazione » si riferiva al fatto che il nome del santo invocato entrava a far parte della lista dei santi della diocesi, del « canone » liturgico.

Nei primi secoli del cristianesimo, tra le funzioni dei vescovi vi era quella di occuparsi della designazione delle persone che la comunità diocesana desiderava onorare, garantendone inoltre la « traslazione » delle spoglie e il culto. Dopo il Mille questo ruolo finì lentamente per essere assunto dall'autorità suprema della Chiesa, cioè dal papa stesso. Tuttavia ciò suscitò accese discussioni.

Nel XIII secolo papa Gregorio IX prese tutta una serie di provvedimenti con cui stabiliva in materia la sua giurisdizione universale e una procedura alla quale dovevano essere sottoposte tutte le cause dei santi prima di essere definite dall'autorità romana.

Più tardi ancora, solo i « santi » la cui canonizzazione era stata decretata da Roma potevano definirsi tali, mentre quelli venerati localmente dovevano essere chiamati « beati ». Ciò provocò subito una discussione sulla validità della dichiarazione pontificia di canonizzazione!

Ma così fu introdotto un certo ordine. Si affermava a poco a poco il disegno della suprema autorità ecclesiastica di garantire ai fedeli modelli affidabili, vite degne di essere imitate, più che mediatori da invocare per averne un aiuto, un favore, dei « miracoli ».

Lo dice benissimo l'autore di un libro, apparso anche in traduzione italiana qualche anno fa, intitolato *La fabbrica dei santi* (Milano 1991):

Lo sviluppo della canonizzazione mediante il processo papale consentì il raggiungimento dell'obiettivo di passare dall'interesse del popolo per i miracoli alla sollecitudine dei più colti per la virtù.

Ma verso la fine del Medioevo nella mentalità dei fedeli vi era ancora un abisso tra i santi ufficiali proposti dall'autorità ecclesiastica e quelli che continuavano ad essere scelti e invocati dal popolo di Dio, cioè quelli che erano « sentiti » vicini e compassionevoli.

Dopo che la tempesta scatenata dal protestantesimo, e in particolare da Lutero, travolse questa espressione religiosa, cioè la credenza popolare nella mediazione dei santi così saldamente radicata nella vita quotidiana dei cattolici, il papato, sotto Urbano VIII (m. 1644) e per tutto il secolo XVII, in ottemperanza ai decreti del Concilio di Trento cercò di assumere l'assoluto controllo della designazione dei santi.

Un secolo più tardi si fece un altro passo avanti nella codificazione di ogni procedura, per adattarsi alle condizioni dell'epoca, per assicurare con maggior certezza la reputazione di santità di questa o quella persona. Un canonista brillante stabilì in maniera pressoché completa una vera summa riguardante « la beatificazione dei servi di Dio e la canonizzazione dei beati ». Si trattava del cardinale Prospero Lambertini (in seguito papa con il nome di Benedetto XIV, m. 1758), che tra il 1734 e il 1738 scrisse e pubblicò un testo fondamentale sull'argomento, da utilizzare in questa materia a partire da quel momento. Definiva soprattutto una nuova procedura destinata a sostituire le norme precedenti.

Questa summa — opera senza dubbio di diversi studiosi, vista la sua complessità — elaborata sotto la guida e l'impulso di uno spirito enciclopedico e relativamente liberale, dettava regole che tenevano conto contemporaneamente:

— di una logica di pensiero assai rigorosa;

— di dati espressi anzitutto da esperti e specialisti in varie materie, come la storia, la medicina, ecc., che non avevano niente in comune con la religione;

— e anche, in modo assai pertinente, di annotazioni legali di casi simili da ricordare a mo' di insegnamento e di giustificazione.

In occasione di un processo di beatificazione o di canonizzazione, infatti, il diritto canonico del XVIII secolo imponeva che in un primo momento l'inchiesta o, meglio, le inchieste preliminari stabilissero che nella vita, negli scritti e negli insegnamenti del candidato niente si opponesse al fatto che egli fosse elevato agli altari. Si trattava comunque di valutazioni e *giudizi umani*, dunque non infallibili, malgrado il rigore utilizzato nel condurli felicemente in porto.

Già da molto tempo si ammetteva che dei « segni divini » erano richiesti e dovevano necessariamente essere raccolti per confermare le conclusioni già raggiunte dalla Chiesa. Ed era questo, appunto, il ruolo attribuito a certe guarigioni fisiche — in un'epoca in cui l'evoluzione favorevole di una qualunque malattia avveniva soltanto eccezionalmente — o meglio, associato ai *miracoli* che potevano avvenire grazie all'intercessione del candidato.

Inoltre occorreva che questi miracoli fossero riconosciuti con assoluta certezza, che fossero evidenti, affinché l'importanza e il significato attribuito loro potessero essere giustificati! Infatti questi « segni » considerati divini dovevano necessariamente essere visti, riconosciuti da una sensibilità e un'intelligenza del tutto *umane* prima di essere ritenuti idonei ad avere un peso nel procedimento.

Perciò il nuovo diritto canonico imponeva criteri medici ben precisi e assai rigidi, destinati a far in modo che le guarigioni (che essi avrebbero permesso di riconoscere come « prodigiose ») potessero essere ricondotte effettivamente e sicuramente a un intervento divino grazie all'intercessione del futuro « santo ».

Queste disposizioni persistono tuttora e sono ancora valide in un processo di canonizzazione che deve permettere di stabilire in quale misura una certa guarigione prodigiosa può essere collegata a un intervento soprannaturale.

A partire dalla fine del secolo XIX questi criteri hanno influenzato anche le conclusioni mediche a Lourdes. Abbiamo avuto modo di dire che essi erano familiari al dott. de Saint-Maclou, e continuano ad essere determinanti tuttora, *dopo più di duecentocinquant'anni* dalla loro formulazione.

Infatti, oggi come cent'anni fa, le ricerche e le perizie dei medici sono destinate a stabilire o invalidare il carattere prodigioso degli avvenimenti sottoposti al loro giudizio.

Le conclusioni positive di queste inchieste hanno due effetti:

— esse suscitano l'attenzione del vescovo interessato riguardo al carattere straordinario, che è stato analizzato e attribuito a una certa guarigione;

— d'altra parte possono servire come punto di partenza per un processo canonico... e pertanto vanno trattate con lo stesso metro di misura, con gli stessi criteri di giudizio che la Chiesa è tenuta a seguire assolutamente.

Vediamone la formulazione, rimasta immutata dal XVIII secolo. Ecco il testo originale latino tratto dalla pubblicazione del cardinale Prospero Lambertini (*De servorum Dei beatificatione et beatorum canonizatione*, liber IV, pars I, cap. VIII, n. 2, con commento sino alla fine del capitolo), con la traduzione che ho ritenuto opportuno proporre:

Primum est, ut morbus sit gravis, et vel impossibilis, vel curatu difficilis.

Bisogna, in primo luogo, che la malattia sia grave, incurabile o di trattamento aleatorio.

Secundum, ut morbus qui depellitur, non sit in ultima parte status, ita ut non multo post declinare debeat.

In secondo luogo occorre che la malattia che è scomparsa non sia arrivata allo stadio finale di evoluzione, poiché in quel momento o poco dopo essa sarebbe dovuta finire spontaneamente.

Tertium, ut nulla fuerint adhibita medicamenta, vel, si fuerint adhibita, certum sit, ea non profuisse.

In terzo luogo bisogna che nessun medicamento sia stato usato, o, se si sono utilizzati dei medicamenti, essi non abbiano avuto alcun effetto.

Quartum, ut sanatio sit subita, et momentanea.

In quarto luogo occorre che la guarigione sia improvvisa e istantanea.

Quintum, ut sanatio sit perfecta, non manca, aut concisa.

In quinto luogo bisogna ancora che la guarigione sia perfetta e non incompleta o parziale.

Sextum, ut nulla notatu digna evacuatio, seu crisis praecedat temporibus debitis et cum causa; si enim ita accidat, tunc vero prodigiosa sanatio dicenda non erit, sed vel ex toto, vel ex parte naturalis.

Inoltre bisogna che nessuna evacuazione o crisi degna di essere notata abbia preceduto in tempo utile e provocato la guarigione, perché in tal caso la guarigione non potrebbe essere realmente considerata prodigiosa, ma sarebbe naturale, interamente o in parte.

Ultimum, ut sublatus morbus non redeat.

Infine bisogna che la malattia scomparsa non si ripresenti.

In altre parole, occorre che non si trovi alcuna spiegazione medica (o scientifica) e naturale (o abituale) a una trasformazione assai rapida da uno stato di malattia ben constatato e grave, senza alcuna tendenza a un miglioramento spontaneo e senza alcun trattamento, a uno stato di salute perfetto, sicuro e durevole.

Ci riserviamo di presentare più avanti il nostro pensiero sulla relativa inadeguatezza di questi criteri canonici in rapporto a oggi e sul modo poco saggio con il quale troppo spesso ci si pone di fronte ad essi: sia sopprimendoli semplicemente... perché, secondo alcuni, sono « superflui » e « inapplicabili » (questa è, grosso modo, la posizione dei carismatici); sia, mantenendoli ad oltranza, a Roma come a Lourdes, con i vincoli inadatti e obsoleti che essi impongono tuttora o, più esattamente, dovrebbero imporre. Quest'ultima è la posizione ufficiale della Chiesa, e noi ci pronunceremo in proposito solo su una precisa realtà, confermata recentemente.

Vediamo subito come sono stati applicati questi criteri al nostro soggetto, cioè alle guarigioni di Lourdes.

CAPITOLO II

L'applicazione dei criteri di guarigione a Lourdes e i problemi che ne derivano

1. ALL'INIZIO

Come abbiamo già detto, oggi è certo che le prime guarigioni avvennero assai presto. Al più tardi nel mese di marzo del 1858, durante la quindicina delle apparizioni. Sembra che siano avvenute tutte dopo aver utilizzato l'acqua della sorgente scoperta da Bernardetta il 25 febbraio.

Niente avrebbe fatto pensare a ciò. Infatti nessuna promessa o confidenza era contenuta nel messaggio della Vergine a Bernardetta e neppure nelle parole di quest'ultima a coloro che le erano vicini.

Niente, nessuna base eziologica all'origine di queste prodigiose trasformazioni di infermi e malati a conoscenza di tutti (o quasi).

Niente oltre a ciò che ci dicono i documenti dell'epoca, cioè l'inchiesta effettuata dalla commissione di mons. Laurence qualche mese dopo.

Per esempio, Catherine Latapie avvertì improvvisamente « l'ispirazione pressante di intraprendere un pellegrinaggio alla Grotta di Massabielle », dopo aver pensato e ripensato agli « effetti meravigliosi che l'opinione pubblica attribuiva all'acqua della Grotta di Lourdes », come è facile immaginare.

Dunque, in quella che ci sembra l'epoca antica in relazione al nostro soggetto, le guarigioni di Lourdes sono sembrate la risultante di una fede personale nella misericordiosa Vergine Maria, una fede diventata rapidamente collettiva. La profondità e il fervore di questa fede non ci sono più familiari, ma allora erano naturali, soprattutto fra il popolino della Francia rurale.

Anzi, a Lourdes questa convinzione poteva manifestarsi, materializzarsi ancor più, grazie a un approccio pieno di fiducia e di speranza: l'uso di una specie di « sacramentale », l'acqua di una sorgente scoperta grazie alla Vergine, in cui non si poteva fare a meno di credere.

Era un atto veramente religioso, una preghiera alla Vergine Maria per ottenere da lei la liberazione da una malattia o infermità, cioè da una prova fisica che era impossibile allontanare con altri mezzi. Al beneficiario e a coloro che gli erano vicini la guarigione sembrava la risposta di una carità infinita e una tenerezza immensa a una supplica personale.

In quel periodo e in quell'ambiente, tali guarigioni potevano essere ritenute, stimate, vissute soltanto come interventi soprannaturali, come « veri miracoli ».

Non si può attribuire un fondamento sicuro alla convinzione degli abitanti di Lourdes e dei dintorni sia sull'apparizione — che si riteneva la Vergine anche prima che questa si fosse data un nome — sia sulle numerose guarigioni che erano oggetto di discorsi e confidenze e che tutti ritenevano « miracoli »: una convinzione « accettata anche se prematura », come dirà in seguito il vescovo di Tarbes.

Infatti questa interpretazione naturale e del tutto spontanea caratterizzava la popolazione meno colta e più semplice della cittadina e dei dintorni, che era anche, bisogna ammetterlo, la più fervente. Invece la minoranza « colta », costituita soprattutto da persone che avevano fatto degli studi acquisendo capacità di giudizio critico e da coloro che rivestivano cariche pubbliche, non poteva accettare questa conoscenza diretta e intuitiva né la spiegazione incontrollabile di avvenimenti inattesi ed eccezionali, che necessitavano anzitutto di una riflessione e di una verifica.

I responsabili ecclesiastici dell'epoca — mi riferisco anzitutto a mons. Laurence, ma anche al parroco di Lourdes e ai suoi vicari — non potevano sottrarsi all'obbligo di pronunciarsi, almeno con argomentazioni plausibili e verificate.

Perciò il vescovo di Tarbes non esitò a costituire, nel momento che gli sembrò opportuno, un organismo di osservazione e di studio, una commissione di esperti capaci di condurre un'inchiesta per rispondere ad alcune domande, che tutti si ponevano, riguardanti l'autenticità degli avvenimenti e la loro origine naturale o soprannaturale.

In merito alle « guarigioni », i membri di questa commissione — nove ecclesiastici, dunque eruditi per eccellenza — ritennero opportuno accettare le testimonianze scritte, le « osservazioni » del dott. Dozous che, bisogna ricordarlo, aveva avuto l'idea di annotare tutte le guarigioni di cui era venuto a conoscenza.

Come va interpretato il lavoro di questa commissione?

Senza entrare troppo nei dettagli dello studio delle primissime guarigioni, dobbiamo riconoscere che:

— le modalità del loro riconoscimento ecclesiastico possono essere perlomeno criticate;

— la cautela che ha permesso a mons. Laurence di definire e presentare Lourdes come un luogo di guarigioni carismatiche e soprannaturali può essere oggetto di alcune osservazioni.

a. Anzitutto non si può fare a meno di pensare che l'incarico dato alla commissione da mons. Laurence nel 1858 sarebbe stato svolto più opportunamente — trattandosi di guarigioni — se essa fosse stata costituita anche da medici invece che da soli preti. Infatti il lavoro della commissione consistette perlopiù nel raccogliere le dichiarazioni dei guariti stessi e di chi era attorno a loro.

Forse si sarebbero potute raccogliere molte più dichiarazioni dei medici che avevano in cura i malati ormai guariti (prescindendo dalle note del dott. Dozous, sempre messe per iscritto perché egli non prese mai parte alle sedute), da allegare ai resoconti dell'attività della commissione. Ciò avrebbe dato certamente maggior valore, dal punto di vista medico, a tutto l'insieme.

Ma oggi è possibile immaginare i rapporti che i malati potevano avere o, meglio, mantenere con i loro medici? Le relazioni redatte da questa commissione devono essere apprezzate per il loro giusto valore.

Si può ammettere, con padre Laurentin, che la relazione del canonico Baradère presenti un interesse indiscutibile, perché il suo autore ha proceduto con buon senso e intelligenza.

Quanto alla relazione del prof. Vergez, rilasciata su richiesta del vescovo di Tarbes e basata unicamente « sui documenti », cioè partendo dal rapporto precedente, va detto che essa non può soddisfare totalmente i periti medici attuali, perché da una parte la sua redazione fu certamente anteriore agli esami e ai riscontri da lui effettuati in seguito su alcuni dei primissimi guariti e ciò la fa apparire troppo teorica, dall'altra costituisce un'ulteriore prova dell'arretratezza della medicina di allora.

Ma a quell'epoca, prescindendo dalle carenze che ho appena segnalato, questa inchiesta può essere considerata notevole e il risultato del lavoro del tutto degno di lode. Infatti essa ha saputo sgomberare il campo da una gran quantità di altri fatti più discutibili, che dovettero essere presi in esame ma furono subito scartati, in quanto sospetti o notevolmente incerti.

A questo proposito bisogna fare un altro rilievo.

Stranamente si trovano pochissime testimonianze scritte circa le guarigioni e i guariti, a parte il quaderno (o quaderni) del dott. Dozous contenente indicazioni veramente molto concise sui malati guariti nelle prime settimane e oltre ai processi verbali delle sedute della commissione tenutesi tra i mesi di maggio e settembre del 1858. Tanto che, in *Lourdes. Documents authentiques*, padre Laurentin ha avuto serie difficoltà a datare con precisione le prime guarigioni, per i vaghi ricordi di ognuno e le testimonianze discordanti.

b. Vi è un altro aspetto che sorprende inevitabilmente, circa le conclusioni e il lavoro di questa commissione. Ritorniamo a ciò che aveva già notato padre Laurentin (LDA, V, p. 48): « Il canonico Baradère e i membri della commissione non esitavano a discutere in campo medico », mentre il prof. Vergez non esitò ad arrivare a tale conclusione: « Questi fatti possiedono un carattere soprannaturale in modo pieno ed evidente ».

Al giorno d'oggi si potrebbe (almeno) dire che vi fu una certa confusione tra il giudizio e l'attitudine a giudicare da parte degli esperti. Anzi collusione tra i giudici di una determinata situazione. Ma è evidente che a quei tempi ciò era logico e perfettamente ammissibile.

Poco tempo dopo aver preso atto del rapporto Vergez, il

vescovo di Tarbes mons. Laurence pubblicò una lettera pastorale, cioè un documento ufficiale, nella quale diceva: primo punto: « L'acqua di Massabielle ha guarito malati dichiarati incurabili e che non davano più speranze. Queste guarigioni si sono verificate grazie all'uso di un'acqua priva di ogni qualità curativa naturale ». Secondo punto: « Quale potenza le ha prodotte? Forse la potenza dell'organismo? La scienza, consultata in proposito, ha dato risposta negativa ». Terzo punto: « Queste guarigioni sono dunque opera di Dio ».

Ecco il giudizio espresso dal responsabile del discernimento ecclesiastico sulle prime guarigioni di Lourdes, le prime di una lunga serie! Ecco soprattutto il primo ragionamento, il primo sillogismo che a quell'epoca si doveva esprimere al termine di un'inchiesta, che garantiva di riuscire a provare *il non intervento di qualsiasi processo naturale*.

Ne derivano due certezze: i protagonisti dell'inchiesta erano convinti di non essere più nel dominio del « vissuto » e « sentito », in un ambito soggettivo, ma, al contrario, in un ambito in cui primeggiava l'oggettività e in cui la logica permetteva di trarre conclusioni; in compenso sembra che i criteri canonici romani non siano stati applicati né dai membri della commissione né da mons. Laurence.

Infatti le motivazioni della lettera pastorale del 18 gennaio 1862 si riferiscono alle « regole saggiamente tracciate da Benedetto XIV, nella sua opera sulla beatificazione e la canonizzazione dei santi, per l'accertamento delle *apparizioni* vere o false », che si trovano nel terzo libro. Ma mons. Laurence sembra ignorare il quarto libro della medesima opera, che riguarda il riconoscimento « delle deroghe alle leggi della natura, come nel caso delle guarigioni miracolose ». O, perlomeno, non fa alcun riferimento esplicito a questa disposizione. Ciò può sorprendere, soprattutto perché sostiene solennemente di valutare questi avvenimenti come « effetti prodotti... da mettere il relazione soltanto col Signore della natura ».

Non si può fare a meno di pensare che la decisione di mons. Laurence, vescovo di Tarbes, sia stata perlomeno « audace e rischiosa », considerato il peso da lui costantemente attribuito a queste guarigioni inspiegabili e alla risposta negativa della scienza interpellata in proposito, e se ci si riferisce a ciò che egli ha proclamato:

Queste guarigioni sono dunque opera di Dio. Ora, esse sono in relazione con l'apparizione: essa ne è il punto di partenza e ha ispirato la fiducia dei malati. Vi è quindi uno stretto legame tra le guarigioni e l'apparizione; l'apparizione è divina, poiché le guarigioni portano un sigillo divino.

Però è proprio a partire da questa decisione che quello di Lourdes ha potuto essere proposto come un santuario mariano, come un luogo carismatico dove ogni ricupero di una salute compromessa o malferma poteva essere attribuito a un aiuto di origine divina, grazie alla misericordiosa intercessione dell'Immacolata Vergine Maria.

Come ho già detto, da allora la sua protezione tutelare poté essere ricercata e manifestarsi qui.

2. DOPO LE PRIME GUARIGIONI

Bisogna ammettere che, per una ventina d'anni, si sono verificate altre guarigioni a beneficio di alcuni pellegrini di Lourdes e dintorni. Queste guarigioni erano rese pubbliche, come abbiamo visto, dalle relative testimonianze dichiarate ai primi residenti del santuario di Lourdes: i cappellani, diventati un po' più tardi i Missionari dell'Immacolata Concezione.

In quel periodo di fondazione del santuario le guarigioni erano considerate reali, definitive, suscettibili di essere registrate e pubblicate nella stampa riguardante il santuario, nella rubrica « Florilegio delle grazie di Maria », cioè come una raccolta di fatti notevoli.

Assai raramente, e per ragioni inspiegabili, il superiore dei cappellani domandava un parere al prof. Vergez circa questa o quella guarigione. Perciò, più tardi, si deve certamente a lui un abbozzo di sistemazione logica, per rendere più significative e probanti le testimonianze di guarigioni.

Nel gennaio 1878 un articolo degli *Annales de Notre-Dame de Lourdes* raccomandò che i racconti delle guarigioni facessero conoscere nel miglior modo possibile la persona guarita, la sua malattia precedente, le circostanze della guarigione e i « mezzi spirituali » impiegati per ottenerla, infine il decorso successivo.

Per lo stesso motivo, nel giugno dello stesso anno fu introdotta una procedura di « constatazione » delle guarigioni avvenute a Lourdes, che era eseguita non appena si manifestavano i primi segni di trasformazione, sempre attraverso i cappellani.

Così si inaugurava un primo sistema di controllo d'ispirazione medica, con mezzi più efficaci per l'accertamento di questi avvenimenti. Ma la partecipazione di un perito medico non era ancora presa in considerazione. O, perlomeno, era solo auspicata!

Qualche anno più tardi — come è stato detto più volte — il dott. de Saint-Maclou ebbe provvidenzialmente una certa disponibilità e un'ispirazione. Egli si offrì come medico « permanente » di un « ufficio delle verifiche » (*bureau des vérifications*) costituito dai medici di passaggio raggruppati intorno a lui: tutti indistintamente, sia che accompagnassero malati in pellegrinaggio durante il loro soggiorno a Lourdes sia che fossero semplici visitatori.

Il superiore dei cappellani padre Sempé e soprattutto mons. Billère, vescovo a quell'epoca, approvarono calorosamente l'iniziativa, che presentava certamente dei vantaggi. Prima di tutto si sgravavano gli ecclesiastici da una responsabilità che essi non erano in grado di assumere e, d'altra parte, questo tentativo di « medicalizzazione » del controllo delle guarigioni non poteva che facilitare la delicata ma necessaria opera di riconoscimento della loro realtà. Ossia: garantire in modo certamente più obiettivo che almeno alcune di esse non potevano essere attribuite alle sole « forze della natura ».

Tenuto conto delle conoscenze mediche dell'epoca, per arrivare a una simile conclusione era sufficiente che:

— la malattia precedente fosse definita « grave e lunga » (va notato *en passant* che, per la penuria di mezzi terapeutici, tali stati patologici erano necessariamente definiti « incurabili »);

— la guarigione avvenisse « improvvisamente e con facilità », in modo « imprevedibile ».

In seguito, il fatto che ricuperi di salute tutto sommato *prodigiosi* fossero confermati da un « giudizio medico collettivo » — primo esempio del genere a livello di un santuario nella storia umana —, al quale si addiceva la qualifica, secondo me inadatta, di *scientifico*, rafforzava la fiducia dei fedeli per questo luogo carismatico. Gli interventi di Dio potevano o, meglio, *dovevano* manifestarsi perché la Vergine Maria vi era apparsa.

Inoltre il dott. de Saint-Maclou non ignorava che, prima di chiedersi se una guarigione fosse dovuta a un intervento di Dio, la Chiesa aveva bisogno che tale fatto fosse riconosciuto « inspiegabile con i mezzi naturali ».

Fu così per molto tempo, fino alla prima guerra mondiale.

Molte dichiarazioni di guarigioni erano segnalate al Bureau des Constatations Médicales. Si sentivano, o meglio si ascoltavano, le persone beneficiate. Erano registrati i loro racconti e le risposte che essi davano all'interrogatorio dei medici. Era effettuato un esame clinico rigoroso e in contraddittorio. Si apriva una discussione sul riconoscimento dell'eventuale guarigione. All'occorrenza si iniziava un'indagine più approfondita e, in seguito, venivano richiesti dei certificati medici. La guarigione era perlopiù constatata all'istante e assai presto ritenuta acquisita, dopo qualche settimana o qualche mese al massimo. Ciò significava:

— per i medici, essa doveva essere ritenuta sicura e inspiegabile fino a un'eventuale prova contraria: questa prova doveva essere fornita dai medici curanti o da una recidiva della malattia;

— per gli interessati e per quelli che erano vicini a loro (nel senso più ampio del termine), significava che si era verificato un nuovo miracolo, che l'onnipotenza di Dio si era di nuovo manifestata;

— per il popolo di Dio in generale e per la Chiesa — all'occorrenza tutti i vescovi di Francia e, in primo luogo, quello di Tarbes — non solo che la funzione carismatica di questo luogo di apparizioni mariane continuava fortunatamente a manifestarsi, ma anche che risultavano sempre più confermate le conseguenze apologetiche che si potevano trarre.

Tuttavia questo controllo medico, evidentemente poco convincente per i medici della fine del XX secolo, è riuscito a studiare e « analizzare » gli avvenimenti sottoposti ad esso in modo oggettivamente accettabile a quell'epoca.

Moltissimi casi — forse persino troppi — erano stati riconosciuti immediatamente come « fatti straordinari ». Ma altri erano stati interpretati consapevolmente come guarigioni ottenute per un fattore religioso emozionale, per un'esaltazione mistica inevitabile in un luogo simile.

Bisogna notare per inciso che questo controllo spiega un'osservazione assai banale, cioè il numero veramente elevato dei fatti prodigiosi che si verificavano a Lourdes, il « miracolo dei numeri », come lo chiamava il fondatore del Bureau des Constatations. Chi avrebbe prestato la minima attenzione a un argomento tanto soggettivo, se non ci fosse stato un controllo medico — per quanto imperfetto — per esaminare col massimo rigore possibile tutti i ricuperi della salute denunciati, ritenendone validi solo alcuni?

Infatti si era particolarmente attenti a garantire che alcune di queste guarigioni non fossero attribuite a processi di tipo suggestivo o a fatti di ipnosi... O più semplicemente, come sosteneva illogicamente qualche esponente della neurologia di allora, alla « fede che guarisce », che *escludeva* certamente l'azione di Dio in modo dogmatico e per principio. Era questo il modo più comune di togliere ogni valore intrinseco ai fatti di Lourdes.

Il prof. Charcot riteneva che le guarigioni di Lourdes erano ottenute solo per le malattie nervose e, sapendo benissimo che il Bureau Médical aveva descritto la scomparsa di tumori e piaghe, aveva osato scrivere: « Se si dimostrasse che anche questi tumori e queste piaghe sono di natura isterica, non vi sarebbe più il miracolo! ». Ed egli si rifiutava di venire a Lourdes, per osservare ciò che accadeva realmente! Il dott. Boissarie gli rispose molto tempo prima della fine del secolo:

> Sono venti-trent'anni che ci dicono: « Voi vedete guarire a Lourdes solo delle malattie nervose ». E dopo trent'anni noi rispondiamo: « È impossibile etichettare così i fatti che osserviamo. Molti medici affermano che queste guarigioni sfuggono ad ogni classificazione. All'ospedale di La Salpêtrière non potrete mai ottenere guarigioni come quella di J. Dehant o di P. de Rudder. Non potete spiegarle con i dati della scienza naturale. Per di più non potete invocare forze sconosciute, il cui segreto ci riserva l'avvenire.
>
> Possono dirci che sono stati commessi errori, che alcuni fatti sono stati interpretati male, che delle malattie nervose ci traggo-

no in inganno... Ma tutto questo non ci interessa. Non è una questione di numeri, non si tratta di sostenere una dottrina. Per questa dimostrazione forniamo prove che si rinnovano ogni giorno e sotto ogni aspetto. Ma ci si rifiuta ostinatamente di studiarle e persino di conoscerle. Si è fatto ricorso ad argomentazioni tendenziose per sfuggire alla logica inesorabile dei fatti.

Più tardi il dott. Vourch dedicherà al tema della « fede che guarisce » il suo *Étude médicale sur quelques cas de guérisons de Lourdes*. Seguendo i professori Grasset, Fiessinger e Bernheim di Nancy, egli evidenzia che esiste una categoria di malattie puramente organiche, in cui il ruolo giocato dall'isteria è nullo, in cui la psicoterapia e la suggestione in particolare non hanno alcun effetto terapeutico. Più avanti si pone la vera domanda:

> Le guarigioni osservate a Lourdes sono prodotte dall'effetto della fede religiosa. Siamo in presenza di una legge generale, per cui tutte le religioni ci presentano fatti analoghi, paralleli e confrontabili tra di loro?

È quello che Charcot e altri autori (tra cui Rouby e Bechterew) hanno creduto di poter dimostrare, ma la cui validità è negata dal dott. Vourch. Egli scrive:

> I fatti antecedenti alla guarigione sono tutti diversificati e variabili. In ultima analisi, non resta che una costante in tutti gli antecedenti di tutti i malati: la fede religiosa. Essa deve, dunque, giocare un ruolo importante nella causalità dei fenomeni.

E sottoscrive subito il pensiero di Fiessinger:

> La fede religiosa, la cui efficacia è ammessa da tutti come fattore di energia morale, può anche generare energia fisica.

In seguito non mancheremo di tornare su questo argomento, la cui attualità incontrovertibile è stata rivalutata alla luce della medicina psicosomatica.

In un diverso contesto ho avuto modo di precisare fino a che punto — nel corso del primo decennio del XX secolo e in vista del cinquantenario delle apparizioni — il controllo medico effettuato dal Bureau des Constatations Médicales ha permesso al dott. Boissarie di proporre guarigioni di ogni sorta a una quarantina di rappresentanti della Chiesa, perché attraverso le commissioni canoniche questi « fatti acquisiti fossero consacrati », cioè ufficialmente dichiarati miracolosi.

È stato possibile analizzare bene questi ricuperi della salute nell'ambito di una medicina anzitutto clinica, e dunque « senza temere la minima contestazione », partendo da criteri medici che corrispondevano a quelli del diritto canonico, stabiliti dal cardinale Lambertini, come abbiamo visto.

Ciò non toglie che i risultati del controllo medico del Bureau des Constatations Médicales siano assai difficili da stabilire.

Nella sua opera *Histoire critique des événements de Lourdes. Apparitions et guérisons*, che ebbe numerose ristampe prima della guerra del 1914, il canonico Bertrin afferma che si contano 3.372 guarigioni tra il 1880 e il 1908 e altre 627 tra il 1908 e il 1915. Secondo Bertrin, quindi, anteriormente alla prima guerra mondiale vi furono in tutto circa *4.000 guarigioni.*

Da un'altra fonte, ricavata da un'analisi assai precisa del dott. Olivieri, ho appreso cifre decisamente differenti e l'abbozzo di una spiegazione:

> Noi abbiamo fatto la rilevazione ogni anno. Queste constatazioni di guarigione presentano solo rapporti assai succinti, che potrebbero rendere necessario un lavoro di discriminazione. Dal 1880 alla fine del 1914 i rendiconti di guarigioni stabiliti dal Bureau Médical sono 1.536.

Penso che l'analisi del dott. Olivieri sia molto più valida di quella dei sacerdoti, senza dubbio meno tecnica, più « allargata » e in relazione con i fatti. Nessuna meraviglia!

Perciò si possono contare *57 guarigioni riconosciute ogni anno* su una media di 5.600 malati per anno, cioè circa *1 guarigione ogni 100 malati.* Questa può essere considerata una percentuale notevole.

3. NEL XX SECOLO, TRA LE DUE GUERRE

Come abbiamo già visto e per varie ragioni che allora sembravano necessarie ai protagonisti, cinque medici furono chiamati successivamente ad assumere l'incarico di medico permanente del Bureau Médical nel periodo tra la fine della guerra e il 1928: per breve tempo nei casi del dott. Le Bec e del dott. Marchand e per un interinato brevissimo per altri tre medici. Malgrado la congiuntura poco favorevole, le modalità del controllo medico si evolsero e diventarono più sistematiche.

Fin dal 1909 una metodologia più severa era stata proposta dal dott. Henri Guinier, ordinario della facoltà di Montpellier, in un articolo comparso in *Les Études* con un titolo per nulla medico: *Le surnaturel dans les guérisons de Lourdes. Notes médicales*. In esso si descriveva il risultato di una lunga esperienza che, nel periodo successivo al dott. Boissarie, faceva di lui il consulente più adatto a presentare un punto di vista scientifico relativo al nostro soggetto. L'autore ricorda cinque caratteristiche mediche comuni a tutte le guarigioni di Lourdes, e cioè:

— l'assenza di un mezzo terapeutico;
— l'istantaneità;
— la soppressione della convalescenza;
— l'irregolarità del modo (apparente, relativo alla manifestazione);
— talvolta il ricupero della funzione più o meno corretta di un organo incapace di svolgerla.

In quell'articolo vi era l'abbozzo dei criteri strettamente medici per permettere un migliore accertamento di ogni guarigione.

All'epoca della redazione di questo studio, nel 1909, non si poteva esitare, e i commenti in proposito potevano essere perentori. Eccone un esempio:

> Da queste osservazioni risulta che l'assenza stessa di una determinata modalità, l'originalità sconcertante del modo in cui si producono i fenomeni, la violazione costante delle leggi ordinarie, l'omissione abituale delle regole che caratterizzano il ricupero della salute in un organismo malato provano l'azione di una potenza non sottoposta alle leggi inevitabili e immutabili alle quali obbediscono immancabilmente le guarigioni del corpo umano devastato dalla malattia.

Ma sembra siano stati il dott. Henri Marchand e forse la scomparsa del dott. Cox, l'inamovibile « segretario perpetuo » del Bureau des Constatations, a consentire in quegli anni la concreta trasformazione dei *dossier* aperti per ogni persona presentatasi al Bureau Médical.

Un primo schema dei criteri per il riconoscimento dei fatti straordinari è proposto esplicitamente a partire dal 1922-23, e rimane fino al 1937. Si basa sulla realtà della malattia precedente, sull'esistenza di una vera guarigione o di un semplice miglioramento, sull'opportunità di chiudere il *dossier* o meno, sul fatto che la guarigione possa essere « attribuita a un processo naturale » oppure no.

La serie di domande alle quali i medici erano invitati a rispondere permetteva di avere una valutazione più evidente delle conclusioni di ogni *dossier*, facilitandone la classificazione. Infine il Bureau des Constatations Médicales fu costretto a controllare più a lungo di prima la persistenza della guarigione stessa, dopo almeno un anno dalla sua comparsa.

Ecco i risultati riguardanti il periodo (sia pure un po' allungato) che va dal 1914 al 1928: su 203 *dossier* iniziati e in attesa di classificazione, 99 guarigioni sono poi ritenute sicure e straordinarie dopo inchieste accurate, cioè all'incirca *una dichiarazione su due*.

Non si può calcolare il rapporto preciso tra il numero delle guarigioni e quello dei malati di questo periodo, poiché, date le circostanze, pochissimi ammalati ebbero la possibilità di venire a Lourdes tra il 1914 e il 1920.

Potrebbe trattarsi di 99 guarigioni su 70.000 malati circa, con *1 guarigione ogni 700 malati*.

Quello tra il 1928 e il 1947 fu l'ultimo periodo in cui il Bureau des Constatations Médicales (B.C.M.) era *l'unico* organo di controllo medico delle guarigioni di Lourdes.

In questi due decenni il B.C.M. fu, come abbiamo già visto, sotto la direzione del dott. Auguste Vallet. Sotto il suo impulso e grazie alla sua supervisione, le inchieste e il controllo delle guarigioni sono diventati ancor più rigorosi. Tra l'altro, i *dossier* iniziati vennero esaminati con maggiore attenzione; le conclusioni furono meno affrettate, la durata del controllo fu prolungata.

A cominciare dal 1938 ci sono altre innovazioni riguardanti

la conclusione dei *dossier*. Il questionario è più dettagliato, più chiaro.

Giudicate voi! Ecco la nuova serie di domande:

1. La malattia descritta dai certificati esisteva al momento del pellegrinaggio a Lourdes? Quali erano i sintomi principali che la rendevano certa?

2. L'evoluzione della malattia è stata arrestata improvvisamente mentre non vi era alcuna tendenza al miglioramento? Quale sintomo morboso è scomparso in quel momento?

3. Esiste la guarigione? Quali prove certe si rilevano? Essa è avvenuta con o senza uso di medicinali?

4. Vi è motivo di soprassedere a una conclusione?

5. Allo stato attuale della scienza è possibile dare una spiegazione medica della guarigione?

Notiamo di passaggio:

— il riferimento esplicito al secondo criterio della Chiesa nella seconda domanda;

— l'introduzione della nozione di terapia nella terza, da confrontare con il terzo criterio della Chiesa;

— l'importante soppressione dalla precedente allusione alle « leggi naturali » nell'ultima domanda.

Il numero delle guarigioni ritenute valide e inspiegabili non ha oltrepassato i 2/5 delle dichiarazioni... in seguito, senza dubbio, a uno studio più approfondito e critico di esse.

Abbiamo dato anzitutto i risultati dettagliati del periodo, dopo averne precisato i tratti più caratteristici. Queste cifre, decisamente diverse dalle precedenti, possono essersi modificate sotto l'influenza (o meglio l'effetto) di un necessario riordinamento dell'argomentazione medica, piuttosto che essere riferite a questo o quel responsabile. Eccole di nuovo:

— 406 *dossier* aperti tra il 1928 ed il 1947, tra cui 129 guarigioni riconosciute e ritenute straordinarie;

— 62 *dossier* rifiutati per motivi vari, che avremo modo di illustrare più sotto;

— infine 215 *dossier* giudicati inutilizzabili.

Il numero delle guarigioni ritenute acquisite in rapporto al numero dei malati di questo periodo è molto difficile da valutare a causa della seconda guerra mondiale, poiché i pellegrinaggi furono interrotti ancora una volta. Dal 1928 al 1939, ossia in dodici anni di pellegrinaggi, si ebbero circa

16.000-18.000 malati all'anno. Invece tra il 1939 e il 1947 si possono contare al massimo 10.000 malati in tutto. Cioè approssimativamente, 200.000 malati... e 129 guarigioni riconosciute a Lourdes, dunque *1 guarigione su circa 1.600 malati*!

Ritorniamo in generale su questo periodo di transizione. È evidente:

— la comparsa delle tecniche di ricerca diagnostica — mi riferisco alla radiologia e agli esami di laboratorio nell'ambito della chimica, della batteriologia, dell'anatomopatologia, ecc. — utilizzate prima di accettare la realtà di una malattia precedente e prima di giudicarne la natura organica;

— la valutazione della gravità della prognosi, con il raggiungimento dei primi risultati terapeutici;

— la stessa esigenza di un controllo medico più lungo che permetteva di dichiarare definitiva la guarigione diminuendo le probabilità di errore.

Tutto ciò ha avuto come conseguenza diretta che *sempre meno spesso* le guarigioni di Lourdes sono state ritenute « sicure ed inspiegabili » dal B.C.M.

Dobbiamo infine far notare che le inchieste mediche non erano mai state così accurate, per adattarsi alle prescrizioni che la logica aveva imposto al diritto canonico. Anche se a quell'epoca nessuno ne parlava più, tanto che quelle norme non sembravano più interessare.

Ciò che impressionava maggiormente coloro che erano attorno ai guariti e gli stessi medici di allora era:

— l'assenza totale di convalescenza e l'immediato stato di benessere;

— la fame insaziabile e l'aumento di peso sorprendente dei « guariti » nei giorni che seguivano il ristabilimento;

— la scomparsa di tutte le anomalie funzionali, di qualunque genere fossero: anoressia, difficoltà di alimentazione e turbe del transito intestinale, amenorrea, insonnia;

— anche la scomparsa di dolori di ogni genere;

— infine, l'ansietà e l'angoscia del domani.

Questi erano gli elementi più manifesti che testimoniavano chiaramente uno stato di benessere, come si può ben comprendere. Infatti essi contrastavano con la situazione patologica antecedente, così facilmente definita « disperata » da impressionare inevitabilmente.

Ma si deve anche ammettere che, soprattutto da parte dei medici, questi cambiamenti del comportamento così improvvisi si sarebbero dovuti analizzare meglio, senza dare l'impressione che la soggettività assumesse tanta importanza.

La diminuzione delle guarigioni ricordata sopra non è passata del tutto inosservata, poiché si allude chiaramente ad essa in un articolo apparso sul *Bulletin de l'A.M.I.L.* (n. 64, gennaio 1939) col titolo: *Les guérisons de Lourdes se raréfient-elles?*

Tuttavia non sembra che i « fedeli » e i pellegrini ne abbiano *risentito*, a causa della loro errata interpretazione dei motivi dell'accertamento delle guarigioni. Penso che questa sia una delle tante ragioni, ma non pretendo di conoscerle tutte perfettamente. Comunque si può ritenere che questo errore e tale approssimazione fossero dovuti ai tre « autori » degli accertamenti:

1) i due che ne erano incaricati ufficialmente: anzitutto i medici tenuti a dimostrare obiettivamente il *fatto* prodigioso, e poi la Chiesa, che doveva eventualmente sancirne il carattere miracoloso, l'origine soprannaturale;

2) coloro per i quali erano fatte tutte le inchieste: il popolo di Dio e soprattutto i fedeli di Lourdes.

Esaminiamo più in dettaglio questo punto di vista, che, secondo me, è stato trascurato per troppo tempo.

1. Considereremo anzitutto gli esperti incaricati di determinare il fenomeno: prima i *medici* del Bureau des Constatations e poi coloro che dovevano riconoscerlo e certificarne l'origine, cioè i rappresentanti qualificati della Chiesa. Si ricorderà senza dubbio la posizione assunta dal dott. Boissarie nel 1905 e 1906, nel momento in cui egli presentava (insieme a mons. Schoepfer) a una ventina di vescovi delle relazioni di guarigioni riconosciute « sicure e avvenute al di fuori delle leggi naturali » dal punto di vista medico. Egli auspicava che i rappresentanti ecclesiali potessero « porre il sigillo della Chiesa sulla constatazione delle guarigioni, e mettere d'accordo nella stessa affermazione scienza e religione ».

Occorre ora ricordare il risultato di questa iniziativa magistrale che ricevette la benedizione dal papa Pio X: la notevole « promozione del cinquantenario » con ventidue miracoli riconosciuti dalla Chiesa tra il 1907 e il 1909!

In seguito, tra il 1909 e il 1914, undici guarigioni furono studiate e riconosciute miracolose da altrettanti vescovi.

Venne poi la guerra del 1914-18, in conseguenza della quale il Bureau des Constatations ricominciò a funzionare normalmente solo molto tempo dopo, nel 1928, sotto la direzione del dott. Vallet. Per ragioni « sconosciute » al dott. Vallet — come scriverà egli stesso al vescovo di Montpellier nel 1946 — era venuta meno la « tradizione » dell'accertamento da parte dei rappresentanti ufficiali della Chiesa e, *tra il 1913 e il 1946, non è comparsa alcuna dichiarazione vescovile.*

Vedremo in seguito le ragioni più verosimili di tale lacuna. Ma diciamo subito che questo silenzio ebbe *contemporaneamente* una causa e una conseguenza immediate, che hanno interagito l'una con l'altra.

a. La causa più evidente del silenzio della Chiesa.

A quel tempo i medici che si occupavano di un'inchiesta per il riconoscimento delle guarigioni « certe e inspiegabili per la scienza dell'epoca » pensavano giustamente — come i fedeli di Lourdes e il popolo dei credenti — che i ricuperi della salute che avvenivano in quel modo erano dovuti soltanto a un intervento di Dio.

Così facendo, essi seguivano implicitamente l'opinione del vescovo di Tarbes e Lourdes mons. Schoepfer che, negli anni venti, faceva pubblicare questa raccomandazione su ogni numero del *Journal de la Grotte*:

> Nessuna guarigione di Lourdes deve essere l'occasione di cerimonie religiose, prima di essere stata autenticata dal nostro Bureau des Constatations Médicales.

Sarebbe come prescrivere che *ogni* guarigione regolarmente « autenticata dal Bureau des Constatations Médicales » avrebbe potuto (o dovuto?) motivare una cerimonia di ringraziamento.

Dunque, a quell'epoca, vi era ancora un modo di pensare ufficializzato fin dal XVIII secolo, che si rifaceva sempre al famoso dualismo « naturale-soprannaturale ». Questo dualismo asseriva sempre che avvenimenti prodigiosi come le guarigioni di Lourdes inspiegabili con le leggi della natura *appartenevano obbligatoriamente all'ambito soprannaturale.* Un modo di pensare che, nel 1912, aveva indotto mons. Cézerac, vescovo di Cahors, a scrivere a proposito della guarigione della sig.ra Marie Fabre:

> Reputiamo che questa guarigione improvvisa non rientri nei fatti ordinari della scienza, e che essa non abbia potuto verificarsi senza un intervento divino.

(Oggi quest'affermazione mi sembra « insensata » in bocca a un ecclesiastico, anche dopo una perizia medica!).

Nel 1930, lo stesso ragionamento ha permesso all'autore di un *Précis d'apologétique* (« Compendio di apologetica ») destinato ai seminaristi di ottenere l'*imprimatur* del suo vescovo, pur esprimendo un'opinione che mi sembra del tutto contestabile al giorno d'oggi.

Giudicate voi! All'inizio del capitolo sui miracoli, l'autore afferma che essi devono essere considerati come « prove della rivelazione ». Quale dimostrazione, egli si propone di presentare « casi di fatti miracolosi constatati ufficialmente ». Qualche pagina dopo cita cinque guarigioni di Lourdes avvenute tra il 1875 e il 1924, *una sola* delle quali è stata ufficialmente riconosciuta *miracolosa* dalla Chiesa! Le altre quattro invece sono state considerate *soltanto inspiegabili* dal Bureau des Constatations Médicales di Lourdes! Non si può ragionare peggio di così!

b. Le conseguenze del silenzio della Chiesa.

Sarà possibile ammettere che possa essersi manifestata anche tra i medici la stessa confusione dei rappresentanti qualificati della Chiesa. Ecco qualche esempio di tale contaminazione.

Nel 1930, in occasione del Deuxième Congrès Marial National, lo stesso dott. Vallet, davanti al legato del papa e a numerosissimi vescovi, ha potuto tranquillamente tenere una conferenza dal titolo eloquente: *Le miracle, au point de vue médical* (« Il miracolo dal punto di vista medico »).

I medici continuano ad « esaminare i numerosi miracoli di oggi, del momento attuale, le cui notizie giungono loro dalle piscine, dalla Grotta, dalla processione... ». E continuano anche a domandarsi: « Bisognerà archiviare il caso, perché le prove del miracolo non sono eclatanti, evidenti, indiscutibili? »; e ad affermare: « Quando noi [medici del B.C.M.] abbiamo dunque deciso che quel tal malato è stato guarito miracolosamente... ». Si tratta di citazioni ricavate da articoli pubblicati sul *Bulletin de l'A.M.I.L.* negli anni 1930-40.

C'è di più. Il *dossier* di una guarigione del 1938 è concluso nel 1941 *in presenza del vescovo di Tarbes e Lourdes*, e sei medici (tra i quali il dott. Vallet) decidono all'unanimità che « il caso di guarigione di questa ragazza poteva rientrare nell'ambito delle guarigioni miracolose di Lourdes ». Attraverso queste poche testimonianze della mentalità dell'epoca, ci si rende conto che il giudizio della Chiesa sull'origine del fenomeno delle guarigioni di Lourdes non sembrava più necessario.

Si può comprendere anche che il ricorso a una perizia ecclesiastica sarebbe stato considerato eccessivo e come una ripetizione superflua, non soltanto dai medici ma anche dagli ecclesiastici responsabili delle diocesi interessate. E si capisce meglio che questo riconoscimento non fosse richiesto frequentemente ai vescovi interessati, tanto più che il silenzio della Chiesa non era giudicato insolito e nemmeno preoccupante.

2. Infatti per i « fedeli », per il « popolo di Dio », ciò era del tutto indifferente.

Bisogna evidentemente ammettere che, nella prima metà del XX secolo, il controllo degli avvenimenti prodigiosi di Lourdes — mi riferisco alla *perizia di ordine esclusivamente medico* — secondo i credenti era importante a scopo dimostrativo, essendo ritenuto indispensabile per appurare non solo la realtà del fenomeno ma anche la sua origine sicuramente soprannaturale. E non penso che questa sia una semplice metonimia, cioè un modo di esprimersi ricordando il legame che unisce la guarigione alla sua causa, ma la dimostrazione che tutte le guarigioni (in primo luogo quelle riconosciute inspiegabili dai medici) vennero considerate *di fatto* miracolose in quel momento e per molto tempo.

Il riconoscimento medico di allora (cioè circa sessant'anni fa, non tre secoli fa) aveva ancora « un'importanza decisiva e determinante » per il giudizio popolare, per quanto « infondata ed esagerata ». Gli si attribuiva un significato oggi ritenuto sproporzionato e inaccettabile. Perciò se oggi il silenzio della Chiesa di fronte alle guarigioni di questo periodo suscita meraviglia, esso ci obbliga però a porci delle domande. O meglio, non ci si spiega il fatto che nessuno se ne preoccupasse realmente nella prima metà del XX secolo.

Infatti la « coscienza collettiva » dei fedeli di Lourdes e, in generale, dei cattolici di Francia era appagata dalle guarigioni dichiarate « straordinarie » dai medici, che un'interpretazione banale ma *adatta alla mentalità dell'epoca*, alla logica del momento e dunque abituale, faceva ritenere « miracolose » a colpo sicuro.

4. DOPO LA SECONDA GUERRA MONDIALE

Non mi sembra il caso di tornare a parlare di argomenti che ho già avuto modo di trattare.

Pare che il primo ad accorgersi di un difetto, di una lacuna, sia stato il dott. Auguste Vallet.

Nel 1945, in effetti, egli ricevette da un dottore di Rennes un *dossier* medico riguardante una guarigione straordinaria. In quell'occasione gli veniva chiesto quale condotta assumere affinché questo ristabilimento fosse preso in considerazione a Lourdes, poiché il beneficiario riteneva senz'ombra di dubbio che questa grazia gli era stata accordata in seguito a una novena alla Madonna di Lourdes. Il dott. Vallet rispose chiedendo all'arcivescovo di Rennes di interessarsi a questo avvenimento, per studiare il modo di scoprirne eventualmente l'origine.

Ho già descritto i particolari del riconoscimento di questa guarigione miracolosa, la prima del secondo dopoguerra, avvenuta nel 1946. Il riconoscimento, portato a termine dopo un lungo periodo di tempo, ha avuto indubbiamente numerose conseguenze, sia vicine sia lontane. Si può pensare che ad esso siano dovuti:

1) il rilancio, da parte del titolare del B.C.M. rimasto in carica nel 1946, del riconoscimento di altre guarigioni;

2) gli interventi estremamente opportuni di mons. P.-M.

Théas, successore di mons. Choquet che era stato « testimone della risurrezione delle commissioni canoniche »; a questo proposito ricordo sia l'iniziativa assai opportuna che egli prese per rafforzare la validità della perizia medica creando il Comité Médical sia le disposizioni da lui richiamate per una migliore *coerenza* di tutti gli esperti, medici ed ecclesiastici, nello svolgere la loro funzione;

3) infine la ripresa della procedura di riconoscimento delle guarigioni, anzitutto da parte del dott. François Leuret, successore del dott. Vallet. Mi sembra di avere avuto modo di dimostrarlo.

A partire dagli anni cinquanta le inchieste mediche divennero sempre più rigorose, tenendo conto che:

— i mezzi diagnostici necessari e richiesti da una medicina che si evolveva diventando una vera « scienza » erano sempre più sofisticati, e non potevano non essere tutti presenti nelle nostre inchieste; circostanze particolari potevano condurre a una discussione e magari a un rifiuto del riconoscimento;

— dopo questo periodo, la prognosi divenne assai più difficile da determinare in modo preciso; infatti essa è in funzione di molti più fattori di prima: dello stadio d'evoluzione della malattia precedente; dell'estensione delle lesioni; della terapia, spesso già prescritta; della durata dell'osservazione; di numerosi altri parametri;

— anche i mezzi terapeutici messi in atto erano sempre più di uso corrente, specifici e statisticamente efficaci.

Per questi motivi, le inchieste finalizzate al riconoscimento di una guarigione straordinaria e inspiegabile diventarono (molto) più rare. Dapprima a Lourdes, a livello del Bureau Médical, e ancor più a livello del Comité Médical.

Come poteva accadere che le guarigioni rimanessero spesso senza spiegazione, se si disponeva sempre più di mezzi per ottenerle in modo quasi prevedibile? Il fatto è che, nel nostro campo e secondo la nostra logica, i metodi di cura la cui efficacia sembra in qualche modo abituale e sperimentale in quanto riproducibile fanno parte dei mezzi detti paradossalmente *naturali*, in base all'approccio teorico e pratico del nostro problema e nella prospettiva della Chiesa.

Oggi esiste ancora un altro problema, di cui bisogna tener conto più che in passato. Di che si tratta?

Per descriverlo, mi sembra necessario partire da un testo del dott. René Biot (cfr. *Bulletin de l'A.M.I.L.*, n. 20, luglio 1931):

> A meno che la scienza si evolva in senso assolutamente contrario e si sviluppi verso la conoscenza più diretta dello spirito, e che noi non esaminiamo più la vita come dal di fuori, e la nostra ricerca si rivolga invece più direttamente verso l'anima leggendovi in qualche modo il corpo...
>
> Allora, evidentemente, tutto il nostro sforzo diagnostico attuale, compiuto con i nostri strumenti e le nostre misure, apparirebbe senza valore, impreciso per una scienza che riterrebbe sicure solo le ricerche psichiche.

Giudicata nel suo contesto cronologico, nel 1931, questa ipotesi aveva poche speranze di essere convincente. Attualmente assume senza dubbio un senso e un valore premonitore indiscutibile, e il suo autore merita grande credito. Perché oggi sembra veramente vicina a un certo tipo di mentalità, a un certo « fenomeno di moda », per cui ognuno si mostra pronto ad accordare allo spirito poteri immensi, smisurati, straordinari, ma certamente indimostrati.

Ma quelle parole erano indubbiamente un modo per attirare l'attenzione degli uffici di controllo e di coloro che ne facevano parte sulla componente psichica nelle manifestazioni patologiche e nel ricupero di uno stato di salute soddisfacente, in un momento nel quale « l'organicismo » e lo scientismo avevano forse un'importanza eccessiva nel loro modo di giudicare.

Inoltre, più avanti il dott. Biot aggiunge la conseguenza di questo punto di partenza:

> Oggi [nel 1931], quando iniziamo ordinatamente un'indagine, una biopsia aggiunge qualcosa: facciamola. È un dovere assoluto, e saremmo gravemente colpevoli se non la facessimo. Ma sappiamo che, domani, questa biopsia sarà ritenuta un segno medico insufficiente e discutibile, e che i nostri successori avranno il dovere di fare altre indagini, per assicurare l'ordine del quale siamo incaricati.

In questo il dott. Biot aveva ragione. Attualmente sembra ormai impossibile iniziare un'inchiesta su una guarigione straordinaria senza prevedere « un esame psicologico e psichiatrico approfondito, nonché colloqui con le persone abitualmente vicine all'ex malato, perché è importante definirne bene la personalità e l'evoluzione dei suoi rapporti interpersonali. Sarà così messa in evidenza l'incidenza di una nevrosi o di un meccanismo psicosomatico nella comprensione della malattia in causa... », come ha fatto notare il prof. Kammerer in un intervento di fronte al Comité International (*Bulletin de l'A.M.I.L.*, nn. 177-178, maggio 1977). Possiamo almeno convenire che questa necessaria ricerca non può far aumentare il numero dei casi di guarigione accettati.

Per tutte queste ragioni, nel 1977 il Comité Médical International ha ritenuto necessario fissare una nuova serie di domande più opportune e soprattutto più adatte alle indagini, al fine di facilitarle e permettere conclusioni più obiettive, sicure e vicine a una logica medica moderna. I lavori per determinare i criteri di una nuova serie di domande hanno sempre tenuto in grande considerazione le disposizioni canoniche, che restano la base logica della certificazione medica del carattere prodigioso di una guarigione.

Ma la formulazione lapidaria dei criteri imposti nel secolo XVIII illustrata sopra è apparsa inadatta alle conclusioni permesse dalla medicina attuale, più certe e nel contempo più sfumate. Per esempio: l'ultima norma emanata dal cardinale Lambertini: « La malattia scomparsa non si ripresenti », poi tradotta dai periti medici del XX secolo in questo modo: « Occorre che la guarigione sia definitiva », necessita di un'altra formulazione più pertinente: « La guarigione deve persistere per un tempo decisamente contrario alle previsioni prognostiche ». Bisogna tenere ben presente questa proposizione conclusiva, che fu oggetto di una lunga discussione tra i periti medici dell'epoca. Si è passati da un avvenimento « straordinario » a « un fenomeno contrario alle osservazioni e previsioni dell'esperienza medica e scientificamente inspiegabile ».

Ecco nei dettagli tutta la nuova serie di domande.

Questionario stabilito dal C.M.I.L., ad uso interno

1. Qual è la diagnosi dell'affezione in causa?
2. Questa diagnosi è basata su constatazioni sufficienti? SÌ/NO
3. I disturbi soggettivi sono in accordo con le constatazioni obiettive? SÌ/NO
4. Il quadro clinico generale permette di escludere una componente psicopatica? SÌ/NO
5. La malattia era grave? SÌ/NO
   — per l'importanza dell'invalidità? SÌ/NO
   — per il pericolo di vita che comportava? SÌ/NO
6. La prognosi della malattia permette di escludere la possibilità di un'evoluzione spontanea verso la guarigione o un miglioramento o una remissione di lunga durata? SÌ/NO
7. Nella comparsa della guarigione si può escludere il ruolo delle terapie utilizzate? SÌ/NO
8. La guarigione può essere confermata dal punto di vista medico sulla base di sufficienti rilievi obiettivi? SÌ/NO
9. Il malato ha notato la scomparsa dei disturbi soggettivi? SÌ/NO
10. La guarigione di questa malattia appare del tutto contraria alla prognosi? SÌ/NO
11. La guarigione ha avuto un carattere improvviso, constatato per la scomparsa di segni patologici obiettivi? SÌ/NO
12. In assenza di segni immediatamente evidenti di guarigione, si è constatata una modificazione della sintomatologia che si possa considerare come il punto di partenza della guarigione? SÌ/NO
13. La guarigione è stata completa? SÌ/NO
14. Persistono reliquati? SÌ/NO
15. Hanno ripercussioni patologiche? SÌ/NO
16. La durata dell'osservazione della guarigione è del tutto contraria alla prognosi? SÌ/NO

Conclusione: la guarigione del sig..., della sig.ra..., della sig.na... che si è constatata, costituisce, nelle condizioni in cui si è verificata e mantenuta, un fenomeno contrario alle osservazioni e previsioni dell'esperienza medica, ed è scientificamente inspiegabile?

SÌ/NO

È chiaro che queste conclusioni e le loro motivazioni devono essere votate da una maggioranza significativa, cioè almeno dal 75% dei membri presenti, perché sia raggiunto il *quorum* necessario.

Ecco come sono stati applicati i criteri delle guarigioni a Lourdes.

Ho avuto modo di dire in precedenza che il numero delle guarigioni riconosciute « inspiegabili » è andato diminuendo negli ultimi decenni, dopo la seconda guerra mondiale, e ho già reso noti i risultati di questi ultimi anni. Voglio ricordarli.

Dal 1947 al 1972, cioè in 25 anni, sono stati riconosciuti dal Bureau Médical di Lourdes soltanto *58 ricuperi* della salute su *1.025 dichiarazioni* di guarigione, raccolte nei periodi dei dott. Leuret, Péllissier e Olivieri. Dal 1972 al 1990, ossia in 18 anni di servizio del dott. Mangiapan, sono state certificate soltanto *3 guarigioni* su *284 dichiarazioni*.

Come è possibile spiegare e giustificare una tale sproporzione tra queste cifre? Tentiamo di darne un'idea riportando le analisi fatte in due tesi di laurea in medicina discusse rispettivamente (e brillantemente) nel giugno 1976 da J. Piéri presso la facoltà di medicina di Bordeaux e nel dicembre 1987 da Corinne Buonaguidi-Filippi, presso la facoltà di medicina di Marsiglia. Entrambi hanno scelto come argomento l'attività svolta dal Bureau Médical di Lourdes in un solo anno, analizzandone i risultati. Per J. Piéri si trattava del 1948, con 82 *dossier*, e per C. Buonaguidi-Filippi del 1959, con 51 *dossier*.

Notiamo subito che il Bureau Médical ha riconosciuto solo 8 guarigioni nel 1948 e 3 nel 1959, ritenendole « sicure, definitive e inspiegabili ». Per quali motivi non sono state riconosciute le altre dichiarazioni di guarigioni? Ritengo che vi siano almeno tre motivi:

a. dovuti, sembra, ai malati e dunque ai « guariti » stessi;
b. dovuti alla diagnosi della malattia precedente;
c. infine in relazione con la guarigione stessa.

	nel 1948	nel 1959
A - MALATI		
mai visti	14	7
non rivisti	—	5
Totale	14 (17%)	12 (23,5%)
B - DIAGNOSI		
errata o incerta	4	2
certa ma senza prove	5	—
obiettiva, mai determinata	—	6
mai ricevuta	4	—
certa, ma riguardante		
— una malattia psicosomatica	1	—
— una malattia psichica	5	3
— una sindrome funzionale	4	—
Totale	23 (28%)	11 (21,5%)
C - GUARIGIONE		
inesistente	14	8
o funzionale	—	6
passeggera con ricaduta	3	6
incompleta con miglioramento organico	9	—
progressiva	2	2
controllata troppo tardi	1	—
naturale, dopo una terapia	8	2
nonostante la terapia continuata	—	1
Totale	37 (45%)	25 (49%)
Guarigioni riconosciute « certe, definitive e straordinarie »	8 (10%)	3 (6%)
TOTALE GENERALE	82	51

L'analisi dei risultati del controllo medico riguardanti questi due anni dimostra un fatto: la pratica necessaria e logica di una perizia medica collettiva e appropriata — dunque sempre più elaborata — è stata indubbiamente benefica, assicurando validità e cautela. Ma nel contempo ha certamente fatto diminuire il numero delle guarigioni di Lourdes, al punto tale che si pongono domande del genere: è stato per mancanza di conoscenze mediche, per « ignoranza » e perché non era possibile « un'analisi » corretta che le guarigioni cosiddette di Lourdes erano molto più numerose in passato? I progressi della medicina faranno presto scomparire del tutto questi avvenimenti prodigiosi?

Cominciano a emergere numerose domande, alle quali prima o poi dovremo tentare di rispondere.

CAPITOLO III

Studio teorico dei mezzi e dei requisiti di riconoscimento delle guarigioni di Lourdes

Cominciamo ora uno studio critico, *teorico* e attuale del riconoscimento delle guarigioni di Lourdes, secondo vari punti di vista:

— Quale può essere oggi il valore di un fatto « eccezionale », di un avvenimento « inspiegabile » per la scienza sperimentale?

— Cosa pensare dei metodi usati per arrivare alla conclusione: « Vi è una guarigione inspiegabile »?

— Per chi e con quale fine è auspicato questo riconoscimento? È legittimo trarne vantaggi?

1. I « FATTI ECCEZIONALI » NELLA SCIENZA SPERIMENTALE E IL LORO VALORE OGGI

Sarà facile convenirne. Nella scienza sperimentale non esistono « fatti eccezionali » che prima o poi non possano essere studiati e spiegati con la ripetizione, il confronto, l'analisi di fatti simili, ottenuti artificialmente e nel più breve tempo possibile.

In chimica e in fisica, una reazione inattesa, imprevedibile, eccezionale e inizialmente « inspiegabile » non rimarrà tale per molto tempo, se si moltiplicano gli esperimenti, se si ripetono le prove, facendo variare le condizioni nelle quali si è prodotto questo risultato apparentemente anomalo. E se ciò non succede in un certo laboratorio, si può scommettere che avverrà prima o poi in altri laboratori.

La discussione relativamente recente sull'« energia

fredda » può chiarire questa constatazione!

In medicina le condizioni sono assai diverse, e questo modo di procedere può essere inopportuno. Si possono effettuare soltanto paragoni e analogie che aiutino a spiegare un fenomeno insolito. Sono possibili confronti con altri casi clinici che sono identici in parte, ma mai nella loro totalità.

Infatti, stando alla logica, nessuna malattia, nessuna guarigione, nessuna reazione a una terapia si possono considerare avvenute in condizioni totalmente identiche in due esseri differenti. Nemmeno in gemelli omozigoti!

Ne consegue la grande utilità e la necessità per la medicina attuale di ragionare partendo da indagini alla cieca, da statistiche, dalla bibliografia medica. Ma a proposito delle guarigioni di Lourdes ci si rende subito conto obiettivamente delle insufficienze, dei limiti e forse dell'inutilità di queste procedure.

Perché, a rigor di termini tali fatti eccezionali non possono essere confrontati o contrapposti ad altri fatti del medesimo genere, osservati *al di fuori* del contesto religioso e riportati nelle bibliografie, e nemmeno all'interno di un gruppo di guarigioni riconosciute « inspiegabili » in un contesto religioso come quello di Lourdes. Infatti la loro frequenza comporta un tempo di osservazione troppo lungo per utilizzarle e ricavarne dati utili.

Dobbiamo quindi pensare che:

— esse sono eccezionali e restano tali;

— sarebbe illusorio volerle collegare ad altri avvenimenti del genere;

— devono essere considerate come *fatti unici.*

Quale valore si può attribuire a tali avvenimenti?

Nel suo libro postumo *Le voyage de Lourdes* (1949), Alexis Carrel riferisce la sua opinione sull'atteggiamento generale dei medici dell'epoca (1901) nei riguardi dei fenomeni anormali di guarigione:

> Gli esperti in scienze li negano; gli altri li considerano soprannaturali. Un fatto è considerato soprannaturale quando non se ne conosce la causa!

Mi pare che la mentalità degli esperti e dei pensatori si sia fortunatamente evoluta dall'inizio del secolo. Ci aiuterà l'opinione di alcuni di loro. Citiamo, ad esempio, la conferenza di padre D. Dubarle o.p., tenuta davanti al Comité Médical International di Lourdes nel febbraio 1954:

> La scienza ci avverte che, nell'economia del suo progresso, ci si imbatte in fatti singolari, avvenimenti in apparenza molto anomali che, rimasti irrisolti per un tempo più o meno lungo, un bel giorno finiscono per chiarirsi e diventare qualcosa di completamente regolare, spiegabili alla luce di una dottrina della natura un po' più avanzata.

Nel 1966, nel suo libro *Les conditions de l'esprit scientifique*, Jean Fourastié scriveva:

> La reazione naturale dello scienziato in presenza di un avvenimento isolato e inverosimile è il dubbio relativo alla diagnosi. Non potendo ricominciarla, il ricercatore non ha che due possibilità: o mantiene la sua diagnosi o rinuncia a renderla pubblica. La crisi di coscienza che l'osservazione di certi fatti provoca, il clima intellettuale che essa determina e le conseguenze (spirituali e morali) provocate fanno sì che la scelta coinvolga l'intera personalità e anche l'adesione a un credo religioso, che rende sospetta la diagnosi.

Nel suo libro *Science et bonheur des hommes*, Louis Leprince-Ringuet scriveva nel 1973:

> In un miracolo c'è sempre un fatto che appartiene alla scienza: un fenomeno di levitazione, una guarigione estremamente rapida, un brusco cambiamento in un malato...
>
> Per lo scienziato tutto ciò che può essere studiato è oggetto di osservazione. Se è veramente segnalato un certo fenomeno in apparenza anormale, uno scienziato non ha il diritto di rifiutarlo *a priori*. Egli lo catalogherà e si sforzerà di sperimentarlo riproducendolo. Ma attenzione: se si tratta di un fenomeno unico, sul quale non può nulla, allora egli sarà estremamente esigente nella sua definizione e nel suo controllo...

Secondo questo spirito agirono e agiscono tuttora gli organi di controllo medico delle guarigioni di Lourdes. « Definizione », « controllo »: ecco quelle che sono da tempo le due parole chiave. Per motivi di coerenza interna, esse sono state e rimangono prima oggetto di ricerca e poi di discussione per i periti medici che formano gli organi previsti a questo scopo.

Indipendentemente dai criteri utilizzati e dal metodo impiegato, si arriverà sempre a conclusioni che devono mirare ad essere il più possibile reali, obiettive e coerenti.

Tuttavia, in un mondo in cui la scienza non può più permettersi di aspirare « alla verità, all'universale e al definitivo », ma deve accontentarsi del « relativo, particolare e provvisorio », qual è il senso delle parole utilizzate dagli uffici medici di Lourdes: « medicalmente » e, soprattutto, « scientificamente inspiegabile »?

Cosa pensare della loro importanza, dato che tutti i giudizi e le definizioni di carattere scientifico devono essere considerati modificabili, provvisori o addirittura *revocabili*?

Vi è indubbiamente una difficoltà non indifferente, della quale bisogna tener conto volenti o nolenti, se non intendiamo continuare a pensare in un modo evidentemente già sorpassato o che sta per essere sorpassato.

2. LIMITI DELLA METODOLOGIA MEDICA UTILIZZATA E RELATIVE CONSEGUENZE

Come abbiamo dimostrato, nel riconoscere le guarigioni di Lourdes si è sempre tentato di tener conto dei dati della medicina dell'epoca, della logica delle circostanze e della finalità degli avvenimenti.

Al giorno d'oggi che cosa bisogna pensare di questo approccio e delle sue conseguenze?

1. Non ci soffermeremo molto sul primo punto.

Penso di avere ben spiegato che nel corso di questo secolo e mezzo le esigenze della medicina — che d'altra parte non ha smesso di perfezionarsi e di svilupparsi — sono state in generale soddisfatte mediante controlli delle guarigioni a Lourdes.

Il giudizio che possiamo esprimere sulle decisioni meno recenti ci costringe certamente a convenire che:

— le condizioni d'esame erano molto incerte, troppo semplicistiche, troppo spesso in gran parte soggettive;

— perciò è verosimile che non avrebbero dovuto comportare conclusioni così formali, prese di posizione tanto esplicite, conseguenze così categoriche fino a poco tempo fa.

Inoltre è difficile metterci di nuovo nelle condizioni di giudizio dell'epoca. E se per dirlo ci basiamo sul valore effettivo delle perizie realizzate adesso, che in definitiva sono più elaborate e dunque più sicure, bisogna umilmente ammettere che tutti i mezzi da noi utilizzati e gli sforzi da noi fatti per ottenere una maggiore obiettività saranno indubbiamente giudicati con grande severità in futuro.

Oggi, per alcuni esistono altre domande assai importanti. Del tipo: si può o si deve realmente pensare che le attuali perizie, per quanto attente, diligenti e caute, determinino conclusioni certe, sicure e formali?

Oppure: esistono serie obiezioni al fatto che i risultati delle inchieste siano così formali? Dove possono collocarsi? Ne vedo almeno due.

a. La prima è in apparenza molto semplice.

Malgrado non vi sia alcun vincolo, alcuna regola, sembra comunque opportuno fare una prima distinzione tra la natura « funzionale » e quella « organica » dei vari stati patologici guariti. Oggi più che mai, ciò rappresenta una seria difficoltà da superare, un problema difficile da risolvere. In quale misura queste due caratteristiche si oppongono l'una all'altra?

Sarebbe troppo lungo sviluppare ora tutti gli argomenti, tutte le teorie contraddittorie su questo tema. Ma nessuno ignora che un certo stato patologico unicamente funzionale all'inizio può trasformarsi assai facilmente in seguito — e la medicina psicosomatica si è fortunatamente data da fare per dimostrarlo — in uno stato organico, cioè caratterizzato da una lesione. L'elenco di queste situazioni è oggi molto lungo!

In compenso, qualche turba mentale causata dalla « patologia molecolare » può essere dovuta a una « lesione » biologicamente rilevabile, organica, certamente meno evidente di un cancro osseo o mammario, ma non meno reale!

b. La seconda obiezione è pressoché del medesimo ordine.

Può essere ugualmente rischioso scartare completamente l'ipotesi dell'origine o, almeno, l'elemento psicosomatico in una guarigione che ci viene sottoposta.

Alla luce dell'esperienza che ho potuto fare e dei contatti che ho avuto, questa situazione consentirebbe a certi medici di ammettere ma soprattutto « spiegare » guarigioni che sembrano « inspiegabili » ad altri e sono tuttora classificate come tali.

In questi casi, secondo me vi è certamente il rischio di una generalizzazione indebita. Comunque non dimentichiamo che a Lourdes le inchieste mediche e le relative conclusioni sono sempre frutto di decisioni *collettive*, per cui le opinioni altrui devono essere accettate e prese in considerazione.

Infatti una malattia realmente « organica » non si può ritenere legata patogenicamente al contesto affettivo nel quale essa avviene. In questo caso vi sarebbe sicuramente una certa confusione tra il livello eziologico, ossia quello dei fattori di causa, e il livello patogenetico, cioè quello dei meccanismi fisiopatologici.

Senza dubbio, esistono altri problemi legati ai dati medici raccolti, ma essi sembrano di carattere troppo tecnico per essere trattati in questa sede. Mi sembra che siano tutti da ricondurre alle difficoltà che possono incontrare certi medici — detti « periti » perché fanno parte degli uffici di controllo — nel giudicare « da soli » una grande varietà di situazioni, con le quali devono confrontarsi senza una preparazione e una conoscenza sufficienti.

2. Quali problemi sono dovuti alla « logica del momento »?

a. Il primo che dobbiamo ricordare è stato formulato a suo tempo da mons. Pierre Eyt, e noi ci sentiamo autorizzati a tener conto di questa riflessione:

> Oggi il metodo della « constatazione » non può essere affrontato come poteva esserlo nel contesto positivistico del metodo sperimentale prima delle scoperte riguardanti la relatività... Le « osservazioni » dovute alle attuali tecnologie d'analisi sono quasi sempre leggibili in termini statistici, raggruppando un gran numero di indizi.
>
> Quando si passa da un'interpretazione probabilistica alla certezza apodittica di una « constatazione »? E soprattutto che senso ha per la scienza contemporanea formulare la domanda in questo modo?

Secondo me, non esiste una risposta a queste due domande che sia soddisfacente e nel contempo positiva. E bisogna anche essere contenti che siano state poste da un rappresentante qualificato non del corpo medico, ma della Chiesa!

b. Merita senza dubbio di essere ricordata un'altra osservazione, legata a questo primo problema e alla logica dell'epoca.

Nella prima parte del libro abbiamo avuto modo di spiegare le condizioni in cui, nel 1948, la commissione canonica dell'episcopato di Nantes (o meglio uno dei suoi membri) fu in contrasto con il Comité Médical National di Lourdes a causa del valore dell'espressione « allo stato attuale della scienza medica », che quest'organo aveva ritenuto giusto riportare nella conclusione della perizia sulla guarigione di Marguerite Malgogne. A quel tempo la precisazione, del tutto banale per uno scienziato, era stata considerata « incresciosa e inopportuna » e, secondo la commissione, aveva soprattutto reso « invalido e immotivato ogni giudizio sul carattere miracoloso della guarigione » (*sic*). Il vescovo di Nantes di allora aveva fatto delle rimostranze al responsabile del Comité Médical e al vescovo di Tarbes e Lourdes, per esprimere il suo rammarico nel dover seguire all'occorrenza il parere della sua commissione. Questo « spiacevole incidente » ha costretto gli uffici di controllo medico delle guarigioni a non usare più quei termini *esplicitamente* nella formulazione delle loro conclusioni, continuando però a sottintenderli, come era doveroso.

Scommetto che un tale affronto a una commissione scientifica responsabile non potrebbe più essere fatto al giorno d'oggi da eminenti teologi o canonisti, poiché lo stesso papa Giovanni Paolo II ha utilizzato questa formula indirizzandosi alla Pontificia Accademia delle Scienze, a proposito della « riflessione serena e obiettiva nei campi propri alla scienza e alla fede per evitare nuove controversie », come nel processo a Galileo. Il celeberrimo areopago fu chiamato a « scoprire e far conoscere *allo stato attuale della scienza* e nel campo che gli compete ciò che può essere giudicato come una verità acquisita... o almeno con una probabilità tale che sarebbe imprudente e irragionevole rifiutarlo ».

Evidentemente in questo è ravvisabile una comprensione assai migliore delle necessità del ragionamento scientifico, un migliore adeguamento agli imperativi della logica scientifica.

A questo punto è opportuna un'altra osservazione.

L'attuale concetto di guarigione è identico a quello dei nostri predecessori?

Nel *Bulletin de l'A.M.I.L.* del luglio 1949 il prof. Sendrail del Comité Médical scriveva:

> Nel concetto di guarigione si combinano elementi psicologici, etici e perfino estetici, non soltanto biologici. È guarito il malato che ritiene di aver ricuperato pienamente le sue funzioni organiche, mentali e sociali, che è di nuovo capace di assumersi tutta la sua responsabilità umana.

Questa nozione, che richiama la definizione dell'Organizzazione Mondiale della Sanità, istituita poco tempo prima, era forse alla base del giudizio dei medici del secolo XIX? Certamente no!

E in generale, lo è per quelli dei nostri giorni? Forse! Ma non è sicuro.

Se la « guarigione » non sarà più considerata originata da un « agente esterno » quale un intervento chirurgico oppure, al contrario, un atto di magia, cosa potrà giustificare in futuro una differenza di valutazione, tanto evidente da determinare conclusioni mediche diametralmente opposte, tra guarigioni da malattie considerate tra le più « organiche » (come il sarcoma dell'anca di Micheli, con una ricostruzione prodigiosa dell'articolazione lesa, o quella della sig.na Clauzel, senza modificazione radiologica del suo rachide) e guarigioni cosidette « funzionali » (come la scomparsa di un'« invalidità totale » in una suora di Lione o la scoperta di un destino personale e sociale totalmente diverso fatta da una ragazza handicappata motrice cerebrale)?

In questo vi è un problema di fondo attuale che meriterebbe indubbiamente di essere l'oggetto di una riflessione particolare.

c. Vi è un'altra osservazione. Bisogna notare che ogni inchiesta cominciata, dopo una qualsiasi dichiarazione di guarigione, dall'insieme degli uffici di controllo medico termina certamente, almeno in parte, con delle conclusioni « negative ».

Questa constatazione — che si sarebbe potuta fare un tempo e che tuttavia sembra recente — rappresenta una presa di posizione contraria:

— da una parte all'opinione dei medici del Bureau des Constatations Médicales del periodo tra le due guerre, che abbiamo già riportato: « Ricordo che le caratteristiche principali sulle quali si basano i periti medici per considerare miracolosa una guarigione sono le seguenti... » (*Bulletin de l'A.M.I.L.*, n. 68, aprile 1946);

— d'altra parte è contraria alla giustificazione proposta dal card. Roques nel 1956, in un'ordinanza che egli ha solennemente promulgato: « Le dichiarazioni mediche ci dimostrano abbondantemente che la guarigione ha tutte le caratteristiche soprannaturali... ».

Queste due citazioni, queste due opinioni erano il riflesso, la testimonianza di una valutazione illogica nella procedura di « riconoscimento » degli avvenimenti di Lourdes. Sia che i medici si approprino indebitamente di una competenza che non hanno e non avranno mai, sia che il rappresentante dell'autorità della Chiesa sostituisca la pseudo « dimostrazione delle dichiarazioni mediche » al suo criterio ecclesiastico.

Queste approssimazioni non possono più continuare ad esistere. Oggi bisogna rinnovare le basi del ragionamento che ci propongono le commissioni mediche ed ecclesiastiche.

In effetti possiamo ammettere che, all'inizio del secolo, la Chiesa ha avuto la buona ispirazione di proporre il seguente postulato ai suoi avversari (positivisti e scientisti di ogni genere):

> Solo a Dio possono essere ricondotti gli avvenimenti di Lourdes dichiarati straordinari, inspiegabili... i quali pertanto non potrebbero essere messi sul conto né dell'uomo né delle forze naturali, né tanto meno delle leggi che regolano l'universo.

Questa asserzione era sicuramente logica e irrefutabile, poiché sfruttava i loro argomenti, la garanzia di criteri sicuri.

Ma oggi le cose sono cambiate.

Infatti è stato un errore contare sulle possibilità di evoluzione e progresso del pensiero e del sapere umano. Dal punto di vista teorico attualmente vi sono sempre più studiosi — ecclesiastici e laici — secondo i quali non si può dire *mai* con certezza che ciò che non è dall'uomo proviene solo da Dio!

In pratica, bisogna far rilevare che al giorno d'oggi numerosi mezzi cosiddetti « naturali » sono diventati degli intermediari. E questi sembrano essere i medici, i chirurghi, le misure terapeutiche disponibili — dalla più semplice alla più sofisticata —, la cui efficacia non può essere messa in dubbio, qualunque cosa se ne pensi!

Dunque, oggi, non è più possibile ragionare così. E l'inchiesta medica può condurre solo a *conclusioni negative.*

Sia che essa non permetta di confermare la guarigione eccezionale per mancanza di obiettivi elementi di diagnosi, o a causa di una terapia il cui effetto non possa essere trascurato o per molte altre ragioni. E così non si avranno più guarigioni « prodigiose e inspiegabili »!

Sia che dopo una tale perizia e in casi molto più rari, non sia possibile spiegare una determinata guarigione nell'ambito ben preciso di una malattia di questo tipo. E in questo caso « la perizia metterà in evidenza che il processo della guarigione sfugge per diversi criteri alle condizioni di guarigione incluse nell'esperienza clinica » (prof. Kammerer).

In altre parole, l'ultima conclusione dimostrerà che « la guarigione è contraria a ogni osservazione e previsione dell'esperienza medica » (cfr. il questionario del Comité International).

Ma dobbiamo ribadire ancora una volta che mai la perizia medica ha potuto né potrà constatare *positivamente* il carattere soprannaturale dell'origine di un ricupero della salute, cioè l'intervento di Dio.

Infatti, se vogliamo restare nella prospettiva dei nostri predecessori, prospettiva che permetteva loro di accettare l'idea che Dio fosse all'origine di determinate guarigioni, dobbiamo certamente ammettere che l'unico scopo della perizia medica può essere quello « di lasciar spazio » ad una valutazione di altro genere.

Nel 1954 padre D. Dubarle si esprimeva così:

> Ancora una volta, la scienza non fa e, per principio, non può certamente far testo in materia di miracolo.
>
> In presenza di certi avvenimenti, essa può semplicemente dire che *non è in grado di opporsi a ciò che, quando c'è, viene chiamato miracolo.*

Ma a questo punto ci addentriamo nei problemi dell'ultimo ambito ricordato, quello della *finalità* di tali avvenimenti, alla quale il riconoscimento delle guarigioni di Lourdes ha sempre cercato di adeguarsi.

3. La finalità delle guarigioni pone dei problemi teorici. All'inizio, le guarigioni di Lourdes hanno anzitutto sorpreso i contemporanei di Bernardetta. Ma subito dopo, i testimoni delle prime guarigioni hanno cercato di scoprirne il significato, di attribuirvi un'origine.

Ho già avuto modo di dire fino a che punto e fino a quando questi ricuperi della salute siano stati considerati, da tutti i « fedeli » interessati, come interventi di Dio ottenuti grazie all'intercessione della Vergine Maria. E anche come questi « miracoli » siano stati utilizzati — al momento giusto, si potrebbe dire! — dai responsabili della Chiesa al fine di meglio sostenere un cattolicesimo attaccato da tutte le parti e vilipeso a vantaggio di una vera e propria religione della scienza. Si fornivano così nuove e opportune « prove » dell'esistenza di Dio e della sua onnipotenza, che un'« apologetica in prima linea » sfruttava da tempo. Ne ho anche fornite alcune testimonianze.

Come abbiamo già visto, il controllo medico delle condizioni prodigiose di queste guarigioni e la garanzia che ne derivava hanno certamente rafforzato, sostenuto e « messo in mano alla stampa » questa convinzione.

L'hanno anche rafforzata, perché essa era violentemente negata dagli increduli e dagli scettici.

Negli anni tra le due guerre, il riconoscimento delle guarigioni ha mantenuto lo stesso scopo. Sembra che la Chiesa abbia dato molta importanza — ufficiosamente, perché nessuna guarigione è stata ufficialmente riconosciuta miracolosa in quel periodo — alla garanzia medica, come base e punto di partenza della dimostrazione canonica dell'intervento di Dio e al valore attribuitole dall'apologetica classica.

E oggi?

In un momento in cui si può ammettere senza temere di sbagliare che le perizie mediche attuali per il riconoscimento di una guarigione straordinaria sono certamente molto più rigorose e sicure per il progresso della tecnica, in un momento in cui questa decisione viene presa con maggior serietà e può essere ritenuta sicuramente più fondata e incontestabile, *teoricamente* non sembra più possibile concederle una tale finalità intrinseca.

Poiché penso che il mio parere potrebbe essere contestato, mi sforzerò di riportare alcune opinioni espresse da esperti infinitamente più qualificati di me.

Per esempio, padre Pohier o.p. ha pubblicato un articolo (*Chemin de la Raison*, nella collezione « Recherches et débats » [n. 75, marzo 1972]) in cui sembra rimettere in discussione il principio di base del giudizio:

> Analogamente bisognerà interrogarsi su come la fede cristiana si configura l'uomo e la sua razionalità, quando essa ammette più o meno esplicitamente — come sembra fare dopo il progresso del pensiero scientifico — che è sufficiente che la razionalità umana, usando il metodo scientifico, possa afferrare un fatto, perché ogni riferimento di questo fatto a Dio e di Dio a questo fatto diventi irragionevole, irrazionale o addirittura insensato.
>
> Bisognerebbe chiedersi che cosa è più coerente con la fede cristiana: l'atteggiamento dominante fino al XVI secolo secondo il quale la realtà della ragione umana era il segno del possibile riferimento dell'uomo a Dio e di Dio all'uomo e al mondo, oppure l'atteggiamento che prevalse dopo, per il quale invece il limite e i vuoti della ragione umana possono lasciare spazio a questo doppio riferimento?

Più tardi, mons. Pierre Eyt, allora rettore dell'Institut Catholique di Tolosa, ha potuto dire al Comité Médical International nel 1978:

> Se — come sembra che si sia fatto fino ad un'epoca relativamente recente — si continuasse a ritenere il complesso della procedura di riconoscimento di una guarigione miracolosa di Lourdes da parte del magistero della Chiesa come un modo in cui il giudizio religioso poteva riempire il vuoto lasciato dalla scienza, non ne deriverebbe una sostituzione di causalità sullo stesso piano di azione? Dio diventerebbe allora il famoso « tappabuchi », come dicevano alcuni.
>
> Si rispetterebbe allora la trascendenza divina? Non si instaurerebbe una sorta di rivalità, una concorrenza e competizione tra le leggi « abituali » e « naturali » conosciute e sfruttate dagli uomini e l'azione straordinaria, inconsueta, « soprannaturale », taumaturgica attribuita a Dio?

Nel contesto di questa competizione, il miracolo diventerebbe quello che, purtroppo, si è spesso chiamato « una sfida alla scienza »!

Ora non si potrebbe più accettare questo.

Cito altre due opinioni, sostenute da studiosi laici. Anzitutto quella di Henri Dumery, tratta dalla sua voce *Miracle* nell'*Encyclopedia Universalis*:

> Quando si colloca un intervento speciale tra i fallimenti della spiegazione naturale, cioè le lacune dell'eziologia razionale, non ci si preoccupa più della religione, ma ci si preoccupa di cogliere in fallo la scienza, evidenziando il contraccolpo dei suoi successi.

E poi l'opinione espressa da Jean Fourastié in una *Lettre aux Théologiens* del 1973:

> All'inizio della crisi (nel XVI secolo) la religione non lasciava spazio alla scienza nella conoscenza; nel XIX secolo la scienza arrivò invece a rifiutare di lasciare spazio alla religione. Oggi la scienza riconosce la sua incapacità di capire « tutto ». Alla religione, ora, non resta che riconoscere la scienza e il suo valore di rivelazione.

È chiaro che in tali ragionamenti vi sono obiezioni teoriche inevitabili che limitano *molto di più* la finalità di questi fenomeni, se si vuole conservare lo schema classico.

3. PER CHI E CON QUALE SCOPO È CERCATO QUESTO RICONOSCIMENTO? È LEGITTIMO TRARNE VANTAGGI?

Nel 1935, nella *Revue d'Apologétique* (t. LX, pp. 538ss) è apparso un articolo di padre Jean Mouroux su questo tema, dal titolo: *Discernement et discérnibilité du miracle* (« Accertamento e accertabilità del miracolo »).

Riteniamo molto utile ricordare ora le principali prospettive, spiacenti che non siano state rese note in precedenza, rimanendo in qualche modo segrete. Desidero fare subito un rilievo preliminare che mi sembra importante. Penso di non sbagliarmi nel ritenere che, nell'intenzione dell'autore, la parola « miracolo » utilizzata nel titolo e in tutto l'articolo deve essere intesa nell'accezione più corrente a quell'epoca, cioè nel senso di « avvenimento prodigioso ». E più precisamente, una guarigione straordinaria avvenuta in un ambiente religioso.

La discussione inizia subito:

> Quando si affrontano i discorsi correnti sul miracolo, si è colpiti talvolta da un certo disagio. Qualche volta il riconoscimento è così facile e chiaro che ci si domanda come possa costituire un problema; altre volte è subordinato a esami tanto precisi e complessi che ovviamente le persone « semplici » non ne comprenderanno mai niente. Ed è inutile voler sacrificare uno degli elementi del problema, la facilità o la tecnicità.
>
> Poiché la Chiesa stessa le impone entrambe.
>
> Essa dichiara che il miracolo è un segno adatto all'intelligenza di tutti (ecco la facilità); per il riconoscimento ufficiale di un miracolo esige un'inchiesta severa, minuziosa, riservata a specialisti (ecco la tecnicità).

Più avanti l'autore prosegue:

> Crediamo che questi due punti di vista celino in realtà due problemi distinti: un problema di conoscenza diretta, di accettazione spontanea, di percezione, e un problema di riflessione critica, di giustificazione tecnica, di verifica. In breve, se mi è permesso semplificare: un problema di accertamento e un problema di accertabilità.

E l'autore spiega: i due problemi sono evidentemente del tutto differenti. È possibile considerare questa distinzione secondo tre punti di vista:

> *a*. Si distinguono come un problema di vita e un problema di scienza...

L'accertamento è un problema di vita religiosa; l'accertabilità è un problema di ordine critico.

> E non si dica che è lo stesso problema a un livello più profondo. È vero che si tratta dello stesso miracolo, ma visto secondo due diversi tipi di conoscenza, che richiedono entrambi una spiegazione.
>
> *b*. Essi si distinguono anche come un problema di psicologia da un problema di logica...
>
> L'accertamento pone un problema di conoscenza concreta, in cui gli elementi soggettivi saranno necessariamente inseriti nella

spiegazione. L'accertabilità pone un problema di verifica: il modo in cui assicurarsi degli elementi obiettivi necessari per un « giudizio scientifico ». Contano solo la ricerca critica, la verifica tecnica, le esigenze razionali e i risultati così ottenuti. Su questo piano non si sarà mai abbastanza severi e la soluzione dovrebbe essere possibilmente il trionfo della tecnica e del rigore astratto.

c. Infine sono opposti, come un problema invariabile si contrappone a uno essenzialmente variabile...

L'uomo non cambia, la religione neanche e, tanto meno, i segni divini. È sufficiente essere uomo per intendere il miracolo come testimonianza di Dio. Dunque, ciò che era valido per i giudei al tempo di nostro Signore, vale ancora per noi e varrà per gli uomini del secolo XXI.

Ma c'è qualcosa che cambia. È la verifica critica del miracolo. Le scienze umane, l'esame della testimonianza, l'osservazione medica e anche l'intelligenza umana, tutto ciò ha fatto immensi progressi, e poiché il reale è inesauribile, non vi è alcuna ragione perché questi progressi si arrestino.

Se i medici si occuperanno di Lourdes tra qualche secolo, non avranno alcun motivo di dire: « Quelli non erano miracoli », poiché le tecniche non sono tenute a provare il miracolo, ma semplicemente a dimostrare che, al loro livello, non esiste alcuna obiezione accettabile contro questa affermazione, la quale richiede ben altri elementi intellettuali per essere proposta validamente.

Secondo me questo studio era auspicabile, ma forse doveva essere proposto in un altro ambito. Infatti l'autore sembrava voler regolare in modo preciso e determinato il contenzioso intellettuale che, da alcuni lustri, avvelenava la discussione sulle guarigioni di Lourdes tra i sostenitori e gli oppositori, tra i « fedelissimi », gli estremisti e gli scienziati.

Anche se questo scritto apportava un nuovo punto di vista in proposito, non usciva dall'ambito dell'apologetica classica detta scientifica, che durava da molto tempo. E l'impressione che se ne ricavava era sempre la stessa. Non si riusciva mai ad evitare la prospettiva cristiana abituale.

Si partiva sempre dalla fede per arrivare alla fede!

In seguito a questo studio, che rappresentava già un progresso, padre X. Léon-Dufour s.j. riprese lo stesso tema, pubblicando un articolo quarant'anni dopo, nel marzo 1976, sulla rivista *Études*: *Parler de miracle, aujourd'hui*:

Il miracolo non può essere ritenuto una « prova » fuori dal

tempo. Esso avviene come un « segno » perfettamente adeguato agli uomini, ma non necessariamente agli uomini di tutti i tempi.

In questa prospettiva si è fatto un grande progresso: separando accuratamente gli ambiti della scienza e della fede, il racconto del miracolo è stato sottratto alla critica razionalistica... come ad ogni apologetica intemperante e irrispettosa della libertà della fede. Più esattamente, all'esame scientifico è lasciato uno solo dei due elementi che costituiscono il miracolo: il prodigio è dichiarato inspiegato, e sono riconosciute le condizioni religiose preliminari. Quanto al segno, esso sfugge al giudizio degli uomini: solo il beneficiario può capirlo...

Questo sembra finalmente un nuovo modo di giudicare, di valutare la « pressione » di ordine apologetico che la Chiesa aveva mantenuto fino agli anni sessanta. L'opinione non era nuova né isolata.

E non era l'idea di un solo teologo, per quanto famoso, ma l'eco di una corrente di pensiero che padre Louis Monden s.j. aveva spiegato nel suo libro *Le miracle, signe du salut* pubblicato nel 1960.

Senza dubbio questo nuovo modo di ragionare traeva origine dalla brillante ispirazione avuta da Maurice Blondel all'inizio del secolo.

In proposito, padre F. Rodé scrive nella sua tesi in teologia intitolata *Le miracle dans la controverse moderniste*:

Nel momento in cui M. Blondel pubblica la sua *Lettre sur l'Apologétique* (nel 1911), l'idea più diffusa sul miracolo è quella di un prodigio fisico, scientificamente controllabile, e di un argomento irrefutabile a vantaggio della rivelazione cristiana.

Alla base di questa opinione esiste una condizione preliminare che Blondel contesta decisamente: il soprannaturale rientra nel giudizio dello storico. No! Perché un fatto, anche se ha in sé qualcosa di soprannaturale, è sempre un fatto naturale. Su questa terra non esiste un soprannaturale fisico.

Eliminata questa premessa, il miracolo rientra in modo del tutto naturale nella sfera del segno. Da quel momento non tocca più né al dotto né al filosofo constatarlo: esso è riferito all'uomo in quanto essere religioso.

Cinquant'anni dopo la *Lettre sur l'Apologétique*, la tesi di padre Monden risultava relativamente semplice. Egli voleva rivalutare la funzione di *segno* del miracolo, rimasta nascosta negli ultimi secoli.

Dopo aver fatto la storia dell'evoluzione delle idee sulla « struttura del miracolo » a cominciare da sant'Agostino, che non considerava molto il miracolo come un atto della potenza creatrice di Dio; dopo aver precisato che la scolastica medievale si interrogava soprattutto sull'esatta natura dell'intervento divino che rivelava il fatto miracoloso; dopo aver constatato che più tardi, dopo san Tommaso, di fronte ad attacchi combinati l'apologetica disponeva solo di un concetto privato del suo elemento essenziale, cioè la *funzione di segno*, e dunque non poteva fare a meno di definire il miracolo come « un fatto che si oppone in modo molto evidente alle leggi naturali e che dunque deve essere causato dal Creatore », egli osava scrivere:

> Alla fine del XIX secolo si riconosce l'*impasse* in cui è finita l'apologetica cattolica. È necessario convenire che la constatazione scientifica e la considerazione metafisica derivano da due livelli differenti, e che il passaggio da un piano all'altro è immotivato. Non senza ragione si rimprovera all'apologetica del miracolo di trasformare l'inspiegabile di un fatto scientifico in un inspiegabile metafisico.

E più avanti:

> La teologia cattolica è oggi sempre più concorde nel cercare il centro di gravità del fatto miracoloso nel suo carattere di segno: il suo valore apologetico non si evidenzia per mezzo d'una constatazione scientifica, ma grazie alla scoperta del segno da parte dell'uomo in ricerca della verità religiosa.

In un ordine di idee leggermente differente, padre Henri Bouillard ha scritto poco tempo dopo, nel 1972, in *Révélation de Dieu et langage des hommes*:

> La Bibbia e la teologia tradizionale dicono che Dio parla, che interviene e agisce nella storia del suo popolo e delle nazioni. Se con questo intendiamo che Dio parla come un uomo, intervenendo nella storia come un agente in mezzo ad altri agenti, saremmo in *piena mitologia*. Dobbiamo comprendere che Dio non è un essere superiore al di là e al di sopra del mondo, che

verrebbe dall'esterno per parlare e agire nel mondo... È dall'interno e all'interno stesso del mondo, della storia e delle libertà umane che egli si rivela...

Inoltre alla voce *Miracle* dell'enciclopedia *Catholicisme* (t. IX, 1981, coll. 252-269), padre Xavier Léon-Dufour s.j. scrive:

Questo dilemma deve essere superato... *Più agisce Dio, più agisce la creatura stessa.* Sant'Agostino aveva già detto: « Tutto è di Dio, tutto è dell'uomo ». Io penso che esista una sinergia tra l'uomo e Dio. È inutile immaginarsi Dio come un essere che arriva nel mondo come se fosse un estraneo... dobbiamo capire che Dio è sempre con noi. Nel corso naturale del mondo talvolta si svela la presenza amabile e attiva di Dio... un'azione che non si sostituisce all'attività umana, ma le concede di *essere pienamente se stessa...*

Ma qui sconfiniamo in altro argomento che affronteremo più avanti: si può chiarire il legame che esiste tra Dio e la sua creatura? Noi pensiamo di averlo dimostrato.

Lo studio *teorico e attuale* del fenomeno delle guarigioni di Lourdes e del loro riconoscimento pone dei problemi. Ad alcuni potrebbero sembrare falsi e artificiosi! Tutti sappiano che non è così!

Si è verificata una trasformazione molto concreta a livello dei dati acquisiti dal sapere e dall'intelligenza in genere, che si approfondiscono e si sviluppano ogni giorno di più, e sul piano dei limiti che la logica impone alla valutazione di una situazione tanto eccezionale in un mondo medico in via di trasformazione, oltre che a livello della finalità di tale evenienza: ad essa non si attribuiscono più la medesima adesione totale, un significato tanto appassionato come in precedenza.

Ed è necessario prenderne coscienza, qualunque sia il peso della tradizione, della realtà culturale di base e dell'educazione religiosa, tutti elementi certamente conservatori, che ognuno di noi ha potuto ricevere.

Per concludere, diamo ancora una volta la parola a mons. P. Eyt, che si esprime così alla fine del suo intervento al Comité International:

I nostri predecessori hanno voluto esprimere nel modo più onesto possibile due letture, due interpretazioni, due punti di vista:

quello della scienza e quello della fede. Come loro, non possiamo tornare indietro, al periodo precedente il momento in cui nasce la scienza moderna e, insieme, le esigenze che essa impone. Tuttavia, se ci atteniamo al progressismo coraggioso che ha caratterizzato il loro atteggiamento, può darsi che ormai dobbiamo tener conto di un contesto differente dal punto di vista sia scientifico sia religioso.

CAPITOLO IV

Studio pratico dei mezzi e delle condizioni del riconoscimento delle guarigioni di Lourdes

È venuto il momento di iniziare un secondo studio critico: lo studio *pratico* e attuale dei mezzi e delle condizioni del riconoscimento medico delle guarigioni. Si tratta di una parte fondamentale del libro e, rispetto al capitolo precedente, è più consona alla mia formazione, competenza ed esperienza.

Tenterò di rispondere alle principali domande che oggi vengono poste ai periti medici, a coloro che realmente, oserei dire quotidianamente, fanno parte degli uffici medici di controllo delle guarigioni di Lourdes.

Dapprima poniamo una domanda assai semplice: tutti i malati avevano e hanno tuttora la possibilità di guarire a Lourdes?

In secondo luogo, anche se ciò comporta una lotta disperata contro i sostenitori di un diritto canonico immutabile e contro i criteri di ordine medico del card. Lambertini pubblicati nel secolo XVIII e tuttora opponibili alle conclusioni delle inchieste mediche, bisogna chiedersi se questi criteri sono ancora pertinenti.

E infine un'ultima domanda che noi medici siamo tenuti a porci, poiché il procedimento per giudicare ogni accertamento di guarigione inizia con la perizia medica: oggi, a Lourdes, vi sono ancora delle guarigioni che, a rigor di termini, possono essere ritenute realmente « prodigiose » e dichiarate tali?

Ecco alcune domande che molti si pongono: pellegrini legati al santuario e « turisti » che scoprono Lourdes con la guida sotto il braccio, laici « religiosi » e indifferenti; sani e malati, francesi e stranieri.

1. TUTTI I MALATI POTEVANO E POSSONO GUARIRE A LOURDES?

Nel *Bulletin de l'A.M.I.L.*, il bollettino dell'Association Médicale Internationale de Lourdes da lui fondata quattro anni prima, il dott. Auguste Vallet ebbe, nel 1932 (n. 27), la temerarietà di scrivere:

> La mia lunghissima esperienza di guarigioni ottenute mi permette di suddividere i malati in due categorie: quelli che non guariranno mai e quelli che possono guarire. Le guarigioni di Lourdes sono guarigioni utilitarie... Con queste parole intendo dire che esse hanno un'utilità: quella di salvare dalla morte colui che deve esserne la vittima a breve o a lungo termine. Ne beneficiano i malati di tubercolosi, tumori, affezioni organiche dei centri nervosi, tutti morbi incurabili. Ecco le malattie che possono guarire a Lourdes.
>
> Quanto agli altri ammalati dei pellegrinaggi, più del 60% dei quali sono affetti da malattie con focolai spenti da molto tempo e con cui si sono abituati a convivere in buona armonia malgrado il disagio che comportano (vecchie coxalgie e artriti, calli viziosi, ecc.), molto probabilmente essi ripartiranno come sono arrivati!

Penso che, nel 1932, il dott. Vallet non aveva tutti i torti a pensarla in questo modo, malgrado la sua sorprendente pretesa di ritenersi capace di prevedere l'imprevedibile e nonostante la sua tranquilla e immotivata sicurezza nel valutare... caratteristiche che non si possono certamente approvare.

Infatti a quell'epoca molti pellegrini ammalati — di tutte le età ma soprattutto quelli giovani, poiché la possibilità di sopravvivere era certamente minore di oggi — venivano a Lourdes con un'immensa speranza di guarire. Infatti la medicina di allora si dimostrava incapace di soddisfarli e persino di dare loro *la speranza* di una guarigione futura.

Nel suo libro *Grandeurs et tentations de la médecine*, il prof. Jean Bernard ha ricordato le carenze del medico alla fine del XIX secolo:

> In tutta la sua vita professionale, il medico utilizzava qualche ricetta imparata; e con la sua dedizione aiutava il malato sia a morire sia ad attendere pazientemente il momento della guarigione spontanea. Completamente impotente e sprovvisto di ogni

arma terapeutica efficace, egli assisteva all'evoluzione spontanea, positiva o negativa, della malattia, attento a non aggravarla.

E più sotto:

Il medico non modifica quasi mai il decorso delle malattie che, se sono benigne, guariscono da sole e, se sono gravi, uccidono quasi sempre.

E nel 1930 le cose erano quasi immutate! Dobbiamo cercare di entrare nello spirito del tempo, per comprendere e accettare i motivi che i medici potevano avere per invitare alla rassegnazione, unica possibilità per moltissimi malati, soprattutto per quelli credenti.

Pertanto, soprattutto a causa di questa carenza vissuta come una prova supplementare:

— quasi tutti i malati desideravano venire a Lourdes, perché contavano di trovarvi l'unico mezzo conosciuto per risolvere una situazione ritenuta quasi sempre disperata;

— alcuni di loro sopportavano rischi inauditi, impensabili al giorno d'oggi, nella speranza di ricuperare uno stato di salute migliore, al termine di un viaggio che, per loro, non comportava *necessariamente* il ritorno.

A causa di questa situazione tanto lontana dalla nostra, è possibile accettare, comprendere le ragioni essenziali che essi avevano di ricorrere a Dio, un Dio onnipotente che veniva supplicato perché mostrasse il suo potere sulla vita e sulla morte.

Ma attualmente la situazione è totalmente diversa. Esistono ancora malattie incurabili la cui evoluzione non può essere impedita, sulle quali la scienza più sofisticata non ha alcun potere. Tuttavia esse sono certamente assai più rare.

D'altra parte è altrettanto certo che i mezzi terapeutici della medicina attuale sono incommensurabilmente più efficaci che sessant'anni fa e migliorano ogni giorno. Tanto che oggi qualsiasi malato incurabile, consapevole di essere tale, spera tutti i giorni di apprendere che è stata scoperta una nuova terapia e che domani la sua vita sarà trasformata! Molte altre conquiste modificano completamente le speranze nelle possibilità di una medicina che, nel linguaggio corrente, « fa miracoli »!

In Europa, per esempio, le situazioni patologiche nelle quali la vita umana è direttamente minacciata possono quasi sempre essere messe sotto controllo in pochi minuti, nelle ore cruciali, in determinate condizioni tecniche, per cui Lourdes non ha più l'importanza che le era riservata e al suo posto si raccomandano soltanto i centri di cura intensiva.

Altro esempio. Ai giorni nostri, un certo *handicap* fisico, una determinata infermità — ereditaria o congenita, oppure nel caso di un danno secondario in seguito a un'infezione, un trauma, una degenerazione — possono essere compensati quasi totalmente con apparati ortopedici o protesici inimmaginabili trent'anni fa. Questi permettono a coloro che ne sono colpiti di condurre, malgrado tutto, una vita con dei limiti, ma utile, un'esistenza normalissima.

L'esempio più evidente e conosciuto ai giorni nostri riguarda lo studioso inglese minorato Stephen Hawking. Malgrado un'invalidità muscolare quasi totale, grazie soprattutto al suo coraggio, alla sua passione per la ricerca e, bisogna riconoscerlo, grazie a un prodigioso insieme di strumenti e di calcolatori, questo matematico geniale continua con la sua intelligenza e il suo cervello idealmente intatti a ricercare una più adeguata concezione astrofisica del cosmo, comunicandone i risultati inaccessibili alla maggioranza degli uomini.

Ripeto, la medicina attuale ha certamente dei limiti, ma nonostante ciò e malgrado il fatto che « la rivoluzione terapeutica non è ancora ben compresa dall'opinione pubblica », secondo il punto di vista un po' antiquato e sorpassato di Jean Bernard, è evidente che la posizione intellettuale e naturale dell'uomo moderno nei confronti della medicina è profondamente cambiata.

In un'epoca in cui le scoperte della scienza medica sono sempre più abituali, al punto che è difficile registrarle e conoscerle tutte...

In un'epoca in cui la medicina offre generalmente tante possibilità, impegnandosi contemporaneamente per:

— l'informazione e l'educazione del pubblico;

— una responsabilità tanto individuale quanto collettiva;

— l'efficienza terapeutica che sposta sempre più in là i limiti della vita;

— una prospettiva medica attiva per i ricercatori, impegnati ora anche in vie del tutto straordinarie come la correzione delle malattie ereditarie, che tiene con il fiato sospeso il mondo intero a proposito delle nuove malattie virali, per le quali si spera in un vaccino...

In un'epoca simile, non potrebbe avvenire un cambiamento, un ritorno dell'ammalato *anzitutto* verso altri uomini, più vicini e partecipi, verso scienziati che dispongono di tecniche così efficaci? E, nel contempo, un apparente abbandono del ricorso primo e unico a Dio che tanto caratterizzava la vita dei nostri avi?

Per tutte queste ragioni la situazione non può essere giudicata identica a quella di sessant'anni fa e più!

Perciò non mi sento in grado di stabilire brevemente chi può ancora essere guarito oggi a Lourdes e chi non può avere questa fortuna.

Ma la domanda posta all'inizio del capitolo rimane.

Si può scoprire una relazione tra le guarigioni di Lourdes e il « tipo di malati » che sono stati o potranno essere guariti a Lourdes? Dire che questa è una domanda estremamente difficile sarebbe troppo comodo e non ci farebbe avanzare di un passo.

Così, prima di tentare di dare una risposta, ecco qualche osservazione preliminare.

1. È certo che, per motivi diversi, la funzione « carismatica » di Lourdes sta per scomparire, salvo forse durante i raduni di determinati gruppi carismatici.

È una perdita? O può rappresentare un vantaggio?

Non ho né i mezzi né l'intenzione di esprimere un giudizio su questo fatto evidente. Ma ciò che è sicuro è che il numero delle « guarigioni dichiarate » non può essere aumentato. Soltanto quelle che, anche per molte buone ragioni, non danno luogo a un'indagine possono sembrare ancora numerose.

Quanto alle altre che saranno studiate e analizzate per poter essere eventualmente giudicate sicure e prodigiose su richiesta degli stessi beneficiari, quelle per le quali si esigerà una perizia medica per dichiararle inspiegabili, il loro numero *non potrà che diminuire*, come segnaleremo più avanti, più precisamente a proposito di molti soggetti.

Al punto che sembrerà chiaramente che l'indagine medica e ufficiale su certi ristabilimenti della salute, ricerca che deve essere alla base di ogni interpretazione di ordine religioso, questa indagine, dunque, non potrà che ridurre il numero delle guarigioni che possono essere collegate ufficialmente a un intervento di Dio.

2. La composizione dei pellegrinaggi si è completamente trasformata. I « malati-pellegrini » sono oggi sempre più numerosi, soprattutto fra gli stranieri. Mi riferisco certamente agli italiani, ma anche agli spagnoli, il cui numero è notevolmente aumentato negli ultimi tempi. Intendo anche i malati originari dell'Europa dell'est che, prima della scomparsa del comunismo ateo, non avevano la possibilità di venire a Lourdes. Ma bisogna convenire che la nazionalità conta pochissimo!

È più interessante studiare la composizione delle maggior parte dei pellegrinaggi in base alle *categorie di età*.

Per molteplici ragioni troppo complicate e troppo numerose per essere ricordate in questa sede, ma soprattutto perché la durata della vita si è allungata in modo sensibile, i gruppi dei malati comprendono sempre più vecchi, persone della terza e persino quarta età, praticamente assenti in passato. Queste persone non sono veramente « malate », ma venendo a Lourdes non possono in ogni caso avere la stessa speranza dei malati di cinquant'anni fa e oltre.

Essi pensano ovviamente che, per quanto precario, il loro stato di salute attuale è già sostenuto dalla medicina, che la loro vita è stata spesso prolungata, salvaguardata fino a oggi in virtù delle medicine. In realtà va detto che, venendo a Lourdes, essi non hanno esigenze precise riguardanti il loro stato di salute, ma hanno ben altre mire! Forse vogliono uscire da un isolamento nel quale sono relegati dalla vita moderna, oppure partecipare ancora a una vita religiosa che hanno dovuto abbandonare, o anche sentirsi di nuovo al centro dell'attenzione, dell'interesse di coloro che li accompagnano nel periodo, per quanto breve, di un pellegrinaggio.

Inoltre è chiaro che le affezioni abituali di questa categoria sempre più numerosa di pellegrini cosiddetti « malati », che costituiscono la maggioranza nei pellegrinaggi francesi e forse anche in quelli stranieri, non riguardano, se non eccezionalmente o forse mai, i quadri patologici delle guarigioni inspiegabili di Lourdes che i periti medici hanno potuto accettare in questi ultimi quarant'anni. E così si pone di nuovo la famosa domanda della possibile tipologia delle guarigioni di Lourdes, prendendo spunto da malattie particolari.

Non abbiamo l'impressione di poter rispondere definitivamente, perché a mio parere tutti i tentativi di dare una risposta analitica sono destinati a fallire. Anche quelli la cui conseguenza sembrerebbe limitare il campo degli interventi soprannaturali.

Poiché tutte le guarigioni riconosciute restano nel quadro della natura umana, l'azione divina potrebbe farsi sentire solo in certi casi. Dunque vi sarebbero logicamente altre malattie per le quali una guarigione sarebbe assolutamente inconcepibile! Potrebbe essere così per anomalie genetiche quali l'emofilia, la trisomia 21, ecc.

Ma chi può affermare in questo modo di essere nel vero?

Quanti tentativi in senso inverso, che presupporrebbero la credenza in un'onnipotenza mitica, una falsa interpretazione dell'azione soprannaturale di Dio ritenuto perfettamente capace di procurare una guarigione *in qualunque circostanza*!

Questa onnipotenza così concepita potrebbe ristabilire la normalità in ogni situazione patologica, agirebbe e perfino si imporrebbe come una causa esterna, una causa secondaria.

Abbiamo già detto come tale concetto non sia più accettabile attualmente, anche se esso è stato proposto e accettato un tempo. Ci sembra più che chiaro.

Si tratta di questioni molto importanti e nel contempo delicatissime da affrontare in qualche modo... in cui la pratica quotidiana, i fervidi desideri degli uni e degli altri si imbattono in principi teorici che per noi sono piuttosto difficili da concepire e usare.

E, forse vilmente, non ne parleremo più.

2. CHE COSA BISOGNA PENSARE OGGI DEI CRITERI MEDICI E CANONICI STABILITI NEL XVIII SECOLO?

In un capitolo precedente abbiamo presentato le condizioni che il diritto canonico impone alle commissioni ecclesiastiche all'inizio di un processo di riconoscimento, condizioni ancora in vigore dopo *duecentocinquant'anni*.

È necessario o semplicemente utile che, nelle conclusioni delle loro inchieste, i periti medici siano tenuti a dichiarare che queste condizioni sono soddisfatte?

Sì e nel contempo no mi sembrano le risposte possibili. Sì, perché, se non è messo in discussione, il procedimento conserva la propria *logica*, che oggi è pressoché uguale a quella di duecentocinquant'anni fa... No, invece, perché ci troviamo in due culture completamente differenti.

Prima di studiare più a fondo i punti della controversia tra medici e canonisti, esaminiamo in dettaglio come è stato stabilito uno di questi criteri, per poter determinare con precisione se debba essere mantenuta questa caratteristica preliminare e obbligatoria per il riconoscimento di una guarigione prodigiosa. Mi riferisco all'*istantaneità della guarigione*.

Ho avuto modo di scriverlo a più riprese. Soprattutto nel periodo dal XVIII secolo fino alla prima guerra mondiale il decorso delle malattie — senza terapia o con quella che non possiamo fare a meno di considerare una pseudoterapia — sfociava solo eccezionalmente in una guarigione. Ma ogni guarigione avvenuta in maniera molto rapida e « senza convalescenza » era ritenuta dai medici veramente straordinaria, « miracolosa ». Perciò è comprensibile che i nostri predecessori ritenessero questa particolarità come un criterio dell'intervento divino.

Pertanto, praticamente da sempre ma soprattutto dopo l'intervento e la codificazione del card. Lambertini, il diritto canonico prescrive in modo lapidario: « In quarto luogo occorre che la guarigione sia improvvisa e istantanea... ». Ma poco più sotto, al n. 17 del medesimo capitolo VIII, l'autore scrive:

> Gli antichi (Troilo, Malvezio, Zacchia, ecc.) insegnano che la parola *istantaneità* non significa in *tre* giorni o in *dieci* giorni; che esistono due modi di considerare questo dato: sia in modo matematico sia in modo morale, e che in questa materia l'interpretazione e la spiegazione di certe istantaneità devono essere sottoposte al parere del giudice (ecclesiastico).
>
> Anche noi crediamo che possa bastare un'istantaneità morale...
>
> Il giudice, quindi, potrà pronunciarsi a favore di una *guarigione improvvisa* quando, dopo aver ottenuto il parere (medico) dei periti, potrà ritenere che essa è apparsa in un lasso di

tempo *tale che le forze della natura non avrebbero potuto farla avvenire.*

Queste poche righe sono preziose e relativamente inedite; anch'esse meriterebbero di essere ricordate, perché precisano, in modo certo ed esplicito, i motivi ma anche i limiti di questa esigenza avvertita da tutte le commissioni, affinché le guarigioni avvenute con un « certo ritardo » possano essere comunque riconosciute come miracoli.

Che cosa devono pensarne i medici al giorno d'oggi? Devono forse riscontrare obbligatoriamente che questa condizione è soddisfatta, prima di riconoscere il carattere straordinario di una guarigione? Si tratta forse di una *conditio sine qua non*?

Prima di tentare di dare una risposta a queste domande, è doverosa qualche osservazione.

1. Bisogna sottolineare che le regole stabilite dal futuro papa Benedetto XIV per il processo di beatificazione e di canonizzazione capitavano a proposito, perché le relazioni (cosiddette) mediche dell'epoca erano vaghe o tendenziose e, comunque, indubbiamente *soggettive.* Tanto che tutte queste regole dovevano essere ritenute come strumenti di epurazione, mezzi per rendere più accettabili e autentiche le precisazioni canoniche, come era probabilmente necessario.

2. D'altra parte, mi sembra che al giorno d'oggi sarebbe aberrante che i medici attirassero l'attenzione su guarigioni a loro parere autentiche e prodigiose, ma senza tener conto dei requisiti basilari fissati nel XVIII secolo.

Tuttavia bisogna ammettere che sarebbe anomalo che i medici fossero tenuti a constatare questi stessi requisiti in modo assoluto, senza che i mezzi né soprattutto le prospettive offerte dalla moderna scienza medica rendano più sfumato il giudizio che ci si attende da loro.

È stato per venire incontro a queste esigenze che il Comité International, dopo aver osservato che l'istantaneità della guarigione non era necessariamente rilevabile dai medici o dai non medici, ha stabilito nel suo questionario le due relative domande chiave:

— l'undicesima: « La guarigione ha avuto un carattere improvviso, constatato per la scomparsa di segni patologici *obiettivi*? »;

— la dodicesima: « *In assenza di segni immediatamente evidenti di guarigione*, si è constatata una modificazione della sintomatologia che possa essere considerata il punto di partenza di un processo di guarigione? ».

Dopo queste necessarie considerazioni preliminari, esaminiamo come e perché i medici sono stati sollecitati e invitati a valutare le condizioni di una guarigione, per riconoscere eventualmente in seguito che era straordinaria, ma soprattutto come essi sono indotti a determinare sia il momento del recupero sia la rapidità della guarigione.

Dobbiamo dunque addentrarci in una specie di studio critico delle testimonianze, nel quale, per ricuperare una concretezza a noi cara, cercheremo di rispondere a due domande:

— In che modo la guarigione e i suoi primi segni sono avvertiti, *vissuti* dalla persona interessata?

— In che modo la guarigione può essere osservata dai testimoni dell'avvenimento, notata esternamente?

Tentiamo di dare una risposta.

Anzitutto: come reagisce la persona malata che è sul punto di guarire? Come se ne è accorta e come ha vissuto quel momento? Quale reazione ebbe in quel preciso istante?

Qualche volta non sarà in grado di esprimersi e manifestare alcunché, abituata com'è a temere il peggio e incapace di analizzare bene le modificazioni avvertite.

Ad esempio, Marie Bigot diceva tra sé: « Non arriverò viva a Saint-Malo, a casa mia » (A. Olivieri, *Y-a-t-il encore des miracles à Lourdes?*, p. 163).

Serge Perrin sente un calore insolito ai piedi e « si rende conto di un edema anomalo alla caviglia, immaginando di essere sul punto di aggravarsi » (prof. P. Mouren, Relazione al C.M.I.L. del 1978 riguardante la guarigione di Serge Perrin, p. 12).

Altre volte il malato non vorrà parlare, non vorrà mostrarsi ad alcuno, dicendo tra sé come Ginette Nouvel: « È soltanto un'impressione! » (A. Olivieri, *op. cit.*, p. 280). O mostrerà lo stesso « scetticismo » della sig.ra Gestas (*op. cit.*, p. 104), o ancora si chiederà se non stia « sognando », come Jeanne Fretel (*op. cit.*, p. 70).

In altre occasioni, il malato sul punto di guarire non potrà manifestare alcun cambiamento, perché un grande apparecchio gessato glielo impedisce materialmente, come nei casi di Vittorio Micheli o Elisa Aloi!

Spessissimo la persona guarita si rende conto che sta improvvisamente ricuperando una o più capacità che aveva perduto, che non aveva più. In quel momento potrà imporsi di non dire e mostrare nulla, di aspettare un po' di tempo (un'ora, un giorno o anche di più) per assicurarsi del cambiamento. Oppure, al contrario, non potrà trattenersi dal comunicare che sta certamente guarendo, di esprimere la sua emozione e la sua gioia avvertendo tutti coloro che le sono vicini. In questo modo è avvenuto l'improvviso ricupero delle funzioni nei casi del cavapietre Bouriette, del bambino Pascal e di fr. Léo Schwager.

Vi sono stati anche molti altri casi in cui si è verificata una guarigione « funzionale » ed è stata ricuperata la funzione apparentemente perduta, ma, nonostante l'istantaneità del ricupero, per altre ragioni i medici non si sono sentiti in grado di accettare questo fatto come una guarigione straordinaria.

Posso testimoniarlo... Si può vedere di tutto!

Dalla pseudoguarigione di un simulatore (posso dire che ne esistono ancora!) sempre appositamente *organizzata* in modo assai spettacolare, alla guarigione più autentica, ma anche *segreta*, da una malattia ben accertata, come nei casi di Louise Jamain e di Serge Perrin.

Bisogna ammetterlo... Da molto tempo, per noi medici questo criterio dell'istantaneità non dimostra *di per sé* la realtà di una guarigione straordinaria. Anzi, saremmo inclini a dubitare di certe testimonianze che attirano troppa attenzione, se il recupero della salute che ne è all'origine si verifica in circostanze che definiremmo spettacolari, che tendono un po' troppo ad attirare l'attenzione!

Si può avere maggiore fiducia nelle testimonianze di coloro che stanno vicino al malato?

Diciamo subito che, a Lourdes, l'ambiente del malato è diverso dal solito e facilmente eterogeneo. Ognuno può avere un ambiente abituale, raffinato o meno, per esempio costituito da familiari e amici. Ma in un pellegrinaggio difficilmente si è soli, poiché spesso vi è una comunità, seppure temporanea, quella della sala d'ospedale o dell'albergo, e sovente questa comunità gioca un ruolo importante e forse decisivo nella nuova situazione. Infine, per un malato appena guarito, può venirsi a creare un ambiente per l'occasione: il Bureau Médical, ad esempio, cioè l'insieme dei medici, il gruppo dei medici presenti a Lourdes in quel momento. Come sanno, essi hanno la funzione di essere a disposizione dei malati che lo desiderano, per ascoltarli, interrogarli, visitarli e cominciare immediatamente un'inchiesta che mirerà a stabilire *subito* ciò che, prima o poi, si dovrà fare.

Avendo accennato a tutte le persone, singole o in gruppi, che attorniano un malato, riteniamo inutile soffermarcisi oltre. Le loro testimonianze mancano generalmente di obiettività, non sono attendibili, ma qualche volta fanno da sfondo.

In compenso ci soffermeremo sull'ambiente medico del Bureau Médical. La testimonianza espressa da persone abituate all'osservazione, ad accostarsi in modo relativamente più obiettivo alle situazioni, presenta anche un grande vantaggio: essa è sempre collettiva e garantisce perciò un'« autocensura » sistematica.

Questa testimonianza può forse vertere sulle circostanze stesse di una guarigione e quindi sulla sua immediatezza? Ciò si è indubbiamente verificato, ma, bisogna convenirne, in casi rarissimi. Sono a conoscenza di due esperienze del genere:

— la guarigione di Marie Bailly, verificatasi nel 1901, in parte in presenza del giovane dott. Alexis Carrel;

— la guarigione di fr. Léo Schwager davanti al santissimo Sacramento durante la benedizione degli ammalati, in presenza di un gruppo di medici e, soprattutto, del prof. J.-Y. Barbin.

Senza dubbio esistono pochi altri avvenimenti del genere, ma dobbiamo notare ancora una volta che il fatto è eccezionale.

È perlopiù nelle ore dopo la « guarigione » che i malati si presentano al Bureau Médical per dichiararsi guariti. Ricordiamo che ciò non è obbligatorio, e che, verosimilmente, molti dei « guariti » non hanno potuto o voluto fare questo passo, che può determinare qualche apprensione, pur non essendo affatto temibile.

Qual è il protocollo abituale di questo incontro?

La persona che dichiara di essere guarita viene prima invitata a parlare. In generale non manca di farlo in modo più o meno chiaro, tanto è ancora sotto l'effetto emotivo del fatto avvenuto.

Poi viene interrogata dai medici in modo sistematico sulle circostanze delle modificazioni avvertite. Sono poste le famose domande: « Quando? Come? Dove e in quali condizioni? ». E le risposte sono accuratamente annotate e valutate.

In generale gli interessati, soprattutto se si presentano tardivamente (qualche ora o anche un giorno dopo la guarigione per essere sicuri del loro nuovo stato), insistono sulle trasformazioni comparse nel frattempo. Si tratta quasi sempre di:

— scomparsa dei « dolori »;
— una « fame terribile » assai caratteristica;
— la normalizzazione del transito intestinale;
— talvolta il ritorno del ciclo mestruale;
— spesso il ricupero di un sonno ristoratore;
— la ripresa di un lucido stato di coscienza.

All'inizio del secolo XX, per malati che da molto tempo non avevano più goduto di tali « segni di buona salute », questi erano indizi evidenti del ristabilimento, della guarigione.

E per i medici dell'epoca, tali segni complementari avevano un'enorme importanza. Alcuni pensavano addirittura che si trattasse di una caratteristica delle « guarigioni di Lourdes », che allora non esitavano a ritenere « miracoli ».

Per quanto ne so, sembra che queste manifestazioni siano attualmente molto più rare.

Forse ai giorni nostri si lascia minore spazio alla sensibilità, alla componente emotiva che, negli anni eroici, ogni malattia o *handicap* potevano provocare in qualunque stato patologico.

Secondo me si può pensare che la tensione emotiva manifestatasi nel corso di una malattia fosse molto più rilevante qualche decennio fa, quando in pratica la guarigione non era mai attesa dai medici e la vita sembrava minacciata quasi continuamente.

E se dovessi dare a mia volta un'interpretazione a questi

« segni complementari », direi che sono la prova di una profonda modificazione dell'equilibrio psichico degli interessati, il segno della scomparsa di una grandissima inquietudine, addirittura di uno stato angoscioso, latente o evidente, in certi malati che hanno la convinzione di aver ricevuto una « risposta » alle loro invocazioni.

In altre parole, voglio dire che indizi del medesimo tipo, miglioramenti sensibili e normalizzazioni fisiche di alcune grandi funzioni corporali sono certamente osservabili soprattutto in un contesto religioso, quando una persona ammalata ritiene di « non lottare da sola ».

Per tutte queste ragioni ha grande valore solo l'esame competente, scrupoloso, obiettivo del Bureau Médical, sia per certificare la verosimile istantaneità della guarigione, il suo carattere improvviso ed eventualmente « istantaneo », in ogni caso l'assenza di convalescenza, sia per stabilire minuziosamente lo stato e le possibilità fisiche dell'ex ammalato, facendo quindi un vero bilancio della situazione.

Quest'esame è di importanza *capitale*, perché permetterà successivamente di certificare, confrontando le osservazioni dello stato anteriore e posteriore a questa modificazione profonda nel decorso prevedibile della malattia, la realtà di una guarigione improvvisa e completa di primo acchito... dunque certamente straordinaria.

Ma — bisogna ammettere — un simile protocollo ideale è del tutto eccezionale.

In concreto, se si riprende lo studio particolareggiato delle ultime tredici guarigioni riconosciute in seguito straordinarie dai medici e miracolose dalla Chiesa, si può notare che solo sei di esse hanno potuto beneficiare di questo esame relativamente tempestivo eseguito da medici.

Si tratta dei casi di Théa Angele, Evasio Ganora, Edeltraud Fulda, Léo Schwager, Alice Couteault e Marie Bigot.

Altri sette, invece, non sono stati visitati subito dopo la guarigione. Infatti si trattava di fistole che già ogni tanto si erano chiuse per qualche giorno, come nel caso di Juliette Tamburini, Paul Pellegrin ed Elisa Aloi; oppure si trattava di ammalati di tumori maligni ed ossei, come Vittorio Micheli e Delizia Cirolli, o Ginette Nouvel e Serge Perrin, che nel momento cruciale non credevano di essere guariti. La cosa è comprensibile.

L'analisi medica particolareggiata della realtà quotidiana di Lourdes dimostra che *spesso* siamo assai lontani dal poter tenere conto di un'esigenza precisa e logica — ma non tanto realistica —, che in apparenza i « buoni autori » ritengono indispensabile per il riconoscimento di una guarigione straordinaria.

Ho detto « in apparenza », perché lo scritto del card. Lambertini sembrava vincolante se preso alla lettera, malgrado le pagine di commenti e di chiarificazioni per attenuarne il carattere assoluto. Perciò i periti medici hanno spesso dovuto praticare una « ginnastica mentale » che mi sembra addirittura ridicola, poiché essi tendevano a far sì che le loro conclusioni potessero contenere i termini precisi richiesti dai canonisti.

Così ho potuto riscontrare istantaneità « relative », « morali », « non apparenti » e persino (è il colmo!) « prolungate ».

Questo lungo discorso che abbiamo voluto fare non riguarda che uno dei sette criteri canonici! È opportuno dire almeno una parola anche sugli altri sei:

1) quelli che permettono di caratterizzare la malattia precedente: bisogna che questa malattia sia « grave o incurabile », che essa non sia giunta all'ultimo stadio, con o senza « crisi terminale »;

2) quelli che caratterizzano la guarigione: oltre ad essere istantanea, bisogna che essa sia « perfetta » e anche « definitiva »;

3) infine il criterio che impone di rifiutare una guarigione che potrebbe essere determinata da un'effettiva terapia.

1. I due criteri del primo gruppo sono talmente chiari che non vale la pena di soffermarsi a lungo su di essi. Tuttavia si deve rilevare che:

— sono i soli che non comportino tutti gli obblighi che spettano ai medici in questo esame: definizione dell'« organicità » della malattia, difficoltà nello stabilire una diagnosi eziologica certificabile, un bilancio clinico recente, ecc.;

— oggi la valutazione della gravità di una malattia non è più determinabile in modo formale, preciso, accettabile facilmente da tutti i medici di ogni cultura.

D'altra parte, mi sembra opportuno far conoscere una realtà relativamente poco nota, riguardante la diagnosi della malattia precedente alla guarigione nelle cause di beatificazione e canonizzazione. Negli *Acta Congressus Mariologici Mariani* (vol. XIII, Lourdes 1958, pp. 271-320) mons. Silvio Romani ha pubblicato un articolo intitolato: *I miracoli nelle cause di beatificazione e canonizzazione*, nel quale ha segnalato che non tutte le guarigioni miracolose sono necessariamente accettate in questi processi.

In pratica si mantiene la procedura abituale della Sacra Congregazione di non ammettere alla discussione

> i miracoli, veri o presunti, che per loro natura potrebbero essere sospetti o definiti (più o meno) dubbi, perché essi nuocerebbero al prestigio della Chiesa e anche al futuro della causa stessa (che i miracoli dovrebbero confermare).
>
> Perciò di solito non sono ammessi:
>
> *a.* i casi di guarigione anche eccezionali, da malattie nervose;
>
> *b.* i casi di guarigione, anche se in apparenza straordinari, da malattie per le quali la scienza medica non ammette una diagnosi specifica e sicura;
>
> *c.* a maggior ragione, i casi di guarigioni da malattie poco gravi o di scarso valore apologetico, poiché, come tutti possono capire, essi non possono manifestare « le meraviglie di Dio attraverso i suoi santi ».

Non so se questo parere sia valido tuttora. Ma suppongo di sì e penso che, *mutatis mutandis*, possa essere *ancora* una regola normativa valida anche per le guarigioni di Lourdes.

2. A proposito dei criteri che concernono la guarigione stessa, ho ritenuto opportuno pubblicare un articolo sul *Bulletin* riguardante la « perfezione della guarigione », al quale rimando volentieri chi fosse interessato (*Bulletin de l'A.M.I.L.*, nn. 202-203, ottobre 1983).

Mi accontenterò di dire a questo proposito che il termine « perfetta » non mi sembra logico per una guarigione da una malattia *necessariamente* organica, cioè che determina lesioni, poiché una cicatrice più o meno importante e visibile proverà *sempre* e incontestabilmente l'esistenza di una lesione precedente, qualunque essa sia.

Quanto al carattere « definitivo », si potrebbe discuterne in eterno! Cosa vuol dire oggi la parola « definitivo »? Cinque anni? Dei lustri? Oppure bisognerà attendere la morte del beneficiario (dovuta a un'altra causa), prima di ammettere il carattere « definitivo » della sua guarigione?

In tempi relativamente recenti, nel caso di Ginette Nouvel abbiamo visto che è comparsa una recidiva nel 1970, *sedici* anni dopo gli avvenimenti che avevano permesso ai medici di concludere a favore di una guarigione sicura e straordinaria sette anni dopo il ristabilimento. Era necessario attendere? E per quanto tempo?

3. Resta, infine, la condizione che concerne la terapia.

Bisogna che la terapia sia *inesistente* o *inefficace*. Si comprende come tale disposizione sia stata definita normativa nel XVIII secolo, perché lo imponeva la logica più elementare e, del resto, essa appariva ragionevole e del tutto soddisfacente.

Ma oggi la situazione non è più la stessa. Da parecchi decenni le malattie guarite a Lourdes sono state e sono curate, almeno nella maggioranza dei casi, in un modo che non si può onestamente considerare inefficace.

Come possiamo oggi considerare straordinarie e imprevedibili certe guarigioni avvenute in seguito a misure terapeutiche la cui azione non si può fare a meno di giudicare almeno benefica? Misure a scopo curativo più che palliativo, prescritte poco o molto tempo *prima*, ma qualche volta anche *dopo il momento della guarigione*!

Perciò come si può evitare di collegare un numero notevole e crescente di « guarigioni documentate » a mezzi cosiddetti « naturali » di qualunque genere, malgrado gli interessati stessi siano convinti di essere guariti grazie all'intercessione della Vergine Maria?

Ritengo di essere stato sufficientemente preciso ed esplicito.

Penso anche di aver fatto conoscere le difficoltà che i medici possono incontrare nelle loro perizie particolari e i motivi per i quali sono *obbligati* a concludere rifiutando *sempre più spesso* di riconoscere il carattere « inspiegabile » della maggior parte delle guarigioni dichiarate.

Per tutte queste ragioni non è concepibile che oggi possa aumentare il numero dei malati gravi e abbandonati a se stessi o privati di ogni trattamento efficace prima di venire a Lourdes.

3. A LOURDES VI SONO ANCORA GUARIGIONI CHE I MEDICI POSSONO GIUDICARE « INSPIEGABILI »?

Dagli anni sessanta, i medici che in un modo o nell'altro hanno a che fare con Lourdes si pongono spesso la domanda che appare qui sopra come titolo.

A che proposito?

Prima di tutto, quando confrontano i risultati delle loro indagini con dei pareri notevolmente differenti espressi da altri periti medici che operano per conto di altre commissioni di controllo. E soprattutto quando cercano di capire le evidenti differenze tra i due punti di vista, *a priori* ugualmente accettabili, insomma di spiegare le ragioni delle divergenze.

Ma per essere più chiari, occorre vedere dove si collocano queste discordanze.

Si manifestano sia in una differente valutazione della diagnosi della malattia precedente sia nel modo di caratterizzare l'evoluzione particolare dell'affezione fino a una guarigione spontanea, rapida e durevole. In definitiva, dunque, nella valutazione della situazione sia *prima* sia *dopo* il ristabilimento.

Senza dubbio quest'osservazione non è nuova per i miei lettori.

Già nella prima parte di questo libro ho spesso avuto modo di dimostrare quante volte — dopo la creazione di un secondo organo di controllo medico delle guarigioni di Lourdes a cominciare dal 1947 — le conclusioni delle inchieste eseguite in prima istanza dal Bureau Médical e in un secondo tempo dal Comité Médical fossero ben lungi dall'essere sempre identiche.

Per quanto ne so, il dott. Olivieri ha voluto attirare per primo l'attenzione su questo aspetto, pubblicando un brevissimo articolo nell'autunno 1970 (*Quelques réflexions sur le fonctionnement du Bureau Médical et du Comité Médical de Lourdes depuis 1947*, in *Bulletin de l'A.M.I.L.*, nn. 150-151).

A quel tempo l'articolo è sembrato ricchissimo di insegnamenti e insieme troppo breve per essere ben documentato. Esaminiamolo:

1) quaranta righe erano riservate a cinque guarigioni attestate dagli organi medici di Lourdes, ma la cui realtà è stata

in seguito *rifiutata* dai periti medici chiamati a far parte delle commissioni diocesane;

2) altre sessanta righe erano destinate a far conoscere meglio un gruppo di guarigioni accettate come fatti autentici e inspiegabili dal Bureau Médical di Lourdes, ma stranamente non esaminate o rifiutate dal Comité Médical International;

3) infine, le ultime dodici righe erano dedicate ad altre quattro guarigioni accettate a Lourdes, ma non sottoposte allo studio del Comité International.

Sette anni dopo ho ripreso l'argomento di questo resoconto in un articolo che forniva una documentazione più ampia, dal titolo: *Bilan de fonctionnement des instances de contrôle des guérisons de Lourdes, depuis 1947* (« Bilancio del funzionamento degli organi di controllo delle guarigioni di Lourdes a partire dal 1947 »).

Trattando il primo punto riportato dal dott. Olivieri, cioè quello delle cinque guarigioni la cui realtà fu rifiutata dai medici delle commissioni canoniche diocesane, non ho alcuna intenzione di riprendere interamente le osservazioni già presentate nella prima parte di questo libro e nemmeno i termini esatti del mio articolo. Tuttavia mi sembra utile ricordare i nomi e le date che concernono questi cinque malati. Si tratta di:

— **Simonne Rams**, guarita nel 1959 da « un cancro alla tiroide con metastasi ossee ». La guarigione inspiegabile fu certificata a Lourdes nel 1961 e a Parigi nel 1964. Ma la diagnosi della malattia venne messa in dubbio nel 1972 da un perito medico, uno specialista rinomato che faceva parte della commissione canonica di una diocesi belga.

— **Anna Santaniello**, guarita nel 1952 da una « stenosi mitrale reumatica ». La guarigione fu ritenuta certa a Lourdes nel 1963 e a Parigi nel 1964, ma la sua esistenza fu rifiutata per « insufficienza di prove » qualche anno dopo da un medico di una commissione canonica italiana.

— **Marchesa Mura**, guarita nel 1962 da un'« adenopatia ascellare in seguito a una fibrosi cistica della mammella ». La guarigione fu ritenuta sicura e inspiegabile a Lourdes nel 1963 e confermata a Parigi nel 1964. In compenso, nel 1965 il suo medico curante la considerò guarita in modo del tutto spiegabile da una malattia completamente diversa.

— **Edmond Gaultier**, guarito nel 1960 da « postumi di meningo encefalite di natura indeterminata ». La realtà di questa guarigione inspiegabile, certificata a Lourdes nel 1961 e confermata a Parigi nel 1962, fu contestata nel 1968 per insufficienza di prove dai medici di una commissione canonica della diocesi di Blois.

— Infine **Berthe Bouley**, guarita nel 1952 da una « sclerosi a placche ». Questa guarigione fu riconosciuta inspiegabile nove anni dopo a Lourdes nel 1961, e confermata a Parigi nel 1962. Ma il suo carattere straordinario fu rimesso in discussione dal medico di una commissione diocesana l'anno successivo.

A questi cinque casi di guarigione valutati in maniera differente da altri medici cosiddetti periti, se ne potrebbero aggiungere altri tre riguardanti guarigioni avvenute in precedenza. Si tratta di:

— **Gérard Baillie**, guarito nel 1947. La sua guarigione è stata riconosciuta e certificata a Lourdes nel 1948 e a Parigi nel 1949. Non è stata invece ritenuta straordinaria da un medico della diocesi di Lille!

— **Ernestine Gibault**, guarita nel 1947. Questa guarigione, certificata a Lourdes nel 1949 e confermata straordinaria a Parigi nel 1950, non è stata giudicata sufficientemente documentata da un perito medico chiamato a studiare la pratica.

— Infine **Francesca Mauri**, guarita nel 1949. La sua guarigione è stata riconosciuta a Lourdes nel 1950 e a Parigi nel 1951. Essa è stata rifiutata per insufficienza di prove mediche da un medico della commissione canonica della diocesi di Milano.

A proposito di questi otto casi di guarigione dobbiamo dunque pensare che la determinazione del quadro clinico nel quale si trovavano i malati *prima* e *dopo* la « guarigione » non fosse né certa né evidente. In altri termini, le inchieste mediche successive a quelle degli organi medici di Lourdes — che coinvolgono generalmente almeno una trentina di medici e qualche volta anche molto di più — non hanno permesso di giungere a conclusioni mediche assolutamente incontestabili.

Infatti altri medici — generalmente *più vicini* agli interessati, appartenenti in qualche modo al loro ambiente avendoli spesso in cura — non hanno ritenuto di dover condividere gli stessi giudizi, di confermare un'analisi identica della situazione: sia contestando — parzialmente o totalmente — la diagnosi della malattia anteriore, sia non accettando di confermare a loro volta il carattere straordinario, inspiegabile della guarigione avvenuta. C'è qualcosa di cui meravigliarsi? Qualcosa di cui lamentarsi? Secondo me, no. Dobbiamo infatti riconoscere che la medicina non è una scienza esatta...

Ma come possiamo tentare di spiegare queste discordanze relativamente frequenti?

È possibile pensare a ragioni di carattere generale, al di fuori di determinate circostanze particolari che sono difficili da capire poiché quasi sempre sono state tenute segrete o nascoste. Si può anche far notare che la relatività dei giudizi è del tutto normale in medicina!

La pratica corrente permette di constatare che, in una questione nella quale entra in gioco una valutazione di ordine medico, ci si trova quasi sempre in presenza di determinazioni differenti, talvolta anche opposte, sostenute da specialisti chiamati « periti ».

Questi punti di vista diversi sono generalmente dovuti a moltissimi motivi. Per prima cosa, bisogna tener conto di una diversa esperienza e competenza nella materia in causa.

D'altra parte, quando si tratta di una malattia dal lungo decorso, si deve considerare la durata dell'osservazione come un fattore di migliore conoscenza del(la) malato/a e della sua affezione. Bisogna anche prendere in considerazione la diversa tendenza ad esprimere il senso critico, lo scetticismo e, anche, lo spirito di contraddizione. E la naturale inclinazione di alcuni a coinvolgere una certa soggettività in un'indagine che si desidera il più possibile obiettiva.

Inoltre si deve ammettere che l'opinione di un medico isolato è spesso più discutibile della valutazione collettiva di una commissione medica, nella quale sono eliminate le opinioni estreme.

Si potrebbero certamente addurre molte altre ragioni, ma a che pro?

Secondo gli stessi periti, le conseguenze di queste divergenze e persino opposizioni non sono affatto drammatiche. Esse possono anche sembrare segni inevitabili, immancabili della relatività dei pareri medici. Invece, l'effetto sarà ben più disastroso per i rappresentanti competenti della Chiesa ai quali sono destinati, che pertanto si trovano davanti a un'alternativa della quale avrebbero volentieri fatto a meno.

Infatti, finora sembra che, quando le viene chiesto di stabilire se una guarigione è la conseguenza di un intervento soprannaturale, la Chiesa desidererebbe che il procedimento medico precedente giungesse a conclusioni definitive e prese all'unanimità, partendo da fatti indiscutibili e usando metodi inconfutabili. Invece oggi si tende sempre più a pensare che, anche in medicina, il metodo scientifico possa soltanto arrivare a risultati che con tutta probabilità vanno considerati « relativi, specifici e magari anche provvisori », come abbiamo già detto!

Ho appena segnalato il frequente disaccordo ravvisabile in un passato non molto lontano tra gli organi di controllo delle guarigioni di Lourdes, che agivano come un tutt'uno, e i periti medici delle commissioni canoniche che intervenivano di nuovo *dopo* le indagini di Lourdes, come avveniva abitualmente prima del 1975.

Da allora, per eliminare gli inconvenienti effettivamente originati da questa situazione paradossale, la perizia dei « medici aggiunti alle commissioni canoniche » è pretesa *prima* che il Comité Médical International sia invitato a pronunciarsi, perché esso disponga anche degli elementi che soltanto quei medici possono conoscere, oltre che del *dossier* proveniente dal Bureau Médical di Lourdes.

Ma — e questo è il secondo punto espresso dal dott. Olivieri — tale discordanza eclatante si è manifestata anche tra gli organi di controllo delle guarigioni di Lourdes dopo che è stato creato il secondo di essi (il Comité Medical International con sede a Parigi). Vediamo meglio questo fatto.

Dal 1947, anno in cui mons. Théas creò il Comité Médical National, fino ad oggi, 47 delle guarigioni documentate a Lourdes sono state riconosciute dal Bureau Médical. Il *dossier* di ognuna di queste 47 persone guarite è stato trasmesso al Comité Médical National prima del 1954, e al Comité Médical International dopo quella data, per ottenere la conferma delle conclusioni proposte a Lourdes.

Inoltre tra il 1947 e il 1959 questi due comitati sono stati incaricati di confermare a Lourdes il riconoscimento di 6 guarigioni più o meno recenti, essendo datate tra il 1930 e il 1946, e di altre 3 guarigioni nel 1946, avvenute l'anno prima.

Dunque, la seconda commissione di controllo delle guarigioni di Lourdes — rappresentata prima dal Comité National e poi dal Comité International — ha dovuto decidere sui 56 (47 + 6 + 3) casi di guarigioni già accettate e riconosciute « sicure, definitive e inspiegabili » dalla prima commissione (il Bureau Médical di Lourdes).

Quante volte c'è stata concordanza? Quante volte la valutazione è stata differente?

Dal 1947 al 1954 il Comité Médical National ha ricevuto i *dossier* di 28 persone guarite, e *soltanto per 10* di queste persone ha confermato le conclusioni a favore di una guarigione inspiegabile, rifiutando di farlo per le altre 18.

Tra il 1954 e il 1990 anche il Comité Médical International ha esaminato le conclusioni delle inchieste fatte dal Bureau Médical a proposito di altre 28 persone guarite. In questo periodo il Comité ha ritenuto di approvare le conclusioni che gli erano state proposte dal Bureau Médical per *19 guarigioni*, di rifiutarle per altre 6 e di rimandare la sua decisione definitiva per le ultime 3.

Dunque, per 56 guarigioni studiate tutte dal Bureau Médical, sulle quali era stata conclusa felicemente un'indagine spesso durata più anni, guarigioni sempre attestate e qualificate in modo talvolta unanime, 27 volte la seconda istanza di controllo ha ritenuto impossibile condividere il parere che le era stato sottoposto, cioè si è manifestato disaccordo quasi *una volta su due*.

Perché vi è stata una discordanza così frequente tra le due commissioni? Si può scoprire chi ne fu responsabile?

Secondo me non sarebbe giusto accusare il Comité Médical, sia National sia International, di aver voluto essere troppo rigido e severo, di aver mancato di spirito di collaborazione o di considerazione, di aver cercato di mettersi in evidenza. La ragione di questa anomalia va cercata più che altro nel Bureau Médical di Lourdes.

Effettivamente, l'analisi dettagliata delle condizioni di questa importante divergenza nella valutazione dimostra che:

1) tra il 1941 e il 1980, solo *56 volte* il Bureau Médical ha trasmesso al Comité Médical il *dossier* di una guarigione che aveva definito « sicura e inspiegabile »;

2) il Comité National e il Comité International hanno rifiutato di confermare la decisione espressa dal Bureau Médical prima del 1953 (più di 40 anni fa) rispettivamente per 18 dei 28 casi di guarigione studiati e per 2 di altri 28 casi;

3) per 3 volte il Comité Médical International ha tenuto in sospeso la sua risposta a proposito di guarigioni documentate dal Bureau Médical prima del 1957, dopo più di 36 anni;

4) per 4 volte il Comité Médical International ha di nuovo rifiutato di confermare la decisione del Bureau Médical prima del 1968, dopo più di 26 anni.

Ne risulta chiaramente che la responsabilità di questa discordanza tra le conclusioni dei due organi di controllo — e ciò concerne i 2/3 delle prime trenta guarigioni trasmesse al Comité Médical — riguarda soprattutto la denominazione troppo frequente di « guarigione inspiegabile » ammessa dal Bureau Médical di Lourdes tra gli anni 1940 e 1953. Si potrebbe dire che si era « quasi in un altro secolo » dal punto di vista medico!

Va riconosciuto che si trattava di un periodo di ripresa dopo la seconda guerra mondiale, durante il quale il Bureau des Constatations, chiamato poi Bureau Médical, non ha potuto assimilare facilmente né rapidamente le nuove acquisizioni mediche di quest'epoca di rapida evoluzione.

Lungi da me l'idea o anche solo la tentazione di condannare il retto giudizio — in apparenza insufficiente — del Bureau Médical di allora e dei suoi tre responsabili succedutisi in quel periodo turbolento. Non voglio condannare nessuno. Mi pare che al loro posto chiunque — io per primo — non avrebbe potuto fare di meglio!

Piuttosto mi sembra giusto ricordare le difficoltà di quell'epoca di transizione; forse era sembrato necessario ridare lustro a Lourdes, e i medici residenti sono caduti nella trappola di uno zelo eccessivo.

Oggi è facile dare ad intendere che si doveva essere più obiettivi, più decisi, per non danneggiare troppo la considerazione attribuita da tanto tempo alla serietà dei medici che controllavano le guarigioni di Lourdes.

Soprattutto bisogna complimentarsi con il vescovo di Tarbes e Lourdes di quel periodo, mons. P.-M. Théas, per aver avuto la presenza di spirito e il coraggio di introdurre nel 1947 un organo di perizie mediche e mezzi di giudizio molto più validi, istituendo questa seconda commissione di controllo. Grazie all'attività del Comité Médical sono state corrette alcune inesattezze, e nessuno ha avuto motivo di lamentarsi!

Ora affrontiamo il terzo punto dello scritto del dott. Olivieri che ci serve da guida.

Egli alludeva al problema relativo a quattro guarigioni avvenute tra il 1962 e il 1968.

Dopo un'indagine del tutto ordinaria, esse erano state riconosciute « guarigioni sicure e inspiegabili » dal Bureau Médical nel periodo tra il 1965 e il 1970. Tutto bene fino a quel momento! Ma in seguito alla trasmissione — obbligatoria — dei *dossier* al medico presidente del Comité Médical International per iniziare la seconda fase del controllo, costui aveva informato il dott. Olivieri che, *a prima vista*, questi ristabilimenti non gli sembravano adatti a ricevere la conferma del Comité Médical International. Perciò non riteneva utile iniziare una procedura per i relativi *dossier*! Si trattava insomma di un « rifiuto », e quasi sempre il motivo addotto più o meno esplicitamente era l'insufficiente documentazione.

Nella prima parte di questo libro abbiamo già avuto modo di esprimere qualche considerazione in proposito. Accontentiamoci ora di ricordare i nomi delle persone interessate: si trattava di Marie-Thérèse Amouroux, Sarah Mac Cloy, suor Céline de Jésus e Giuseppina Colombo.

A questo gruppo bisogna aggiungere un'altra guarigione riconosciuta dal Bureau Médical in seguito, nel 1971, dopo lo studio del dott. Olivieri. Essa riguardava una certa Riccarda Rossi. Anche la sua guarigione non fu esaminata dal Comité per decisione del suo presidente.

Perché si manifestò ancora una differenza di punti di vista così clamorosa tra le due commissioni mediche *per cinque volte*?

Si può forse addurre una spiegazione assai verosimile...

La richiesta di riconoscimento fatta dalle persone guarite ai medici del Bureau Médical era forte e pressante per far sì che il Bureau Médical si decidesse, ma nulla di tutto ciò si verificava a livello del Comité Médical International, trattandosi di un'entità molto più lontana e inaccessibile. E in quella sede il rifiuto era molto più facile, visto che, in un senso o nell'altro, questi *dossier* presentavano tutti una carenza legata alla determinazione della malattia precedente, come era facile notare. Del resto, a mio parere il rifiuto di prenderli in considerazione per decisione del presidente e senza interpellare l'intero Comité rappresenta un modo di procedere criticabile, se non addirittura condannabile!

È solo per dare ascolto alle richieste insistenti di suor Céline de Jésus che il Comité International ha preso in esame il suo caso e lo ha discusso, ma senza condividere il parere del Bureau Médical e rifiutando, nel 1978, di vedervi una guarigione inspiegabile.

A questo punto devo ricordare un altro problema, praticamente del medesimo genere e riguardante anch'esso alcune guarigioni il cui studio si è arenato. Si tratta di altre sette guarigioni che non hanno potuto essere presentate al Comité International a tempo debito per ricevere la doppia definizione medica di guarigioni « inspiegabili ».

Per due di esse la ragione è chiara ed è stata già riferita. La guarigione di **Émilien Dossot** doveva essere discussa nel 1964 durante la riunione del Comité International. Ma ciò non avvenne per la morte del relatore designato dott. Huc. Questa guarigione non fa parte di tale gruppo perché, come per suor Céline de Jésus, il Comité ha avuto modo di studiarne il *dossier* più tardi, nel 1980, quando rifiutò di considerarla come un avvenimento inspiegabile.

Quella di **Maurice Georget**, invece, non poté mai essere discussa dal Comité perché egli è morto nel 1961 per una malattia diversa da quella da cui era guarito, ma certamente dovuta alla terapia ormonale a cui era stata sottoposto. Il decesso, avvenuto qualche mese prima della riunione del Comité, ha necessariamente annullato la discussione.

Altre cinque guarigioni non sono state esaminate dal secondo organo di controllo medico per motivi meno evidenti. La causa immediata di questa difficoltà comune a tutte le guarigioni è stata la decisione di « non presentarle », presa dal

Bureau Médical qualche mese dopo che erano state riconosciute e certificate dal medesimo ufficio.

Le ragioni di questo comportamento apparentemente contraddittorio e illogico non sono semplici da determinare e, senza dubbio, ci si deve attenere più a ipotesi che che a certezze. Proviamo a cercarne qualcuna.

Sembra che, per la guarigione meno recente di **Andrée Aguinet**, certificata nel 1957, la causa che ha interrotto la procedura sia stata la ricomparsa della malattia.

Per quanto riguarda le guarigioni di **Clara Bartoluz**, riconosciuta nel 1957, e di **Maria Rosa Bariani**, accertata nel 1963, bisogna pensare che a un certo punto siano subentrate, seppur tardivamente, incertezze sulla diagnosi di partenza. Pertanto il Bureau Médical ha rinunciato a proseguire la perizia.

Quanto alle guarigioni di **Margaret Gresham** e di **Christian Lebrun**, infine, va detto che, *dopo* essere state accettate come guarigioni sicure e inspiegabili dal Bureau Médical nel 1963 e nel 1967, il dott. Olivieri le ha considerate come guarigioni troppo « funzionali » per avere la minima possibilità di essere riconosciute anche dal Comité International. Pertanto ha preferito non andare oltre anche in questi casi.

Dunque, a partire dal 1947 la dichiarazione di una guarigione di Lourdes « sicura, definitiva e inspiegabile » da parte delle apposite commissioni di periti medici non è stata così facile, come abbiamo appena visto.

Da quel momento sono state dichiarate più di mille guarigioni. Solo 56 di esse furono riconosciute dal Bureau Médical di Lourdes dopo un'inchiesta, 47 delle quali sono state inoltrate al Comité Médical National e International. Altre nove guarigioni meno recenti sono state sottoposte al giudizio del Comité Médical, che, dunque, ha dovuto anch'esso discutere 56 *dossier* di guarigione.

Tra il 1947 e il 1990, i due uffici di controllo medico di Lourdes sono stati d'accordo su *29 guarigioni* inspiegabili, avvenute tra il 1930 ed il 1977. *Otto* di esse non sono state riconosciute da altri periti medici che hanno avuto modo di studiarle all'interno di altre commissioni.

In media, *meno di 1 ogni 2 anni*! Anzi, *soltanto 3 tra il 1970 e il 1990*!

In effetti, la convinzione da tempo radicata nel mondo intero che Lourdes era e resta all'origine di « guarigioni sicure, definitive e inspiegabili » perfettamente controllate da esami medici rigorosi, dopo essere stata ridotta a mal partito dallo studio teorico dei mezzi di riconoscimento di questi ricuperi della salute, non è neppure sottratta quotidianamente ai cavilli e agli ostacoli della medicina attuale e degli esperti.

Alla fine del secondo millennio, la continua diminuzione delle guarigioni, dovuta al fatto che è sempre più difficile riconoscerle, non è affatto una sorpresa o una garanzia della loro perennità.

Verso il 1910, nell'epoca gloriosa di Lourdes, ci si poteva chiedere cosa intendesse il rev. padre Teilhard de Chardin quando scriveva in un articolo, *Les miracles de Lourdes et les enquêtes canoniques*, apparso in *Études*:

> Forse l'epoca delle meraviglie di Lourdes (*dureranno sempre?*) finirà senza che una consacrazione arrivi a fissare...

Secondo me, questo inciso ha oggi un valore profetico indiscutibile.

CAPITOLO V

Cosa pensarne oggi?

Negli anni ottanta, Kenneth Woodward, autore del libro già ricordato *La fabbrica dei santi*, ha avuto la possibilità di contattare a Roma padre Peter Gumpel s.j., di origine tedesca, nato nel 1924. Costui, dopo essere stato assistente di padre Paolo Molinari — postulatore generale dei gesuiti e rinomato apologista ufficiale della Congregazione per le cause dei santi — fu nominato consultore di questo dicastero nel 1971.

Pertanto egli era nella condizione di trasmettere a K. Woodward qualche informazione circa le inchieste numerose ed elaborate che i collaboratori della Congregazione devono condurre prima che una candidatura per la canonizzazione sia giudicata degna di essere inoltrata.

Così egli avrebbe confidato:

> Nella legislazione della Chiesa è sempre importante che, prima che una canonizzazione sia riconosciuta solennemente, si manifesti un qualche segno divino. Attualmente circa il 99% dei segni richiesti si riferiscono a miracoli di natura medica.

Ne consegue:

> Tenendo conto di questa situazione, si pongono alcuni problemi. In primo luogo, man mano che progrediscono le conoscenze mediche diminuisce lo spazio del medicalmente inspiegabile. Diventa estremamente difficile affermare con esattezza che un fatto si colloca al di là delle leggi naturali. Secondariamente, come si può stabilire, considerato il continuo sviluppo della medicina nelle società occidentali, che nessuna delle terapie applicate in un dato caso possa aver influito sulla guarigione in qualche modo? In terzo luogo, le norme della stessa *consulta medica* diventano più rigorose.

Poco dopo, l'autore riferisce:

> In definitiva, per padre Gumpel il problema fondamentale è più una questione pratica che di principio. Riducendo la nozione di miracolo a quella di guarigione inspiegabile, la Chiesa ha di fatto permesso alla scienza medica di usurpare la sua specifica competenza nell'interpretazione dei segni divini.

Ecco osservazioni pertinenti e nel contempo attuali che potrebbero rappresentare una prima risposta alla domanda formulata in questo capitolo.

Volendo far conoscere con precisione la procedura — e i rischi! — del riconoscimento delle guarigioni miracolose da parte dei vari membri della Congregazione per le cause dei santi, l'autore del libro tende a fare osservazioni e rilievi che non sono molto lontani da quelli che possiamo fare noi a Lourdes.

I brani riportati sopra si riferiscono alle difficoltà di quella che è *necessariamente* la prima fase del riconoscimento dei « segni divini », la fase riservata ai periti medici, che mira a determinare se si tratta realmente di un avvenimento straordinario. In effetti si descrive una situazione identica alla nostra, poiché anche in quel caso si tratta di valutare, ragionando mediante confronti, i ricuperi della salute improvvisi, completi, durevoli e inspiegabili che sono avvenuti in un ambiente religioso e sono stati messi in relazione con un intervento di Dio dai beneficiari.

Notiamo che differisce soltanto colui o colei grazie a cui è stata ottenuta la guarigione: chi intercede. A Lourdes si tratta certamente della Vergine Maria, mentre a Roma è un *candidato* alla beatificazione o alla canonizzazione, un « servo di Dio » da dichiarare tale « ufficialmente ».

Le difficoltà attuali, causate dai cambiamenti avvenuti e soprattutto dai progressi compiuti nei metodi medici di diagnosi e di terapia con i loro *effetti teorici e pratici*, sono però identiche. E hanno grosso modo i medesimi risultati. Anzitutto provocano conseguenze nella seconda fase, quella del riconoscimento ecclesiale, diminuendone notevolmente la portata e i frutti.

Infatti « un segno di Dio », un « miracolo » sarà eventualmente riconosciuto dalle autorità ecclesiali solo *dopo* un'indagine medica che comporta una conclusione favorevole al riconoscimento di una guarigione inspiegabile. Perciò, in ogni caso, si può ritenere « usurpata » e illegittima l'importanza di questa inchiesta, perché viene attribuito ad essa un valore apodittico.

Ciò emerge in modo evidente dalle riflessioni di padre Gumpel — di certo non un medico ma un ecclesiastico attento! — che ha visto e valutato perfettamente queste difficoltà, come fecero e fanno tuttora molti altri osservatori.

Ci è sembrato interessante presentare tali citazioni all'inizio di un capitolo destinato a indicare fino a che punto, ancora al giorno d'oggi, le guarigioni sono una realtà di Lourdes.

1. SI TRATTA ANCORA DI UNA REALTÀ?

Prima di affrontare il nostro tema sulla « realtà attuale » delle guarigioni di Lourdes, bisogna tornare su certi dati del passato.

Cosa pensavano i nostri avi di fronte a delle guarigioni? In che modo la tradizione e la cultura familiare trasmesse da coloro che ci hanno preceduto hanno potuto plasmare il nostro modo di concepire questa domanda e la nostra aspettativa?

1. Le prime guarigioni di Lourdes — ne abbiamo già parlato e anche con insistenza — si sono verificate fin dall'inizio, subito dopo le apparizioni, in un momento in cui non c'era motivo di aspettarsi simili evoluzioni in medicina.

In seguito, il fatto che a Lourdes si potesse ricuperare un migliore stato di salute con l'aiuto della Vergine Maria ha rappresentato una delle particolarità o, meglio, la *specificità* del santuario mariano. Tali ristabilimenti sono stati alla base della reputazione del santuario, che, a poco a poco, è diventato un vero « centro carismatico di guarigioni » per il mondo intero.

In un'epoca in cui erano eccezionali, simili avvenimenti favorevoli hanno procurato a Lourdes una celebrità per nulla sopravvalutata, di cui il santuario gode tuttora.

Secondo me si può affermare che quelle guarigioni straordinarie hanno permesso a Lourdes di acquistare realmente *una specie d'aura* nei primi decenni dopo le apparizioni, e anche molto tempo dopo. È senza dubbio a causa delle guarigioni che Lourdes — o meglio la Grotta e tutto il santuario in costruzione — ha presto attirato grandi folle e, soprattutto, molti malati e minorati.

Provenivano inizialmente dai dintorni, perché ne avevano avuto notizia più facilmente, dato che gli spostamenti a piedi o in calesse erano relativamente facili. Vennero poi dal sud-ovest della Francia, e infine dall'intero paese, per arrivare poi da tutta l'Europa in pellegrinaggi diocesani e nazionali, grazie alla linea ferroviaria verso l'oceano che fu fatta passare provvidenzialmente per Lourdes, oppure in aereo, come avviene attualmente.

Nella prima parte del libro abbiamo ritenuto utile e interessante riproporre un certo numero di guarigioni anteriori alla prima guerra mondiale.

È quasi accertato che a quell'epoca era sufficiente che una persona malata, andando in pellegrinaggio a Lourdes, manifestasse una profonda speranza, un abbandono totale, una fiducia ardente e filiale nell'invocazione che rivolgeva alla Vergine Immacolata, per avvertire un miglioramento da una malattia dal lungo decorso, un certo sollievo da un'infermità, o persino una guarigione. E così, liberata da ogni sofferenza e risollevata da ogni angoscia, ritrovava la gioia di vivere, ricuperava un equilibrio fisico e psichico nel quale tutte le minorazioni si correggevano o addirittura scomparivano.

Dopo settimane, mesi e talvolta anni, tutte queste sensazioni nuove e mai avvertite in precedenza suggerivano al malato che la sua supplica era stata senza dubbio ascoltata, che la « guarigione » era finalmente arrivata, e gli ispiravano di manifestare immediatamente la sua convinzione e testimonianza.

In questo modo si verificava veramente « una serie di guarigioni », soprattutto in adunate numerose, come durante il Pèlerinage National Français. Qualcosa di analogo avviene ai giorni nostri durante le assemblee di effusione dello Spirito in alcune comunità carismatiche, ma soprattutto nelle cerimonie guidate da un « celebrante taumaturgo », come il famoso padre Picard alla fine del XIX secolo o padre Tardif alla fine del XX secolo.

A cavallo tra il XIX e il XX secolo, il numero delle guarigioni considerate sempre più come « meraviglie di Lourdes » non poteva che crescere in proporzione al fervore dei pellegrini sani e malati, poiché esse erano ritenute contemporaneamente come:

— la fine provvidenziale di danni fisici;

— grazie donate da un Dio che i positivisti e gli scientisti avevano troppo presto « sepolto » a vantaggio della scienza, la nuova religione contro la quale era vitale difendersi, poiché essa si opponeva alla « vera religione »;

— indizi della realtà delle apparizioni della Vergine Maria, nonché della sua intercessione misericordiosa quando si ricorreva a lei;

— infine segni dell'onnipotenza di Dio e quindi prove in difesa della sua esistenza.

Di fronte a questi vari significati dati agli avvenimenti di Lourdes — che ci sembra di aver ben evidenziato — il Bureau des Constatations e i medici incaricati avevano qualche difficoltà a mantenersi *obiettivi*, e a non tener conto del loro personale fervore, limitandosi alle conclusioni che avevano il diritto di proporre. Cioè, *certo non in modo sistematico* ma quando il caso lo consentiva, era per loro difficile affermare dopo un'inchiesta che (alcuni di) questi ristabilimenti non potevano essere spiegati alla luce dei mezzi naturali. E niente di più!

Fino alla prima guerra mondiale e anche molto tempo dopo, il Bureau des Constatations doveva decidere a proposito di *numerosissime* guarigioni, soprattutto se si considera il numero ridotto dei malati rispetto ad oggi.

Molto presto, forse *troppo* presto, esse erano accettate e ritenute *acquisite*, dopo indagini mediche che oggi ci appaiono poco rigorose, perché fondate su valutazioni non dimostrate, in breve troppo soggettive, tanto più che queste guarigioni sconcertavano tutti, anche i medici. Infatti quegli avvenimenti, quei decorsi erano allora quasi del tutto sconosciuti!

Inoltre, come abbiamo già avuto modo di dire, il Bureau des Constatations Médicales le attribuiva certamente a un « intervento soprannaturale », poiché avvenivano in un ambiente religioso e non potevano essere spiegate da una medicina « organicistica », in cui gli esami psichici degli interessati non avevano ancora assunto la loro vera importanza nell'analisi di queste situazioni.

Anche se il dott. Boissarie, uomo colto e sensato, osava scrivere nel 1894, senza temere di essere contraddetto e criticato:

> Il miracolo cresce e si sviluppa ogni anno; non si possono più contare quelli che rendono testimonianza alle apparizioni.

Infatti i medici si sostituivano ai responsabili della Chiesa, che sembravano lasciar fare, ritenendo sufficiente la loro analisi, accontentandosi e tacendo.

In realtà tra il 1862 e la fine del secolo, dopo la lettera pastorale di mons. Laurence, non ci fu neppure un vescovo che effettuasse il riconoscimento canonico di una guarigione straordinaria riguardante una persona della sua diocesi, che accertasse un miracolo *secondo le regole e ufficialmente*.

Oggi questa situazione può sembrarci confusa e incoerente... o addirittura incomprensibile e inafferrabile! Ma era vissuta dai fedeli di Lourdes e più in generale dai fedeli e dai loro pastori in modo semplice, sentita con riconoscenza, cioè *misticamente*.

Quest'analisi dimostra bene che allora le nozioni di « guarigione riconosciuta da una perizia medica » (o, per gli amici di Lourdes, semplicemente « dichiarata ») e di « miracolo in relazione con l'onnipotenza di Dio » avevano il medesimo significato, erano veramente sinonimi.

I « buoni autori » facevano a quel tempo un'analisi identica. Nel suo libro ristampato più volte, *Histoire critique des événements de Lourdes* (Paris 1908, p. 166), il canonico Bertrin affermava bonariamente:

> In generale si può dire con sicurezza che ogni interpretazione delle guarigioni meravigliose di Lourdes che esclude il miracolo cade necessariamente davanti a tre fatti incontestabili: il loro numero, la loro natura e infine il modo con il quale si vedono avvenire frequentemente.

Ancora una volta era « assicurato » il riconoscimento miracoloso delle guarigioni di Lourdes, che non presentava alcuna difficoltà. Sembrava giusto che il riconoscimento potesse essere fatto da chiunque e che ogni inchiesta fosse inutile. Sebbene non lo si dichiarasse esplicitamente, pareva che questo giudizio non richiedesse condizioni particolari, sia sul piano dei fatti e degli avvenimenti sia su quello dello stesso riconoscimento religioso.

E in quel momento nessuno nella Chiesa si è chiesto: « Se tale giudizio è alla portata di chiunque, perché il diritto canonico si circonda da tanto tempo di rigide precauzioni? ». Infatti il mondo cattolico ammetteva che, per grazia divina e per l'intercessione della Madonna, Lourdes era all'origine di tante guarigioni meravigliose e miracolose!

All'inizio del secolo XX si manifestò una reazione logica. In previsione del cinquantenario delle apparizioni, il dott. Boissarie e mons. Schoepfer iniziarono un'azione a vasto raggio per far sì che le autorità ecclesiali si pronunciassero su alcune guarigioni degli ultimi decenni.

Anche perché nel 1904 papa Pio X aveva detto al nostro predecessore durante un'udienza privata:

> La parola « miracolo » non deve essere pronunciata alla leggera, perché viviamo in un'epoca nella quale, più che mai, se ne può parlare [spiegandolo come] suggestione (G. Boissarie, *La clinique de Lourdes*, 1908, p. 240).

In seguito a ciò, tra il 1907 e il 1914 si ebbero *trentatré riconoscimenti ufficiali di guarigioni miracolose* da parte dei vescovi interessati, francesi e belgi, ai quali erano stati fatti pervenire i *dossier* delle guarigioni riconosciute dal Bureau des Constatations più o meno recentemente.

In questo breve periodo, dunque, il procedimento di certificazione di un intervento di Dio si è affermato in modo conforme allo schema classico e regolamentare, che però non era stato applicato per parecchi lustri.

Poi scoppiò la guerra del 1914-18, e si sa che a Lourdes si dovette attendere molto tempo prima che le condizioni del controllo delle guarigioni tornassero normali e soddisfacenti, non essendovi un medico permanente. A partire dagli anni trenta si ebbero di nuovo:

— da una parte, malati in grado di dichiarare un ristabilimento del loro stato di salute, una guarigione improvvisa e inattesa anche se sperata;

— dall'altra, medici sempre riuniti nel Bureau des Constatations.

Tra le due guerre sembra che l'attività di quest'organo medico collegiale mirasse non solo a stabilire la realtà della guarigione prodigiosa e inspiegabile, *ma anche* la causa che, in modo tradizionale e plausibile, pareva quasi sempre un intervento soprannaturale.

Abbiamo già avuto occasione di dire quanto i pellegrini sani e malati attendessero queste guarigioni, fino a che punto esse facessero parte della vita quotidiana del santuario, mantenendone la reputazione. Anzi, quanto servissero a *determinare la vera funzione di Lourdes*, come luogo che, alla vigilia della seconda guerra mondiale, era considerato da sempre il « centro carismatico di guarigioni » per eccellenza. Anche se queste erano ritenute meno spesso come avvenimenti « sicuri, definitivi e inspiegabili » da un organo medico sempre incaricato di studiarle e definirle secondo gli stessi criteri, ma applicati in modo più obiettivo che in precedenza.

Oggi si può pensare che, durante questo periodo di transizione tra le due guerre, il modo di « ricorrere alla Madonna », gli atteggiamenti e le mentalità dei pellegrini, soprattutto malati, di fronte alla realtà di Lourdes non fossero molto differenti da quelli che potevano avere avuto i loro predecessori trenta o quarant'anni prima. Le aspettative erano pressoché uguali; l'aiuto, il soccorso che i malati e gli invalidi desideravano erano dello stesso tipo, poiché perlopiù sapevano anche loro di essere « dati per spacciati », potendo aspettarsi una guarigione o un miglioramento solo da Dio o dalla Madonna.

Infatti la speranza di poter guarire, che avrebbe posto fine alla loro angoscia, non poteva dipendere in alcun modo da una medicina ancora assai aleatoria come un tempo, dato che a quell'epoca non si disponeva di terapie francamente più efficaci.

Durante il breve periodo tra le due guerre, dunque, le mentalità e gli atteggiamenti di tutti i protagonisti restarono immutati.

Da un lato, l'aspettativa e il fervore dei malati erano uguali a quelli dell'inizio del secolo. Dall'altro, i mezzi per condurre le inchieste mediche erano senza dubbio più precisi e obiettivi. Ma i risultati furono come sempre inadeguati, poiché i medici pensarono ancora di far bene ad arrogarsi il diritto di dichiarare le guarigioni non soltanto straordinarie ma anche « miracolose ».

Insomma, l'istituzione ecclesiastica restò muta tra il 1914 e il 1946, come se ammettesse che le conclusioni mediche erano sufficienti a riconoscere gli interventi divini. Come se non si fosse sentita interessata!

Dopo gli organi medici di controllo, i credenti, soddisfatti dalla persistenza delle guarigioni, si ritenevano autorizzati a collegare le « meraviglie » di Lourdes a interventi di Dio per l'« intercessione » della Madonna, e dunque a non far pressione perché anche la Chiesa svolgesse il proprio ruolo nel riconoscimento che le competeva.

Più o meno, ci si trovava nelle stesse condizioni di valutazione e di giudizio dell'inizio del secolo. E queste necessitavano ancora di essere chiarite, precisate.

Era di nuovo necessaria una reazione, che si manifestò nel 1948.

Come abbiamo già detto, essa fu dovuta a mons. Pierre-Marie Théas, che pertanto deve essere ritenuto colui che rinnovò veramente le disposizioni per la valutazione delle guarigioni di Lourdes circa cinquant'anni fa.

Logicamente e semplicemente, egli propose a ciascuna delle parti in causa, a ciascuno degli organi di controllo, di mantenere il suo ruolo in modo corretto, senza oltrepassare i propri limiti.

Prima direttiva. Ai medici spetta studiare e definire ogni dichiarazione di guarigione e di rispondere a tre domande:

— « Esisteva veramente una malattia? ».

— « Si tratta di una vera guarigione? ».

— « La guarigione è naturale? ».

Seconda direttiva. In compenso, i medici non devono « intervenire nelle questioni di ordine teologico, per esempio concludendo a favore di un miracolo. Ciò riguarda la Chiesa ».

Egli prese anche un'iniziativa. Affinché le inchieste mediche arrivassero con maggior sicurezza a conclusioni incontestabili, creò un secondo livello di controllo, una commissione di esperti notoriamente più qualificati, in principio tutti francesi e presto di nazioni, cultura e formazione diverse.

Questo Comité Médical non era un'« aggiunta » al Bureau Médical di Lourdes, come il dott. François Leuret si è ostinato a dire e pensare a suo tempo, ma era concepito come una specie di « camera di riflessione », le cui decisioni dovevano essere prese evitando una possibile pressione da parte dei « fedeli » di Lourdes, e le cui deliberazioni prevalevano in definitiva su quelle del Bureau Médical.

A partire dal 1948 il controllo medico è diventato a poco a poco sempre più esigente, complicato e lungo. Infatti è molto più obiettivo ad ogni livello. E precisamente:

a. In ciò che concerne la malattia precedente.

Senza dubbio la diagnosi non doveva essere confermata solo dalla clinica, ma anche dagli esami e da tutti i mezzi tradizionali che si potevano pretendere dopo gli anni cinquanta.

Inoltre bisognava che:

— la malattia in causa fosse stata riconosciuta anzitutto come una malattia lesionale, cioè organica;

— essa non facesse parte di un quadro patologico eccezionale o di una specie troppo limitata di malattie;

— infine che vi fosse una prognosi da malattia mortale, a breve o lunga scadenza, oppure che la malattia o la minorazione fossero durate tanto a lungo da farle ritenere irrimediabili.

b. In nessun modo la guarigione doveva:

— essere stata ottenuta in modo lento e progressivo o incompleto, come dopo una convalescenza;

— essere giudicata definitiva finché non fosse trascorso un sufficiente periodo di controllo, perlopiù di qualche anno;

— infine, non doveva poter essere ricondotta a una qualsiasi terapia, anche parziale o insufficiente.

c. Il fatto di dover determinare in quale misura tale decorso eccezionale poteva (e può) essere valutato come un avvenimento « naturale » o meno, non ha mai suscitato una chiara reazione dei medici, per quanto ne so. Senza dubbio perché era necessario specificare meglio la stessa domanda: « Questa guarigione è naturale? ». Così come è formulata, infatti, non potrà ricevere da nessun medico una risposta chiara, oggi come allora.

Pertanto ritroviamo le osservazioni di padre Gumpel, riportate all'inizio del capitolo... Sia per lui sia per noi, è certo che, « man mano che progrediscono le conoscenze mediche, diminuisce l'area del "medicalmente inspiegabile"... ».

Perciò dopo gli anni cinquanta, o, meglio, negli ultimi vent'anni, se a Lourdes esiste ancora un certo numero di guarigioni dichiarate, come penso di aver dimostrato, è altrettanto sicuro che ci sono sempre meno guarigioni accertate, riconosciute straordinarie (o inspiegabili) da commissioni *ad hoc*.

Il ragionamento di base del diritto canonico in proposito — tuttora valido e la cui fondatezza un collaboratore della Congregazione per le cause dei santi ha osato contestare per la prima volta, secondo quanto ne so — rimane il seguente:

— la canonizzazione richiede uno o più segni divini oltre all'indagine umana, la quale non è infallibile;

— perlopiù i segni in questione sono guarigioni fisiche che dapprima devono essere riconosciute prodigiose e inspiegabili dai medici, e solo in seguito vanno ritenute miracolose dai rappresentanti della Chiesa...

— perciò sono i medici che, *in un primo momento*, determinano i casi di guarigione nei quali può essere riscontrato un eventuale intervento di Dio, a Roma come a Lourdes.

Questo principio canonico che cercava di rendere più autentica la ricerca e la definizione di un « segno divino » era forse opportuno e giusto *un tempo*. Risultava certamente ragionevole, in quanto frutto di una riflessione di medici e teologi esperti.

Non spetta a me giudicare il rigore del ragionamento incluso in questo principio. Però non posso fare a meno di dire che, oggi, tale modo di procedere da parte della Chiesa e del diritto canonico mi pare *un po' illogico e strano*! Mi sembra insensato il fatto che la Chiesa sottoponga il proprio riconoscimento di un « segno divino » a uomini — seppure medici —, affidando loro, ai loro poveri mezzi, alla loro competenza e alle loro capacità mediche, l'incarico di determinarne la realtà. Infatti al giorno d'oggi, considerati i progressi scientifici e l'evoluzione dei mezzi medici, questo modo di procedere è — o sarebbe — spessissimo all'origine dell'arresto del vero riconoscimento di un « segno di Dio » da parte del magistero della Chiesa.

Tanto è vero che a Lourdes solo *tre guarigioni* sono state riconosciute dai vari collegi medici negli ultimi trent'anni, dopo la guarigione di V. Micheli, dal 1963 ad oggi, mentre alcune centinaia di dichiarazioni di guarigioni sono state segnalate nel medesimo periodo, senza contare le guarigioni avvenute sempre a Lourdes in ambiente carismatico.

2. A proposito delle guarigioni avvenute in ambiente carismatico e delle riflessioni che esse possono suscitare oggi, mi sembra necessario aprire a questo punto una parentesi.

Come tutti sanno, da qualche lustro sono nati all'interno del cattolicesimo dei movimenti cosiddetti « carismatici ». Sono comunità di credenti comparse in un primo momento negli Stati Uniti d'America e poi anche in Europa.

Queste comunità sono sorte grazie all'impulso di alcune personalità ecclesiastiche e laiche. Inizialmente connesse a una chiesa locale, si sono diffuse poi assai rapidamente in tutto il mondo, con uno slancio missionario evidente.

Tutte queste comunità sono generalmente alla ricerca di un ideale evangelico, che può essere all'origine di un vero movimento di mobilitazione, suscitando l'adesione di un certo numero di persone, uomini e donne, giovani e vecchi, isolati o all'interno di una famiglia, desiderosi di adottare un tipo di vita secondo la fede più evidente, più vicina a quella delle prime comunità cristiane.

Per quel che ne so, questi gruppi cercano di far ritrovare ai loro membri una fiducia totale in Dio e nel suo Figlio, un'appartenenza a Cristo paragonabile a quella che hanno sperimentato gli apostoli. E così tutti quelli che si aggregano a loro sono invitati a vivere una relazione ancor più intima con il Figlio di Dio, prendendo il vangelo alla lettera, assumendo davvero determinate esigenze espresse da Cristo ai suoi discepoli e identificandosi maggiormente con coloro che a Pentecoste avevano ricevuto certi doni dallo Spirito Santo. Si tratta dei carismi elencati da san Paolo nel capitolo 12 della prima lettera ai Corinzi, specialmente del « dono delle guarigioni »:

> Se un membro [della comunità] soffre, tutte le membra ne soffrono... Alcuni sono stati posti da Dio nella Chiesa al primo gra-

do come apostoli, al secondo come profeti, al terzo come dottori; poi vengono i prodigi, poi i doni di guarigione... (1Cor 12,26.28).

Partendo da tali testi e da questo insegnamento, anche il Rinnovamento Carismatico Cattolico statunitense, la cui espressione protestante è il Pentecostalismo, ha creduto opportuno istituire « assemblee di preghiera » in cui sono invocate guarigioni a vantaggio di malati, di minorati e tossicodipendenti.

Sono assemblee in cui l'« effusione dello Spirito » è implorata a lungo, con grandissimo fervore e sotto la direzione di un celebrante che si comporta come un taumaturgo.

Quasi sempre, alcuni ottengono la guarigione. Numerose guarigioni si verificano rapidamente, in serie. E ogni sensazione di miglioramento avvertita dai « malati » diventa un'occasione di lode a Dio per l'intera comunità, di un legame più stretto degli uni con gli altri, di conversione.

In Francia tali manifestazioni sono arrivate molto tardi. Non hanno mai avuto la medesima diffusione, il medesimo impatto, salvo forse a Lourdes quando i membri di questi movimenti si radunano, come fanno abitualmente da una decina d'anni.

Nel maggio 1988 il giornale cattolico *La Croix-L'Événement* pubblicava la cronaca di un portavoce delle comunità carismatiche, dal titolo provocatorio: *Dieu interdit de miracle?* (« A Dio è vietato il miracolo? »). Si trattava di una reazione — forse personale ma rappresentativa di quell'ambiente cattolico — ad una trasmissione televisiva alla quale avevo partecipato un mese prima, che verteva sulle guarigioni inspiegate. Ecco qualche passo caratteristico di quell'articolo:

> Alla fine di una trasmissione televisiva sono stato colpito dall'arretratezza del metodo (di controllo del Bureau Médical di Lourdes) e dal suo sfasamento rispetto alle necessità pastorali attuali. Questa maniera di vagliare scientificamente gli effetti della bontà di Dio ha qualcosa di « sordido » e di grottesco, che rischia di condurre alla fine dei miracoli...
>
> C'è da chiedersi se il dispositivo previsto a Lourdes nel secolo scorso non sia superato, se non sia giunto il tempo di rivedere i criteri del « miracolo »...

I carismatici... non si sognano neanche di far riconoscere una guarigione, e nemmeno di verificare se essa è inspiegabile...

Nel Rinnovamento le guarigioni si considerano naturali. Non si distingue il corpo dall'anima e non si diffida della « psicanalisi », si pensa semplicemente che, se una disarmonia spirituale fortissima può determinare mali fisici, la conversione radicale può provocare una guarigione psicologica, persino fisica...

L'altra sera la Chiesa è apparsa anacronistica, come l'ultimo bastione dello scientismo.

Dopo aver esitato a lungo, ho dovuto rispondere a questo vero e proprio attacco con un articolo che ho inviato allo stesso giornale, dal titolo: *Le discernement à l'épreuve* (« Il giudizio alla prova »).

Ho anzitutto creduto opportuno constatare che le guarigioni avvenute in seno al Rinnovamento Carismatico non sono controllate di proposito, né dal Bureau Médical a Lourdes né da altri altrove.

Ho anche rilevato che alcuni dei termini usati da Monique Hébrard (« diffidenza morbosa delle Chiese verso le forze spirituali »; « questo modo ''sordido'' e grottesco » di vagliare; « i medici ignorano ancora la possibilità di autoguarigione programmata ») mi parevano « inaccettabili », perché esagerate o troppo oscuri.

Ho anche evidenziato che mi sembrava particolarmente ingiusto attaccare la posizione della Chiesa a motivo di una trasmissione televisiva in cui chiaramente « la preoccupazione maggiore e la finalità dei responsabili non era quella di lasciare che le persone invitate si spiegassero con calma a proposito di questo difficile problema ».

Infine ho ritenuto utile far notare che:

— « soprattutto ai giorni nostri è ancora necessario assicurarsi della realtà di un fatto, prima d'indagare sulla sua causa! »;

— « nel discernere un intervento di Dio, la logica impone (e imporrà sempre!) che si traggano conclusioni da un'inchiesta (qualunque sia la sua forma) sull'avvenimento in questione »;

— infine, « a mio parere, sarebbe auspicabile che la Chiesa preparasse le basi per un nuovo linguaggio, più in rapporto con il resto della sua pastorale, che ridefinisca il suo scopo e i mezzi per raggiungerlo ».

Questo per la polemica pubblica, che non voglio alimentare.

Ma a tal proposito penso sia utile tentare di giudicare le conseguenze di questa specie di « illuminismo », di ciò che ne può derivare una volta imboccatane la strada.

Spesso, veramente troppo spesso, le guarigioni avvenute a Lourdes in un ambiente carismatico assai particolare hanno immediate ripercussioni nell'ambiente dei mass media, che vanno a caccia di notizie e sanno quanto i loro ascoltatori, i loro lettori, il loro pubblico siano oggi affamati di sensazionale! Per la maggior parte di essi è una vera cuccagna! E pubblicano la notizia anche senza cercarne una conferma alla fonte, dandole tutta la parvenza di realtà. Fanno conoscere al loro pubblico queste « guarigioni », questi avvenimenti nelle ore subito dopo il loro verificarsi.

Contrariamente a quanto si potrebbe credere, tali fatti non sono nuovi a Lourdes.

Bisogna ammettere che ci si trova in una situazione che il santuario ha già conosciuto, paragonabile a quella della fine del secolo scorso, quando questi avvenimenti facevano parlare tutti i giornali, locali e nazionali.

Ciò pareva normale e comprensibile alla fine del XIX secolo, cioè in un momento in cui la medicina poteva intervenire solo in pochissime situazioni patologiche e la speranza di guarire a Lourdes era dunque fortemente presente in tanti ammalati, quando i medici non avevano quasi nessun mezzo sia per definire una diagnosi sia per prescrivere un trattamento efficace e si era ancora in un'« era pretecnica » in quel campo, come possiamo dire ora a distanza di tempo. Ma il fatto di veder pubblicare notizie di guarigioni straordinarie prima di qualsiasi controllo (e senza di esso!) e di fatti diversi e strani, *secondo me*, non è più ammissibile nella nostra epoca, un secolo dopo, in virtù (o a causa) dell'analisi e dell'approccio permessi da inchieste mediche appropriate, ricche di indagini convenzionali, ma perfettamente adeguate.

Non mi sembra ammissibile che, dopo secoli di misure di controllo regolamentari e *logiche*, la Chiesa si lasci andare deliberatamente a riconoscere come « miracoli » e interventi divini tutte le dichiarazioni di trasformazioni fisiche di cui verrebbe a conoscenza, raccomandando un atteggiamento lassista e totalmente soggettivo. Mi pare invece comprensibile che qualcuno pensi e sia convinto che Dio è intervenuto nella sua vita in occasione di una prova, di una malattia fisica e/o psichica, in un caso di assuefazione alla droga, e che lo confidi segretamente a chi gli è vicino per renderne testimonianza.

Mi sembra dannoso che dei responsabili di movimenti carismatici possano considerare, dire o scrivere, ad ogni modo *affermare* che « ogni persona convinta di essere stata guarita da Dio lo è certamente », e che la Chiesa non deve trovarvi materia di contestazione!

Lo vediamo bene: partendo da un medesimo fatto, sono possibili due interpretazioni differenti o addirittura opposte, due atteggiamenti e modi di considerare lo stesso avvenimento da parte di « fedeli » relativamente vicini.

Questi sono forse gli unici due atteggiamenti che è possibile assumere di fronte a un tale fenomeno? Ecco la risposta alla domanda posta: certamente no!

2. QUALI ATTEGGIAMENTI SI POSSONO ASSUMERE OGGI DI FRONTE A QUESTE GUARIGIONI?

In primo luogo bisogna definire ciò che intendiamo con il termine « guarigione » presente in questo titolo.

Come giustamente abbiamo appena visto, vi è evidentemente *una differenza sostanziale* tra una « dichiarazione » di guarigione — e ogni anno se ne presentano ancora diverse decine a Lourdes — da parte della persona interessata, che esprime la sensazione del tutto soggettiva di stare meglio dando a chi le è vicino l'idea che si è verificato un « avvenimento », e l'evento di una guarigione riconosciuta « sicura e inspiegabile » dopo un'indagine medica, soprattutto secondo il metodo più recente, cioè a più livelli e a distanza di anni, dunque conferendo l'obiettiva qualifica di avvenimento prodigioso e reale.

Secondo me non si può fare lo stesso discorso e la stessa analisi sul contenuto di queste due affermazioni.

Le funzioni che ho avuto e mi sono state affidate a Lourdes, oltre alla mia formazione intellettuale e la mia tendenza alla logica, mi impongono di considerare in questa sede soltanto la seconda accezione del termine « guarigione ».

Perciò lascio volentieri ad altri — che forse ne hanno la responsabilità — l'incarico di attribuire o meno alle guarigioni avvenute in ambiente carismatico la qualifica di « fenomeni naturalmente inspiegabili » dovuti a un intervento soprannaturale.

Di fronte a guarigioni riconosciute realmente inspiegabili dagli organi di controllo medico, mi sembra che le persone interessate al problema possano assumere diversi atteggiamenti.

Tuttavia va precisato che, in questa sede, intendiamo passare in rassegna le reazioni degli « scienziati » e, più precisamente, dei periti medici, di quelli che per le loro conoscenze sono adatti a valutare, a riconoscere certi dati, certi risultati in questo ambito assai particolare. Non le reazioni di un pubblico, per quanto colto!

1. Da una parte, tali prodigi possono essere semplicemente negati oppure non essere assolutamente accettati.

Alcuni non vogliono ammettere che tali fenomeni possano essere dimostrati obiettivamente. Questo atteggiamento di rifiuto puro e semplice non è razionalemente concepibile né ammissibile; ma in pratica esiste. (Una semplice domanda: in ogni circostanza tutti gli scienziati ragionano sempre giustamente?).

Il fatto è che « questi fenomeni eccezionali, contrari alle osservazioni e alle previsioni dell'esperienza medica e quindi scientificamente inspiegabili », possono essere ritenuti « fenomeni irrazionali » per definizione, dunque non interessanti per certi analisti.

Malgrado le apparenze, si tratta di una presa di posizione priva di interesse, anche se essa tende a preservare e seguire un ideale scientifico interpretato male. Infatti affermare di non credere a qualunque avvenimento reale con il pretesto che non può essere inserito nel campo razionale è, secondo il mio punto di vista, un segno di cecità.

Anche questa posizione rappresenta una risposta teoricamente possibile, ma a me sembra illecita e, perciò, essa impedisce qualunque discussione.

Più sfumato appare un altro atteggiamento che prende in considerazione lo scetticismo, elemento indispensabile per esprimere un giudizio valido in medicina. Il ragionamento è il seguente: in materia di patologia, tutto è possibile; poiché non esistono « norme », non si possono avere « anomalie ».

Questo atteggiamento non va rifiutato del tutto. Ma con tale sofisma a mo' di scappatoia si elude certamente la discussione. Si tiene conto di un ragionamento teorico artificioso per non dover prendere atto di una sicura realtà.

Quando, dunque, questi scettici « professionali » cominceranno a dubitare anche delle opinioni che esprimono loro? Sarebbe questione di un attimo!

Si tratta delle posizioni estreme assunte di fronte a questa domanda. Lo sono perfino quelle più speculative. A mio parere si tratta di una reazione settaria contro una realtà della quale non si vuole prendere atto.

Niente, nessun ragionamento, nessun invito a rispettare maggiormente i risultati di uno studio obiettivo potranno modificare questi atteggiamenti negativi, assunti *veramente per partito preso*.

2. Contrariamente a tale posizione irrealistica, si può ammettere che la maggioranza degli esperti riconosce l'obiettività e il valore dell'indagine, dice di accettarne le conclusioni e, dunque, riconosce l'esistenza di fatti straordinari « inspiegabili », perlomeno di quelli che sono chiamati così.

Una volta accettata quest'idea, può succedere che qualcuno confronti i ristabilimenti prodigiosi con altre guarigioni conosciute e descritte in certe affezioni, in assenza, per il momento, di una determinata interpretazione fisiopatologica perlopiù accettata.

Questo è indubbiamente un terreno sul quale si può aprire una discussione tra medici iperspecializzati, come nel caso (veramente eccezionale) della guarigione spontanea, definitiva e attualmente inspiegabile di un simpatoblastoma metastatizzato in un piccolissimo bambino al di sotto dei tre anni.

Tali eventualità fortunate e sorprendenti, che pochissimi medici hanno avuto la possibilità di constatare, sono state oggetto di pubblicazioni, e oggi vengono descritte perfettamente nella letteratura medica. Perciò questa rarissima eventualità è conosciuta, o può esserlo, anche dai periti medici che fanno parte degli uffici medici di controllo di Lourdes. Devo segnalare che una guarigione di questo tipo è stata presentata al Bureau Médical anni fa, e si può escludere che un giorno l'inchiesta su quel caso possa portare a conclusioni favorevoli a Lourdes.

Dunque si tratta di vere eccezioni, perlopiù riconoscibili in partenza, delle quali i periti tengono conto con precisione e prudenza per non essere facilmente criticabili.

Ma questo ragionamento non può essere fatto per altre malattie la cui evoluzione è determinabile, in presenza di terapie o meno.

Altri esperti potranno affermare che questi fatti straordinari sono « statisticamente prevedibili ». Per certi cancri, per esempio, essi rappresenterebbero 1 caso su 100.000-200.000 circa, comportando un'evoluzione spontanea, favorevole e inattesa, anche con regressione del tumore e guarigione clinica.

A questo proposito ci è pervenuto un articolo dal titolo originale: *Healing, Remission and Miraculous Cure* (« Ristabilimento, remissione e guarigione miracolosa »). Esso è apparso in *Noetic Science*, pubblicazione del Noetic Science Institute a Sausalito, vicino a San Francisco, negli Stati Uniti, e riporta i lavori di Brendan O'Regan, incaricato di compiere ricerche nello stesso istituto. Eccone una breve sintesi.

Negli Stati Uniti, dice l'articolo, esistono undici centri per la registrazione dei tumori, che dipendono dal National Cancer Institute. I « registri ufficiali » di questi centri attingono informazioni dagli ospedali e dai centri di cura, che sono tenuti a comunicare anche un certo numero di particolari riguardanti i malati ricoverati.

A B. O'Regan è sembrato che da queste comunicazioni si potessero ricavare i nomi e i dati anagrafici di certi malati che costituiscono una categoria assai particolare: *i sopravvissuti a lunghissimo termine*, quelli che erano ancora in vita dieci anni dopo che se ne era fatto un prognostico fatale, a breve scadenza!

Nel 1985 O'Regan chiese la lista dei malati registrati nel periodo tra il 1973 e il 1975 con l'annotazione « cancro in fase terminale ».

Così, nella sola San Francisco, si riscontrarono *100 casi di sopravvissuti dopo 10 anni e più*, tra i malati dati per spacciati a breve termine. Si tentò di contattarli e si riuscì a farlo effettivamente per 89 soggetti. Si afferma che essi avevano sofferto « ogni sorta di tumori », e tra l'altro furono trovati due casi di cancro al pancreas di vecchia data!

La ricerca è certamente interessante, perché è originale e riporta un numero notevole di casi. Ma, dopotutto, non le si può accordare che un valore relativo, perché non siamo in grado di conoscere né le diagnosi né i mezzi utilizzati per determinarle.

Inoltre, i risultati sono talmente strani che non si può fare a meno di pensare che siano riportati dati approssimativi e forse errati. Comunque, per essere affidabili i dati statistici devono essere ottenuti partendo da un'indagine che tenga conto di una certa coerenza, la quale sembra inesistente in quella ricerca. Perciò tale « relazione ufficiosa di inchiesta », per di più non fatta da un medico, rischia di dare adito a ogni sorta di confusione, e quindi non deve essere accettata. Ma essendomi sembrata assai originale, ho voluto farne menzione.

I dati statistici possono dunque essere ricordati; ma come molti altri autori, non sono affatto sicuro che debbano essere necessariamente convincenti.

Nondimeno coloro che sostengono questo argomento, dapprima prendono implicitamente atto del valore delle inchieste e dei loro risultati, e poi accettano l'autenticità dell'avvenimento. D'altra parte si rifugiano dietro un'opinione plausibile per non essere costretti ad accettare *sic et simpliciter* la spiegazione proposta dalla Chiesa.

Altri, infine, fanno tuttora appello a « forze psichiche » personali, provenienti dallo stesso organismo senza l'aiuto di alcuno, per « spiegare » questi ristabilimenti e « chiarire l'atmosfera » in cui avvengono.

Attualmente la medicina psicosomatica sembra venire in aiuto di queste persone che disprezzano i motivi proposti per spiegare le guarigioni di Lourdes. L'antichissima e famosa teoria della « fede che guarisce » è ancora alla base di questo tentativo di spiegazione, sostituita ai giorni nostri dalla convinzione sempre più diffusa che certi malati gravi come i cancerosi possano curarsi da soli con esito favorevole.

È il caso più banale di tutti i successi che guaritori e « guru » possono rivendicare di fronte ai malati che bussano alle loro porte e stravedono per loro.

Senza dubbio, questi malati sono tutti « funzionali » e facilmente suggestionabili. È indubbio che la suggestione può certamente aiutare talune persone anche a Lourdes. E un numero non indifferente dei ristabilimenti dichiarati prima dell'inizio del secolo, forse anche prima del 1930, appartiene senza dubbio a questa categoria.

D'altra parte, credere che *tutte* le guarigioni di Lourdes, soprattutto quelle che sono state studiate e riconosciute inspiegabili usando i mezzi che, in ogni epoca, erano opportuni per concludere bene un'indagine, credere che ogni guarigione possa essere spiegata con la suggestione significa veramente spacciare per vera una cosa falsa e prendere in giro la gente.

Un gran numero di guarigioni ricordate da taluni sono avvenute nel corso di determinate malattie organiche: un tempo la tubercolosi, più recentemente il cancro. Queste malattie possono essere diagnosticate in modo relativamente facile e sicuro, utilizzando mezzi di indagine e di analisi obiettivi e irrefutabili.

In questi casi è veramente impossibile pensare che, da un giorno all'altro, l'evoluzione della malattia possa essere sconvolta in modo definitivo dall'influenza e dall'azione di una « forza psichica », dalla suggestione emanata da un individuo o da una folla, che agisce in alcuni e non in altri, quindi certamente supposta, oppure per mezzo di « mediatori chimici » personali ma altrettanto mitici. È per questo che tale obiezione ci sembra rappresentare l'ultima scappatoia di detrattori settari e arretrati come i « liberi pensatori », o di vecchi sognatori rimasti indietro rispetto alle conoscenze del loro tempo.

Di fronte a questi vari modi di giudicare i (rari) ristabilimenti di Lourdes (il cui elenco non ha la pretesa di essere esauriente), è possibile al giorno d'oggi determinare le condizioni generali della loro comparsa?

È possibile avanzare un'ipotesi per spiegare queste guarigioni... o almeno tentare di farlo?

3. SI POSSONO DETERMINARE LE CONDIZIONI DEL VERIFICARSI DELLE GUARIGIONI? SI PUÒ TENTARE DI SPIEGARLE?

Senza dubbio si tratta di un compito delicato che ha dato del filo da torcere a molti miei predecessori! Si potrebbe facilmente provarlo attraverso i loro scritti. Ma ne vale la pena? Non credo. Evidentemente i loro tentativi hanno segnato un'epoca, come verosimilmente faranno i miei tra non molto.

Che cosa si può dire oggi ricercando le condizioni della comparsa di queste guarigioni?

All'inizio — è necessario ripeterlo? — c'è il fatto, evidente, persistente e unico nella storia recente, di un santuario consacrato alla Vergine Maria dove, fin dalle origini, si sono verificate e continuano a verificarsi guarigioni che, da più di un secolo, dei periti medici hanno studiato, analizzato e qualche volta ritenute « sicure, definitive e straordinarie », tanto da apparire « inspiegabili » alla medicina dell'epoca.

Dal punto di vista strettamente medico, prescindendo da ogni ipotetico fattore eziologico di ordine religioso e soprannaturale, va detto che si tratta certamente di avvenimenti la cui esistenza e le cui ragioni devono essere indagati e sono di interpretazione difficile e delicata. Ma ovviamente bisogna cercare di vederci un po' più chiaro. Senza avere la pretesa di spiegare fatti che tanti medici (me compreso) hanno giudicato « inspiegabili »!

Come abbiamo già detto, quando appaiono risultati anomali, misteriosi, che non sono chiaramente *interpretabili* da una scienza sperimentale, si è inizialmente costretti a ricorrere a tutto ciò che può servire per arrivare a scoprire la causa o le cause di questi fenomeni inattesi, poiché il postulato di base del determinismo: « Non esiste effetto senza una causa » è sempre valido, anche ai giorni nostri.

Ma in questi casi l'inchiesta epidemiologica non è affatto semplice; soprattutto perché il fenomeno dura da moltissimi decenni e si colloca in un settore dove niente è identico a ciò che valeva cinquant'anni fa.

L'aforisma di Fontenelle: « Una causa vera è quella nella quale si vede un rapporto necessario con il suo effetto » non rende certo la situazione più facile da interpretare, in modo dimostrativo e obiettivo.

A quanto pare, a Lourdes si potrebbe indicare « una sola e unica causa » all'origine di un fenomeno assai antico *e* attuale!

Inoltre oggi sembra pacifico che non entra in gioco alcun elemento materiale concomitante in grado di provocare risultati tanto imprevedibili e insperati.

Istituti specializzati hanno fatto ricerche che per il momento hanno portato solo a risultati negativi e non probanti, come c'era da aspettarsi.

Né il terreno del santuario né la pietra della Grotta né l'acqua della sorgente nascondono un qualche componente che, per la sua presenza o « irradiazione », possa essere evidenziato e ritenuto obiettivamente responsabile della benché minima guarigione.

Nessuna influenza climatica, tellurica o aerea può essere considerata come un fattore determinante e necessariamente unico all'origine di guarigioni da malattie diverse e senza alcun legame tra loro come la tubercolosi, la sclerosi a placche, i cancri epiteliali e i sarcomi.

La posizione geografica di Lourdes ha indubbiamente proprie caratteristiche, che però sono quelle di una località di altitudine media all'incrocio di vallate pirenaiche, ai piedi del versante nord di una catena di montagne, in un paese dal clima temperato.

L'acqua della sorgente della Grotta ha una composizione semplice, una delle tante allo sbocco di un'area d'infiltrazione, di un circo di colline attigue abbastanza importante che raccoglie le piogge frequenti nella regione. Dopo la sua scoperta, essa è stata analizzata molte volte ed è sempre stata trovata quasi sterile, poco mineralizzata, con un pH normale, senza alcuna particolarità notevole.

Nei dintorni del santuario, dunque, niente ha potuto, può e, verosimilmente, potrà mai essere evidenziato per consentire un abbozzo di spiegazione fisico-chimica del fenomeno.

In terzo luogo, se si tenta di ragionare in senso cronologico e in base alla variazione nel numero delle guarigioni, è ancor più difficile ammettere che questi avvenimenti siano dovuti all'ambiente naturale. Con tutta probabilità, esso è restato pressoché identico a quello originario, mentre il numero delle guarigioni non ha smesso di diminuire secondo il valore assoluto, soprattutto in rapporto al numero crescente dei malati.

Ecco dunque la prima conclusione: le guarigioni non sono un fatto provocato dall'ambiente esterno. Esse non si riconducono a una causa esterna riconoscibile, di qualunque origine possa essere.

Perciò bisogna certamente cercare la causa (o le cause, se ce ne fossero parecchie) delle guarigioni a un livello in qualche modo più « interno » della personalità. Sarebbe ancora più corretto dire più « intimo ». Con ogni probabilità essa è intrinseca all'interessato stesso, al suo corpo e spirito, provenendo dall'intimo della persona stessa.

Il malato diviene così la sede di un conflitto fisico tra:

— da una parte, un « terreno »: l'organismo stesso, dove, fisiologicamente, organi e centri regolatori intervengono continuamente per preservare numerosi equilibri biologici, fisici e psichici, mantenendo così la persona in (relativa) buona salute, consapevole di stare bene;

— d'altra parte, un « aggressore » di qualunque tipo: infettivo, traumatico, tossico, allergico od oncogeno; oppure altri elementi: per esempio malattie autoimmuni o degenerative, acquisite o trasmesse geneticamente, o ancora un disordine psichico con o senza substrato metabolico. Comunque, un fattore che disturba l'equilibrio precedente e crea le condizioni di un'affezione, di una malattia dalle conseguenze fisiche o psichiche più o meno gravi e temibili.

Perché l'organismo umano è, perlomeno, doppio: corpo e spirito. E da molto tempo, prima ancora che i carismatici lo « riscoprissero », i medici di Lourdes ne tenevano conto nel loro rapportarsi al malato e alla sua malattia.

In precedenza ho avuto l'occasione di dire — in modo forse troppo brusco — che non sono certamente sufficienti un desiderio, una volontà ferrea di guarire da parte di un(a) paziente e delle persone particolarmente attente e dinamiche del suo ambiente, pronte a dare un sostegno affettivo in ogni momento. La persona interessata non può fare a meno di una terapia definitiva e specifica, come potrebbe essere la chemioterapia nel caso di un cancro, un antibiotico per la tubercolosi, oppure l'insulina per il diabete!

Però ritengo che delle condizioni favorevoli concomitanti sono sempre apprezzabili, attivanti e dunque *preziose*, quando mirano a favorire l'azione insostituibile di una terapia medica (se ne esiste una!), a dare un contributo nella lotta per garantire la sopravvivenza.

Pertanto penso che i nostri predecessori, consapevoli di essere privi di terapie efficaci contro i loro mali, di un aiuto medico reale ed efficace, avessero motivo di chiedere alla loro Madre celeste la guarigione che sapevano di non poter ricevere dagli uomini, di manifestare piena fiducia nell'aiuto e nell'intercessione della misericordiosa Immacolata Vergine Maria, di abbandonarsi nelle mani di Dio in modo veramente mistico.

Certamente questo modo di comportarsi, di mostrare una fiducia totale e illimitata in un aiuto di ordine spirituale sussiste ancora! Ma è indubbio che, ai giorni nostri, questa assistenza non è più la sola prevista, e, senza temere di sbagliare, si può affermare che la maggioranza dei malati non pensa *anzitutto* a questo genere di assistenza.

Come tutti sanno, altre risorse sono offerte e rese accessibili ai nostri contemporanei.

Perlopiù c'è la speranza che può essere realmente suscitata dalle attuali possibilità terapeutiche (effettive e sperimentate o in via di acquisizione); c'è la fiducia accordata a un medico o a un'équipe di medici che, nel caso di qualsiasi malattia, darà *subito* alla persona malata la sensazione di non sprofondare nell'angoscia e nella disperazione, proponendole alcuni mezzi per battersi contro l'aggressione della quale è vittima.

So benissimo che questa bella evoluzione non è necessariamente in sintonia con la persona malata, rimanendo teorica e forse anche un po' irreale! I malati gravi non hanno sempre la medesima consapevolezza chiara, precisa e confortante che la loro vita sarà salvaguardata dalla medicina attuale e soprattutto dai mezzi terapeutici di cui essa dispone.

Inoltre so bene che gli attuali metodi di cura utilizzati correntemente hanno effetti collaterali difficili da sopportare, per le loro temibili interazioni tossiche con effetti fisici e mentali!

Ma, in ogni modo, non si possono confrontare le conseguenze che può oggi comportare una malattia quale la tubercolosi in un giovane, con le conseguenze disastrose che poteva generare la medesima malattia cento o anche solo cinquant'anni fa!

Per trovare una certa analogia, bisognerebbe confrontare la diagnosi di meningite tubercolare prima del 1948 con quella dell'attuale sindrome immunodeficitaria acquisita, cioè l'AIDS. Ma l'analogia non è nemmeno totale, poiché nel corso di una meningite tubercolare la morte subentrava molto più in fretta, in tre settimane al massimo! Inoltre la speranza di poter presto guarire dall'AIDS è senza dubbio più vicina a realizzarsi, rispetto a quella di mantenere in vita un bambino colpito da tubercolosi meningea nel 1945.

Dunque, ancora una volta non si tratta di considerare che, dopo mezzo secolo, le condizioni di comparsa di una guarigione di Lourdes possano essere identiche a quelle che vediamo attualmente, perché è comprensibile che *mai più* proveremo di nuovo le angosce conosciute dai nostri avi di fronte alle malattie.

E non mi farà cambiare idea la realtà della situazione del tutto particolare della piccola Delizia Cirolli, l'ultima guarigione di Lourdes che ho conosciuto. Infatti, a causa della volontà veramente insolita e difficilmente comprensibile dei suoi genitori, ella non ha ricevuto alcun trattamento di tipo antitumorale dal maggio al dicembre 1976, nel corso di tutta la malattia. Perciò se questa bambina di dodici anni si fosse ammalata un secolo prima, la sua condizione sarebbe stata la stessa!

Ciò rappresenta una situazione *del tutto eccezionale* al giorno d'oggi.

Detto questo, come si può tentare d'illustrare meglio le famose « condizioni di comparsa » delle guarigioni di Lourdes?

Per esempio, occorre trovarsi per forza a Lourdes? In pellegrinaggio? All'interno del santuario? Certamente no, poiché numerose guarigioni si sono verificate indipendentemente dalla presenza fisica a Lourdes. Tra di esse vi è proprio quella di Delizia Cirolli!

L'età può avere un ruolo? Assolutamente no, sembra. Se si esamina l'età media nella quale si sono verificate le guarigioni prima della grande guerra, si rileva un dato nettamente diverso da quello ottenuto per le guarigioni degli ultimi decenni. Ma questo dato è senza dubbio in rapporto con la differente longevità degli uomini e delle donne in questi due periodi, più che con un'altra spiegazione. Infatti erano e sono rappresentate tutte le età, dai 3 agli 80 anni e più!

Il sesso delle persone poteva e può ancora essere determinante? Se ci si mette a studiare le guarigioni, appare subito che il sesso femminile è stato particolarmente favorito. E le statistiche fatte dagli autori di tesi di laurea sulle guarigioni di Lourdes a proposito di un anno qualsiasi evidenziano questa costante. Ma anche in tal caso bisogna guardarsi dalla tentazione di trarre conclusioni troppo affrettate, messe generalmente in relazione con la maggiore suggestionabilità del sesso femminile.

La vera ragione di questa sproporzione mi sembra molto più semplice e nel contempo più immediata. Essa è legata al numero dei visitatori! In effetti bisogna riconoscere che, da sempre, si è rilevato che in tutti i pellegrinaggi — eccetto quelli riservati solo agli uomini, come il Pellegrinaggio Militare Internazionale — il numero delle donne è molto più elevato di quello degli uomini nel recinto del santuario.

Forse questa semplice constatazione necessita di un'altra spiegazione. Per prima cosa bisogna notare che tale squilibrio si è costantemente manifestato nei luoghi di culto e persino nelle nostre chiese parrocchiali. Evidentemente le donne sono sempre state più religiose, più devote degli uomini. Va anche ricordato che in passato gli uomini erano tenuti lontano da Lourdes dalle loro professioni e attività, e che, sino alla fine degli anni trenta, non disponevano di ferie. In una Francia molto più rurale di oggi, i lavori agricoli erano più impegnativi, soprattutto per gli uomini. Gli uomini delle diocesi rurali potevano partecipare ai pellegrinaggi in rari periodi dell'anno.

Infine, a proposito delle ultime dodici guarigioni riconosciute miracolose dalla Chiesa, bisogna invece notare che l'equilibrio tra i sessi è assai più soddisfacente in questi ultimi anni: cinque uomini, sei donne e una ragazzina solamente!

Anche se la risposta è per me evidente, devo ricordare un'ultima domanda, poiché essa viene in mente a moltissimi pellegrini. Le guarigioni riguardano specialmente un certo « tipo di malattia »? Oppure affezioni relativamente simili?

Si suppone che i lettori di questo libro abbiano letto, o almeno dato un'occhiata, alla prima parte del volume, la parte del repertorio storico.

Essi non possono ricordare tutti i particolari, ne convengo! Ma non posso pensare che non abbiano raccolto due o tre « idee principali » sulle centinaia di casi descritti!

1. La tubercolosi è stata certamente la malattia per la quale si contano più guarigioni a Lourdes. E per numerosi ragioni. Eccone tre:

— oggi non possiamo nemmeno immaginare quanto fosse comune e frequente, in quanto contratta in famiglia, prima della grande guerra;

— questa malattia era proteiforme: poteva interessare pressoché tutti gli organi, dando origine a una quantità di forme cliniche, a varie malattie;

— fino agli anni cinquanta, in genere non se ne guariva mai completamente, fuorché a Lourdes, appunto!

2. A parte questa frequenza particolare della tubercolosi, si deve riconoscere che a Lourdes sono state guarite quasi tutte le malattie. Sono stati risanati quasi tutti i mali che interessavano le viscere e gli organi dei sensi. Sono state guarite quasi tutte le malattie *acquisite*, ma mai quelle ereditarie. Non penso che sia necessario ribadirlo.

3. Dai primissimi tempi fino ad oggi, la caratteristica più evidente delle guarigioni è il fatto che hanno interessato le malattie più svariate. Ciò che appare ancor più notevole è l'assoluta mancanza di uno stereotipo. Del resto come si potrebbe scoprirne uno con un numero tanto elevato di guarigioni?

Ecco dunque che, senza averlo propriamente *dimostrato*, nulla di evidente, nulla di costrittivo emerge da questo rapido studio epidemiologico.

Ancora una volta la ragione principale è estremamente semplice. L'analisi di questi fenomeni si basa su un periodo di tempo lunghissino, e perciò i diversi fattori ricordati non possono aver avuto un'influenza costante, durevole ed uguale.

Secondo me, dunque, non si può stabilire nulla. Salvo forse una disposizione di spirito, una situazione di fede e fervore religioso, una grande fiducia e un'immensa speranza nella misericordia della Madonna, identica o analoga in tutti quelli che guariscono. Infatti si può pensare che si tratti di un vero e proprio « denominatore comune » di tutti quelli che, da più di un secolo, hanno sperimentato un ristabilimento della loro salute a Lourdes o altrove per grazia divina, che essi hanno subito collegato con l'intercessione della Vergine Maria.

A questo punto bisogna ripetere la domanda (o le domande) chiave.

In che modo? Con quali mezzi avvengono queste guarigioni?

È possibile precisare in quale modo malati gravi, qualche volta addirittura in fin di vita e spesso disperati, non potendone più, hanno ricuperato e ricuperano tuttora condizioni di vita del tutto differenti quasi istantaneamente? Hanno visto e vedono la scomparsa delle loro sofferenze, dei segni patologici che presentavano poco tempo prima? Hanno beneficiato della scomparsa dell'angoscia che li attanagliava? Hanno provato un certo sollievo, attenuato dalla domanda che si porranno a lungo: perché proprio a me?

Dopo aver tentato di precisare le particolarità delle guarigioni e le condizioni del loro verificarsi, mi sembra ragionevole e quasi logico affermare che, secondo me, è proprio *la disposizione d'animo e il fervore spirituale della persona interessata o di chi le è vicino* a permettere ad alcuni malati:

— di ritrovare in se stessi gli elementi necessari a un equilibrio fisico e psichico compromesso, che ormai ritenevano scomparso;

— di poter vincere malattie di ogni tipo;

— di esultare di gioia, con la certezza di essere accompagnati da quel momento in una nuova tappa della loro vita, che fino ad allora subivano come un peso, un'ingiustizia;

— in poche parole, di « ritrovarsi trasformati e guariti »!

Ho la sensazione che la spiegazione più verosimile di questo fenomeno — nel contempo soggettivo e tuttavia reso il più possibile obiettivo dallo studio e dalla perizia dei medici curanti e periti — si trovi nei beneficiari stessi, nelle loro profonde convinzioni.

Ritorniamo, se credete, alla celebre interpretazione data

dal prof. Charcot alle guarigioni di Lourdes e alle loro cause alla fine del secolo scorso. A quell'epoca (occorre ripeterlo?) era opinione comune che esse dovessero essere messe tutte in relazione con un intervento soprannaturale, un miracolo.

L'eminente neurologo Charcot cercava invece di opporsi ad ogni costo al modo di giudicare la causa e il meccanismo di tutte queste guarigioni. Pertanto propose una tesi che escludeva totalmente l'interpretazione religiosa.

Per spiegare questi avvenimenti straordinari, egli faceva appello alla semplice *suggestione* alla quale erano soggette le persone ammalate, « date per spacciate » dalla medicina. E la sua teoria, da lui chiamata « la fede che guarisce », fu accolta favorevolmente dai detrattori dei « fatti » di Lourdes alla fine del secolo XIX.

Questa teoria, astratta e nel contempo speciosa, fu dimostrata completamente falsa per numerose ragioni, in relazione alle guarigioni periziate e riconosciute dal Bureau des Constatations Médicales. Tra l'altro, per i risultati formali che questa suggestione permetteva di ottenere nei reparti di neurologia in cui era applicata, e che si rivelarono molto diversi dalle guarigioni di Lourdes.

Oggi questa spiegazione resta in auge soltanto negli ambienti dei liberi pensatori.

Tuttavia sono tentato di pensare che è possibile riprendere la formula della « fede che guarisce », perché mi sembra che possa essere interpretata *anche* diversamente. Infatti si può dare ad essa un significato diametralmente opposto. Mi spiego. Effettivamente, penso che in certe circostanze la « fede » dei malati possa procurare loro la capacità di influire sull'evoluzione della malattia. È la loro fede in Dio e quella di chi è vicino a loro, dunque *Dio stesso* che, attraverso la fede, procura i mezzi della guarigione. In modo inconsueto, ne convengo! È questo che permette di guarire a tali malati in attesa di un miglioramento? Si tratta di una presa di posizione che può sembrare molto audace, forse anche eccentrica, se vogliamo.

In nome di quale autorità un medico può proclamare che in certi malati agiscano la fede in Dio e le loro convinzioni religiose, per spiegare trasformazioni obiettive nell'evoluzione di uno stato patologico e del loro stato di salute? Cioè un elemento veramente estraneo alla medicina, che non interviene *mai* in questa disciplina, che non è mai preso in considerazione dai medici per una qualsiasi malattia, qualunque sia l'importanza attribuibile ad esso.

Ne conveniamo. Vi è in questo una certa temerarietà, perché tale ipotesi originale ha (almeno) un grave inconveniente! Essa non può essere dimostrata obiettivamente. E per degli « scienziati » o semplicemente degli spiriti cartesiani non potrebbe essere vincolante. Ma mi sembra che soltanto così si riesca in pratica ad inserire tale fatto nel suo contesto, nel modo migliore e più immediato.

Cercherò di sviluppare quest'idea. Dapprima il fatto di partenza. Si tratta *sempre* di un evento che avviene in un ambiente religioso di preghiera, a Lourdes o altrove. È un avvenimento collegato a un atto di fede nella Madonna, in Dio, e non una bizzarria o un « fatto diverso », qualcosa di accidentale.

Poi, come abbiamo detto, si può riconoscere che, quando avviene, la guarigione straordinaria di Lourdes è vissuta dalla persona beneficiaria come un dono, come una grazia concessa in risposta al comportamento di una creatura priva di salute e in cerca di salvezza, a un atteggiamento di supplica, che è l'espressione intima di una fede immensa nella misericordia divina, di abbandono nelle mani di Dio.

Infine, essa rappresenta un tutt'uno per quel soggetto. Vi è nel contempo una richiesta pressante di aiuto, un'ardente speranza e la certezza della *risposta di un Dio creatore e amorevole*, con tutto lo stimolo che ciò può comportare. Dunque: rianimazione fisica, scomparsa dell'angoscia, sensazione di non essere più soli a combattere contro la malattia.

Va bene, mi direte. Ma è necessario che risponda a qualche domanda!

Come agisce questo intervento, questa « risposta » di Dio nell'intimo delle persone interessate? Attraverso quali mezzi fisici questa vera « manifestazione » riesce a modificare il decorso di una malattia organica, a sovvertire l'evoluzione patologica normale?

Non penso di essere in grado di chiarire ciò che ci sia di positivo e dimostrabile in quest'ambito, e perciò non mi addentro affatto nell'argomento.

D'altra parte, penso che tale « tesi » chiarisca — e secondo me è la sola che possa farlo — qualche particolarità nel verificarsi di queste guarigioni, permettendo di rispondere ad alcuni interrogativi.

Così si può comprendere come l'intervento straordinario e *soprannaturale* dovuto a un Dio onnipotente possa soltanto inserirsi nell'ambito (limitato) dell'uomo. Infatti esso non può concedergli possibilità che sorpasserebbero la sua natura umana, l'ambito *strettamente naturale*. Alla luce di questa restrizione evidente, tale interpretazione permette di chiarire certe difficoltà. Consente di comprendere e persino giustificare che certi ristabilimenti non si riscontrano *mai* né, con tutta probabilità, potranno mai essere attesi. Per esempio, la scomparsa di un'anomalia genetica, oppure la sostituzione di un (segmento di) un arto amputato o di un organo che abbia subito un'exeresi; o ancora gli effetti dell'invecchiamento.

D'altra parte, è certo che questo « intervento » non potrebbe essere considerato un elemento aggiuntivo, che agisce in qualche modo dall'esterno. Esso non può essere assimilato a un mezzo terapeutico supplementare, a un opportuno « tappabuchi »! Piuttosto si deve riconoscere che corrisponde a una capacità immanente, a una potente attitudine che la persona interessata trova in se stessa, stimolata e disponibile, come una capacità intrinseca dell'uomo valorizzata da una fede superlativa.

Secondo me, questo modo di vedere è la spiegazione della formula di sant'Agostino: « Tutto è da Dio, tutto è dall'uomo ».

La formula è ripresa e attualizzata dalla riflessione del sopraccitato padre X. Léon-Dufour:

> Più Dio agisce, più agisce la creatura stessa...
> Nel corso naturale del mondo si svela talvolta la presenza amorevole e attiva di Dio, un'azione che non si sostituisce all'attività umana, ma le concede di essere pienamente se stessa...

Dunque, come era prevedibile, poiché queste guarigioni sono da molto tempo — e lo saranno ancora a lungo — dichiarate *fatti inspiegabili* da perizie mediche obiettive, come medico messo alle strette e tenuto ad esprimere un parere sul profondo meccanismo delle condizioni di comparsa delle guarigioni, posso solo proporre una « tesi » non dimostrabile e, quindi, non scientifica.

Che presunzione!

Tale opinione non sarà accettata necessariamente da tutti i miei lettori. Lungi da me quest'idea!

Alcuni potranno scorgervi un tentativo più o meno comodo di « integrare » meglio la dualità che il medico e il credente sono indotti a vivere nel periodo di permanenza a Lourdes!

Altri vedranno in questa interpretazione soltanto una specie di amalgama privo di validità, dove i due piani di giudizio medico e religioso interagiscono in modo artificioso.

Altri ancora si domanderanno senza dubbio perché un medico come me si è arrogato il diritto di affrontare nozioni tanto astratte, per le quali non è certo la persona più adatta.

Certamente essi non hanno tutti i torti!

Infatti, al termine di una lunga analisi riguardante le guarigioni di Lourdes, mi sento in dovere di fornire ora *tutta* la mia esperienza, di esprimere una testimonianza completa su ciò che stimo vero e ho potuto capire nel contatto con tanti « guariti » durante i miei vent'anni di servizio.

Mi è sembrato utile proporre la *mia* interpretazione, anche se la mia è indubbiamente « presunzione ». A costo di oltrepassare, così facendo, i limiti delle mie capacità e possibilità di giudizio.

Secondo me vi è qualcosa di relativamente inedito, persino *originale* rispetto all'opinione comune. Infatti, trattandosi del fenomeno in questione, tale « tesi » implica che l'ammalato giochi un ruolo importante, forse persino essenziale. E certamente più difficile da capire rispetto a quello di semplice « ricettacolo » della grazia divina!

Vi è in questo un'« apertura » e forse anche un argomento di riflessione che meriterebbero indubbiamente di essere approfonditi, discussi da specialisti, laici e religiosi molto più qualificati di quanto potrò mai esserlo io.

Tuttavia è opportuno notare che, nel contempo, le autorità della Chiesa e il diritto canonico sono fermi — soprattutto in merito alle cause dei santi a Roma — a una prospettiva « dualistica », continuando a esigere dagli organi medici dichiarazioni di guarigioni straordinarie, riconosciute inspiegabili nell'ordine naturale.

Ciò sembra ragionevole, per poter pensare in seguito, e *pressoché sistematicamente*, che siano dovute direttamente e in modo immediato all'onnipotenza divina, avendone dimostrato il carattere *soprannaturale*.

A proposito delle guarigioni straordinarie, in ambienti religiosi sussistono una differenza di giudizio e una situazione che sembrerebbero perlomeno paradossali.

E senza voler arrogarmi la benché minima autorità, mi sembra che il modo di valutare e di scoprire l'origine di questi avvenimenti — dei quali la Chiesa rimane l'unica responsabile — non sia più adatto alla situazione attuale e meriterebbe di essere ristudiato e ridefinito.

Ma ormai siamo arrivati all'ultimo capitolo dello studio critico del fenomeno delle guarigioni di Lourdes.

Come si prospetta l'avvenire? Che cosa dobbiamo pensare di questo fenomeno in futuro?

CAPITOLO VI

In futuro ci saranno ancora guarigioni di Lourdes?

Nel novembre 1988, su iniziativa di mons. Henri Donze, ripresa e continuata dal suo successore mons. Jean Sahuquet, cioè rispettivamente del vecchio e nuovo vescovo di Tarbes e Lourdes, si è tenuto in Vaticano un colloquio medico del tutto originale, perché era destinato a far incontrare per la prima volta i membri della « Consulta medica », cioè della commissione medica della Congregazione per le cause dei santi, con quelli del Comité Médical International di Lourdes.

Evidentemente l'ordine del giorno prevedeva relazioni su punti particolari del funzionamento, in apparenza del tutto identico, di queste due prestigiose commissioni mediche e la discussione su domande poste dai loro portavoce.

René Latourelle s.j., professore all'Università Gregoriana di Roma e autore della preziosa opera *Miracoli di Gesù e teologia del miracolo* (Assisi 1987), ha partecipato alla seconda parte di questo colloquio come consulente teologico.

Alla fine del suo intervento su « Cristo e il miracolo. Prospettiva teologica e perizia medica », egli ha espresso questo punto di vista:

> Si domanda al medico di parlare da medico: egli è invitato a valutare ciò che osserva in base alla sua competenza. Egli non deve affatto dire se si avranno o meno dei miracoli nel prossimo millennio. Non deve preoccuparsi per la diminuzione dei miracoli nel mondo e a Lourdes...

In generale, il primo auspicio di padre Latourelle mi sembra pacifico, e penso di non esser mai venuto meno a questo proposito! D'altra parte sarei molto meno d'accordo con gli altri due, che non approvo completamente.

A costo di ripetermi ancora una volta, ho pensato che una riflessione sul futuro in merito al nostro soggetto rientrasse nella funzione di medico del Bureau Médical, e che fosse opportuno tenerne al corrente il vescovo di Tarbes e Lourdes.

Perciò, alla fine di questo libro, mi pare perlomeno utile, se non necessario, tentare di rispondere ad alcune domande che si pongono tutti quelli che conoscono Lourdes e si sentono legati a questo luogo.

1. IN FUTURO CONTINUERANNO LE « GUARIGIONI-AVVENIMENTO » DI LOURDES?

Mi sembra di aver risposto a più riprese a questa domanda, ma forse è opportuno richiamare qualche dato perché sia compreso meglio.

Con l'espressione « guarigioni-avvenimento » mi riferisco a due realtà apparentemente vicinissime, ma assai lontane l'una dall'altra.

Da una parte intendo la guarigione che sarà riconosciuta « inspiegabile » e costituisce « un fenomeno eccezionale contrario ad ogni osservazione e previsione dell'esperienza medica », dopo che una lunga indagine è stata condotta da numerosi periti medici previsti a questo scopo.

Dall'altra, mi riferisco a tutte le guarigioni avvenute a Lourdes in ambiente carismatico, delle quali i mass media e attraverso di essi l'opinione pubblica in generale « si appropriano » subito, cioè nelle ore immediatamente successive, prima di auspicare, intraprendere ed eseguire alcun controllo obiettivo.

Evidentemente esistono dei fatti simili, ma non identici, che è impossibile interpretare nello stesso modo, perché già all'apparenza non sono nemmeno della stessa natura.

All'origine vi è la medesima « dichiarazione di guarigione » effettuata da una persona. Ma la comunità alla quale essa appartiene dimostra immediatamente una ben diversa attenzione e considerazione per l'avvenimento. Da una parte i carismatici considerano *subito* sicura e definitiva questa dichiarazione, che dunque non necessita di un controllo medico e viene attribuita a un intervento divino in risposta alle preghiere di tutta la comunità. Dall'altra, per la maggior parte di queste dichiarazioni effettuate attualmente a Lourdes, oggi si ammette che è anzitutto opportuno nascondere « l'avvenimento » il più possibile, per ridurre la confusione abituale dei mass media e le conseguenze tanto pregiudizievoli per la persona guarita. In compenso, si raccomanda alla persona interessata di accettare di presentarsi al Bureau Médical per poter avviare rapidamente l'indagine di controllo.

Oggi più che mai sono valide le raccomandazioni fatte da mons. Schoepfer negli anni venti.

Pertanto nessun particolare deve essere reso pubblico, né deve essere comunicato ai mass media, se non per dire genericamente: « Il sig. X, la sig.ra Y o la sig.na Z è entrato(a) in contatto con il Bureau Médical ».

Al di fuori della persona guarita stessa, che sotto sua responsabilità resta evidentemente libera di fare dichiarazioni (ma che potrà anche essere disapprovata pubblicamente!) nessuno è autorizzato:

— a parlare di « guarigione straordinaria », di « ristabilimento riconosciuto » e tanto meno di « miracolo »;

— a organizzare una cerimonia religiosa di ringraziamento o qualunque altra manifestazione che faccia pensare che le commissioni di controllo abbiano già decretato la realtà della guarigione, prima che il Bureau Médical di Lourdes si sia pronunciato e abbia comunicato *ufficialmente* che la guarigione è, secondo il suo parere, « sicura, definitiva e inspiegabile ».

Vi è certamente motivo di pensare che simili « guarigioni-avvenimento » con le conseguenze che possono produrre (soprattutto per l'impatto giornalistico sempre più evidente) saranno ancora « dichiarate », mobiliteranno ancora l'attenzione del pubblico nei decenni futuri.

2. COME SARANNO RICONOSCIUTE DAI MEDICI?

Da una parte vi è la lunghissima tradizione della Chiesa, decretata e precisata dal diritto canonico, con le sue basi e le sue prescrizioni — sempre le stesse dal XVIII secolo — finalizzate a determinare un « segno » di Dio per mezzo di una guarigione fisica prodigiosa.

Dall'altra, c'è l'esperienza di oltre un secolo di effettivo controllo medico di queste guarigioni, per stabilirne in modo formale la realtà e le particolarità.

Tutto questo insieme così caratteristico dei « fatti di Lourdes » ha creato un tale « complesso culturale » che né io né molti altri medici possiamo ammettere che *tutte* le guarigioni avvenute nel santuario possano ricevere *a priori* la stessa interpretazione, suscitare il medesimo interesse.

Per noi, veri « inquisitori » medici della fine del secolo XX, nel gruppo (molto variegato) delle « guarigioni dichiarate » presentateci vi saranno sempre ristabilimenti verosimili a partire da determinate malattie o da minorazioni sicure; ciò costringerà il Bureau Médical ad aprire immediatamente un *dossier* per studiarli. Altri saranno infinitamente più soggetti a cautela e, al limite, inaccettabili fin dall'inizio, a causa di differenze intrinseche nella presentazione oppure per la documentazione insufficiente messa a nostra disposizione e riguardante:

— la malattia anteriore;
— i caratteri del ricupero della salute;
— l'esistenza di misure terapeutiche.

A fortiori non mi sembra *ragionevole* mettere sullo stesso piano le guarigioni dichiarate che sono state ottenute in ambiente carismatico, le quali non sembrano porre alcun problema neppure ai medici di quei gruppi e sono accettate immediatamente, e quelle che avvengono durante i pellegrinaggi tradizionali. Queste ultime sono sottoposte a un'indagine attenta, condotta con l'assenso della persona interessata, e a un severo controllo a due livelli, nel quale sono esaminate tutte le possibilità prima che la conclusione a favore di una guarigione certa e inspiegabile sia *eccezionalmente* proposta e accettata a grande maggioranza da esperti chiamati a giudicarla.

Oggi non ci si può privare, senza rischiare di essere (perlomeno) criticati, di tutto l'apporto tecnico messo a disposizione negli ultimi decenni, a livello sia della diagnosi e della prognosi che della valutazione generale dell'evoluzione di malattie e di vari *handicap*, sotto l'effetto o al di fuori di una terapia.

Abbiamo già detto che non ci sembra ammissibile — scientificamente e logicamente — che il fenomeno particolare delle « guarigioni di Lourdes » sia accettato dai periti medici attuali nello stesso modo, necessariamente più semplicistico, in cui i loro predecessori erano soliti fare cent'anni fa, in un'epoca che si potrebbe definire « pretecnica ».

Secondo me, sicuramente le dichiarazioni di guarigione, che ci saranno fatte conoscere, arriveranno sempre meno spesso, dopo le indagini, al riconoscimento di guarigione straordinaria da parte dell'insieme degli uffici di controllo medico di Lourdes, per molteplici ragioni. Tra quelle che già intervengono, e che senza dubbio non verranno meno in futuro, è chiaro che la terapia, *tutte le terapie* sono una causa frequente di « non determinazione » da parte delle apposite commissioni. Il fatto è che attualmente tutti i malati gravi sono curati con mezzi idonei, con risultati brillanti, scontati fin all'inizio e in seguito ottenuti; e ciò non permette più ai periti medici di pronunciarsi, in coscienza, con certezza assoluta.

Anche nel caso in cui la terapia sia stata sospesa, perché l'interessato/a non ha voluto proseguirla e completarla, con l'aspettativa (confessata o meno) che un giorno la sua guarigione potesse essere interpretata come un miracolo. Quindi, anche qualora la terapia possa essere definita *parziale* e *incompleta*, gli esperti non vorranno rischiare di venir meno a ciò che è richiesto a loro, e, in generale, non si dimostreranno favorevoli a una dichiarazione di guarigione inspiegabile.

Finalmente, in tutta coscienza lo potranno fare solo nei casi rarissimi in cui non sarà stata prescritta alcuna terapia, come per l'ultima guarigione riconosciuta: quella di Delizia Cirolli.

E la situazione non potrà essere diversa tra venti o cinquant'anni!

Se si ammette questa argomentazione contraria alla vera petizione di principio che *in pratica* vorrebbero adottare i carismatici; se si riconosce, come noi, che le sole guarigioni attuali che possano essere dichiarate « inspiegabili » sono quelle che la maggioranza dei medici dei nostri due uffici di controllo accetta di definire così dopo uno studio lungo e attento; se si concorda che non vi è motivo di rendere più rapido e semplice il procedimento di riconoscimento in futuro, è prevedibile che vi sono poche, pochissime possibilità che dei periti medici riconosceranno un maggior numero di guarigioni in futuro.

Niente fa pensare che le conclusioni mediche saranno più semplici, più facili da ottenere nei prossimi vent'anni, se ci sono imposti ancora gli stessi criteri, le stesse basi di ragionamento. Soprattutto se persiste la condizione che si tratti di *una guarigione da una malattia dal pronostico fatale, senza la prescrizione di alcuna terapia*!

A mio parere, la previsione che sono in grado di esprimere in conclusione non vuol dire che Dio cesserà di venire in aiuto ai malati che glielo chiederanno! Non significa che « la potenza della medicina » possa « vietare a Dio il miracolo » a Lourdes, come alcuni vorrebbero far credere, rendendo questa previsione ancor più inconcepibile e colui che la fa meno credibile!

Più semplicemente penso, invece, che per i criteri e gli elementi di riferimento che un tempo la Chiesa ha creduto opportuno prescrivere ai suoi fedeli e a se stessa, e che è incapace di adattarli a una situazione di fatto essenzialmente differente, imponendo *tuttora* ai medici di attenervisi, soddisfatti o meno... penso, dunque, che a causa di queste esigenze ecclesiastiche, che resteranno con ogni probabilità *inadatte*, i periti medici *presto* non potranno più sottoporre ai rappresentanti della Chiesa stessa — cioè ai vescovi diocesani — guarigioni di Lourdes riconosciute inspiegabili.

E, perciò, non daranno loro l'opportunità di riconoscere un eventuale miracolo, un segno di Dio...

3. VI SARANNO ANCORA MIRACOLI A LOURDES?

A qualcuno questa domanda sembrerà forse *sacrilega*!

La riflessione di padre Latourelle che ho riportato all'inizio di questo capitolo sarà indubbiamente condivisa da molti fedeli di Lourdes!

Cosa può saperne un oscuro medico dei disegni di Dio? Come e perché si permette di porre una tale domanda? È opportuno rimettere in discussione in ambito religioso una delle certezze più solide e comuni di questo secolo?

Cioè: il fatto che numerose guarigioni si sono verificate in seguito alle apparizioni della Vergine Maria a Lourdes attorno alla metà del secolo XIX, che i pellegrini, anzi tutti i cattolici hanno « attribuito a un intervento di Dio per l'intercessione della Madonna »; il fatto che finora alcune di esse sono state ufficialmente dichiarate « miracolose » dalla Chiesa.

Non voglio assolutamente scandalizzare i lettori di questo libro, come invece alcuni possono già pensare! Non ritengo di avere il « carisma della profezia » e, se anche lo possedessi, mi guarderei bene dal proclamarlo! Però mi permetto di seguire un ragionamento logico sino alla fine.

Al termine del capitolo precedente si sono lette le relative conseguenze prevedibili anche a livello ecclesiastico. Pertanto arrivo alla medesima conclusione formulata da padre Gumpel, valido collaboratore della Congregazione per le cause dei santi:

> Riducendo la nozione di miracolo a quella di guarigione inspiegabile, la Chiesa ha di fatto permesso alla scienza medica di usurpare la sua specifica competenza nell'interpretazione dei segni divini.

Ripetiamolo!

Negli anni novanta è ancora possibile ad ogni credente pensare che Dio è intervenuto nella sua vita in molti modi, anche a livello della sua salute. Per alcuni, me compreso, si tratta di una convinzione del tutto rispettabile, di una procedura di « riconoscimento spontaneo » che ognuno può effettuare senza controllo né limitazione.

Ma il fatto di garantire e proporre al mondo intero un avvenimento, per quanto insperato e inspiegabile, come conseguenza diretta di un miracolo, non è certo un'interpretazione dello stesso ordine.

Da parte della Chiesa e di chiunque altro!

Una tale « proclamazione » richiede delle garanzie: studi, indagini, conclusioni favorevoli e formali da parte di esperti, affinché la possibilità di riconoscervi un intervento di Dio e, dunque, l'« accertamento » del miracolo possano essere considerati pertinenti.

Dopo tutti questi preliminari è ora possibile rispondere alla domanda formulata nel titolo di questo capitolo.

A Lourdes si può pensare che:

— la tendenza a un'ineluttabile diminuzione delle guarigioni giudicate inspiegabili a partire da una fondata oggettivazione medica non potrà più essere soddisfacente — come avviene già oggi — né per l'aspettativa del popolo di Dio né per la missione della Chiesa;

— con ogni probabilità, la situazione non potrà che aggravarsi in futuro, se non interviene un qualche adattamento nel processo canonico richiesto perché delle guarigioni possano ancora essere proposte ai rappresentati ecclesiali, e anche nella finalità che la Chiesa attuale desidera attribuire a questi miracoli.

In occasione del sopracitato colloquio di Roma nel 1988, Giovanni Paolo II nella sua allocuzione ha confidato ai membri delle due commissioni mediche:

> Pare che oggi si constati che la pedagogia divina illumina gli uomini con interventi più spirituali e più intimi, e che i fatti di incidenza corporale diventino più rari.
>
> Dio accorda sempre doni inattesi e profondi, rispondendo all'invocazione rivolta con fede e carità, confidando nella forza del suo amore più grande di tutto...

Umilmente, ma con una certa insistenza, mi permetterei di aggiungere che i teologi e i canonisti dovrebbero essere incaricati ufficialmente di esaminare, ridefinire e adattare:

— le prospettive teoriche e pratiche della Chiesa attuale in materia di « segni divini »;

— anche i « segnali », i criteri medici delle guarigioni fisiche straordinarie, se in futuro si accetterà ancora la funzione che viene loro attribuita al giorno d'oggi.

Tutto ciò al fine di rendere meno aleatorio l'accertamento e il riconoscimento di « questi fatti di incidenza corporale più rari » con i quali ci confrontiamo.

Nota finale

Ritengo, a questo punto, che qualunque lettore sappia perché ho scritto questo libro, qual è stata la mia ricerca, il mio fine. Voglio, però, chiarirgli ancora un po' le idee con questa nota finale e con qualche confidenza.

Negli anni settanta ebbi la sorpresa di ricevere la proposta — e certamente il rischio non era per me! — di mettere la mia esperienza professionale, le mie scarse capacità intellettuali, tutta la mia personalità a servizio del Bureau Médical di Nostra Signora di Lourdes.

In quel momento sono diventato più consapevole del fatto che, nella mia famiglia e nella mia generazione, ero il depositario di una convinzione religiosa assai antica riguardante il santuario di Lourdes, di una certa « cultura », di una tradizione solida e radicata nella fede dei miei avi e arrivata fino a me attraverso mia madre.

Subito dopo essermi insediato nel Bureau Médical, la mia attenzione fu attirata da una delle numerose e frequenti domande che mi venivano poste dai miei interlocutori circa le guarigioni attuali. Da molto tempo mi sono sentito in obbligo di trovare, raccogliere gli elementi necessari per dare una risposta chiara alla domanda che potrebbe essere formulata così: « La diminuzione delle guarigioni inspiegabili di Lourdes, un tempo ritenute di buon grado come "miracoli", è un fatto divino o è dovuta alla difficoltà sempre più grande che gli uomini del nostro tempo incontrano nel riconoscere con esattezza e rigore degli avvenimenti straordinari accertando poi degli interventi divini? ». O meglio, per esprimermi in modo più sintetico: « A Lourdes Dio fa ancora dei segni per gli uomini? ».

Penso che un essere umano non possa rispondere in modo pertinente a quest'ultima domanda! Infatti i disegni di Dio non potrebbero essere paragonati né assimilati a cause seconde! Per i miei limiti rinunciai rapidamente a cercare una soluzione.

D'altra parte, mi è sembrato che il primo interrogativo rispecchiasse un problema interessante, del tutto degno di essere esaminato e approfondito per poter proporre una soluzione.

A tal fine, per anni, ho raccolto e classificato una documentazione medica sicura che non era facilmente accessibile e utilizzabile. Così ho scoperto parecchie fonti di informazione dei tempi passati e le ho confrontate; ho provato a creare un sistema con i dati che scaturivano dal controllo corrente del Bureau des Constatations Médicales e dai medici che ne facevano parte; ho messo in ordine e arricchito gli archivi del controllo medico, soprattutto per quanto concerne il Comité Médical a partire dalla sua fondazione.

Tutta quest'attività era volta a ottenere una conoscenza più precisa e sicura onde permettere uno studio più approfondito dei mezzi di controllo e dell'interpretazione delle guarigioni di Lourdes avvenute in passato, cioè dei loro risultati.

Qual è stato l'esito della ricerca?

Un libro di alcune centinaia di pagine, destinato a ogni tipo di pubblico, ma noioso da leggere! E non perché venga usato un linguaggio riservato agli specialisti, che avranno anche loro tutte le ragioni di essere delusi! Ma per l'abbondanza di dati di ogni genere, che sembrano sistemarsi come in un *puzzle*, raccolti per consentire una scoperta (né definitiva né inedita, notate bene) a coloro che vorranno interessarsene.

Una tesi relativamente intellegibile per tutti, proposta per presentare, sviluppare e sostenere una certa opinione riguardante l'evoluzione del fenomeno delle guarigioni di Lourdes nel tempo, e il modo in cui sono state accolte e interpretate. Quindi, un argomento vastissimo... in quanto antico e documentato. Soprattutto per le sue conseguenze e per la finalità attribuita.

Mi è sembrato che un'opera destinata a raccontare le guarigioni fin dalle origini, a evidenziarne la continuità e l'evoluzione nell'interpretazione, a presentare i numerosi problemi che queste « meraviglie » avevano provocato in passato e provocano tuttora, mi è sembrato, ripeto, che tale opera potesse essere *nelle aspettative* di molte persone interessate all'argomento.

Desidererei esprimere alcune riflessioni più personali, ora che il libro è terminato e sta per essere consegnato nelle mani di lettori attenti o semplicemente curiosi, i quali potranno esserne soddisfatti o delusi, ora che state per chiuderlo sapendo che vi ha fornito notizie a voi sconosciute, e quindi vi ha interessato, o che, al contrario, non vi ha detto ciò che avreste voluto sapere, e dunque vi ha stancato.

Come molti medici che mi hanno preceduto a Lourdes, io sono « religioso » e, pertanto, « legato » a Dio. Faccio parte, o meglio, sono un figlio fedele e sottomesso della Chiesa cattolica romana, ma non sono certamente un mistico e tanto meno un bigotto, perché per « costituzione intellettuale », cioè per la mia formazione e la mia funzione di medico, mi ritengo piuttosto uno scettico e un empirico.

Va sottolineato che, proprio riguardo alle « guarigioni meravigliose di Lourdes », tale fatto rende la situazione piuttosto delicata, nella mia posizione di medico permanente del Bureau Médical!

Penso di aver vissuto quest'esperienza, per quasi vent'anni, in un modo forse diverso da quello dei miei predecessori. Perché? Per un'infinità di ragioni.

Soprattutto per la diversa data di nascita di ciascuno di noi e, dunque, per la formazione ricevuta, per il tipo di medicina praticata. Perché i nostri predecessori, alla fine del XIX e all'inizio del XX secolo, quando la medicina era esclusivamente *un'arte*, non potevano fare a meno di lasciare spazio al sentimento, alla *soggettività* nelle inchieste del Bureau des Constatations Médicales.

Ma attenzione! Sarebbe errato concluderne che voglio fare il panegirico dell'epoca in cui ho esercitato la funzione di medico permanente, rifiutando di ritenere vere le conclusioni dei miei predecessori! Ciò sarebbe ridicolo e cosa da suicida! Non ho la pretesa di dire che al loro posto avrei indotto il Bureau des Constatations Médicales a deliberare con più giudizio, che non avrei commesso errori.

Ma bisogna far notare che le inchieste attuali, maggiormente fondate e basate su un sapere medico più sicuro, conoscenze più precise, permettono uno studio migliore degli avvenimenti e dunque giudizi più appropriati, certamente più vicini alla verità, più obiettivi che in passato.

Di conseguenza, penso che negli anni 1965-75 e specialmente con dei « giovani » periti medici — mi riferisco a quelli nati tra il 1920 e il 1930 ma soprattutto dopo — in medicina e nelle altre discipline sono stati introdotti un altro modo di giudicare, un altro modo di vedere, un'altra cultura. Al livello del Bureau Médical, niente poteva arrestarsi. Né riguardo alla pratica quotidiana né riguardo all'orientamento dei giudizi di base.

Ma torniamo al nostro argomento.

L'analisi delle guarigioni e i dati che essa mi ha consentito di acquisire mi hanno permesso una valutazione migliore? Quali osservazioni si possono fare partendo da un punto di vista diverso da quello dei miei predecessori? La valutazione del passato lontano e recente può forse chiarire la situazione attuale?

Bisogna prendere in esame numerosi punti e, in modo un po' artificioso, considereremo tre epoche differenti, tentando di riprenderle e farle conoscere meglio.

1. Dall'origine alla fine del XIX secolo

1. Le convinzioni religiose e la familiarità con il sacro, proprie dell'ambiente sociale nel quale si verificarono tutte le prime guarigioni, hanno avuto senza dubbio un grande peso nella valutazione degli avvenimenti di Lourdes, mentre gli « esperti » — quasi tutti ecclesiastici — sollecitati ad analizzarli e verificarli non ne possedevano veramente i mezzi. Queste condizioni particolari sono cambiate rapidamente sotto la pressione e l'influenza di un pubblico fervente e legato a un certo stile di vita religiosa.

2. A partire dalla lettera pastorale di mons. Laurence e, dunque, dal riconoscimento esplicito del carattere soprannaturale delle prime guarigioni, la Chiesa, senza tuttavia pronunciarsi ufficialmente per altri quarant'anni, ha voluto attribuire una funzione apologetica a questi ristabilimenti pro-

digiosi, da cui ha tratto vantaggio quando alcuni tentavano di sostituire la scienza a Dio. A Lourdes è stata associata una qualifica di « terra dei miracoli » che non aveva niente a che vedere con il messaggio della Vergine a Bernardetta... E ciò senza che un precedente potesse motivarlo.

3. Anche dopo la creazione di una commissione medica di controllo che, attraverso le conclusioni delle sue inchieste, confermava la realtà di *alcune* guarigioni soltanto, i pellegrini sani e, a maggior ragione, ammalati e naturalmente tutti i « fedeli » dell'epoca hanno continuato ad ammettere che a Lourdes, luogo carismatico per eccellenza, la Vergine Immacolata fosse all'origine di *tutte* le guarigioni dichiarate.

4. Pertanto, in un mondo in cui nessun medico poteva impedire alle malattie più frequenti di danneggiare per mesi o anni i nostri antenati in casi gravi (quando poi esse non erano letali), in un'epoca in cui la speranza di una guarigione era una cosa insensata, fuori delle norme naturali, ai medici appariva letteralmente fantastica l'occasione di contattare a Lourdes tante persone *guarite* da affezioni e infermità di ogni genere per qualche settimana all'anno. Inoltre, poiché queste guarigioni sembravano avvenire in modo pressoché istantaneo, i loro giudizi non potevano fare a meno di esprimere meraviglia ed entusiasmo, al punto che ovviamente vedevano anche loro un intervento divino all'origine della maggior parte di esse.

Evidentemente, nei cinquant'anni che seguirono le apparizioni, si sono affermati contemporaneamente:

— il carisma delle guarigioni del santuario di Lourdes, ammesso e ricercato sia sul posto sia lontano, spesso attraverso l'acqua della sorgente scoperta da Bernardetta;

— l'intercessione presso Dio di Maria, l'Immacolata Concezione, che ne autenticava così la manifestazione e il messaggio;

— infine, il carattere tangibile dell'origine soprannaturale delle guarigioni di Lourdes, vere prove dell'onnipotenza di Dio, e quindi della sua esistenza.

In questo primo periodo, in cui d'un tratto le guarigioni e le « meraviglie di Lourdes » hanno assunto un ruolo fondamentale, si può vedere l'origine dell'*istituzione* del santuario stesso, con i suoi luoghi di culto, la sua liturgia, i suoi pellegrinaggi e un determinato « rituale » incentrato sui malati.

Inoltre le guarigioni hanno suscitato in Francia una vera « cultura di massa » per quell'epoca, alla quale i credenti non potevano fare a meno di aderire, poiché procurava loro le basi dell'apologetica cristiana, cioè le prove della credibilità della loro fede cristiana e dell'esistenza di Dio.

2. Dal 1900 al 1940

Le condizioni di questo periodo non erano molto diverse rispetto a quelle dell'epoca precedente.

1. L'organizzazione dei responsabili sia dei pellegrinaggi sia del santuario tendeva a far sì che i malati, il cui numero era in continuo aumento, fossero sempre al primo posto, affinché essi fossero « i primi ad essere serviti ». Tutto veniva organizzato per loro in attesa della manifestazione di Dio, cioè delle guarigioni.

Il loro controllo si modificava alquanto. Esse erano controllate dai medici del B.C.M. in modo più rigoroso, più logico e relativamente più obiettivo. Il loro carattere « extranaturale » e inspiegabile era riconosciuto molto meno spesso e sempre dopo un periodo di attesa.

In compenso, poiché a quell'epoca le guarigioni ottenute con la prescrizione di una terapia medica erano ancora un'eccezione, tutti i credenti e soprattutto tutti i pellegrini di Lourdes erano portati ad accettare con un certo ardore ogni dichiarazione di cui venivano a conoscenza, e soprattutto a ritenere le guarigioni come « miracoli ».

2. Che cosa pensava la Chiesa ufficiale di questa situazione confusa? E specialmente i vescovi delle diocesi interessate, quasi tutti francesi? Per quanto ne so, non esiste alcuna testimonianza, alcuna dichiarazione che faccia pensare che essi abbiano trovato qualcosa da ridire, al di fuori della diffida di mons. Schoepfer, più volte citata. A causa di questo tacito consenso, Lourdes restava sempre una « terra dei miracoli », in certi casi con l'approvazione dei periti medici. Perciò nessun vescovo era sollecitato a partecipare al processo, difficile e delicato, del giudizio canonico su un intervento divino, poiché tale intervento era già riconosciuto e ammesso da tutti i loro diocesani.

3. Per tutte queste ragioni, nel periodo tra le due guerre

mondiali, tra il 1920 e il 1939, i cattolici francesi e soprattutto i pellegrini di Lourdes hanno pensato che tutte le « guarigioni » conosciute dal Bureau des Constatations Médicales fossero « miracolose », *ma nessun miracolo è stato dichiarato ufficialmente dall'autorità ecclesiale*!

4. Perciò, durante questo periodo, nessuna modificazione di fondo è intervenuta nell'idea che i credenti, i pellegrini sani e ammalati potevano essersi fatta in precedenza. La funzione attribuita al santuario dai responsabili e dai visitatori restava praticamente immutata.

Anzitutto, essa era legata alla guarigione fisica, al ricupero della salute, ottenuto in un « modo religioso », grazie a un ambiente in cui la fede, la speranza e la carità si esprimevano con semplicità e candore.

La conversione dei cuori e il rinnovamento della fede erano certamente desiderati dai cappellani di Lourdes, che si trovavano ad essere anzitutto dei confessori e missionari evangelizzatori. Ma l'aumento progressivo di pellegrini nel luogo delle apparizioni era certamente provocato dalla fama dovuta alle guarigioni e anche dall'impossibilità persistente nella quale si trovavano ancora i malati, gravi e cronici, infermi e handicappati, di ottenere un sicuro miglioramento del loro stato, un ricupero della salute attraverso mezzi medici classici e così poco efficaci.

3. Durante e dopo la seconda guerra mondiale

Piuttosto artificiosamente analizzeremo l'ultimo periodo partendo da una data assai lontana. Sono cinquant'anni che vanno certamente suddivisi in diversi periodi, perché anche a Lourdes la storia è trascorsa velocemente, comportando moltissimi cambiamenti e progressi tecnici. Cambiamenti nella Chiesa prima e dopo il Concilio Vaticano II, con tutte le relative conseguenze. Progresso e scoperte in medicina sia a livello di diagnosi sia, soprattutto, a livello della cura delle malattie, con interventi di natura risolutiva.

Nel mezzo secolo che va dal 1940 al 1990 vanno distinti sommariamente tre periodi:

a) i primi vent'anni, fino al 1960;

b) dal 1960 al 1972, periodo di transizione;

c) gli ultimi diciott'anni.

a. Dal 1940 al 1960

Tre medici responsabili del Bureau Médical si sono alternati in questi vent'anni: il dott. Auguste Vallet, durante la guerra del 1939-45 e nell'immediato dopoguerra fino alla fine del 1946; il dott. François Leuret, dal 1947 alla morte avvenuta nel 1954; il dott. Joseph Péllissier, dal 1954 alla fine del 1959.

a. Per ragioni diverse, che ora non merita ricordare, il controllo e il riconoscimento delle guarigioni di Lourdes non sono stati modificati sostanzialmente rispetto ai procedimenti precedenti. La stessa interpretazione, in parte soggettiva, persiste finché, poco tempo dopo il 1946, il Bureau des Constatations Médicales scopre che non era compito dei medici riconoscere *anche* i miracoli. Ma le abitudini, la tradizione, le mentalità e infine la guerra, tutto ciò non permise di prenderne veramente coscienza.

Poi mons. P.-M. Théas, primo vescovo nel dopoguerra, nominò il dott. Leuret nel 1947 e ordinò ai medici di Lourdes di studiare le guarigioni con maggiore rigore e serietà, e soprattutto di limitarsi alle loro competenze. Inoltre fece in modo che le conclusioni del Bureau Médical fossero trasmesse a un'altra commissione legata meno strettamente al santuario: il Comité Médical.

In seguito a queste precauzioni — che non si dimostreranno affatto superflue —, la nozione di « guarigione inspiegabile » e *quindi* « miracolosa » scomparve assai presto dai resoconti medici. Molto più lentamente e non senza rammarico, essa venne poi meno anche nei modi di pensare abituali dei pellegrini, dei « fedeli » di Lourdes.

Del resto, nello stesso periodo, quasi tutti i vescovi residenziali interessati a una guarigione inspiegabile, di vecchia data o dell'epoca, che riguardava un paziente della loro diocesi, furono invitati dal vescovo di Tarbes e Lourdes a esercitare la loro funzione. Essi confermeranno *sedici volte un intervento di Dio*, con l'aiuto di una commissione canonica di esperti diocesani.

Perciò si può riconoscere che Lourdes non perse nulla della sua fama né del suo lustro in questi due decenni. Anzi, il 1958, centenario delle apparizioni, fu realmente una sorta di punto culminante mai più raggiunto, con un numero veramente stupefacente di pellegrini sani e malati, di medici e viaggiatori provenienti da tutti i paesi dell'Europa occidentale.

Nel medesimo anno si ebbe una cerimonia impressionante in presenza di un ospite illustre. Mi riferisco all'inaugurazione della superba basilica sotterranea da parte del legato del papa, il patriarca di Venezia mons. Giuseppe Roncalli. È noto che, meno di sei mesi dopo, egli divenne papa col nome di Giovanni XXIII e promosse un grande rinnovamento nella Chiesa grazie al Concilio Vaticano II.

b. Ma le caratteristiche più importanti di questo periodo sono attribuibili alla società laica, per così dire. Infatti in questi due decenni si videro immensi progressi nei mezzi di diagnosi delle malattie organiche, grazie ai primi tentativi di molte tecniche e analisi: l'elettroencefalografia, i cateterismi vascolari e bronchiali, la fotografia radiologica, tra l'altro. Ma soprattutto fu possibile raggiungere un'efficacia terapeutica prima totalmente sconosciuta, quasi... miracolosa!

Ricordo tra l'altro: gli antibiotici, che permettevano finalmente di risolvere molte malattie infettive e soprattutto la tubercolosi, i cortisonici, gli antinfiammatori non ormonali, la chemioterapia per i tumori maligni, la dialisi, gli antistaminici, ecc. E tutti i progressi in materia di trattamenti chirurgici per la correzione delle malformazioni e i trapianti d'organo, con la possibilità di intervenire su certi organi grazie ad anestesia e tecniche di rianimazione che consentivano ogni audacia!

Tutto questo « arsenale » — di cui si dotarono assai presto tutte le nazioni più ricche e del quale potevano usufruire sempre più i loro malati grazie a preziosi sistemi di protezione sociale — permetteva finalmente di ottenere guarigioni, e non poteva fare a meno di modificare le mentalità.

Infatti a questa efficienza medica inedita e, in apparenza, illimitata era attribuibile il nuovo (e tanto utopistico!) « diritto alla salute » che, a poco a poco, era entrato nel costume. Da quel momento esso poteva essere garantito e assicurato da mezzi medici umani e comuni di prevenzione e cura, senza dover cercare un aiuto soprannaturale per ottenere una guarigione miracolosa.

Nel periodo 1940-1960 i credenti modificarono relativamente poco le loro opinioni su Lourdes e le guarigioni dichiarabili, perché *non si ebbero mai tanti miracoli proclamati in modo così regolare*.

Ma il mondo intero, i credenti e i non credenti furono costretti ad arrendersi all'evidenza. La medicina aveva smesso di essere l'arte che perlopiù accompagnava i malati alla morte. Essa conquistava sempre più mezzi per essere considerata una scienza esatta, positiva e utile.

b. Dal 1960 al 1972

All'indomani del centenario e dei « turbamenti » suscitati dalla costruzione della basilica sotterranea di San Pio X, l'avvenire di Lourdes si prospettava fortunatamente più semplice, più tranquillo. Riprendevano normalmente le attività proposte ai pellegrinaggi secondo uno schema immutabile.

Malgrado tutto, la mentalità conservatrice dei responsabili religiosi e laici, tutti molto legati a un modo di pensare, alla tradizione d'un altro secolo, avrebbero continuato a prevalere a Lourdes come altrove, senza una chiara percezione dei cambiamenti che erano inevitabili. È in questo senso che, a cose fatte, tale periodo può essere considerato originale e persino innovatore.

a. Il dott. A. Olivieri, unico medico permanente del Bureau Médical a quell'epoca, ne conosceva bene tutto il funzionamento, poiché lo frequentava da più di trent'anni. Pertanto dimostrò — come abbiamo avuto modo di ricordare — molto impegno e una tolleranza esemplare nei riguardi delle opinioni dei medici che componevano le commissioni.

Ma dopo aver rispettato i voleri della maggioranza dei medici del Bureau Médical, *spesso* egli si trovò costretto a rinnegare in qualche modo le decisioni prese a Lourdes, non inviando i *dossier* al Comité Médical International per una valutazione. Pertanto alcune guarigioni dichiarate — a torto o a ragione — inspiegabili dal Bureau Médical di Lourdes non sono state sottoposte alla seconda indagine, e forse a un diverso giudizio, da parte del secondo ufficio di controllo medico, perché rimasero nei nostri archivi.

A posteriori si può immaginare che il dott. Olivieri si sia sottratto di proposito all'obbligo della doppia valutazione.

Senza dubbio mirava a far sì che le conclusioni prese a Lourdes non fossero invalidate pubblicamente dal Comité Médical International.

Ma, ancora una volta, questo passo falso fu tenuto relativamente nascosto, poiché la Chiesa, per l'interessamento manifestato da alcuni suoi rappresentanti in quei dodici anni, ha riconosciuto *sei volte un miracolo*, riguardante sei guarigioni avvenute tutte negli anni cinquanta.

b. Se si abbandona l'ambito medico e si cerca di dare un'occhiata in altri settori, ci si accorge che in questo periodo il Concilio Vaticano II polarizzò l'attenzione dei cattolici del mondo intero.

È noto che mons. Théas chiese e ottenne certi ordinamenti liturgici per il santuario, mentre il concilio non ebbe alcuna ripercussione né sulle guarigioni né sul modo di valutarle.

Riguardo alle guarigioni di Lourdes, nonostante la stampa del santuario si sforzasse di pubblicare ogni anno la lista di *tutte le dichiarazioni di guarigione* che il Bureau Médical aveva avuto modo di conoscere, ci si poteva accorgere che il fenomeno andava rarefacendosi diventando aleatorio, benché la presenza di pellegrini ammalati fosse in continuo aumento.

L'anno 1970 terminò con la nomina di mons. Henri Donze, vescovo di Tulle, al seggio episcopale tanto particolare di Tarbes e Lourdes. Si noti che egli fu il primo vescovo nato nel XX secolo!

c. Dal 1972 al 1990

Ho già avuto modo di dire quanto fu importante questo periodo e quali ne furono le ragioni, secondo me.

a. Ancora una volta non si può fare a meno di pensare che, grazie al concilio, era giunto il momento di:

— fare un bilancio di ciò che era stato « istituito » nei decenni passati all'esterno e all'interno del santuario;

— sopperire alle mancanze sfuggite, dando nuovi orientamenti pastorali e direttive ragionevoli;

— creare strutture per accogliere i pellegrini sani, e padiglioni per assicurare ai pellegrini un migliore inserimento della fede nella vita, cioè un'evangelizzazione più concreta;

— infine proporre una pedagogia, soggetti di riflessione

comuni a tutti i pellegrinaggi, un tema annuale sulle necessità ecclesiali attuali, alla luce di ciò che potevano offrire Lourdes, la Vergine Maria e Bernardetta.

Certamente fu il concilio a mettere in moto tutte queste innovazioni. Ma era necessaria una determinazione fuori del comune per adottare finalmente tali misure in un luogo dove, dopo le apparizioni della Vergine Maria, tutto appariva consacrato e « fossilizzato » dalla consuetudine e da milioni di pellegrini.

Si è veramente smesso di considerare Lourdes soltanto come uno *spazio* benedetto dove la Vergine Maria apparve a una ragazzina, con una Grotta, un piazzale dove era bello pregare, con « piscine » dove sono avvenute e avvengono ancora guarigioni straordinarie, per diventare piuttosto un *tempo* di pellegrinaggio, in cui ogni uomo è chiamato a venire ad ascoltare il messaggio della Vergine, come Bernardetta, e anche a tentare di convertirsi, dove qualsiasi visitatore è invitato a vivere in maggior concordia con Dio, con gli altri, con se stessi.

b. E le guarigioni? Ce ne sono state? E come furono interpretate in questo periodo?

Penso di poter affermare che *esse hanno cessato di giocare il ruolo importantissimo che avevano avuto*.

Certamente sono rimaste impresse nella memoria collettiva come avvenimenti con i quali si vorrebbe avere a che fare, persino da lontano e nemmeno necessariamente a proprio vantaggio!

Ma oggi la maggior parte dei pellegrini sa perfettamente che, in caso di necessità e di urgenza medica, è meglio aspettarsi la salvaguardia della propria vita dalla medicina, da un reparto ospedaliero di cura intensiva o da un chirurgo, piuttosto che venire in fretta e furia a Lourdes come si faceva cinquant'anni fa e oltre.

Alcune guarigioni sono state certamente dichiarate anche in questo periodo recente. Perlopiù non è stato possibile iniziare un *dossier*, un'indagine, poiché esse, dopo l'esame del Bureau Médical, non sembravano presentare le condizioni richieste. Per la maggior parte delle guarigioni, le indagini intraprese a Lourdes non sono terminate, non essendo stato possibile raccogliere in ciascun caso tutti gli elementi necessari a una conclusione favorevole.

Perciò soltanto tre guarigioni hanno fatto parlare di sé in questi diciotto anni.

La prima guarigione era avvenuta nel 1963: essa è stata considerata miracolosa nel 1976 dal vescovo di Trento.

La seconda, avvenuta nel 1970, è stata accettata dal Bureau Médical di Lourdes nel 1972 e dal Comité Médical International nel 1976. È stata poi interpretata come « un segno dell'amore di Dio » dal vescovo di Angers nel 1978.

Infine la terza guarigione, avvenuta nel 1976 in Sicilia, venne riconosciuta inspiegabile dai medici nel 1980 e nel 1982. Nel 1989 l'arcivescovo di Catania ne ha decretato il carattere prodigioso e il valore di « segno ».

c. Che cosa si può concludere da tutto questo? Si impongono alcune osservazioni.

È certo che, da una ventina d'anni, la guarigione è ricercata sempre meno dai malati che vengono a Lourdes, i quali, del resto, sono affetti solo eccezionalmente da malattie gravi come quelle che denunciavano cinquant'anni fa e più.

È altrettanto certo che, in materia di giudizio medico, non possono esserci due logiche, due obiettività. Le perizie mediche sulle guarigioni di Lourdes eseguite da (almeno due) commissioni di esperti sono certamente più affidabili, perché si è pervenuto a risultati coerenti e, nel migliore dei casi, identici. È stato così nei casi di quest'ultimo periodo, e ciò dimostra che, dopo gli anni cinquanta, sono stati fatti progressi enormi e necessari. Obiettivamente, non è meno certo che le ultime tre guarigioni sopraccitate sono reali, definitive e inspiegabili, insieme a molte altre.

La causa (o le cause?) di una trasformazione tanto importante — cioè il fatto che malattie certamente fatali e diagnosticate in maniera ineccepibile evolvano senza alcuna terapia verso una guarigione completa — sfugge completamente a un'analisi medica, per quanto approfondita.

Queste sono le osservazioni sulle ultime guarigioni di Lourdes, che dovevo fare in qualità di ex medico permanente del Bureau Médical di Lourdes, riguardanti un periodo che ho conosciuto bene.

Questa nota finale era destinata a una sintesi, a proporre alcuni elementi acquisiti, per rispondere in modo più esplicito e sicuro alla domanda di partenza: « La diminuzione delle guarigioni di Lourdes è un fatto dovuto agli uomini e ai mezzi adottati oggi per riconoscerle? Oppure è un fatto divino? ».

Per quanto pretenziosa possa apparire questa domanda, tenterò di dare una risposta, la quale è senza dubbio molteplice. Ma secondo me riguarda anzitutto gli uomini.

A mio parere è possibile che la risposta attesa da Dio in una determinata situazione sia meno facile da percepire, sia afferrata meno direttamente che cinquant'anni fa e oltre. In qualche modo è possibile che oggi il fervore e l'aspettativa siano minori che nei nostri avi.

Effettivamente si può pensare che:

— da una parte, « l'intervento di Dio » sia oggi implorato meno ardentemente, meno insistentemente di un tempo;

— dall'altra, che « la pedagogia divina illumini gli uomini con interventi più spirituali e più intimi », come ha detto Giovanni Paolo II nel 1988.

Ma non posso né devo proseguire in un giudizio che non rientra nelle mie competenze!

In compenso, ai giorni nostri il riconoscimento delle guarigioni inspiegabili, segni evidenti ed eventuali dell'intervento divino, è certamente diventato più delicato e difficile da determinare per mezzo di una perizia medica, come invece continua a pretendere la Chiesa.

Infatti è evidente che il sapere medico è diventato molto più meticoloso, scientifico e obiettivo che in passato. Dunque molto più « relativizzante ». I risultati delle indagini ne risentono: spesso essi sono meno positivi, evidenti, assoluti.

Secondo me, basterebbe poco perché i canonisti prendano pienamente coscienza che le attuali condizioni di giudizio impediscono molto spesso il discernimento, da parte della Chiesa, di un eventuale intervento di Dio, dopo che un malato o un invalido ha ricuperato uno stato di salute soddisfacente.

Infine, voglio concludere questo studio con qualche riflessione, per esprimere le mie convinzioni profonde.

1. Intendo prendere una posizione precisa e chiara, dopo aver segnalato che, fino a meno di mezzo secolo fa, talune guarigioni erano accettate in condizioni che oggi si possono

giudicare aleatorie e insufficientemente probanti, perché intervenivano eccessivamente la soggettività e persino il fervore.

Sono convinto della realtà delle guarigioni inspiegabili legate a Lourdes, di vecchia data e recenti, riconosciute o meno. Credo fermamente che certi ristabilimenti analizzati oggettivamente possano rappresentare il fenomeno che ho tentato di descrivere e di analizzare, anche se può sembrare opportuno diminuirne il numero.

2. In mancanza di una spiegazione razionale e medica, mi sembra logico — e soprattutto *coerente* — concepire all'origine di una certa guarigione avvenuta in un ambiente religioso la risposta « di una carità immensa a un'implorazione personale », riconoscendovi dunque *un intervento di Dio*. Indipendentemente dal fatto che essa sia stata valutata ufficialmente dall'autorità ecclesiastica.

3. Ma non potrebbe essere l'intervento di un Dio « tappabuchi » che riempie il vuoto lasciato dalla scienza, la cui azione sarebbe provata e probante... Non potrebbe essere attribuita nemmeno a un Giove onnipotente e capriccioso, o al Dio « lontano che si mangia le unghie » di James Joyce!

Questo intervento deve essere considerato come una risposta del vero Dio, il Dio cristiano, che agisce nella sua creazione e nell'ordine della grazia, il Dio Creatore e Padre, colui al quale il salmista attribuiva già questo oracolo divino:

> Poiché mi ama, lo salverò;
> lo esalterò, perché conosce il mio nome.
> Quando mi chiamerà, gli darò risposta;
> con lui sarò nella sventura;
> lo salverò... (Sal 91 [90],14-15).

Bibliografia

Abadie (padre Jean-Baptiste, m.i.c.), *Que c'est-il passé à Lourdes?*, in *Lourdes Magazine*, n. 2, febbraio 1986, e numerosi articoli su Bernardetta e il messaggio della Vergine, sempre in *Lourdes Magazine*, mensile dell'Oeuvre de la Grotte.

Bariéty (dott. Maurice), *Le médecin catholique devant le miracle*, relazione al Congresso Mariologico Internazionale di Lourdes del 1958, in *Maria et Ecclesia*, XIII, Roma 1960, pp. 163-175.

Bartoli (dott. Dominique), relazione al C.M.I.L. del 1978 riguardo alla guarigione di Serge Perrin, Oeuvre de la Grotte, 1979.

Bernard (prof. Jean), *Grandeur et tentations de la médecine*, Buchet-Chastel, 1970.

Bertrin (can. Georges), *Histoire critique des événements de Lourdes. Apparitions et guérisons*, 1904, con numerose edizioni presso Gabalda e Lecoffre, Paris, fino al 1913.

Billet (dom Bernard, o.s.b.), *Lourdes. Documents authentiques*, e *Lourdes. Histoire authentique*, cfr. Laurentin R.

Id., numerosi articoli apparsi tra il 1963 e il 1984 in *Recherches sur Lourdes, hier et aujourd'hui* (trimestrale sospeso).

Id., *Le fait des apparitions non reconnues par l'Église*, in *Vraies et fausses apparitions dans l'Église*, in collaborazione con M. Oraison e R. Laurentin, Lethielleux et Bellarmin, Paris 1976.

Id., *Vrais miracles de Lourdes*, in *Communio*, t. II, n. 3, maggio 1977: *Guérir et sauver*.

Biot (dott. René), *Apologétique de Lourdes et miracles du Christ*, in *Revue d'Apologétique*, aprile 1931, e in *Bulletin de l'A.M.I.L.*, luglio 1931.

Id., *Lourdes et le miracle. Dialogue de médecins*, Spes, Paris 1958.

Boissarie (dott. Gustave), *Lourdes. Histoire médicale 1858-1891*, Lecoffre, 1891.

Id., *Lourdes depuis 1858 jusqu'à nos jours*, Sanard et Derangeon, 1894.

Id., *Les grandes guérisons de Lourdes*, Téqui, 1900.

Id., *L'oeuvre de Lourdes*, Téqui, 1907.

Id., *Lourdes. Les guérisons*, Bonne Presse, 1911-1912.

Boissarie de l'Épine (dott. Françoise), *Lourdes, médecins et guérisons*, Éditions Internationales, 1952.

Bon (dott. Henri), *Le miracle. Donnée scientifique de la connaissance de Dieu*, in *Bulletin de l'A.M.I.L.*, n. 81, luglio 1949.

Bordes (don Joseph), *Lourdes. Sur les pas de Bernadette*, Éditeur M.C.M., Vic en Bigorre 1991.

Bouillard (padre Henri, s.j.), *L'idée chrétienne du miracle*, in *Cahiers Laënnec*, n. 4, 1948.

Burosse (m.i.c.), *Les origines du Bureau des Constatations Médicales de Lourdes*, in *Journal de la Grotte*, 17 marzo 1929.

Carrel (dott. Alexis), *Le voyage de Lourdes*, Plon, Paris 1949; trad. it. *Viaggio a Lourdes*, Morcelliana, Brescia 1980[11].

Chassagnon (dott. Charles), *Les miracles de Lourdes*, intervento al XXX Colloquio (1987) della Société de Psychologie Médicale de Langue Française.

Clarke (padre Richard), *Lourdes et ses miracles*, Benziger (Svizzera) 1892.

Colvin (dott. Bernard), relazione al C.M.I.L del 1982 relativa a Delizia Cirolli, in collaborazione con il prof. A. Trifaud, Oeuvre de la Grotte, 1982.

Courtin (can. Jean-Baptiste), *Merveilleuses guérisons aux Pèlerinages du Rosaire à Lourdes*, Oeuvre de la Grotte, 1939.

Cros (padre Léonard, s.j.), *Histoire de Notre-Dame de Lourdes*, 3 voll. (I. *Les apparitions*), Beauchesne, Paris 1925.

Debroise (dott. Gabriel), *Un miracle à Lourdes* (a proposito di Marie Bigot), CLD, Chambray 1980.

Deroo (don André), *Lourdes, cité de miracles ou marché d'illusions*, Fayard, 1956.

Dozous (dott. P.-R.), *La Grotte de Lourdes, ses fontaines, ses guérisons*, Bonne Presse, 1926[2].

Dubarle (padre D., o.p.), *Réflexions sur le miracle. L'attitude des savants chrétiens*, in *Bulletin de la Société St. Luc, St. Côme et St. Damien*, n. 6, giugno 1954.

Id., *Approches d'une théologie de la science*, Cerf, Paris 1967.

Dumery (Henri), *Miracle*, in *Encyclopedia Universalis*, XI, Paris 1971.

Elst (dott. R. van der), *Vraies et fausses guérisons miraculeuses*, Beauchesne, Paris 1924.

Eyt (mons. Pierre), *Les gestes symboliques du Salut*, in *Communio*, II, 3, maggio 1977: *Guérir et sauver.*

Id., *Les procédures de reconnaissance de guérison à Lourdes. L'évolution du contexte scientifique et théologique*, comunicazione al C.M.I.L. nel settembre 1978.

Fabre (dott. Bruno), *Réflexions médicales sur l'action thérapeutique de l'Église.*

Filippi (dott. Corinne), *Le contrôle médical de guérisons de Lourdes* (a proposito di 57 *dossiers*).

Forno (dott. Lucien), *Le miracle dans la perspective de la médecine psychosomatique*, tre tesi di laurea in medicina della facoltà di Marsiglia (1952, ottobre 1977 e infine dicembre 1987).

Fourastié (Jean), *Les conditions de l'esprit scientifique*, Gallimard, 1966.

Fourcade (can. Marie-Jean), *L'apparition à la Grotte de Lourdes en 1858*, Fouga, Tarbes 1862, in Laurentin R., *Lourdes. Documents authentiques*, VI, p. 259.

Fournier (Christiane), *Miraculés de Lourdes*, Plon, 1957.

Fulda (Edeltraud), *Et je serai guérie!*, Robert Laffont, 1960.

Guarner (dott. Anicet), *De l'instantanéité des guérisons de Lourdes*, Téqui, Paris 1939.

Guinier (prof. Henri), *Le surnaturel dans les guérisons de Lourdes. Notes médicales*, in *Les Études*, 121 (1909), p. 577. Citato in G. Niel, *Les caractères du miracle de Lourdes*, in *Bulletin de l'A.M.I.L.*, n. 6, marzo 1929.

Kammerer (prof. Théophile), *Réflexions préliminaires sur l'expertise médicale des guérisons miraculeuses*, comunicazione fatta al C.M.I.L. nel 1977, in *Bulletin de l'A.M.I.L.*, nn. 177-178, maggio 1977.

Id., *Les apparitions et les visions au regard de la psychiatrie et de la psychologie religieuse*, in *Bulletin de l'A.M.I.L.*, nn. 217-218, aprile 1987.
Lambertini (card. Prospero), *De Servorum Dei beatificatione et Beatorum canonizatione*, liber IV, pars 1, cap. VIII, n. 2.
Lanos (dott. J.), relazione del 1950 al Comité Médical National sulla guarigione di Jeanne Fretel e del 1951 riguardo a Maddalena Carini.
Larrouy (padre A., m.i.c.), *Petite histoire de N. D. de Garaison*, Lesborde, Tarbes 1933.
Latourelle (padre René, s.j.), *Miracles de Jésus et théologie du miracle*, Bellarmin et Cerf, 1986; trad. it. *Miracoli di Gesù e teologia del miracolo*, Cittadella, Assisi 1987.
Laurentin (padre René), *Lourdes. Documents authentiques*, 7 voll., con la collaborazione di dom B. Billet per i voll. III-VI, Lethielleux et Oeuvre de la Grotte, 1957-1966.
Id., *Lourdes. Histoire authentique des apparitions*, 6 voll., *ibid.*, 1961-1964.
Id., *Sens de Lourdes*, Lethielleux, Paris 1955.
Id., *Fonction et statut des apparitions*, in *Vraies et fausses apparitions dans l'Église*, Lethielleux et Bellarmin, Paris 1976.
Le Bec (dott. Édouard-Marie), *Preuves médicales du miracle*, Beauchesne, Paris 1921[4].
Id., *Raisons médicales de croire au miracle*, Bonne Presse, 1949[10] (revisione del dott. Leuret).
Léon-Dufour (padre Xavier, s.j.), *Parler de miracle, aujourd'hui*, in *Études*, marzo 1976.
Id., *Miracle*, in *Catholicisme*, IX, 1981, coll. 252-269.
Leprince-Ringuet (Louis), *Science et bonheur des hommes*, Flammarion, Paris 1973.
Leuret (dott. François), *Les guérisons miraculeuses modernes*, in collaborazione con il dott. Henri Bon, PUF, 1950.
Lhermitte (prof. Jean), *Le problème des miracles*, Gallimard, 1956.
Luthold-Minder (Ida), *J'ai été guéri à Lourdes*, Ed. Christiana, Stein am Rhein (Svizzera) 1971 (a proposito di fr. L. Schwager).
Madre (dott. Philippe), *La guérison extraordinaire existe-t-elle?*, Éd. Breg, Paris 1982.

Mangiapan (dott. Théodore), numerosissimi articoli pubblicati in *Bulletin de l'A.M.I.L.*, 1972-1990.
Id., relazione in occasione del colloquio su « La storia dei miracoli » del Centre de Recherches d'Histoire Religieuse d'Angers (1982), in *Actes du Colloque*, Presses de l'Université, Angers 1983.
Id., *Lourdes, miracles et miraculés. Quand? qui? et où?*, Imprimerie de la Grotte, 1986; trad. it. *Lourdes, miracoli e miracolati*, stesso editore, 1987.
Id., *Le problème des miracles de Lourdes*, in *Lumen Vitae*, XLI (1986), n. 3: *Croire: Rationnel-Irrationnel.*
Id., *Le contrôle des guérisons de Lourdes*, in *Communio*, XIV, 5, sett.-ott. 1989.
Marchand (dott. Alfred), *Les faits de Lourdes. 30 guérisons enregistrées au Bureau Médical des Constatations (1919-1922)*, Téqui, 1924.
Id., *Les faits de Lourdes et le B.M.C.*, Téqui, 1924.
Id., *Les faits de Lourdes. Nouvelle série de guérisons miraculeuses (1923-1925)*, Téqui, 1926.
Mauriac (prof. Pierre), *Le but de l'examen clinique scientifique en relation avec le miracle*, relazione al Congresso Mariologico Internazionale di Lourdes del 1958, in *Maria et Ecclesia*, XIII, Roma 1960, pp. 175-189.
Miest (dott. Paul), *Les 54 miracles au jugement du Droit Canonique*, Éd. Universitaires, 1958.
Miksa (padre Thadée), *Le discernement du miracle en apologétique catholique au XXème siècle*, tesi alla facoltà di teologia dell'Università Gregoriana, 1966.
Minois (Georges), *L'Église et la Science. Histoire d'un malentendu*, 2 voll., Paris, Fayard, 1990 (I. *De St. Augustin à Galilée*; II. *De Galilée à Jean-Paul II*).
Monden (padre Louis, s.j.), *Le miracle, signe du salut*, Desclée de Brouwer, 1960.
Monnier (dott. Henri), *Étude de quelques guérisons survenues à Lourdes*, tesi di laurea in medicina. Éd. Médicales Maloine, Paris 1930.
Mouren (prof. Pierre), relazione al C.M.I.L. del 1978 relativa alla guarigione di Serge Perrin, Oeuvre de la Grotte, 1979.
Mouroux (don Jean), *Discernement et discernibilité du miracle*, in *Revue d'Apologétique*, 60 (1935), pp. 538-563.

Olivieri (dott. Alphonse), *Difficultés contre le caractère extranaturel des guérisons de Lourdes*, relazione al Congresso Mariologico Internazionale di Lourdes del 1958, in *Maria et Ecclesia*, XIII, Roma 1960, pp. 247-270.

Id., *Y a-t-il encore des miracles à Lourdes?*, in collaborazione con dom B. Billet, quinta edizione aggiornata, Lethielleux et Oeuvre de la Grotte, 1989[5]; trad. it. *Avvengono ancora dei miracoli a Lourdes?*, Ed. Volontari della sofferenza, Roma 1991[6].

Oraison (don Marc), *Le point de vue du médecin psychiatre clinicien sur les apparitions*, in *Vraies et fausses apparitions dans l'Église*, Lethielleux et Bellarmin, Paris 1976.

O'Regan (Brendan), *Healing, Remission and Miraculous Cure*, in *Noetic Science*, organo del Noetic Science Institute, in *Bulletin de l'A.M.I.L.*, nn. 219-229, ottobre 1987, pp. 73-81.

Péllissier (dott. Joseph), *La méthode de travail du Bureau Médical de Notre-Dame de Lourdes*, relazione al Congresso Mariologico Internazionale di Lourdes del 1958, in *Mater et Ecclesia*, XIII, Roma 1960, pp. 321-327.

Piéri (dott. Jean), *Le contrôle médical des guérisons de Lourdes*, tesi di laurea in medicina, Bordeaux 1976, n. 201.

Pohier (padre Jacques, o.p.), *Questions à propos de la psychanalyse sur le statut de la science et de la foi* (collezione Recherches et Débats, n. 75: *Chemin de la Raison*), Desclée de Brouwer, marzo 1972.

Recroix (padre Xavier, m.i.c.), *Essai sur le rôle du facteur social dans le cas de Bernadette Soubirous*, monografia manoscritta.

Id., *Récits d'apparitions mariales*, in *Revue du Comminges*, dal terzo trimestre del 1986 al terzo trimestre del 1988.

Rodé (padre F.), *Le miracle dans la controverse moderniste*, tesi di laurea in teologia, Beauchesne, 1965.

Romani (mons. Silvio), *I miracoli nelle cause di beatificazione e canonizzazione*, relazione al Congresso Mariologico Internazionale di Lourdes del 1958, in *Maria et Ecclesia*, XIII, Roma 1960, pp. 271-320.

Salmon (prof. Michel M.), *Les guérisons extraordinaires de Lourdes*, relazione al Congresso Mariologico Internazio-

nale di Lourdes del 1958, in *Maria et Ecclesia*, XIII, Roma 1960, pp. 205-247.
Id., *La guérison d'Yvonne Fournier, guérison-type de Lourdes*, Oeuvre de la Grotte, 1967.
Id., relazioni al C.M.I.L. riguardanti le guarigioni di Simonne Rams, Elisa Aloi, Juliette Tamburini, Vittorio Micheli.
Schueren (dott. Gérard van der), *Le médecin jusqu'au seuil du miracle*, relazione al Congresso Mariologico Internazionale di Lourdes del 1958, in *Maria et Ecclesia*, XIII, Roma 1960, pp. 189-205.
Sendrail (prof. Marcel), *Guérisons naturelles, guérisons miraculeuses*, in *Bulletin dell'A.M.I.L.*, n. 81, luglio 1949.
Id., *Les guérisons inexpliquées*, in *Bulletin de la Societé St. Luc, St. Côme et St. Damien*, gennaio 1956, pp. 6-25.
Solé (R.), *La conversion plutôt que la guérison*, in *Le Monde*, 12-13.8.1973.
Tauriac (don Jean-Marie), *Miracles à Lourdes*, Imp. Laboureur, Paris 1957.
Teilhard de Chardin (padre Pierre, s.j.), *Les miracles de Lourdes et les enquêtes canoniques*, in *Études*, CXVIII (1909), p. 161.
Thiébaut (prof. François), *Du diagnostic médical des guérisons miraculeuses*, relazione al Congresso Mariologico Internazionale di Lourdes del 1958, in *Maria et Ecclesia*, XIII, Roma 1960, pp. 149-163.
Id., relazioni al C.M.I.L. riguardanti le guarigioni di Yvonne Fournier, Marie Bigot, Alice Couteault, Léo Schwager e Théa Angele.
Thozet (dott. Claudine), *La stabilité des guérisons de Lourdes*, tesi di laurea in medicina, Tolosa 1975, n. 311, Imprimerie de la Grotte, 1975.
Trifaud (prof. André), relazione al C.M.I.L. sulla guarigione di Delizia Cirolli, in collaborazione con il dott. Bernard Colvin, Imprimerie de la Grotte, 1989.
Id., *Les énigmes scientifiques des guérisons miraculeuses*, intervento al Congresso Internazionale, C.C.M.F.-A.M.I.L., Lourdes 1993, in *Actes du Congrès* (in corso di stampa).
Valette (dott. Alfred), *Le grand inconnu du Centenaire de Lourdes: le Bureau des Constatations Médicales*, Alsatia, 1958.

Vallet (dott. Auguste), *Guérisons de Lourdes en 1926*, Téqui, 1927.
Id., *Guérisons de Lourdes en 1927, 1928, 1929*, Téqui, 1930.
Id., *Lourdes, comment interpréter ses guérisons?*, Téqui, 1930.
Id., *Mes conférences sur les guérisons miraculeuses de Lourdes*, Téqui, 1937.
Id., *La vérité sur Lourdes et ses guérisons miraculeuses*, Flammarion, 1944.
Vourch (dott. A.), *La foi qui guérit*, Féret et Fils Éditeurs, Bordeaux 1911.
Woodward (Kenneth), *La fabbrica dei santi*, Rizzoli, Milano 1991.

Indice dei nomi

I nomi preceduti da * sono quelli dei sessantacinque malati la cui guarigione è stata dichiarata « miracolosa » dalla Chiesa.

INDICE

Parte II
STUDIO CRITICO DEL FENOMENO DELLE GUARIGIONI DI LOURDES

Stampa: 1997
Società San Paolo, Alba (Cuneo)
Printed in Italy